備前岡山の在村医
中島家の歴史

中島医家資料館・中島文書研究会 編著

思文閣出版

装幀　上野かおる

写真1　中島医家資料館

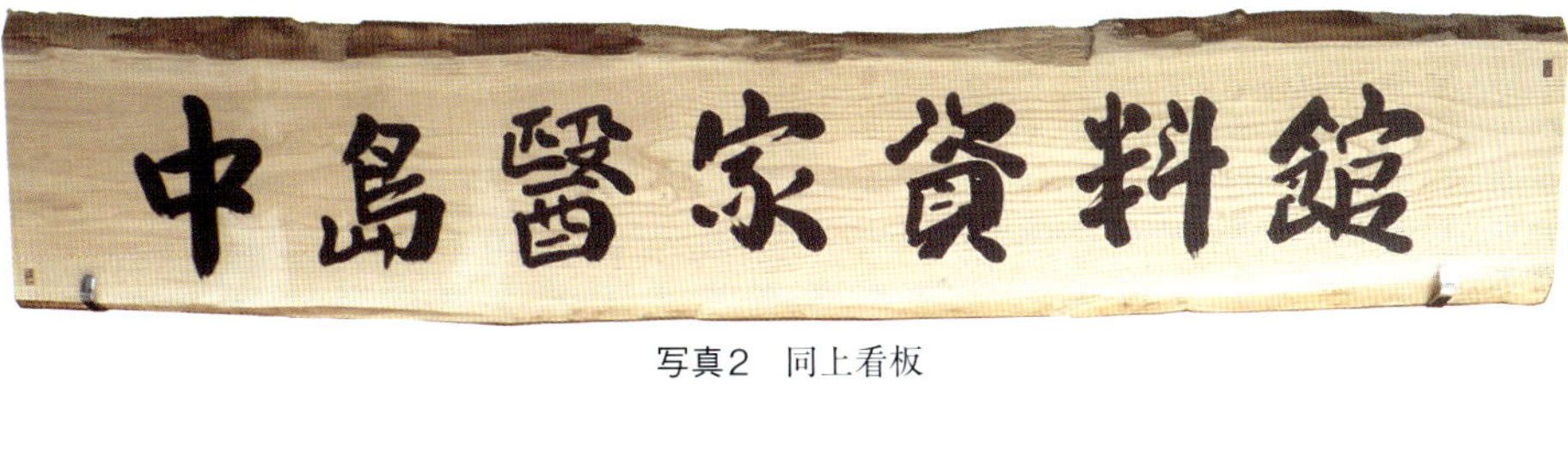

写真2　同上看板

写真3　中島洋一氏（資料館にて）

写真４　宗仙が長崎から持ち帰ったガラス瓶

写真５　宗仙が長崎から持ち帰ったコップ

写真6　銅人形

まえがき

本書で紹介する医家・中島《なかしま》家は、岡山県瀬戸内市邑久《おく》町北島にある上寺山の南東中腹に宝暦元年（一七五一）ころに二代目玄古《げんこ》が居を構え、八代目の達二《たつじ》までここで医業を継続した在村医家である。

江戸時代、この周辺は備前国邑久郡北地村と言い、上寺山は山頂に天台宗余慶寺と豊原《とよはら》北島神社が神仏習合のかたちで共存する小高い丘で、西方に吉井川をはさんで裸祭りで有名な西大寺観音院がある。眼前に県南の穀倉地帯・千町《せんちょう》平野が開け西北を丘陵斜面に守られ、申し分のない立地条件にある。江戸中期より激動の幕末を経過し第二次世界大戦をくぐり抜け、この地で医家を継続できた一番大きい理由はこの立地条件であろう。

言い伝えによれば、中島家の先祖は豊原北島神社が宇佐《うさ》八幡宮より勧進されたときに供奉《ぐぶ》し宇佐より移り住んだといわれ、代々神子《みこ》職として神社に仕えてきた「一の神子家」より分家した中島多四郎が、本家・中島家の祖である。多四郎は大工職であったが、息子の友三《ゆうぞう》は医者となり、ここに医家としての中島家の歴史がはじまった。さらに、多四郎の孫の玄古《げんこ》が医者の二代目として分家し、ここに医業を専業とする医家・中島家が成立した。三代目の宗仙《そうせん》、四代目の友玄《ゆうげん》の時代に医業は大いに振るい、医家・中島家は在村医としての基礎を確立した。現在があるのは宗仙・友玄の二代に負うところが大きい。地域の神社の神子職に連なる家系の出身であり、加えて江戸時代中期より他出することなく在村医として郷里に尽くしたことも、家が存続した理由の一つであろう。

家が存続したことに加え、八代目達二の代、中島一家は満州の地に赴任し、昭和一六年（一九四一）に達二の母・小房が亡くなってから戦後まで家を封印していたため、戦中戦後の混乱による書籍・古文書・器物類の散逸をまぬかれた。順天堂大学医史学教室の酒井シヅ名誉教授が「未盗掘の古墳」に喩《たと》えられた所以である。

これらの書籍・古文書・器物類を解析し、江戸時代中期からの在村医としての中島家の歴史に光を当てることが後世への役目であろうと思い「中島家の歴史」の研究にとりくんできた。多くの方々の尽力により、多岐にわたる書籍・古文書・器物類の分析が進められているが、このたびこれまでの成果を一書としてここにまとめることとした。

目　次

I 中島家の歴史

中島洋一

第一章　中島姓の由来

医家として四代目にあたる中島友玄《なかしまゆうげん》は「中島姓一統家系」を書き残している。これは嘉永二年（一八四九）、友玄が五四歳のときに記したもので「十余年をかけて位牌、石碑を調べ古老より昔の話を聞き過去帳を調べ、ようやく完成した」とある。このなかに、中島家の由来が記されている。

抑当山（上寺山）鎮守正八幡宮ハ、人皇三十四代舒明天皇六年（六三四年）辛丑、豊前国宇佐ノ宮ヨリ当郡（邑久郡）長沼山ノ嶺エ御影向アラセ絡（給）ヒ、同処ヨリ当山今ノ地へ勧招（請）申スナリ、今嘉永二酉ノ年（一八四九年）迄ニ千二百十四年ニナル、尤モ上寺開基報恩大師ノ草創、孝謙帝ノ勅願所ニテ、四十八ヶ寺ノ其一ナリ、天平勝宝元年（七四九年）ヨリ今嘉永二酉年迄千百一年ニナル、時ニ首坊本乗院古大乗坊ト申セシナリ了庸ト云僧、寛文六年（一六六六年）、国主池田新太郎光政公ノ命ニ依テ還俗ス、今ノ祠官業合氏ノ祖ナリコノ僧、丹後ノ国業合ト云処ヨリ来リ僧トナルユヘ、還俗シテ姓ヲ業合ト号スルヨシ聞伝エリ、今嘉永二酉年迄二百八十四年ニナル、本鎮守御影向アラセ玉フ時、吾大祖中嶌何某、豊前国宇佐ヨリ奉供（ママ）シテ来リ、神事ヲ主（司）トルヨシ、夫ヨリ当山へ御遷宮アラセ玉フ時、当山エ移リ、神事ヲ主（司）トル処ヨリ神子職トナル、則チ今ノ一ノ神子ト称スル家ナリ、代々正一位ヲ領シ左近ト称ス、夫ヨリ連綿トシテ今ニ至ル也、

（「中島姓一統家系」）

言い伝えによれば豊原《とよはら》北島神社（当時は北島大明神といっていた）が宇佐《うさ》神宮より大賀島《おおがしま》山の南島神社に遷宮したとき中島何某が豊前宇佐より奉供してきて神事を司《つかさど》っていた。さらに当山（上寺山）に遷宮したとき当地に移り住んだという。

これは、伝説であって文書の裏づけはない。友玄の「中島姓一統家系」に記述があるだけである。

平成二一年一〇月一〇日、この中島何某の存在と遷宮の時期を知るために宇佐を訪れた。前もって宇佐八幡宮のホームページからメールで質問事項を送ったが、遷宮の時期は記録になかった。当日は秋祭りのため担当神官には会えなかったが、宇佐市民図書館の乙咩《おとめ》政己館長を紹介され、後日、乙咩氏より文献と手紙を頂いた。これにより中島何某が宇佐より邑《お》久郡に移ってきた可能性が見えてきたのである。

以下に、手紙と文献をまとめて記載する。

豊原北島神社の遷宮時期について（回答）

前略　先日は宇佐市民図書館に来館されまして、豊原北島神社の遷宮のことについての調査・相談を受けられたということをお聞きしました。宇佐神宮は度々の火災や戦乱により資料が余り残存していませんので、宇佐神宮から分霊を勧請した神社に

関する史料はないと思います。

さて、豊原北島神社の伝承では、人皇三十四代舒明天皇六年（六三四）に豊前国宇佐宮より長沼山に勧請されたとされているようです。しかしながら、宇佐神宮の八万神は、欽明天皇三十二年（五七一）、あるいは和銅年中に宇佐の地に出現したといわれていますので、豊原北島神社の伝承は余りにも古すぎて信用が出来ないと思います。

中島氏は延応元年（一二三九）に宇佐郡に入部したと伝えられています。先祖の中島氏が宇佐郡の出自であれば、この年以降に一族の中島氏が邑久郡に移られ、宇佐神宮の祭神を勧請《かんじょう》されたと解釈した方が合理的だと思われます。

お問い合わせの上記の事項については何も分かりませんが、参考資料のみをここに送付いたします。

以上が手紙の概略である。同封されていた参考資料文献にある中島氏についての記述の概略をまとめると次のようになる（文献は『宇佐郡地頭伝記』、尾立維孝著、明治四四＝一九一一年）。

中島氏　清原姓

鎮守府将軍　清原武則（出羽の豪族で、平安中期～後期の武人、前九年の役で阿部貞任を滅ぼし、その功で鎮守府将軍になる）

清原武則の十世の孫が尾張の国中島郡司となり中島姓を名乗る。中島左衛門尉宣長が承久の役で伊豆に流される。その後、赦されて延応元年（一二三九）宇佐郡高家郷の地頭に補し、中島城を築き、高家、乙咩、小長井を領す。

その後、足利尊氏、大内義弘、大友義鎮らに従い、中島統次が戦功により大友義統より宇佐郡司を授けられた。天正十五年（一五八七）三好秀次に従い薩摩を攻める。黒田孝高の命に背き孝高、長政に攻められ速見郡向野で中島統次は討ち死した、遺子鎮直は京都《みやこ》郡馬ヶ嶽に隠れ、のち帰村し家を興こし子孫が宇佐宮の武官となり連綿と続いている。

以上が『宇佐郡地頭伝記』の概略である。中島氏が宇佐郡高家郷の地頭になったのは延応元年であるが、「宇佐郡司を授けられた」のは天正一五年で、宇佐宮武官となったのは京都《みやこ》郡に逃れた後であるから、文禄・慶長年間よりのち、つまり江戸時代であろう。北島大明神に宇佐神宮より分霊され勧請されたのが一六〇〇年より後であれば、中島何某と北島神社の社家である中島家とが続くのは理にかなう。「中島姓一統家系」には、

氏神上寺山へ御遷宮アラセラレテ、長沼村ノ人、婦女・小児ナト参詣ニ路遠ク便ナラサルトテ別ニ氏神ノ勧招（請）セシニ、貧村ニテ宮ノ経営仕難ク折柄、中正寺ニ廃寺残リタル処へ先安置イタスヨシ、

と書かれている。長沼山の氏神（南島神社）は上寺山に遷宮して以来廃社になっている。この言い伝えから、長沼山より遷宮したのはそう遠い昔のことではない、と考えられる。

寛文六年（一六六六）、岡山藩主池田光政の命で本乗院の僧了（良）庸が還俗《げんぞく》して祠官《しかん》となったとき、中島家は帰農して神子《みこ》職となった。池田光政は儒教を重んじ大の仏教嫌いで寺院を多く取り潰したことで知られている。

神子職について

神社を離れて神子職となった中島家は「一の神子家」を称《たた》えた。かつて、神社の社家には祠官（神主）、禰宜《ねぎ》、神子（巫女）があってそれぞれ神社より扶持《ふち》米をもらっていた。神主と禰宜は今でも残っているが「神子職」は存在しない。現代の神社で働いている若い女性の「巫女」とはかなり異なっているようである。

神子職については、『今城《いまぎ》村史』のなかに次のような記載がある。

延宝三年（一六七五）九月書上　　神主　業合斎
一、正八幡宮　高八石七合　内
　三石弐斗五升　　神主　業合斎
　三石五斗壱升弐合　禰宜　助太夫
　三斗壱升五合　　禰宜　五郎兵衛
　九斗三升　　神子　甚左衛門

業合斎《なりあい》は業合家の初代で元和七年（一六二一）備中に生まれ僧籍に入り、上寺山余慶寺本乗院上八幡社僧（別当）となる。寛文六年（一六六六）、還俗し名を業合斎宮良庸と改める。

神子甚左衛門は一の神子家に同じ名前がある。

宝永七年（一七一〇）十月神社書上　邑久郡神職組頭上寺山
業合豊後
一、正八幡宮社領高八石七合五勺御下札頂戴　内
　三石二斗五升　　祠官　上寺山　業合豊後
　　（業合家二代目）
　三石五斗壱升弐合五勺　禰宜　上寺村岡崎孫八郎
　　（ほか四名の禰宜名）
　九斗三升　　神子家　北地村伝七母正一神子
　　（ほか六名の神子）

とあり五人の禰宜と七人の神子の名前が記載されている。ここから、神子職は神社より扶持をもらう職であったと考えられる。神子は当主の母もしくは妻が勤めたようである。「北地村伝七」とあるのは中島伝七郎（寛保三＝一七四三年没）のことと推定される。伝七郎は多四郎の甥であるという記載があり一の神子家であることから、「伝七母」とは多四郎の姉妹か兄弟の妻であろう。

友玄の文書にもどろう。

往古ハ氏子十三ヶ村ヲ主（司）トルニ、一家ノ巫ニテハ行届カサル処ヨリ分宅シテ二ノ神子ト称シ、又分宅トシテ三ノ神子ト称シ、各檀家ヲ分ツヨシ、二ノ神子ニ門前村ヲ譲リ、三ノ神子ニ五明村ヲ譲ル、其外村々俗家ノ女ニ巫業ヲ教エ檀家ヲ譲リシト也伝ヘ聞、

（中略）

氏子十三ヶ村ハ、神嵜村・長沼村・新村・濱村・川口村・新地村・射越村・門前村・五明村・北地村・上寺村・向山村・大富村ナリ、内神崎村・長沼村ハ氏子ヲ離シ、新村・濱・川口・新地・大富村ハ別ニ氏神勧招（請）ニテ半氏子トナリ、純氏子ハ射越・門前・五明・北地・上寺・向山ナリ、

首坊本乗院ヨリ毎歳白米三斗一合支来リナリ、其由縁ハ、本鎮守ハ本乗院構ヘノ時ヨリ支来リナラン、寺社相分リタレトモ古例ユヘ、今以テ替サルナルヘシ、

（「中島姓一統家系」）

これによれば、神子職は氏子にとって大切な役割をもっていたことがうかがえる。また神社の扶持米以外に首坊本乗院より毎年白米三斗一合が届いているのは、神社から離れたさいの由来によるのであろう。再び友玄の文書にもどる。

又神嵜村ノ俗家ノ女ニ巫業ヲ授ケ其村ヲ譲リシ処、後世ニ至タリ氏神ヲ勧招（請）セシニ、神主ナキ処ヨリ夫ヲ神職トシタルヨシ、今岡崎氏ノ祖ナリ、往古ヨリ今ニ至テ九月祭ニハ必ス一ノ神子ヲ招請シテ盃ヲ初メ、次ニ岡崎氏ノ巫女戴キ、其次ニ家主戴クコト例トナル、コレ師弟ノ義アル故ナリ、家主盃ヲ把ルコト遅キハ、巫ヨリハ後ニ祠官シテ両職トナルユヘナリ、又濱村神子尾坂姓ヨリ白米一升三合、正月元日古来ヨリ支来リナリ、其由ハ、元来女子ヲ引請巫業ヲ教ヘ、吾カ檀家ヲ譲リシナリ、其縁ニテ師弟ノ義ヲ以テ年玉トシテ毎年送リ来リ也、尓ルニ近世困窮ニテ送ラサル処ヨリ取リニ参リシニ、追々夫モ呉レ難キ処ヨリ一升三合ニ度々困リ、手間費ナルトテ甚蔵怒テ止ニケリ、予其事ヲ聞及ヒ、古来ノ由縁ヲ断チテハ例ヲ欽ルユヘ、甚蔵ヘ諫言イタシタレトモ終ニ止メニケリ、又多八郎代ニ濱村神子ト争論ニナリ、新地村ノ内仁橋ノ檀家濱神子ニ取レシナリ、後世ニ至テハ色々変化トナリ、往昔ノ恩ヲ省シサルコト不埒ノ至ナリ、

（「中島姓一統家系」）

文中の「甚蔵」とは一の神子の当主である。

ここから「神子職」の存在意義がおぼろげながら垣間見られるが、明治になって神子職は記録より消滅している。その理由はわからないが自然消滅というより何か政治的なものを感じる。

友玄の記載によれば、本家・中島家の祖である多四郎は一の神子家の中島伝七郎の伯父もしくは又伯父に当たるとある。一の神子家とは分家して以来縁戚関係はないが、総本家として認識していたようである。

第二章　中島多四郎友行

「中島姓一統家系」によれば、中島多四郎は「大祖多四郎」と記載されている。本家・中島《なかしま》家の祖というわけである。友行と諱《いみな》があるのは一の神子家より分家した名残りであろう。一の神子家の中島伝七郎の伯父もしくは又伯父と書かれている以外にはっきりとした記録はない。生まれ年は不詳であるが、没年は享保七年（一七二二）である。伝七郎の没年は寛保三年（一七四三）であるから、多四郎は伯父である可能性が高い。

中島多四郎(悟山智了)　享保七年（一七二二）一二月六日没
室　登里　上道郡竹原村神主、根岸氏より嫁した。
継室(秋岸妙詣)　宝暦元年（一七五一）六月一七日没
邑久郡下山田村の大工伊三郎より嫁した。塚は鳥居前にある。
（「中島姓一統家系」より抜粋要約）

多四郎は大工職であり、また隠居後には明王院に移り寺堂を思うままに建立したと伝えられている。塚は上寺山明王院内にある。

最初の妻は竹原村の神主根岸家より迎え、「故あって離別し」後妻を娶《めと》ったとされる。多四郎の墓のそばに姓名不詳の墓があるのだが、没年は享保一〇年一二月四日と読める。これは多四郎の没年より後である。ここで友玄の推測が記されている。つまり、この墓が先妻の墓であれば、多四郎より後で死んでいるので後妻を娶るはずがない。先妻は二児を出産した後、故あって離別したのであろう。その後、先妻は他家に嫁《とつ》ぎ多四郎死後に亡くなったので、息子の敬真法師が実母の墓を多四郎のそばに築いたのであろう、と。

多四郎には友三、敬真法師（敬真僧都《そうづ》）の二人の子供がいた。友三が家を継ぎ、敬真法師は上寺山明王院の住職となった。

友三は医者になったが、このさいのエピソードが友玄の文書に次のように記されている。

伝へ聞、父多四郎大工ニテ岡山石山寺圓務院へ雇ワレ行折柄、友三ヲ召連レ寺ニテ茶酌ナトノ小用ヲ勤メサスヨシ、扨又カノ寺内へ出入ノ医者アリ、コノ医者連皈リ医業ヲ教ヘシト也、予案スルニ、又多四郎友三ヲ召連レ行コト、多四郎先妻死タルカ又ハ離別シタルカニテ、友三ノ置処ナク連行コトナルヤ、又ハ継母ニ托シ置コトヲ心配ニ思ヒ連行コトニヤ、人情ヲ押テノ考ナリ、
（「中島姓一統家系」）

多四郎が息子の友三を連れて円務院へ仕事に行ったことを、離別し後妻を迎えたため継母に託すのを心配して連れて行った、と友玄は推測している。

「石山寺円務院」とは、常住寺円務院のことである。常住寺円務院は宝永四年（一七〇七）に池田綱政が建てた天台宗の寺で藩主池田家の祈禱所であった。現在のＮＨＫ跡地や山陽放送のある辺りである。当時の地図によると西の丸と本丸の間にあり、東側に光政の建てた池田家祖廟がある。絵図によれば、屋敷は寺院と座敷がある広大な建物で池らしきものと渡り廊下が画かれている（『絵図で歩く岡山城下町』）。

年代より考えて、多四郎は建築当初より携わっていたと考えられる。出入りの医者に見込まれて医者になることを勧められたのは友三が聡明な子だったからであろう。

第三章　中島友三（医門第一世）

友三は多四郎の長男として貞享二年（一六八五）に生まれた。次男の敬真法師は明王院の住職となったのに対し友三は医者になった。四女の婦妓は神子となり二の神子と称する家へ嫁《か》した。中島孫大夫の室である。

友三（祥雲桂徳）　宝暦七年（一七五七）九月二十日没　行年七十二歳

室　幾久（寂蓮智光）　安永六年（一七七七）六月十日没　行年八十四歳

長男　元古（注：玄古のこと）　医者となり分家した。従って医門二世・家門一世と呼んでいる。

二男　吟三郎は祖母の里竹原村の根岸家の養子となり神主職を継いだ。

三男　敬快阿闍梨　上寺山明王院の住職となる。塚は明王院内にある。

五男　猪十郎家を継ぐ。　（「中島姓一統家系」より抜粋要約）

「中島姓一統家系」によれば、友三をもって医家の祖（医門第一世）としている。半農半医で閑なときは農業をしていたと伝えられている。友三のことは前章の医者になるエピソード以外に記録はない。また文書、器物の遺品もない。次の代の玄古のとき分家したからである。なお、妻は邑久郡藤井村の万代家より嫁した。

第四章　中島玄古（医門第二世）

玄古《げんこ》は友三の長男として正徳五年（一七一五）生まれた。

中島玄古（徳寿総実）　寛政元年（一七八九）六月六日没　行年七十四歳
室　尹和（栄室智盛）　宝暦三年（一七五三）六月二日没　行年二十八歳
継室　登良（瑤林妙薫）　宝暦七年（一七五七）六月二十五日没　行年三十歳
継室　左和（鶴林妙樹）　安永五年（一七七六）五月十三日没　行年四十五歳
（「中島姓一統家系」より抜粋要約）

玄古は医門二世とされ、父である友三は半農半医であったのに対し、本家より分家して専業医家として独立し、現在の地（中島医家資料館の所在地）に居を構えた。分家した年代ははっきりしないが、友玄は次のように推測している。

明和七庚寅《一七七〇》四月三階土蔵普請帳アリ、宝暦十年《一七六〇》辰ノ配剤帳アリ、年齢凡四十四五才ニ当ル、コノ時分分宅シタルモノナランヤ、

（「中島姓一統家系」）

玄古名の記載のある重箱の外箱には、宝暦九年（一七五九）と書かれている。玄古四四歳頃のものであり、おそらく分家した時期のものであろう。

玄古は分家のさいに、伊勢講本家と組替わりしている。その理由を友玄は次のように推測している。

伊勢講本家ト組替リシコトハ、モト大講ト唱ヘ、役家或神主・神子其外大家ノ講組ナレハ、弟猪十郎農業ニテハ心労多カルヘシトテ、講ヲハ玄古持テ分宅スル也、弟ハ百姓組ヘ入ヘシトテ、講組カワリシ也ト聞伝フ、

（「中島姓一統家系」）

また、玄古の代に北島神社参道近くの鳥居下の墓地も求めている。墓地内には本家の墓も入っているが（猪十郎・多四郎後妻）、当時本家には墓地がなかったと友玄は書いている。

さらに玄古は、安永八年（一七七九）六四歳で藩から苗字帯刀の御免を受けている。

家族構成に話をもどそう。室の尹和は邑久郡浜村幸田屋藤五郎娘で、姓は阿部氏である。次男の通三が医者となった。中島家蔵書のなかに『十四経和語鈔』（全六巻）の写本があり、中島玄古・通三親子が筆写した旨が巻末に記されている。明和五年（一七六八）のことであり、玄古五三歳、通三二〇歳のときである。残念なことに通三はこの五年後に二五歳で亡くなっている。通三の戒名は「唯如幻空」で、弱冠二五歳の後継者を失なった玄古の悲しみが戒名にあらわれている。

最初の継室である登良は先妻尹和の妹である。

登良の子である権律師教忍は上寺山明王院の住職となった。登良の墓は前述の鳥居下ではなく吉祥院内にある。友玄は里の檀那寺だからだろうと推察しているが、姉の先妻も同じ家なので理由ははっきりしない。

次の継室は左和という。

しかしこの左和も四五歳で亡くなってしまう。墓は前述の鳥居下である。亡くなったときに、知加一二歳、義三郎七歳（のちの医名・貞侃《ていかん》）、恵吉二歳（のちの医名・宗仙）の幼い子供三人が残され、玄古は六一歳であった。玄古は年齢的に次第に医業を続けるのが難しくなってきていた。

七女、名ハ知加、玄古老テ医業継キ難キヲ患ヒ、岡山ヨリ養子ス、名ハ奥悦也、知加産後死テ奥悦去ル、（「中島姓一統家系」）

玄古は六〇歳をすぎて後継者がなかったので、七女の知加に岡山より奥悦を婿養子として迎えた。しかし知加は一八歳で産後の肥《ひ》立ちが悪く亡くなったので奥悦は去った、というわけである。天明元年（一七八一）頃である。玄古の晩年は不幸続きであった。

自然、後継者は幼い義三郎（のちの貞侃）、そして恵吉（のち

の宗仙）の二人に絞られることとなった。
なお、左和のあとにムラ（武良）が継室となるが、ムラについては次章にゆずる。

第五章　中島宗仙（医門第三世）

武良の貢献

中島宗仙《そうせん》は玄古の一〇男として安永三年（一七七四）生まれた。幼名は恵吉、名は世賛、字は子述といった。宗仙とは医名である。
恵吉（宗仙）が一六歳のとき父玄古が亡くなったが、兄である貞侃《ていかん》が医業を継いだ。貞侃が医業を継いでいた間、恵吉は西大寺の河野意仙に就いて医を学んだ。しかし兄貞侃が寛政九年（一七九七）に亡くなったため家にもどり開業した。二四歳のときである。かたちとしては貞侃が医門「第三世」、宗仙が「第四世」とされるべきところなのだが、貞侃が早世したためか、友玄は宗仙を「第三世」としている。

九男　義三郎　医名貞侃（泰道里覚）　寛政九年（一七九七）九月十四日没　　行年二十八歳。

（「中島姓一統家系」より抜粋要約）

友玄がまとめた「配剤謝義受納留記」（慶応二年）には「寛政元年（一七八九）玄古卒嗣子貞侃二〇歳」と書かれ、寛政八年までの八年間の診療記録が残っている。

父・母・姉・兄と相次いで亡くし一人となってしまった恵吉（宗仙）に対し、四二歳の役介女《やっかいじょ》ムラ（武良）は母親代わりとして家を切り盛りしたと「中島姓一統家系」には書かれている。

宗仙は寛政一二年（一八〇〇）岡山藩医木畑貞朴の譜代弟子願いをし、享和元年（一八〇一）まで京都に遊学して吉益周介南涯先生に就いて古方を学び、そのほか産科・外科へ入門して医術を修業したという。

友玄の「配剤謝義受納留記」には寛政九年（一七九七）の項に「九月十四日貞侃卒弟宗仙二十四歳にて嗣世」と記され、翌一〇年「宗仙世歳二十五」と記している。また寛政一二年より享和元年まで「京学中ユヘニ治療ナシ」と書かれている。中島家は宗仙の京遊学中、医院を閉めていたのである。この間のムラの頑張りが御上（藩）に聞こえ「文政十亥年（一八二七）御上ヨリ御褒美トシテ御米五俵頂戴ス」ることとなった。当時、孝子・節婦・義僕の表彰は米三俵が普通であったので、「米五俵」は格外の御沙汰であったと伝えられている。

宗仙ハ其節猶若年ニテ、跡家相続甚タ危ク相見エ候処、種々身心ヲ労シ宗仙ヲ成長致サセ、岡山又ハ京師へ遣シ、医業ヲ学ハセ、諸作之無指支様女ナガラ甲斐々々敷取斗、其所ヨリ宗仙モ追々医業宜相成、療治発向致シ、終ニ苗字ヲモ御免被成、中奥勝手向モ取直シ家名相続致シ候モ、其謂レ全ク武良数十年之勲功顕レ候様子ニテ、其実意厚ク、至テ奇特之趣ニ相聞候、仍テ為御褒美御米五俵被下候、

（「中島姓一統家系」）

関連する情報はないか、「配剤謝義受納留記」に記載されている中島家の年間患者数と収入を調べてみた。享和元年（一八〇一）上半期（七月分）は、京都遊学中で収入患者数はゼロであった。それが、宗仙が帰郷し診療を再開すると状況は一変する。

享和元年
　十二月分　八百一匁、八十二軒
享和二年
　七月分　三貫二百十七匁、二百五十軒
　十二月分　二貫九百六十二匁、二百五十一軒
享和三年
　七月分　五貫八百匁、三百九十五軒
文化元年
　七月分　三貫五百四十匁、二百六十六軒
　十二月分　四貫四百六十匁、二百八十九軒

（「配剤謝義受納留記」）

帰郷し診療を再開したのち着実に収入、患者数とも伸びている。さらに一〇年後の文化八年（一八一一）には五貫一六六匁、三七九軒（七月分）であり、京遊学前の寛政一〇年（一七九八）七月

分は二貫一二〇匁、一四〇軒と比較すれば遊学の効大である。また、それを陰で支えたムラの功も大である。

継室　邑久郡大冨村ノ人、俗名ムラ、後ハナト改ム、今権九郎ノ義母ノ姉也、コノ人廿一才ノ時下女奉公ニ来リ、知加・義三郎・恵吉ノ三人ノ幼稚ノ世話ヲイタシ、玄古モ其神妙ナルヲ感シ、又ムラ女モ子供ノ名ズクコトナレハ他エ嫁スルニ忍ヒサルヨシニテ、玄古コレヲイタワリ、役介人ニ願込、生涯ヲ遂ク、

（「中島姓一統家系」）

ムラが中島家に奉公したのは、左和が亡くなった安永五年（一七七六）二一歳のときであった。ムラは長命で天保一一年（一八四〇）六月一一日に亡くなっている。行年八五歳。六四年の長きにわたり中島家に尽くした。墓は子供がなかったので遺言により大富村の両親の墓地に葬った。友玄の代である。文政一〇年（一八二七）に表彰されている。ムラ七二歳のときである。ムラのことは邑久郡善行録（『今城村史』）に載っている。

また「配剤謝義受納留記」には、文化元年（一八〇四）の記載に朱筆で「今年より配剤記大半母の書なり」と書かれている。友玄の母つまり宗仙の妻のことである。宗仙は三一歳のとき妻を迎えた。享和三年（一八〇三）である。名はタキ（多喜）という。西大寺山口伊八郎の娘で二四歳であった。山口家は西大寺新町にあり、屋号が「亀屋」という紺屋職である。

長崎遊学と業合大枝の賛

その後、宗仙は三六歳で御上より苗字御免を賜った。そして文政二年（一八一九）四六歳のとき、肥前長崎に遊学した。

友玄の「配剤謝義受納留記」の文政二年の項に朱書で「宗仙四十六才ニテ長崎へ遊学」とあり、さらに朱筆で「宗仙崎遊学ニテ留主中作州百々村ノ草刈監二ト云フ門人引請治療致候」とある。宗仙は門人に後を託し四六歳の春三月二二日、さらなる医学研究のため長崎へ旅立った。

『長崎遊学者事典』（平松勘治著、淡水社）によれば、中国地方からの遊学者は九州に次いで多く、中島宗仙もその一人として数えられている。

宗仙が愛用していたと思われる屏風が残されている。関連する記録は残っていないが、「思われる」とした根拠は屏風に表装してある文書、絵画、そして筆跡の比較などからである。そのなかに業合大枝《なりあいおおえ》が宗仙の長崎遊学出立のさいに、餞《はなむけ》の言葉として送ったと思われる書があった。神社の祠官らしく万葉仮名で書かれた美しいものである。内容から察するに、出立のときの壮行の宴に業合大枝が招かれ、餞の言葉として送ったものだろう。これを業合大枝の五代後の子孫業合隆雄氏（現：北島神社祠官）に現代語訳していただいた。大変面白い文である。

中島氏が火の国九州の長崎へ行かれる折詠んで奉った歌なら

びに短歌二首

玉ちはふ遠い神の御代に大名牟知の神、少名彦名のお二方の神のおはじめになったという医術の業をこの世の中に継ぎ伝え来て医師の人たちの国の内に沢山おられ、医術の理論や術が様々に沢山述べられているけれども、その医術の道の真理を伝える人は稀である。中島氏の代々研鑽された術や理をうけつがれたあなたは、若年より心を尽くし研究をし尽くされて世の人が草の中に伏すように床に伏せって愁い嘆いているのをちょうど山菅（かやにた草）の根元の方を狐がとびはねて振り返って見るように、何度も何度もたずねて治療に当たられたので世の中の人は泣く子が親をしたうように慕われ大船に乗ったように頼もしがられていたことだ。

春の桜の美しく秋の満月の過不足のないそういう医徳に満足しないで今は医術の道のほどを奥深く極めて見ようと思われて九州のはての長崎に行かれて医術を調べられ　阿蘭陀の医術の業をくわしく学ばれると三月の二〇日　旅衣の袖を振り合いながら出発せられるのを人々と共に私もいっしょに中島家に集って氏との別れを惜しんだことだ。

また、宗仙が出立にさいして詠んだ歌に対する業合大枝の次の返歌《かえしうた》も残されている。

馬のつめ筑紫のはての長崎に　長居はせずやはや帰りこね

家のなりに心筑紫の旅なれば　道の巷の神も守らん

宗仙の「筑紫行雑記」と長崎土産

この長崎遊学のさいの宗仙自身の手による紀行文「筑紫行雑記」が残されている。同行三名による下関までの陸路および海路の記録であるが、同行三人の名前ははっきりしない。また、紀行文は長府の赤間関を越えるところで終わっている、その後の長崎での動向がはっきりしないという点はあるものの、当時西日本を中心に医師たちの間で広く行われた長崎遊学の実像の一部を垣間見ることができる貴重な記録であろう。詳細は、拙稿「中島宗仙の「筑紫行雑記」について——文政二年一医師の長崎遊学日記——」（『日本医史学雑誌』第五四巻第四号、二〇〇八年）を参照。翻刻文は別に掲載する（二五一頁以下参照）。

長崎遊学については、多くの蘭学関係の写本が残されている。タイトルを以下に掲げる。

阿蘭陀流取油法
阿蘭陀流薬味集
阿蘭陀外科目録
紅毛流吉雄伝水薬方
由斯児抜粋救溺論
布剣《ブレンキ》吉金瘡篇
布剣《ブレンキ》吉外科

布剣《ブレンキ》巳外科骨病論
布剣《ブレンキ》吉梅毒薬剤篇
崎陽吉雄献作先生膏油水方書
ホイスホイチレーキ、ウオルテンブック
此昼之薬品薬
三字話
蘭薬訳解

また、二個の空瓶とギヤマンのコップが残っている（口絵写真4・5）。写本のなかに「三字話」というものがあるが、内容は中国語の熟語辞典である。おそらく長崎での買い物その他交渉事は中国人を経て行われたのではないかと思われる。

「阿蘭陀流取油法」も面白い写本である。蒸留装置のような図に抽出物を受ける瓶が描いてあるが、これが土産の瓶（阿蘭陀の蒸留酒ジュネバー＝オランダジンの原酒）とそっくりなのである（図1・2参照）。推測するに、宗仙はこの瓶を見つけるなり「備前に持ち帰って阿蘭陀取油法を試してみよう！」と思ったのではあるまいか。

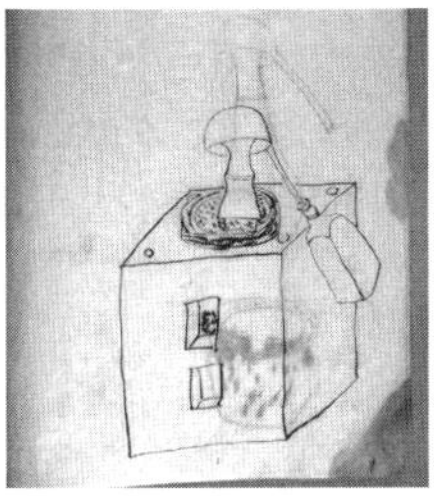

図1
「阿蘭陀流取油法」挿絵

図2
ジュネバーの入った瓶

その後の宗仙の生涯

その後、ますます医業は盛んとなり、御上（藩）より御目見医者を仰せつかったが固辞して受けなかったと伝えられている。

凶年ナドニハ村民ハ勿論他村ノ貧民へ米麦或ハ金子ヲ以テ救ヒタルコト度々アリ、
（「中島姓一統家系」）

宗仙は中島家中興の人である。子供の頃から父をはじめとした多くの家族を失ない、兄貞侃が二八歳で亡くなったとき宗仙は天涯孤独となった。さらに、家を継いだが若年ゆえに家業おぼつかなかったが、武良《ムラ》の助けもあり、多くの苦難をくぐり抜けて家を再興したのである。

中島宗仙　精勤逸総居士　天保十一年（一八四〇）正月二十九日没　行年六十七歳

第六章　中島友玄（医門第四世）

友玄と後継者問題

中島友玄《ゆうげん》は文化五年（一八〇八）、宗仙《そうせん》の長男として生まれた。幼名八百吉、のちに金吾と名を改めた。名は玄之、字は又玄。父に従って医を学び、文政一三年（一八三〇）二三歳のとき岡山藩池田信濃守御医者武井養貞の譜代弟子となった。母の名はタキ（多喜）、西大寺山口伊八郎の娘である。伊八郎は亀屋という屋号の紺屋職であった。

天保四年（一八三三）二六歳のとき京都に遊学し、吉益北洲に古医方を、小石元瑞と藤林泰祐（普山）に西洋医方（蘭学）を学んだ。また奥道逸の門人である緒方順節と清水大学に産科を、高階清介（華岡青洲の門人）に外科を学んだ。友玄の京都遊学は「京遊備忘」と「京遊厨費録」に詳しく書かれている。友玄は一旦帰郷するが、二年後、再度京都にもどり遊学を続けている。

天保六年（一八三五）登和と結婚した。九番川口屋佐之介の次女で、同年長男玉之介（医名・玄章《げんしょう》）を生んだ。そのとき登和は一七歳であったが、二年後、一九歳で亡くなっている。天保八年（一八三七）のことであった。友玄が再度上京したのはその後のことである。

長男玉之介（玄章）は医門第五世とされているが、中島家当主となった記録はない。ただ友玄が安政三年ころに隠居して上寺に検草亭《けんそうてい》を建てたとの冊子が残されている。しかし安政七年（一八六〇）に玄章が亡くなったので、友玄は検草亭を屋敷地内に移し再度現役に復帰したようである。検草亭は現在の屋敷地（中島医家資料館）の南東の角《かど》にあった。紅葉の大木があるところである。

明治の始めころに書かれた絹画があり、中島家の屋敷地風景のなかに検草亭らしき建物が描かれている。中島家屋敷地図（「主人生歳戊辰木性」とあり、戊辰は文化五年で友玄の誕生年である）にも同じ場所に書かれている。

友玄はその後、野宮佐右衛門の長女ヒデ（のちに千代）と結婚した。野宮家は倉田の中島の出で、鴨方《かもがた》藩池田信濃守家臣で姓は小山氏、野宮は家臣となって主君より拝領した姓である。この倉田の小山氏は二世玄古の後妻の里と同じであり、このたび重縁となる。ヒデ（千代）は次男升之介を産むが、四歳のとき疱瘡で死亡（天保一五＝一八四四年）、長女梅も二歳で没してしまう（弘化二＝一八四五年）。

弘化元年に生まれた次女比佐には、磐梨《いわなし》郡沢原の木梨元貞の弟順策を文久二年（一八六二）に婿養子として迎えた。木梨家は磐梨郡（現・赤磐《あかいわ》郡）の郡医で名門医家に数えられる。比佐は一女和歌野を出産したが、元治元年（一八六四）一九歳で亡くなったため、順策は去っていった。比佐の死により縁を失ったのを惜しみ、友玄は墓にそのことを次のように誌《しる》している。

又玄以木梨元貞弟順策為　養子妻之比佐死而順策去

加えて、和歌野も五歳で亡くなってしまう。

順策はその後、金川《かながわ》の難波家（難波抱節の本家筋に当たる医家）の養子となり六世を継いでいる。これは筆者の伯父板津謙六氏が調べたもので彼の手紙より判明した。

友玄の三女満佐（末佐）は嘉永四年（一八五一）に生まれている。満佐は明治元年（一八六八）、東幸崎村の医者廣井寿庵の末子玄庵（幼名：武右衛門・寿松、医名：哲《たもつ》）と結婚した。哲は文久二年（一八六二）に中島友玄の養子となっている。これは哲の父寿庵が安政二年（一八五五）疫病で亡くなったため、末佐との結婚を前提として養子にしたようである。

次女の比佐に木梨順策を婿養子としたのは文久二年であり、末佐が哲と結婚したのは比佐が亡くなってから四年後の元治元年（一八六六）のことで、哲は射越《いこし》村の和田家の名跡を継ぎ同村で開業した。

友玄は明治二年（一八七〇）、哲（玄庵）と玄章の長男良民（友玄の孫）を閑谷《しずたに》学校に入学させ、引き続き岡山医学館へと進学させている。

以上の経緯を整理すると、後継者の長男である玄章を二五歳で失った友玄は、まず次女比佐に木梨順策を婿養子として迎え中島家を継がせた。しかし比佐が亡くなって順策が去ったので、今度は三女末佐に婿養子として哲を迎え、和田家の名跡を継がせ射越村で開業させた。同時に孫の良民を医者にして中島家を継がせ、和田哲を後盾《うしろだて》にして中島家の安泰を願った、というわけである。

しかしながら、ことはそう上手《うま》くはいかなかった。哲と良民を閑谷学校と岡山医学館に学ばせたが、良民はどうも卒業できなかったようである。

このことは明治二年（一八六八）に友玄が書き残した「閑谷入学諸事留」に詳しくふれられている。このままでは五代続いた中島医家が絶える。友玄は哲と良民を入れ替えることを考えた。中島家と和田家との当主交換である。この詳しい経緯については中島哲のところで記載する（第八章二八～三〇頁参照）。

友玄の京都遊学

話を友玄の若いころにもどそう。友玄が書き残した史料に「京遊備忘」と「京遊厨費録」がある（図3・4参照）。

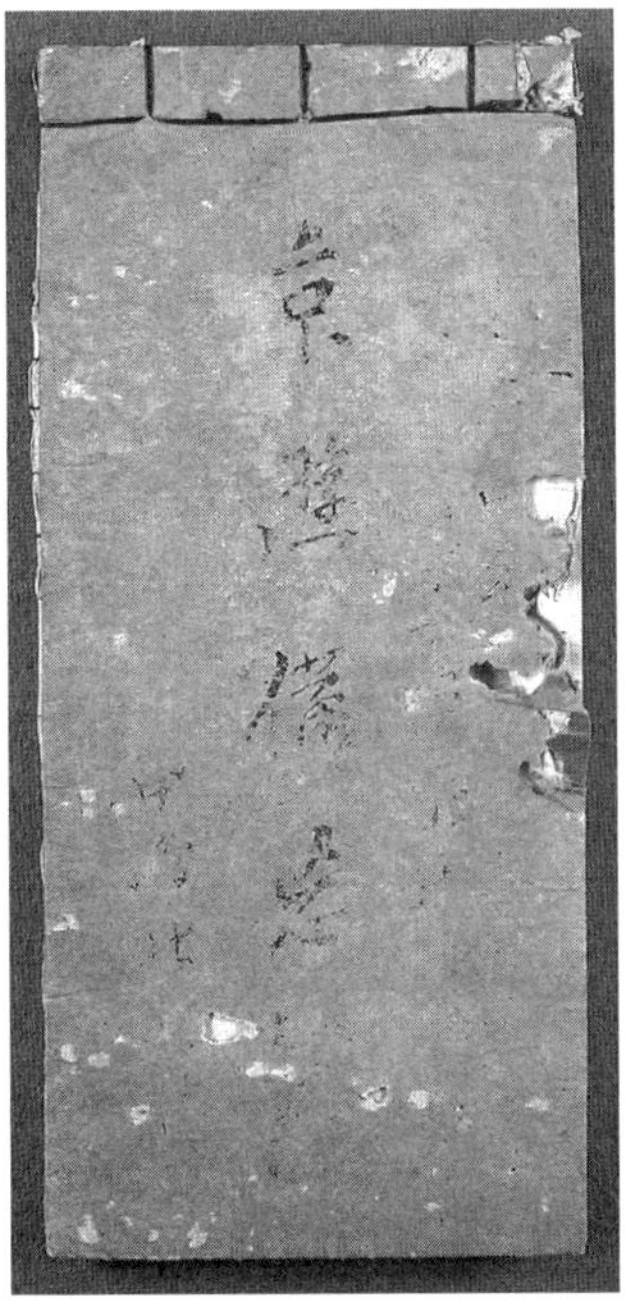

図3　「京遊備忘」表紙

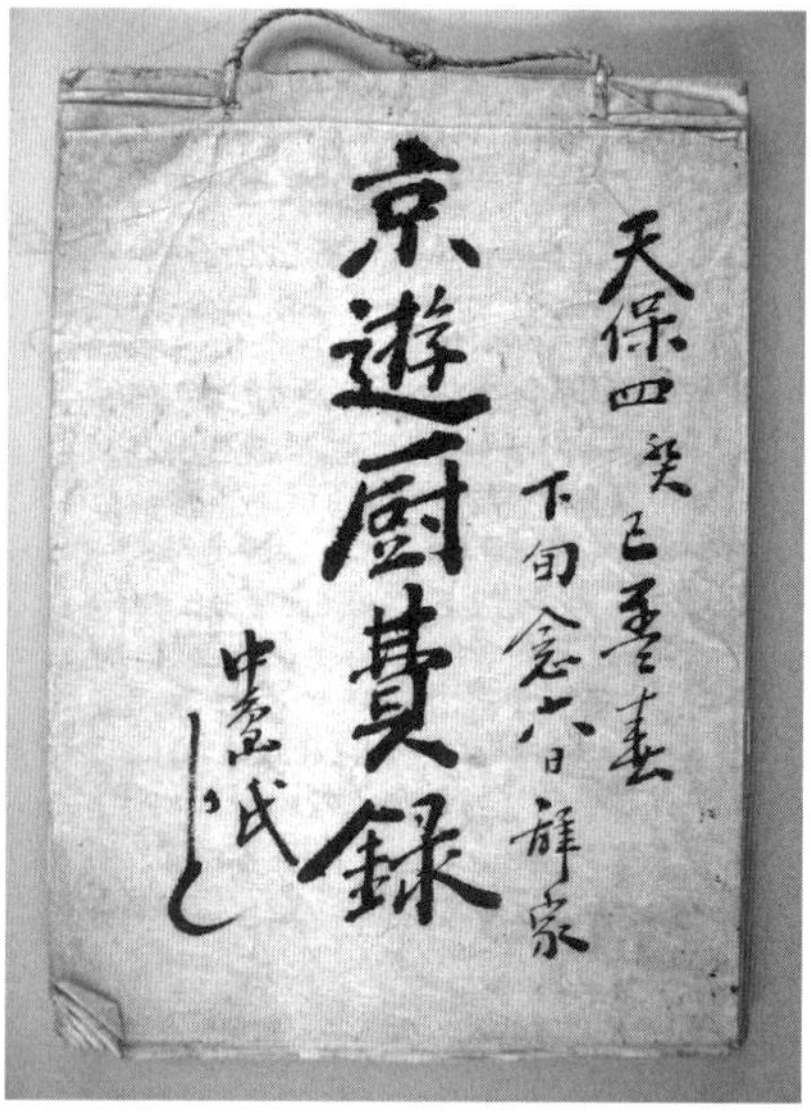

図4　「京遊厨費録」表紙

これは天保四年（一八三三）、友玄が二六歳のとき京都の吉益北洲・緒方順節・小石元瑞・藤林泰祐（普山）らに入門し医学を学んださいの日記と会計簿である。何月何日にどこで誰に会ったのかや、書物だけでなくありふれた日用品の購入の記録まで事細《ことこま》かに書かれている。これに上京中に宗仙が送った書簡とあわせると、一年間の友玄の日常生活の詳細がよくわかる。全文の翻刻をそれぞれ二一九頁以下・二三六頁以下に掲載した。

地方の医学を志した当時の若者たちが京都でどのような生活を送っていたのかを垣間見ることができるものである。そのなかから、京都で購入した書物の一覧を次に掲げる。

書物覚

一、三百弐拾文　傷寒論
一、三百拾文　金匱要略
一、百六十文　京都人物誌
一、金壱歩壱朱弐百文　内科撰要
一、銀六匁五分　小刻温疫論
一、百七拾文　和蘭医話
一、銀拾八匁　産科發蒙
一、金壱両弐歩弐百文　名物考

友玄の帰郷

京都遊学の詳細については、本書収録の「京遊備忘」「京遊厨費録」および拙稿（「中島友玄の京都遊学日記（一）～（四）」、『医譚』復刊八八～九一号、二〇〇八～一〇年／「中島友玄の京遊備忘　其の一・其の二」、『医譚』復刊九六・九七号、二〇一三年）などに譲る。ひるがえって郷里では父宗仙が友玄の帰郷を心待ちにしていた。宗仙書簡(五)に友玄の帰国を促す文面がある（二三四頁参照）。

然ば来春まで遊学致されたき旨、書状申し越され承知致し候、乍然吉家論講は一通り御聞き、追々研究致さるべく、産科は奥術師伝より早速相済し候の事と存ぜられ候、蘭学は初心にては一寸研究成しがたく、是も追々の事と存ぜられ候、花岡内術も格別の秘術も之無と存ぜられ、何様盆前又は盆後迄には一先是非に帰郷可被致、若修業半途に相成り候はば、その上にて又々直ちに再遊致さるべき様存じ候、右の段能々相究、委曲御

申し越し成さるべく候、　（読み下し）

友玄は父に来春まで勉学したい旨手紙で知らせた。それへの返事である。吉家とは吉益会のことであろう。「蘭学は初心者には簡単ではない、華岡内術はさほどの秘訣でも無いと思う、いずれにしても追々勉強すればよい、盆前後にはひとまず是非帰郷するように、もし続けて研究したければまた再度上京して勉強すればよい」といった内容である。

友玄の返事は残っていないのでわからない。ただ、友玄は父から帰郷するようにいわれていることを日記には全くふれていない。また父もなぜ中途で帰国を促すのか、その理由も明記していないが、さらに宗仙書簡（六）でも帰郷を督促している（一二三四頁参照）。

然れば、帰国の日限急便に先だって御申し越し成さるべく候、扨又この度用意金三両三歩、南鐐しめて数三十指し登し申し候、太兵衛殿より御受け取り成さるべく候、先得御意度これの如に候、　（読み下し）

帰国の日時を急便で知らせるように、そのための用意金を送る、というわけである。八月二六日付の書簡であるからもう盆は過ぎている。さらに九月四日付の宗仙書簡（七）に送金の旨と安否をうかがう文面がある（一二三四～五頁参照）。

一〇月一二日付の次の宗仙書簡（八）は飛脚便を使っている（一二三五頁参照）。

急飛（注：飛脚便）を以って申し遣わし候、時下寒冷の節に候処、弥以《いよいよもって》御障りなく候哉と存じ居り申し候、然者先月本乗院主帰山の節、併せて書状差し越され候に付き、何角と承り、弥先月下旬迄に帰郷致し候様申し越され相待ち居り申し候処、当月に相成り候ても、下向致されず甚だ家内一統大心配致し居り申し候、右に付きこの度、乙子、利八子相頼み、迎に指登申し候、片時も早く、下向致されるべく候、委細は同人へ申し含め遣わし候、得与《とくと》聞届らるべく候、何様、長逗留故当方世評も宜しからず迷惑致候、何かと指し置き、利八子同道にて急々出立下向致さるべく候、右の段申し遣し度、甚だ指急荒々認め是の如くに候、　（読み下し）

今度はかなりきつい調子で帰国を迫っている。乙子村の利八の子供を迎えに遣《や》るといっている。

さらに宗仙は北島神社の神主業合大枝に書状を書いてくださるよう頼んでいる。その書状の宛名は中島宗仙であるが、内容は友玄宛てである。

さて御学術ハ勿論、其外も何角よき御楽可多と、さて丶丶御浦山敷、生田良右衛門など丶、折々御噂仕候。しかし長居ハおそれ有と申候へハ、大抵ニ被成候共、御帰り可被成候。御両親様ニも殊之外御案之様ニ相聞申候。先一度ハ御帰省も可然奉存候。

宗仙は友玄があまりにいうことを受け入れないので、高名な国学者である業合大枝に説得を依頼したというわけである。

父宗仙がなぜ帰郷を急がせているのか、その理由についての記録はない。ここからは筆者の推定であるが、友玄の結婚問題ではないだろうか。友玄の室登和は一七歳で結婚し、一男玄章を生み天保八年（一八三七）一九歳で死亡している。これから逆算すれば天保六年に結婚したことになる。友玄が再度京で遊学したのは友玄の履歴書によれば天保八年である。この帰郷の間に結婚、長男誕生、妻の死亡を経験し再度京都に遊学している。

帰郷に関する日記の記載は少ない。以下に「京遊備忘」より帰郷に関する記述を抜粋する（二三一頁参照）。

八月二七日　晴れ、昼、福田屋へ行き国元へ送る荷物と書状をまとめ、夜、成願寺に運ぶ。
八月二八日　晩、真如堂へ荷物を運び、法泉院に泊まる。
九月四日　恭造と夜に帰り、銭屋で宴会。
九月五日　吉田山に登り蕈《きのこ》を採る。夜銭屋で入浴し、また宴会。
（読み下し）

ここで日記は終わっている。

以上で中島友玄の京都遊学の日記についての言及を終わる。備前岡山の地方から二六歳の青年が京都で勉学に励み、その下宿生活を赤裸々に記した「京遊備忘」と「京遊厨費録」は後世に残された貴重な記録である。友玄は明治九年（一八七六）六八歳で生涯を閉じるが、晩年の「種痘諸事留」（後述）は、幕末から明治にかけての地方の種痘史を記録したもので、これらの文書は青年時代の筆まめが生涯を通じて衰えなかった証左であろう。

最後の御目見医

弘化二年（一八四五）三月二五日、友玄は三八歳で苗字御免となり、また嘉永六年（一八五三）五月一八日、四六歳にして岡山藩より御目見医者を仰せつけられる。

友玄が御目見医になった嘉永六年より慶応元年（一八六五）までの登城記録が「御目見医出頭記録」である。和紙二枚の文書で覚え書のようである。

これがすべてとは思えないが、嘉永六年六月より御一新後の明治二年（一八六九）まで三九回の出仕が記録されている。それを次に掲げる。

①御帰城御礼　嘉永六年丑　六月　一日
②年改御礼　嘉永七年寅　正月　三日
③御発駕　嘉永七年寅　正月二　十日
④御皈（帰）城御礼　安政二年卯　正月二十三日
⑤御帰城御礼　安政二年卯　二月　一日

⑥年改御礼　安政三年辰　正月　三日（不快）
⑦御発駕　安政三年辰　九月　二日
⑦御皈《帰》城　安政四年巳　五月二十三日
⑧御皈《帰》城御礼　安政四年巳　六月
⑨年改御礼　安政五年午　正月　三日
⑩御発駕　安政五年午　四月　三日
⑪御帰城　安政六年未　三月　二日
⑫御帰城之礼　安政六年　三月　三日
⑬年改御礼　万延元年申　正月　二日
⑭発駕　安政七年申　三月
⑮御帰城　文久元年酉　五月
⑯御帰城御礼　文久元年酉　六月　三日
⑰年改御礼　文久二年戌　正月　三日（捧物停止）
御発駕事
⑱年改御礼　文久三年亥　正月　三日
⑲御入国　文久三年亥　六月十　二日（不快）
⑳御入国御礼　文久三年亥　六月二十一日
㉑御発駕　文久三年亥　七月十　一日
㉒御皈《帰》城　文久三年亥　十月二　十日
㉓年改御礼　元治元年子　正月　三日
㉔御発駕　元治元年子　二月十　九日
㉕御帰城御舟　元治元年子　四月十　六日
㉖御帰城御礼　元治元年子　五月　五日
㉗御出馬　元治元年子十二月　八日
㉘御帰陣　元治二年丑　正月　元旦
年改御礼事
㉙年改御礼　慶応二年寅　正月　三日
㉚御発駕　慶応二年寅　十月　七日
㉛御皈城　慶応二年寅十二月十　五日
㉜年改御礼　慶応三年卯　正月　三日
㉝御発駕　慶応三年卯十一月二十三日（御延引）
㉞年改御礼　慶応四年辰　正月（御不例）
㉟御養子御領　慶応四年辰　三月
㊱御入国　慶応四年辰　六月　十　日（不快）
㊲御入国御礼　慶応四年辰　七月（不快）

その他、「御目見医仰せ付け書」「御目見医御礼」「御目見医出仕仰書」「御目見医出仕断り状」などが残されており、岡山藩の御目見医の実際を垣間見ることができる。

先祖調べ

友玄は嘉永二年（一八四九）に「中島姓一統家系」と「中島親族支系」を著わしている。それによると、一〇数年前より調査を続け嘉永二年にようやく完成し「放生会《ほうじようえ》」を行い先祖の供養をした、とある。仏壇の引き出しに「先祖代々」と書かれた軸があり、それには代々の戒名あるいは俗名が記されており、なかには中島家及び親族以外の姓名もあり、京で医学を学んだ緒方順節や漢籍を学んだ業合信庸（業合家五代目）などもあるので、前述の供養のさいに世話になった人たちも加えたのであろう。友玄にとって一世一代の大事業であったに相違ない。

「中島姓一統家系」は中島家が寛文六年（一六六六）、北島神社の社家より分家し、「一の神子《みこ》家」「二の神子家」「三の神子家」と分かれ、さらに一の神子より分家した中島本家より専業医家が分かれたことを友玄の代（嘉永二＝一八四九年）まで書きあげ、「中島親族支系」は初代多四郎より嫁いできた家を書き記している。中島家先祖に関する唯一の記録である。

この二点の文書によって家系のあらましがわかった。系図については別に中島一太《かずた》（第九章）が書いた「中島家系譜」がある。立派な巻物になっている。たぶん一太も友玄の文書を参考にしたと思われるが、決定的に違うのは「中島家系譜」には多四郎以前の神子職にふれていないことである。それは多分時代のなせる業《わざ》ということだろうか。

友玄の時代、先祖が神子職から分家したということはどちらかといえば誇らしく書かれているが、一太はそれを隠そうとしているのである。

「種痘諸事留」について

友玄は、慶応年間から明治九年（一八七六）にかけて、種痘活動を行っており、これに関して「種痘諸事留」など数点の文書が残されている。岡山藩への種痘館設立願いからはじまり、個人で行っていた種痘が藩から明治政府に移行していく流れを、在村医の立場から見たものであり、地方の医師たちの縄張争いや種痘認定の利害関係や賄賂、役所の態度等々、現在の世相と変わりない様子が克明に記されている。詳細については、本書収録の論文「中島友玄と岡山県邑久郡における江戸末期から明治初期の種痘」（木下浩）などに譲る。

製薬販売業——上寺月桂堂について——

中島家に残された古文書のなかに友玄筆と思われる覚え帳がある。それを次に列記する。

天保四年売薬諸事記（天保四＝一八三三年）
売薬銀札請取覚え（天保一五＝弘化元・一八四四年）
弘化二年売薬弘所姓名録（弘化二＝一八四五年）
高薬遣し覚え帳（嘉永七＝安政元・一八五四年）
配剤謝義受納（慶応元＝一八六五年）

これらの覚え帳を開いて見ると、いずれも「上寺月桂堂」とあり、中島家が邑久郡全域にとどまらず近隣郡にわたって広範囲に売薬業をシステマティックに行っていたことが判明した。そしてその薬は保存されていた版木と一致することもわかった。内容の詳細は本書収録の論文「事業者としての友玄——製売薬から見た中島家の家業経営——」（梶谷真司）などに譲るが、「配剤謝義受納」には中島玄古の時代（安永元＝一七七二年）より友玄（明治四＝一八七一年）までの患者軒（件）数と謝義高が盆と暮れの二回にわたって記載されており、世代交替・記載者名・通貨の変更などについても詳細に書き込まれている。また「弘化二年売薬弘所姓名録」にも邑久郡などの販売拠点と販売員の名前、謝礼・経費などについて言及されており、当時の地域医療を支えた売薬業の事例として、極めて興味深いものである。

版木について

蔵のなかに木箱いっぱいの版木があることは何となく知っていたが、さほど貴重なものだという認識はなかった。一〇数年前、順天堂大学医史学教室の酒井シヅ教授（現：同大名誉教授）を榊原病院の榊原宣理事長より紹介され、蔵の古文書や古書を見ていただいたとき、酒井先生に「これはとても貴重なものですよ」といわれた。

酒井先生指導のもとで法政大学大学院（当時）の中山学氏・黒澤学氏らの資料目録作りによって書籍・古文書および器物が解明されていった。器物はほぼ一〇〇点余りの版木が主体で「上寺月桂堂謹製」が多い。

資料目録編纂事業のかたわら内容の検討も行われた。帝京大学の梶谷真司先生（現：東京大学教授）が中島家の「売薬諸事記」を翻刻し、その販路を明らかにされたが、天保四年（一八三三）の売薬販路はほぼ邑久郡全域を含み、その一部は近隣の他郡にもおよんでいる。四代目の中島友玄の時代が主でかなり手広く営業しているのがわかった。版木の大部分は友玄時代のものであった。以上から、中島家の江戸終期における売薬業がおぼろげながらわかってきた。

友玄は多くの文書を書いたが、明治九年（一八七六）まで生存していたのに写真が残っていない。娘の末佐の写真と子孫から推測するのみである。養子の哲の写真もない。哲は肖像画が一枚残っているだけである。その風貌は孫の竣七によく似ている。五人兄弟が皆父に似ている。四男の板津謙六氏が少し違っているので多分似た顔立ちだったのだろう。性格は六代の一太と似ていたようである。しかし六代目は筆者が生まれる前に亡くなっているので文書から推察するのみである。

中島友玄（積功徳累居士）　明治九年一二月二四日没　行年七〇歳

第七章　中島玄章（医門第五世）

友玄の長男玉之介（医名・玄章《げんしょう》）は天保六年（一八三五）に生まれた。

母は友玄の最初の妻登和である。登和は九番川口屋佐之介の次女で一七歳、天保六年に結婚して玉之介を生み、同八年一九歳で亡くなっている。玄章本人も、万延元年（一八六〇）七月一一日に二五歳で早世する（戒名・芳心諄性）。

中島家当主のなかで若年に亡くなったのは貞侃・玄章の二人であるが、玄章は二五歳で一番若い。医師としての経歴は友玄の「回生鈎胞代臆」に産科医としての記録がある程度である（二一二頁以下参照）。

偉大な父友玄の影に隠れた存在だったのだろうか。しかしあれだけ筆マメな友玄が息子の記録を残さなかったのはいささか不審である。玄章が結婚したのはタカ（多加）といって友玄の姉の民（多美）の子である。民は平野屋庄一郎に嫁《とつ》いで一男一女を生んだが平野屋家の事情で離別し、一男正平を実家の中島に預けて西大寺の中野屋林之介に再嫁した。正平は一二歳のとき疱瘡《ほうほう》に罹《かか》り亡くなった。一女の多加は幼いころより事情があって里の中島家で養育されていた。玄章と多加は従兄妹《いとこ》同士である。

当時の中島家には玄章の子である二人の男児がいた。良民と正次郎である。のちにこの良民が中島家を継ぐのだが、結局医者になれなくて和田家を継ぐことになる。かなりややこしいのだが、詳しくは次章の哲《たもつ》でふれる。友玄の「中島姓一統家系」によると、次のようになる（抜粋要約）。

長男　良民　医者にならなかったため、和田家の継嗣哲と入れ替わり同家を継いだ。
室　蝶　尾張村の江川寿太の妹、良民死後、太伯村邑久郷の内田良朔に再縁した。
長女　東江　児島郡鉾立村の合田祥三郎に嫁ぐ。
長男　明徳　母に従って内田家に移り、成人となって家産を蕩尽し岡山市に居をうつした。跡継ぎはいない。
次男　正次郎　わけあって中島家で養育され、岡山藩臣村上庸義の娘里武と結婚し中島家に同居していたが、一太の代に屋敷を新築して移り住んだ。
子　正徳　夭折
実徳
治徳
秘夫
益子　西大寺の大森久に嫁す。
寿恵子

第八章　中島哲(医門第六世)

神童：廣井寿松

中島哲《たもつ》は天保一四年（一八四三）、医師・廣井寿庵の次男として生まれた。幼名は武右衛門・寿松といった。武右衛門は代々廣井家の継嗣《けいし》につけられた名前である。

廣井家の祖・孫八郎は幸島《こうじま》新田の干拓にかかわり、普請奉行として小田郡より移り住んだ。この新田開発工事は天和年間（一六八一～三）に着工し、貞享年間（一六八四～八七）に入植がはじまったようである。

哲は閑谷黌《しずたにこう》から岡山医学館に学び中島家を継いだのだが、幼少より神童といわれたようである。父寿庵は五歳の寿松（哲）をともない、業合大枝・篠崎小竹・藤沢甫・緒方洪庵などを歴訪し教えを聞き、大いにその将来を望まれたと伝えられている。寿庵は息子の神童ぶりが自慢だったのだろう。彼が神童であったことは五歳のときに業合大枝より贈られた書に詳しく書かれている。

それによると三歳のとき、ものの名前をよく覚えるので家族たちが試しに六六か国の名前を教えたが一か月あまりで暗記。次に『蒙求』という書の表題もみなよく覚えた。四歳のとき『唐詩選』の絶句もおおかた暗記したと、その神童ぶりを書き記《しる》している。寿庵は業合大枝のところに連れて行き読ませ書かせしたが、驚くばかりのことであった。また都の遊びである『蒙求』『唐詩選』などの字を裏表に書いて札《ふだ》を引いて問い試《ため》したが、直ちに答えたのみならず、その裏に書いてある字も当て百に一つも間違わなかったという。ずばぬけた記憶力でこれは今のトランプの神経衰弱という遊びに似ている。

哲は、緒方洪庵（章）のところでは短冊を二枚もらっている（図5）。一枚目は五歳で一四、五歳に劣らぬ才を褒《ほ》めている。

廣井ぬしまなこ今とし五才にてふみよみもじかきなとする
さま十四五才のおのこにもおさおさおとらぬを見て
ふたばだにかくかぐはしきちごさくら
咲いてん花をおもひこそやれ　章

もう一枚は神童といわれても二〇歳をすぎるとただの人になることが多いことを戒めている。

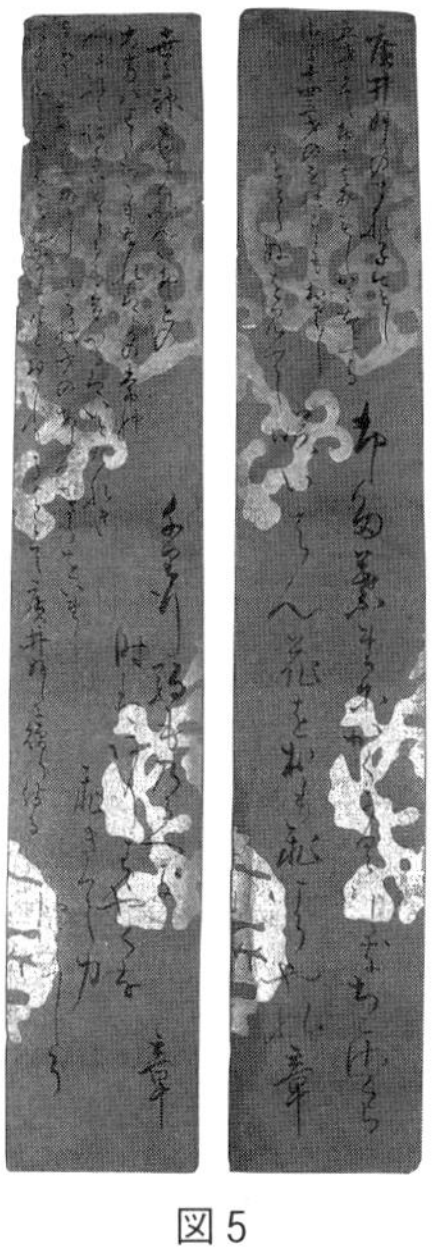

図5
緒方洪庵(章)筆短冊

世に神童となんいふもの大方ははたちにもなれば世の常の
人となりあるはおとるも多かるはいとけなきうちに思ひあ
かりの■(判読不能)しくその才のあらんかぎりをいとしつくさしむる
はよのならひとおもふにそよみて廣井ぬしに贈りはべる
千里ゆく駒ものるべき時はあり
はやくなひきて力つくしそ　章

哲はまた、大坂在住の勤王派の儒学者藤沢東畡《とうがい》（甫／寛政六＝一七九四年～元治元＝一八六四年）より漢文の書を頂き今に伝わっている（図6）。

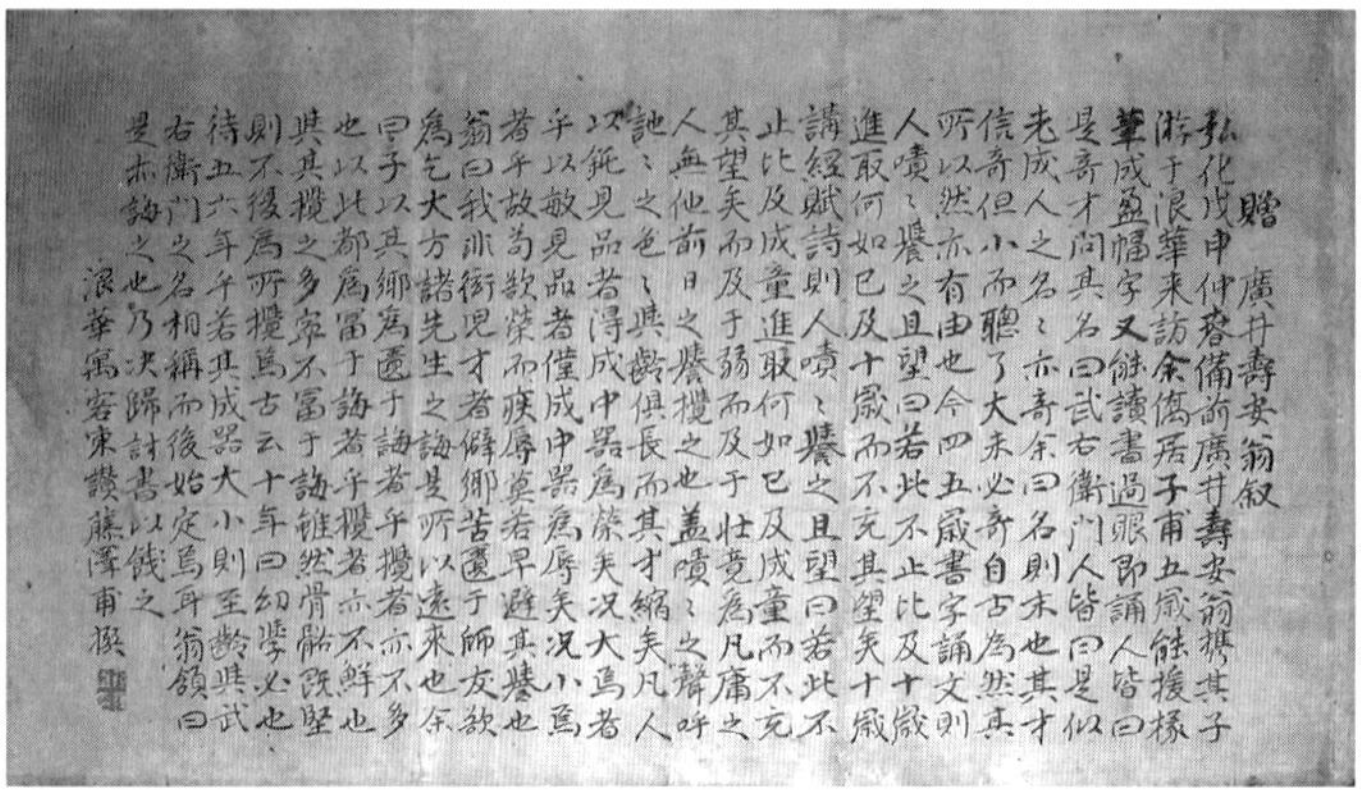

図6　藤沢東畡（甫）の書

その他、篠崎小竹（天明元＝一七八一年～嘉永四＝一八五一年）にも大筆を頂戴したとされるが、残念ながら現存していない。

以上は哲が書いてもらったものだが、逆に五歳と八歳のときに書いた本人の軸も残っている。筆者が倉庫の長持を整理していた折り、ぼろぼろになった大きな軸が二本出てきた。虫にはあまり喰われていなかったが、保存状態は極めて悪く大切にされていなかったことを物語るようであった。捨てるつもりでなかを見ると、落款の代わりに小さな手形が押してあった。筆者に曾祖父の幼少のころの知識がなかったら多分燃やしてしまったであろう。手形を見て哲の神童ぶりを伝えた話を思い出し表具屋に表装してもらった。

一本は五歳のときの字で菖蒲絵の上に「忠孝」と書いてある（図7）。菖蒲絵は上杉謙信と武将たちの武者絵である。もう一本は「寿松八才」とあって「心閑歳月長」と大書してある（図8）。

幼少より神童といわれ将来を嘱望されたが、父寿庵が安政二年（一八五五）疫病で亡くなっている。当時流行したコレラであったようである。哲一六歳のときである。哲は姉繁《しげ》の嫁《とつ》ぎ先である横山家の元長のもとで医学を修業した。

文久二年（一八六二）一九歳のとき中島友玄の養子となった。その二年前の安政七年には友玄の長男の玄章が亡くなっている。そして同年、友玄は木梨順策を四女比佐の養子にしている。明治

図7　哲5歳の書

図8　哲8歳の書

元年（一八六八）、哲は友玄の五女末佐と結婚し射越村の和田家を継いで同村内和田で開業した。これは地方の名門である和田家の名跡を再興するためのものであった。因みに和田家は和田備後守範長（児島高徳の父）の後裔といわれている。

「閑谷入学諸事留」

明治二年、友玄は哲（玄庵）と玄章の長男良民を閑谷学校に入学させている。目的は当時新設された岡山医学館へ将来入れるためである。哲二六歳、良民一六歳のときである。このことは、友玄が明治二年に書いた「閑谷入学諸事留」（図9）に詳しく記載されている。それを次に掲げる。

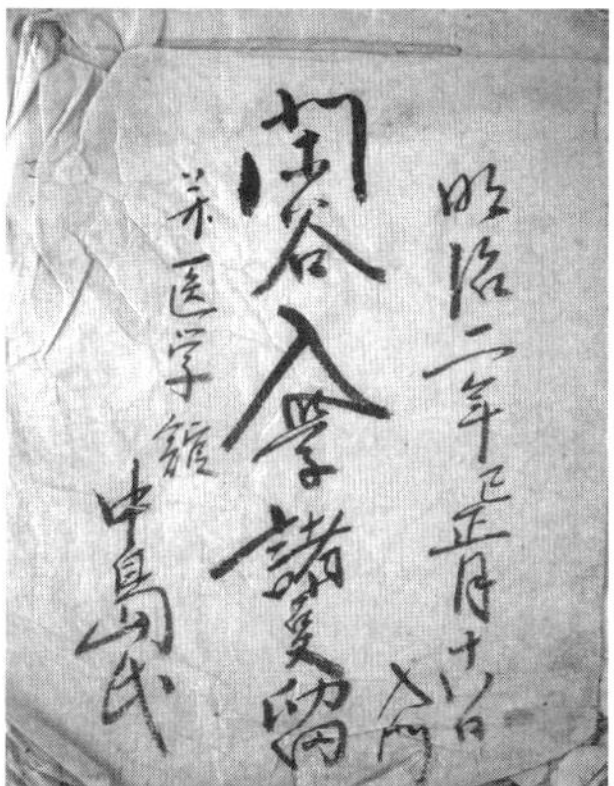

図9　「閑谷入学諸事留」

奉願上

一、私忰玄庵義歳廿七・同孫良民義
歳十六、此度閑谷御学校へ入学奉
願上、読書・習字等為仕度奉存候、尤御
諸生御部屋御貸被　仰付、支度等ハ
御臺所ニ而御役介奉願上度奉存候、
願上之通被為　仰付候ハヽ、難有仕合
奉存候、已上

中島友玄　印判

右之通相違無御座候、願上被為　仰
付候哉奉伺上候、以上、

北地村名主

廣三郎　印判

明治二年巳正月

万波武兵衛様
山本孫太夫様
井上　金蔵様

「忰《せがれ》玄庵」とは哲のこと、当時は勝手に呼び名を替えた。孫良民は玄章の長男で中島家の相続者、この二人を閑谷学校へ入学させる願書の写しである。友玄の目的は玄庵と良民を閑谷学校から岡山医学館に進ませ後継者に育てることであった。玄庵はすでに横山元長に従って医学を学び一人前の医者で通っていたから、本来の目的は良民の教育にあったのであろう。閑谷学校は医学館の予科のようなものであった。

　さらに同「諸事留」を読むと、宿舎、書生部屋や日常生活の細かなことまでお願いしている。入学のさいの手土産まで次のように記録している。

　　入学之節先生への土産
一、拾五匁　　いな十五
一、拾五匁　　酒弐升
　　右ハ片上ニ而買、持参ス、
一、いり菓子　　二升様
　　是ハ諸生中への土産、

　両名の小遣いについては、玄庵一五〇目に対し良民四二匁でかなりの差がある。帰郷のたびに先生への土産を持たしているが、二月二〇日には小倉帯地（代四〇目）、三月二八日には孟宗筍二本を献上している。四月二四日、玄庵が児島に行っているが、玄庵の姉繁が嫁いだ横山元長宅が児島郡下村にあり、五両の小遣いを持たせている。

　なお、閑谷学校は明治三年（一八七〇）に閉校となったが、閑谷精舎・閑谷黌《こう》として続いていく。

「医学館諸事覚」によると、明治三年一二月九日、両名が無事に岡山医学館に入学し束脩の金二歩を納めている。翌四年五月、良民借用払い分として百目を玄庵に渡してから良民の小遣いが消えている。ここで良民は恐らく退学になったのであろう。結局、良民を医者にする試みは失敗に終わったのである。ここより後の記載は「和田入り用」となっている。つまり「和田」哲についての記録というわけである。明治二年、哲は末佐と結婚し、和田家を継ぎ、同年長男の一太が生まれた。

　なお、岡山医学館在学中の哲の賞状（明治四＝一八七一年）が現存している。

中島哲に改姓

　良民を医者にする試みに失敗した友玄は、和田（哲）と中島（良民）の当主交代を画策したが、実際、役所に届けられたのは友玄没後の明治一一年（一八七八）である。

　　改姓支度御願
本國本郡北嶋村亡中嶋友玄二男私幼少ナルヲ以テ、文久二年壬戌十二月本郡東幸崎村亡廣井竹太郎二男哲ヲ養子ニ引受醫業ノ助ニ致シ居候處、明治三年庚午二月本郡射越村親族農和田三郎兵衛跡續養子ニ遣ハシ醫術開業致シ居申候處、私成人ニ及ビ農ヲ好ミ醫業ヲ好ミ不申、父友玄老年ニ及ビ醫業ノ助ナキヲ患、明治九年十月姉聟哲ヲ引返シ醫業ノ助ニ致シ、且ツ作方便宜ニ付私ヲ右跡ヱ遣シ相續仕ラセ度儀、両方親族協儀ノ入替リ致シ居申候處、友玄病ニ伏シ明治十年二月死去仕、本年八月射越村ヱ轉籍右哲モ北嶋村ヱ轉籍仕居申候、右之事故ヲ以テ今般家族不殘和田ト改姓仕度奉存候間、何卒御許可下賜此段奉願上候、以上、

岡山縣備前國邑久郡射越村

八番屋敷居住

平民農

明治十一年十一月　　中島良民　印

この願上書は和田哲と中島良民との入れ替え願いである。友玄次男となっているが、良民は玄章の子で友玄の孫になる。なぜそうしたのか不明だが伯父・甥の続柄より義兄弟の方が役所に対し都合がよいと考えたのか。届け出は友玄の死亡後となっている。「(良民)農を好み……」となっているが、実際は医者になれなかっただけである。単に医者になれなかっただけではなく、やや発達障害もあったのではないかと思われる記載が一太の記した「中島家系譜」に残されている。

家名相続養子願

哲儀明治九年八月十日、本郡北島村医術外舅中島友玄、且ツ双方親族協議之上、中島家名相続之儀契約仕、依テ友玄所有地及ビ居宅等ヲ哲名前ニ譲リ受ケ、勿論哲所有地並ニ居宅等ハ、友玄二男良民名前ニ譲リ渡シ、適宜ニ双方換リ合、既ニ本村江同時ニ転籍致シ居申処、同十年二月六日友玄病死仕候ニ付、跡家事向実際差支之儀御座候、素ヨリ哲ハ中島友玄跡相続致シ度奉存候、且ツ良民儀ハ、作方便宜ニ付、父友玄存生中義兄和田哲跡相続之儀契約仕、加之父友玄病中遺言致シ居申ニ付、前顕之通何卒和田哲跡相続仕度、依之双方親族連署ヲ以テ、此段奉願上候也(後略)

先に掲げた改姓支度御願いは良民の改姓願いであるが、この家名相続願いは双方の相続養子願いとなっている。

この願書が出されたのは明治一二年(一八七九)となっている。友玄が亡くなったのちのことである。転籍願いには妻末佐、長男一太、長女雪枝の名前も連記してある。それによれば、長男和田一太(のちの中島一太)と書かれている。一太六歳のときである。

なお、和田哲が中島家に家名相続願いを出したときの「開業鑑札書き換え願」や「種痘鑑札」「土地家屋相続願」「転籍之義願」なども現存している。

哲が中島家を相続したとき、両家は財産を二分したわけだが、友玄から相続した田の書類が残っている。

地所建物譲渡之証
備前国邑久郡北地村
字三郎分
二百八十八番
一、田三反十七歩
此の地代金六十一円也
同村　持主
譲渡人　中島友玄
同郡　射越村
譲受人　和田　哲

このような証書が田、畑、屋敷、納屋、倉等々と続いている。和田哲が中島家当主となったときの書類である。

開業医：中島哲

哲は父友玄に従って種痘の修業をして、種痘医の免状の申請をしている。それには次のように書かれている。

一、私義痘苗渡来之原始ヨリ年々無間断相施申候尓ル処明治四年病院ヨリ御停止ニ相成四ケ年之間謹慎仕候
一、本年二月八日種痘御免状頂戴仕尚又相施申候今般御免許被仰付候得バ万民救助之タメ無謝銭ニテ相施申度此段奉願上候
以上
第十三区二番小区邑久郡射越村八番屋敷居住
平民　和田　哲
明治八年十二月
（後略）

一、私義兼而種痘術伝習仕居申候ニ付此度御免状頂戴右術普行仕度依之履歴書幷師家横山元長証書相副此段奉願候也
第十三区二番小区邑久郡射越村八番屋敷居住平民医者
和田　哲
明治八年一月三十日
（後略）

そして図10は中島哲名義の「種痘術免許之証」である。種痘に関する書類はかなり多い。しかし、岡山県の印のあるのはこれだけである。幕末に種痘が行われてから、行政側で認可に関する混

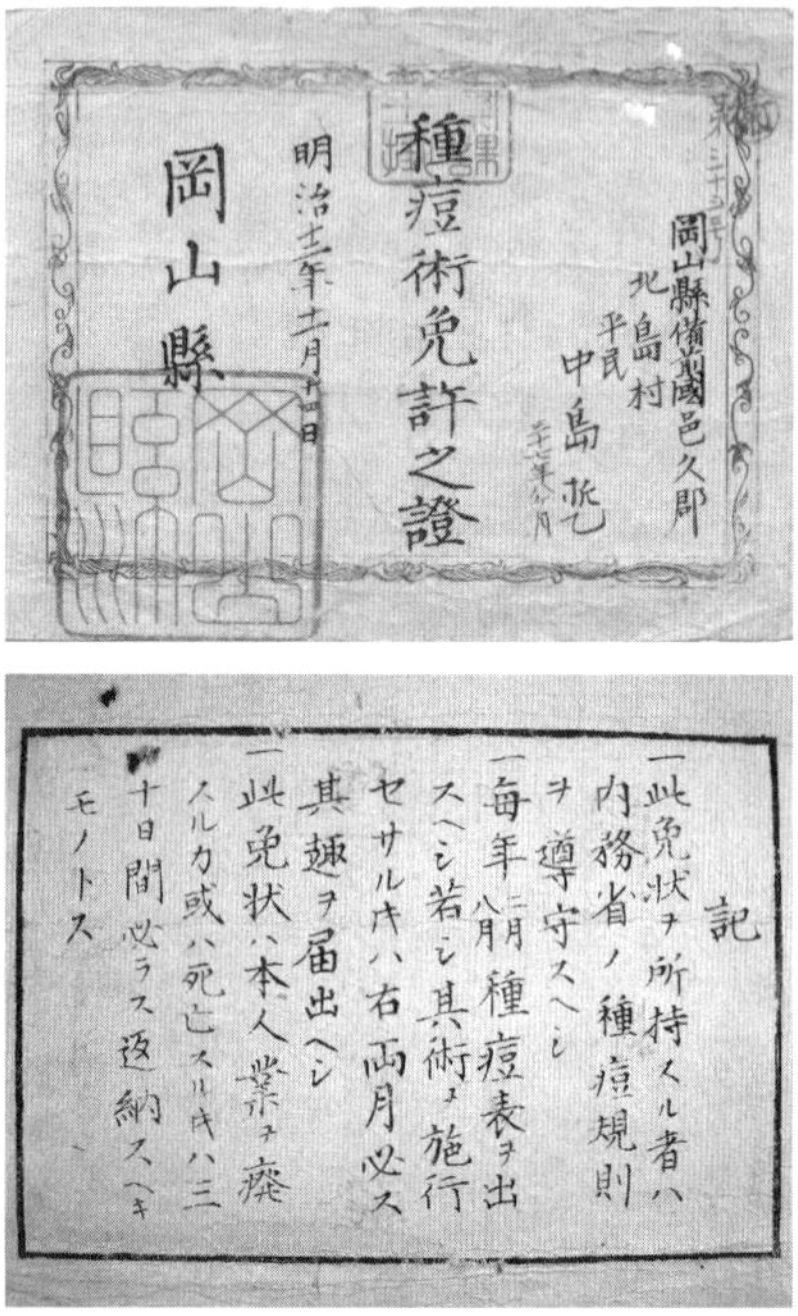

図10　「種痘術免許之証」（表と裏）

図11　明治13年コレラ流行のさいの賞状

乱があったようである。民間ですでに行われていた種痘をいったん取り消して再度認可したような文章もある。この免許証はその後正式に認可されたときのものであろう。朱筆で右上に「第三十三号」と記してあるので、かなり早い時期のものとわかる。

　図11は、明治一三年（一八八〇）のコレラ流行のときの賞状である。この賞状に対して、役所に出した伺い書も残っている。それによると、哲は「皆頑張ったのになぜ私にだけ賞状を下さったのかその理由を知りたい」といった内容である。「コレラ流行に付御伺い書」（九月二十五日第五四二号）を次に掲げる。

客年虎列刺《コレラ》病流行ニ付郡内
各医員予防医被命各医員予
防救治致シ居申候得共本年
御賞有無ノ医員有之儀何等
ノ御主旨ヲ以テ甲乙相付候
儀哲了解致シ難キニ付御伺

一、客年虎列刺病流行ニ付郡内各医員予防医被命、各医予防救治致シ居候得共、本年ニ至リ御賞有無ノ儀ハ虎列刺患者何名以上施治致シ候医員江御賞有之哉、何名以下虎列刺患者施治ノ医員江ハ御賞無之哉、哲遇考仕候得共了解シ難シ、如何相心得候テ可然哉御多端中深ク恐縮ノ至リニ奉存候得共何卒至急御指揮被成下度此段奉伺上候、以上、

邑久郡北島村
中島　哲　印

明治十三年九月二十四日

同村戸長
渡辺常太郎　印

邑久郡長　蜂谷熊男殿

これに加えて九月二九日に出した伺い書も残っている。前掲の伺い書から五日しか経っていない。哲は随分せっかちな性格だったと見える。また、哲は自分だけが御賞に与《あず》ったことに対する他医の噂を気にしたのかも知れない。

　これに対して、「他ノ医者ヲシテ奮発奨励セシムル等抜群勉励シタル者ニ限リ御賞」を与えたと蜂谷熊男郡長が返事している。郡長もうんざりしているようである。

　哲の代は、明治一四年（一八八二）だけ診療記録がつけられて

いる（図12）。おそらく役所に届けられたものであろう。当時の数としては多いのか少ないのかコメントできないが、当時の田舎の人口密度から考えると多かったのではなかろうか、数字のなかからいろいろと想像できる。哲四〇歳のときである。

なお、『邑久町史　通史編』に明治一二年一月二二日～二月八日までの中島哲の処剤録の翻刻が収められている（六二一七頁）。患者総数は四八〇名である。さらに同書のコレラ流行の項にも哲の記載がある。

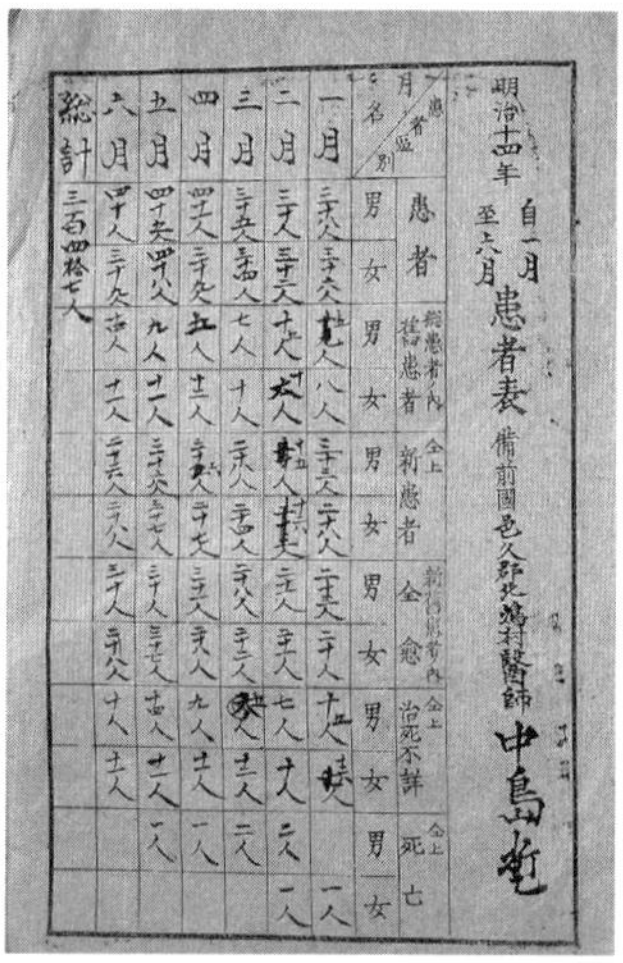

図12　哲の診療録

六代目当主としての哲

幼少のころより神童と騒がれ将来を嘱望され中島家を継いだ哲であるが、友玄が明治九年（一八七六）に亡くなってからの業績はあまり評価されていない。中島家没落の張本人のように扱われている。

⑴土地に関する諍い

その第一は土地に関する諍《いさか》いである。七代目一太の記載に「同姓の関吉なる者の甘言に欺かれ、田地を抵当に貸与し、遂に売却の止むなきに至る」（「中島家系譜」）とある。

同姓の関吉とは、一の神子家の中島関吉である。関吉との土地に関する文書が残っているが、どのような経緯か全容はわからない。中島関吉の子孫の敬一氏によれば、中島関吉は請け判によって田地屋敷を失い、逐電したという。哲が役所に差し出した書類には、「中島関吉は土地一反四畝八歩を担保に哲より三〇〇円を借用した。三〇〇円のうち一二〇円は未払いであるのに関吉は岡崎吉六に担保物件を売却し地所書き換え願いを出しているので地券書き換えの引き延ばしをしてほしい」と戸長に願い出ている旨が記載されている。

その他、土地売却の証書がいくつかあり、哲が土地を失っていく様子がうかがわれる。

⑵売薬業の失敗

次いで親戚の無職業者を救済せんがため、売薬業を営み、損失を重ね、之を償却せんとして……

（「中島氏系譜」）

この親戚の無職業者とは露無《つゆむ》家に再嫁した姉の子、露無久次郎と思われる。哲の甥に当たる。姉は蟻床《ありとこ》家に嫁《とつ》いだが、夫の熊之丞が亡くなり露無家に再嫁した。蟻床家で生まれたのが義太郎（のち御牧家に養子）と民野で、再婚後に久次郎が生まれた。民野は嫁ぎ先の先妻の子露無文治《つゆむぶんじ》（慶応二＝一八六六年〜昭和一六＝一九四一年）と結婚した。文治はキリスト教の高名な牧師で、のちに一太・義太郎・亀雄の従兄弟《いとこ》たちがキリスト教に改宗したことに影響をおよぼしている。

親戚の無職業者がこの久次郎である証拠は何もないが、哲と久次郎間の書簡が多数ある。鉱山業者に関する書簡も多いので多分間違いないだろう。

哲の手がけた売薬業は「神宝丹《じんぽうたん》」などで、印刷した宣伝文と紙の袋に詰められた貨幣様の薬が多くのこっている。また、売薬検査願書も残っている。これは「無憂膏」という軟膏で効能は「外部炎症諸創打撲杖傷」となっている。

この失敗を償うため「之ヲ償却セントシテ、鉱山業者ノ詐欺ニ罹リ三タビ損失ヲ重ネ家産ノ悉クヲ失ウニ至リ、単純ナル医業ノミノ収入ニ拠ルノ外ナキニ至ル」（「中島氏系譜」）のである。

(3)鉱山業者の詐欺

以　手紙得貴意候、寒冷候御揃益御安全奉大賀候砌、先達而ハ罷出急々預御取持已来御無音仕候段御用捨可被下候陳者、山鳴村砿山許可之義御尋問有之候処、未許可ニ相成不申候得共、私義去ル十五日ニ山鳴砿山へ参り候得者、荒銅凡壱萬貫余り掘溜居り申、且年内余り無之候故、試ニ吹立ツト申釜吹き家金〆小屋拵ニハ取掛居申候間、何分当月中に一切出来可仕ト存候、左候得者、来月より吹立ヲ始め可申候間、左様御承知可被下候、且又弐拾こふり《行李》位は吹立可申、其内諸入費引取残益金少々ハ相戻り可被下候、先者右様得貴意如斯御座候、早々已上、

十二月二十五日　　露無久次郎

中島　哲様

尚々、御替之義寒サ御見舞い宜敷申上呉候様家内一統より申上候、已上、

この事件の解明は露無久次郎と中島哲の書簡の翻刻を待たねばならない。

(4)感情の人：哲

哲が役所に出した書状は多く残っているが、この告訴状はその性格を知る格好の材料となるので紹介する（図13）。

この告訴状は、哲と同じ今城《いまぎ》村北島に在住の中島嘉吉を被告とするもので、往診中に現場に居合わせた嘉吉から「恨みの敵討ち覚えて居れ」と怒鳴りつつ殴りかかられたことに対するものである。宛先は「西大寺警察署　司法警察官御中」となっているが、文面から察するに怪我はしていないので、果たして告訴するようなものであったのか疑問である。

哲は明治三一年（一八九八）二月、五六歳で亡くなっている。この告訴状は亡くなる五か月前のことである。多分腹を立てて告訴状を書いたものの、それにはおよばなかったものと思われる。

哲が感情の人であったことは多くの文書にみられる。第一に役

所に出した伺い書である。土地売買の伺い書には借金未払いで名義変更が行われたことに抗議しており、前述のコレラ流行時の表彰に対しては「なんで私だけが……」と再三糺《ただ》しているが、圧巻はこの告訴状である。

　人は殴られかけたり脅《おど》されたぐらいでそう簡単には告訴しないと思うが、告訴の有無は別にして警察署当てに告訴状を書き、保存しているのは尋常ではない。立腹の様《さま》がよくうかがわれる。また、甥の露無久次郎に関する「売薬業」や鉱山業の詐欺事件にも性格がよくあらわれている。彼のDNAは筆者の祖父一太や父達二にも受け継がれていて随所にみられる。

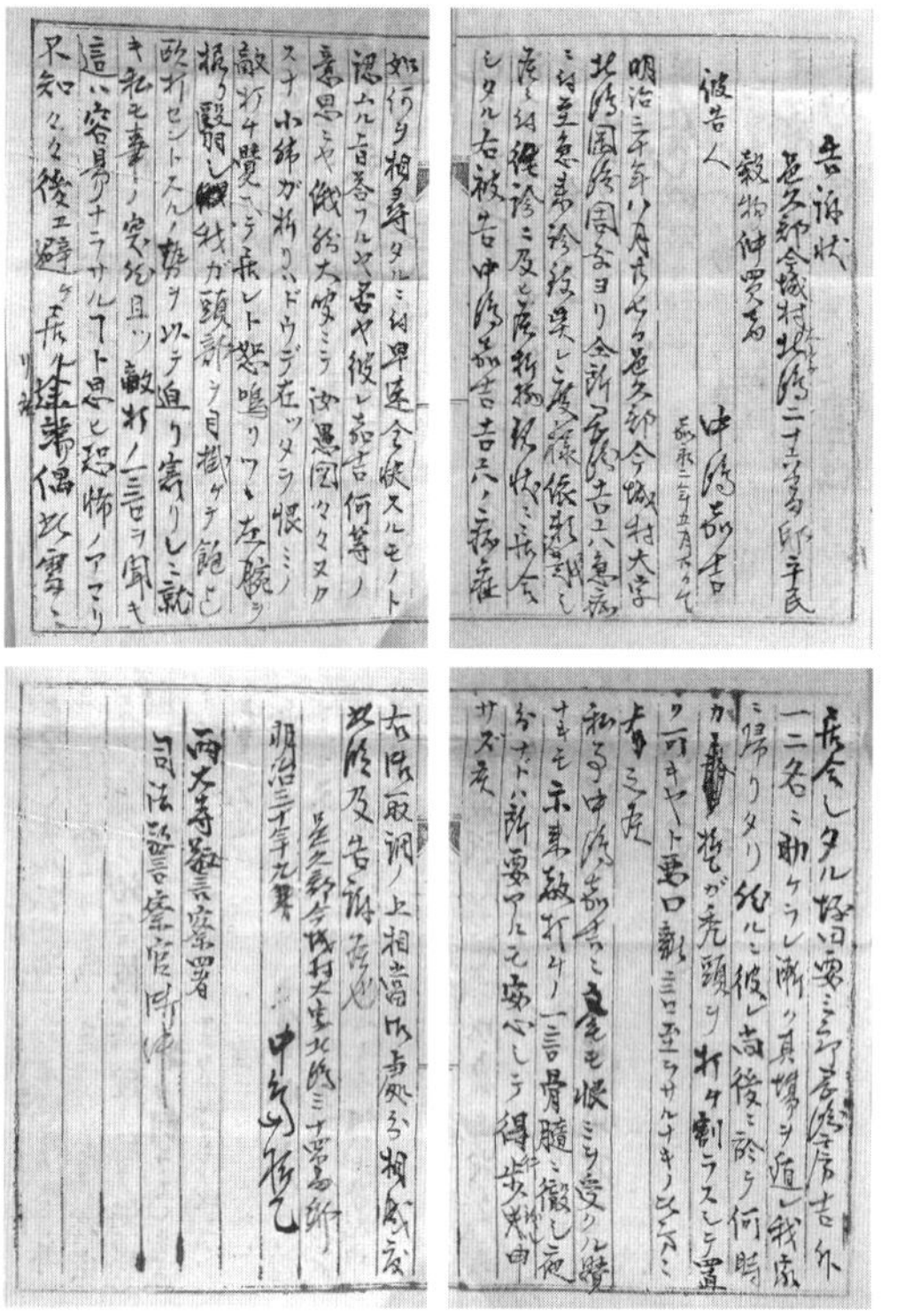

図13　告訴状

美笑流の宗匠

　哲がいつ挿花（流派は美笑《みしょう》流）をはじめたのかについてはまだ解明途上だが、詳細は本書収録の「中島哲と明治期岡山の美笑流」（黒澤学）などに譲る。いずれにしても、哲もずいぶん力を入れているはずだが、何となく隠居趣味と思われてならない。五歳で神童と持て囃《はや》され将来を嘱望された哲であったが、家督を継いでからはこれといった業績がない。美笑流の巻物・文書は多数残されているので、村落内における文化的中心としての在村医の意義を明らかにするという点、ならびに美笑流の文書というふたつの点でも、さらなる資料の解明が俟たれる。

胆石将ニ罹リ二昼夜劇烈ナル疼痛ニ苦シメラレ明治三十一年二月廿日瞑ス。時年五十六。

（「中島氏系譜」）

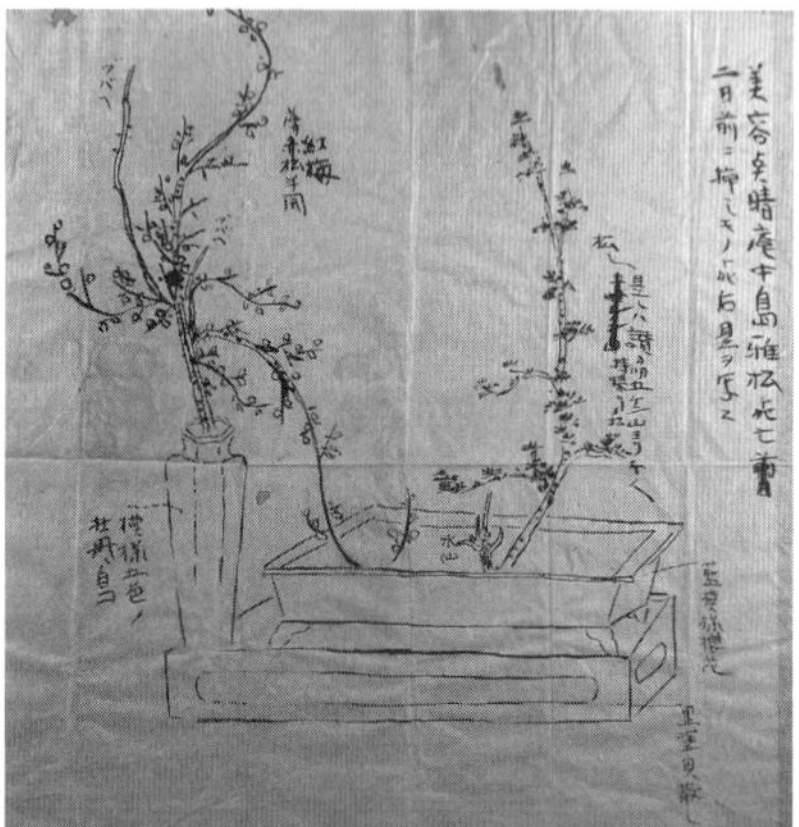

図14　挿花の図

哲が亡くなる二日前に生けた挿花の図が残っている（図14）。最後は美笑流が唯一の友であったのだろうか。

中島真佐（末佐）

図15は、中島一太の「中島氏系譜」の真佐の項である。一太の記載はこれが最後である。末佐は友玄の付けた名前で「満佐」「真佐」といろいろ変わっている。息子の一太が戦地より送った手紙には「政子」となっている。明治以後の呼び名であろう。

真佐は友玄と千代の間に生まれた次女で、一九歳のとき養子の廣井哲と結婚した。哲は邑久郡射越村の和田家の名跡を継ぎ和田姓を名乗ったが、中島家の後継者良民が医者にならなかったので友玄の没後、中島良民と入れ替わり中島家の当主となった。真佐はいわば家付きの娘である。父友玄の血を受けて聡明な娘だったと考えられる。

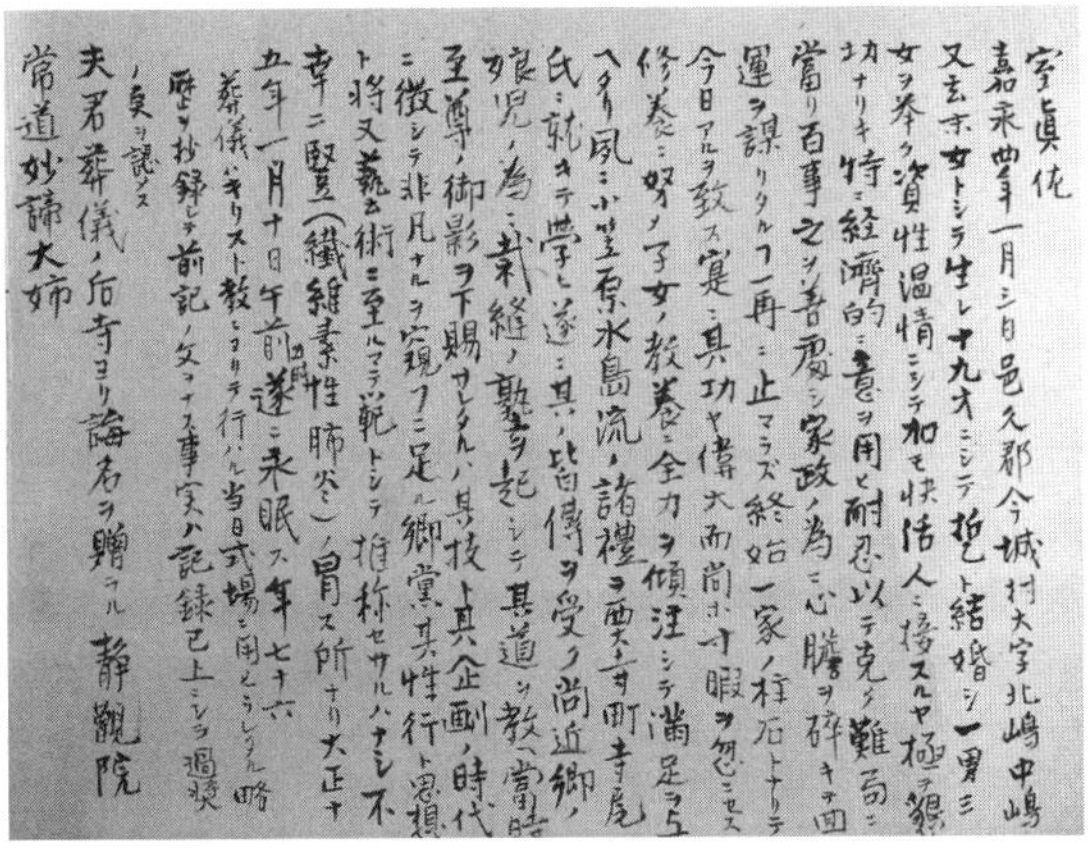
字真佐
嘉永四年一月三日邑久郡今城村大字北嶋中嶋
又玄ノ末女トシテ生レ十九才ニシテ哲ト結婚シ一男三
女ヲ挙ク資性温情ニシテ而モ快活人ニ接スルヤ極テ懇
功ナリキ特ニ経済的ニ意ヲ用ヒ耐忍以テ克ク難局ニ
當リ百事之ニ善處シ家政ノ為ニ心膽ヲ砕キテ開
運ヲ謀リタルコト一再ニ止マラズ終始一家ノ柱石トナリテ
今日アルヲ致ス寔ニ其功ヤ偉大而尚ホ寸暇ヲ忽ニセス
修養ニ努メ子女ノ教養ニ全力ヲ傾注シテ満足ヲ与
ヘタリ夙ニ小笠原水島流ノ諸禮ヲ西大寺町寺尾
氏ニ就キテ学ヒ遂ニ其ノ皆傳ヲ受ク尚近郷ノ
娘児ノ為ニ裁縫ノ塾ヲ起シテ其道ヲ教ヘ當時
至尊ノ御影ヲ下賜カレタルハ其技ト其企画ノ時代
ニ徹シテ非凡ナルヲ窺フニ足ル郷黨其性行ト恩想
ト将又藝術ニ至ルマテ範トシテ推称セサルハナシ不
幸ニ堅豊（纖維素性肺炎ニ）ノ冒ス所ナリ大正十
五年一月十日午前四時遂ニ永眠ス年七十六
葬儀ハキリスト教ニヨリテ行ハル当日式場ニ開ヒラレタル略
歴ノ抄録ニテ前記ノ文ハナス事実ハ記録已上ニシテ過獎
ノ臭ヲ認メス
夫君葬儀ノ后寺ヨリ諡名ヲ贈ラル　静観院
常道妙諦大姉

図15　「中島氏系譜」の真佐（末佐）の項

資性温情ニシテ而モ快活人ニ接スルヤ極テ懇功ナリキ
（「中島氏系譜」）

とあるように友玄の性格をそのまま受け継いでいる。哲の代になって家運が傾き経済状態も苦しくなっていったのは、その性格に大いに拠るのであるが、それを忍耐強く真佐は支えた。

家政ノ為ニ心胆ヲ砕キテ開運ヲ謀リタルコト一再ニ止マラズ収支一家ノ柱石トナリテ今日アルヲ致ス
（同前）

哲が亡くなったのは明治三一年（一八九八）の二月で一太はまだ結婚していない。真佐は大正一五年（昭和元＝一九二六）一月、七六歳で亡くなっているので、三〇年間にわたって中島家の「柱石」となっていたのである。

真佐はまた近郷の子女のため裁縫塾を開き、明治天皇のご真影を下賜された。真佐二四歳のときである。裁縫塾免許証は明治九年（一八七六）となっており名前は和田満佐とある。中島家に名義変更前である。また、小笠原水島流の諸礼を西大寺の寺尾氏に就いて学び皆伝を受けた。時期ははっきりしないが、おそらく裁縫塾をはじめた前後であろう。

真佐については孫の第八世中島達二の回想がある。

達二は幼いころ、中島家の墓によく祖母の真佐に連れて行かれ言い聞かされたことがある。それによると、「昔には向の山（大賀島）まで内の（中島家の）田だけを通って行けた。今はなくなったがお前は偉くなって取り戻すように」といわれたとのことである。達二はおそらく祖母に何度も聞かされたのであろう。この話は筆者が父と一緒に墓参りに行ったときに聞かされた話である。もっとも、達二が頑張って取り戻したとしても戦後の農地改革でやはり失っていただろうが、それを孫に話して聞かせた家付の祖母の気持ちが伝わってくる。

最後に哲の肖像画と末佐の写真を掲げる（図16・17）。末佐の写真は多分哲が亡くなってからのものであろう。哲の肖像画は末佐の写真よりやや若くみえる。哲の写真はなぜか一枚も残ってない。本人が嫌ったのか？　ミステリーである。

図16　哲の肖像画

図17　末佐（満佐・真佐）

第九章　中島一太（医門第七世）

一太《かずた》は和田哲の長男として明治三年（一八七〇）四月一七日に生まれた。除籍謄本によれば、一太《かずもと》と振り仮名がしてある。カズタと読んでいるのは通称である。前述の通り、六歳のときに父・和田哲が中島良民と入れ替わりで中島家を相続してから、父とともに中島姓を名乗ることとなった。

岡山医学校予科から愛知医学校へ

小学校で学びながら業合年緒《なりあいとしお》（業合大枝の長男）について四書・国史略の素読を、さらに西毅一（微山）につき五経・唐詩選等を学んだ。一六歳の明治一九年（一八八六）には、父の後を継ぐため岡山医学校予科に入学し、その後、愛知医学校に転校する。「中島氏系譜」には、第三高等学校医学部昇格するにあたりとあるが、これにはエピソードが伝えられている。それは、「漢文の試験の答案用紙を白紙で出した、いやペニスの絵を描き、そのため放校となり愛知医学校に転校した」というのである。

祖父一太が放校になったことは、部分的には父達二から聞いて知っていたが、「ペニスの絵を描いた」という話は筆者が岡山大学医学部を卒業し第一外科に入局してから後に聞いた。研究室に帰局し博士論文を書いていた時期のことである。ある日、田中早苗教授の教授室を訪れたとき、来客がいた。来客は昭和九年（一九三四）卒で岡山市の田町で外科を開業されていた佐藤次文先生であった。田中教授から「この男は中島達二の息子だ」と紹介された。父達二は岡山医科大学を昭和六年に卒業している。佐藤次文先生の三年先輩である。

佐藤先生は「中島君《あなた》の祖父《じい》さんは豪傑で漢文の試験のとき答案用紙にペニスの絵を描いて出して放校になった、ハハハ」といわれた。筆者は「そうですか」といって教授室を辞した。その後、父にその話をしたところ「そんな馬鹿な話があるか！」と声を荒げたが、本当はこうだとはいわなかった。筆者が在学中にも父の豪放磊落《らいらく》ぶりをいろいろ先輩より耳にしているが、おそらく父が在学中にも祖父の豪傑伝が学内で噂になっていたのではないだろうか。

いずれにしても祖父一太が放校になり愛知医学校（名古屋大学医学部の前身）に転じたのは事実である。また漢文の試験で先生に反抗したのも本当であろう。前述のように一太は小学校時代から漢籍に詳しく西微山につき勉強していたので、医学校予科の漢文の授業レベルが低くかったのかもしれない。曾祖父の哲に似て反骨精神旺盛な人であったようである。しかし、このことは一太にとって大きな転機となる。父によれば一太はこのとき以来、一切争い事《ごと》をしなかったそうである。

一太の愛知医学校時代のノートがたくさん残っているが、それ

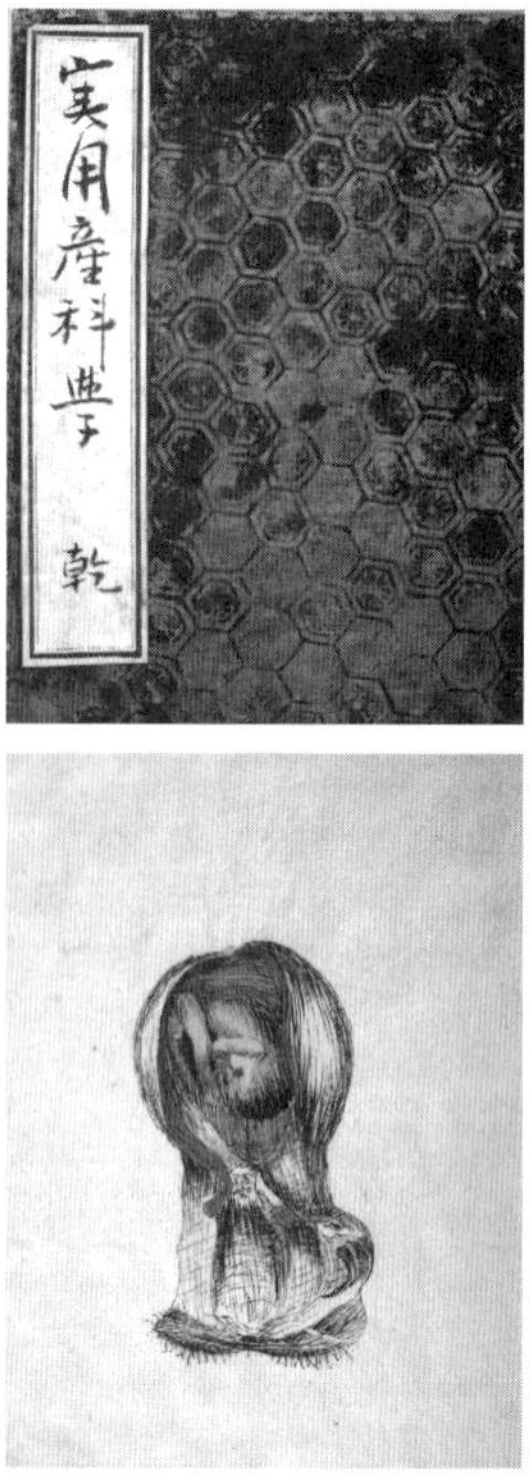

図18　実用産科学ノート

を見ると、祖父は現在では想像に絶する勉強ぶりであったようだ。講義録は和紙に毛筆で整然と書かれ、冊子に綴じられている。欄外にも図や、朱筆の書き込みがなされている。図18はその一部の産科学のノートである。緻密な挿入図も随所にあり、なかなか絵心があったようである。

志願して軍医に

岡山医学校が第三高等学校医学部になったのは明治二二年（一八八九）、このころ一太は愛知医学校へ転校し卒業したのが同二七年である。明治二八年三月より一年あまり豊橋病院に勤務したのち、翌二九年一二月志願し、歩兵一九連隊に入隊し、見習い医官として三重連隊に勤務した。このときの入営御届が父の哲より岡山連隊司令官宛に出されている（図19・20）。

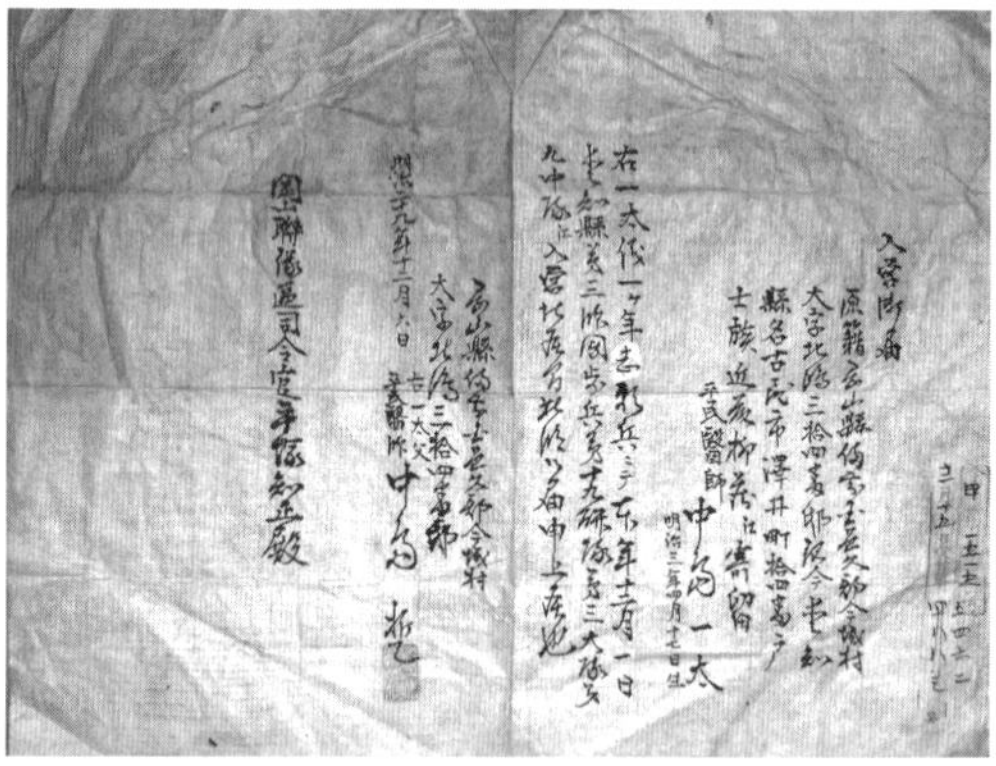
図19　入営御届

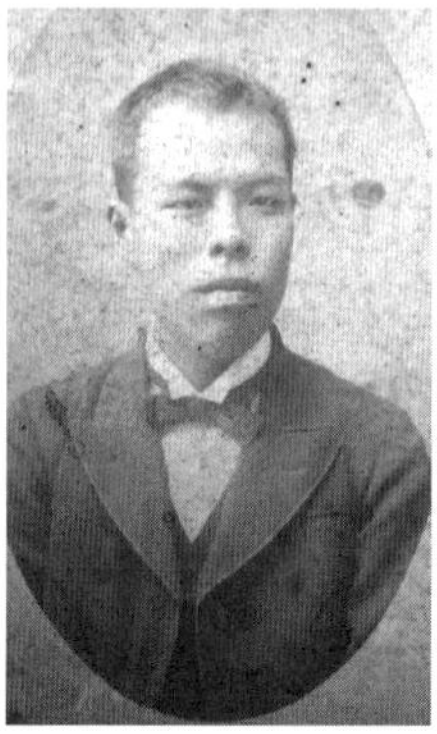
図20　見習医官当時の一太

入営御届

原籍岡山縣備前国邑久郡今城村大字北島三拾四番邸住、
今愛知縣名古屋市澤井長拾四番戸、士族近藤柳蔵江寄留
平民医師　中島一太
明治三年四月十七日生
右一太儀一ヶ年志願兵ニテ本年十二月一日愛知縣第三師団歩兵第十九聯隊第三大隊第九中隊江入営仕候此度御届申上候也
明治二十九年十二月六日
岡山県備前国邑久郡今城村
大字北島三拾四番邸
右一太父
平民医師　中島　哲印
岡山聯隊司令官平塚知正殿

一太の結婚――「千代引請諸事覚」――

明治三一年（一八九八）一二月二〇日、父哲が胆石症発作を起こしその二日後に急死した。一太は急遽郷里に帰り父の後を継いで開業することとなった。専門は産科であったが、実際は田舎のことだからなんでも診《み》る開業医である。この父の急死から開業までの前後、一太の結納から結婚まであわただしく運ばれているのがいささか気になるところである。一太が書き残した出納簿があるのだが、これには一太の代の帰郷、結婚、出産、出征などの祝い事《ごと》の出納が記されている。もちろん一太自身の筆跡によるものである。このなかに「千代引請諸事覚」というのがある。

千代とは一太の最初の妻で、結婚後まもなく明治三三年（一九〇〇）五月七日に病死したためほとんど記録に残っていない。お墓は立派なものが建っているが、琴の免許状が数枚残っているだけで、それも、「中村千代」と書かれており「中島千代」ではない。

千代との結納から結婚式までの記録が出納簿のかたちで「千代引請諸事覚」として残っていたのには驚いた。それによると、明治三一年一二月五日結納とあり、結納から父の死まで一五日しか経っていない。そして翌三二年一月四日結婚式が行われている。突然父の死に合い、結婚を急いだ様子がわかるが、それにしては冷静な記録を残しているのには驚く。出納簿のかたちをとっているが、結納から結婚にいたるまでの献立、祝い物、謝礼など、当時の様式がうかがわれて大変面白く貴重な記録である。直前に父を亡くした三〇歳の花婿の書いたものとはとうてい思えない、綿密なものである。

このようにして急いだ結婚であったが、わずか一年と五か月後の明治三三年五月、千代はこの世を去る。美しい人だったと伝えられている。まさに美人薄命か。

この初婚については先に述べた通りほとんど資料がない。ただ、日生《ひなせ》の中村家との付き合いはその後も続いていたようで、その手紙は残っているが、まだ解読・分析は完了していない。

板津小房と再婚

明治三五年（一九〇二）八月八日、一太は御津郡金川《かながわ》村大字金川の士族、板津幹一郎英景の次女小房《こふさ》と再婚した。小房二六歳、一太三二歳である。一太が記録した出納簿には「小房引請、極メテ質素ヲ旨トシ氏神祭礼日ノ祭客トシ引請リ」と一行書いてあるだけである。日露戦役の直前であるので仕方がないが、初婚との落差は大きい。小房を選んだ理由は「千代が美人薄命だったので美人ではないが頑丈な娘を嫁にした」と伝えられている。千代の写真は残念ながら残っていないが、小房は不細工とはいわないが頑丈そうな遺影があり、五男一女を立派に育てた（図21）。

図21　小房

筆者もおぼろげながら記憶しているが、あまり膝の上にあがったり甘えた記憶はない。笑い顔もあまり覚えていない物静かな祖母であった。

日露戦役に出征

明治三七年（一九〇四）七月、一太は日露戦役の充員召集として第五師団第六補助輸卒隊付陸軍二等軍医となり、宇品より大連に向かって海を渡った。その年の一一月一六日に長男の達二が生まれた。一太出征中のことで、小房の書いた記録によると、戦地で長男の誕生を知らされた一太は「大連（青泥窪《ダルニー》）に駐屯中に生まれたのだから達二と名づけるよう」連絡してきたそうである。

その年の九月二一日、従兄弟《いとこ》の横山亀雄氏宛ての手紙を出している。『喜翁中島達二随想集』（二二八〜二二九頁）に収録されているものを次に掲げる。

爾来《じらい》益々ご勇壮のおんことと察し奉り候、次に小生こと健康をもって執務まかりあり候間、ご安神なし下されたく候。今回当司令部部員に命ぜられ、当地に於て執務まかりあり候、原隊の執務は一隊にとどまり、気兼ねもなく経日《けいじつ》致し居り候えども、当部は部下に輸卒隊八隊、柳樹屯出張所に三隊、外に患者輸送付きの軍医三十人、看護長、平看護卒等百名余もありて、その統轄《とうかつ》の任に当り、なかなかの気苦労に存じ居り候。

別にご報告申し上くべきほどのことこれ無く候えども、いささか一、二を申し述べ候。

こと秘密に属し居り候えども、屋島艦は初瀬沈没の当時、水雷のため沈没せしも、同盟国被護のもとに、英国東洋艦隊中、屋島艦と同型のものを譲り受け、英国にてはその艦坐礁沈没を報道せり、しこうして乗込員は何れも無事にして現今横須賀に入渠中、第二屋島の補繕を相待ち居り申し候よし。

英国より寄進の圧搾《あっさく》馬糧（草、稿《わら》の類を細截し、圧縮したるものにて、非常に容積を少なからしめしものなり）積て山をなす。数十悉《ことごと》くアンペラをもって包み、歩哨これが監視をなせり。

旅順口封鎖もほとんど半《なかば》以上英国の援護を受けしと申すも然るべきものにて、東洋艦隊を威海衛に集注し、夜間になれば水雷、駆逐艦数十隻、老鉄山方面よりして東方に一定間隔を定め哨艦をなし、朝に至れば威海衛に帰り、日本艦隊そこゝに哨艦を出す。昼間は夜間と異なり、哨艦の数少なきも差し支えなければなり。同盟国の交誼今更らに申しあぐまでもなきことながら、感謝の至りにご座候。

旅順攻撃よほど近接し、敵の子女遊び居り候おもむきなど見得らるまでに近接致し居り候えども、何分敵の二十八珊《さんち》砲頑固に抵抗し、容易に陥落せざるところから、過日来、我軍扶桑艦の二十八珊砲、外《ほか》に内地より輸送し来りし二十八珊砲五門相送り来る由にご座候。一時砲声を聞かざりしも、昨今朝夕激烈なる砲声相達し候。

当港に大艦の出入りは致さざるも、駆逐艦水雷はたえず出入致し居り候。
機械水雷は当大連湾内に繋留《けいりゅう》しあるもの、いまだ千以上もこれある由にござ候。
左の数品のうち何れかの追送願いあげ候。
その品は
一、腐敗せざる菓子、果物《かぶつ》類
一、雑誌小説
一、煙草（巻煙草は当にあり、刻莨《きざみたばこ》がよろしい）
一、するめ類……その他気付きの品々
追送の方法は追送の品を箱にいれ、小生の所在地、ならびに名あてを認《したた》め、更に表包をなし、宇品碇泊場患者集合所医官御中と認め、同所まで小包にてお送り下されたし。
他に小包一個貴官のお手元まで差出し候間、便船にて辛碇泊場司令部員官名中島一太の処までお送り下され度きむねの依頼状お添えおき下されたく候。
余は後便に相ゆずり候、早々不一
中島一太

以上が横山亀雄氏に宛てた手紙である。太平洋戦争当時であれば明らかに軍機密漏洩《ろうえい》ものとして咎《とが》められる内容であるが、日露戦役当時はおおらかなものであった。一太は明治三七年（一九〇四）一二月、停泊所指令付となり終戦まで宇品にいた。翌三八年従七位に叙せられ、一等軍医となり、明治三九年には勲六等単光

図22　軍服姿の一太

旭日章と金四〇〇円を賜った。
軍服姿の一太の写真は多くあるが、図22の写真が日露戦役当時の面影を一番良く伝えている。軍服は四着ほど残っているが、通称肋骨服といわれた冬服はあまり傷《いた》んでおらず状態も良好なのでガラスケースを作って保存することとした。筆者の祖母小房は「大きな人だった」とのちに述懐しているが、軍服から見ると決して大きい男ではない。せいぜい一六〇センチメートルぐらいだろうか、多分人間が大きかったのだろう。

キリスト教の洗礼

明治四一年（一九〇八）一〇月、一太は妻小房とともに岡山教会の阿部清蔵牧師によってキリスト教の洗礼を受けた。ときを同じくして御牧義太郎氏と横山亀雄氏も受洗しキリスト教徒となった。これは当時高名な牧師であった従兄弟の露無文治《つゆむぶんじ》氏の影響によるものといわれている。横山亀雄氏（図23中央）、御牧義太郎氏（同左）、中島一太（同右）は従兄弟同士で、またいずれも郡

図23　（右より）中島一太・横山亀雄氏・御牧義太郎氏

医師会の会長を勤めた。

横山亀雄氏の三女貞子氏の著書『明るい道』によれば、亀雄氏は「学生時代に親に内緒でキリスト教の洗礼を受けた」という。同氏は明治二五年（一八九二）第三高等中学校医学部を卒業しているが、明治二二年の卒業者名簿には「児童福祉の父」「岡山四聖人のひとり」とも呼ばれる石井十次《じゅうじ》氏がおり、影響を受けたのは間違いないだろう。とすれば、一太のキリスト教入信は横山亀雄・露無文治両氏ひいては石井十次氏の影響ということになる。

上寺公園保勝会と「百年の計画稿」

一太は大正三年（一九一四）邑久郡医師会長となり、脳卒中発病の昭和二年（一九二七）まで勤めたが、ふだんは自転車で往診をしたそうだ。邑久郡第一号の自転車だったという。また、井戸を三か所掘って屋敷地の北角に煉瓦で貯水タンクを作り、台所・風呂に鉄管を引いて蛇口《じゃぐち》をつけた。要するに自家水道というわけである。さらに、パン焼き釜を作ってパンも焼いた。つまりかなりの新しがり屋だったのだ。そうして見ると、キリスト教入信も同じ一面だったのかもしれない。

一太は医療以外の地域活動も盛んに行っていたようである。大正三年（一九一四）、有志とともに上寺公園保勝会をつくり、『鐘の響き』なる本や上寺山の絵葉書もつくった。いずれも現存している。酒造家の中山才次郎氏とともに城南倶楽部を作り、集落の集合と研修の場所とした。ここでは柔道もできるように畳が敷いてあったそうである。加えて大正一二年ころには上寺公園保勝会の会長となり、弓道場・テニスコート、将来は野球グラウンドまで作る遠大な計画を持っていたようである。

大正九年には、上寺山の北側を通っていた県道を南側へ付け替える運動を起こした。当時のビラによると、三九〇名の署名が集まったということである。

さらに旧邑久郡の豊《とよ》・豊原《とよはら》・今城《いまぎ》の三村合併を主唱し趣意書をつくった。今の町村合併の走りである。以上は『喜翁中島達二随想集』の記載からであるが、地域社会に関係する活動に熱心だったことがよくわかる。

昭和二年（一九二七）、一太は脳卒中で倒れる。そのころのものと思われる「百年の計画稿」と墨書した封筒が手紙の束《たば》のなかから発見され、「昭和二年起稿」とある原稿が入っていた。昭和二年といえば一太が亡くなる一年前である。なにやら遺言状のような雰囲気の原稿であるが、読んでみると、結論は五〇〇円を信託銀行に預けてそれを基金とする、といったような内容で、勿論五〇〇〇円は存在しないのだから空絵事である。しかし原稿の随所に一太の考えがうかがえるので掲げることにした（読みにくいところは筆者が一部改変、振り仮名とカッコ内は筆者）。

昭和二年起稿　百年計画稿―中島一太

　大観院直道直諦居士
　静観院常道妙道大姉

の為に左の計画を遺し菩提を弔わん事を願う者である。大観院、静観院は私の両親である。父は私の成業を待って隠退し余生を公益の為に尽さん事を願っておられたが、成業後まもなく不幸にも堅の（病の）侵す所となり期待は水泡に帰し、孝養をなす暇もなかったのは遺憾に堪えない。母は七十六歳の天寿を保たれたが、一家のために子女のために努力され、一日の安心保養のことなく永訣《えいけつ》するに至った。

　父は私の名を、一は天地大極の始まりなりの語にもとづき「一太」と名付け給うた。父は私に何事か期待せられし者の如く思われるが、私の歳はすでに耳順《じじゅん》の境（六十歳）に達して何一つ後世に残すの業もなく空しく口に糊したるに過ぎなかったのは頗《すこぶ》る汗顔の至りに堪えない。遠く私の祖先に遡りて、繁栄の程を察するに、当時医学衛生状態が進歩せざれし為に夭折したもの多くして、子孫が多くならなかったのは頗る遺憾であるが、また止むをえない。私に子女六人をあたえられて悉く壮健なることは、私の一生を通じての感謝の一つである。

　是より子孫は永久に繁殖し恐らく私というものはある意味において必ずや絶えることなき者と信ずるのである。それで子孫のため、否、私のために企画せねばならぬ。

　仏者は盛者必滅の哲理を説いてあるからに、衰者必燃もあるわけである。人生は恰も波濤《はとう》の如く、一波は高く一波は低く、この波乱曲折が人生に快感をあたえ、又悲痛を感じせしめるものである。悲痛は緊張を生じ、快感は弛緩を生じ、一衰一盛の波乱はその常とみるべきである。私の曾祖父（宗仙のこと）の時から今日に至るまで経過せし血脈上の関係を見るに、盛なるものは頗る栄え、衰えしものは再び浮かび上がる事のできないほど沈倫《ちんりん》の底に泣く者がある。斯《か》かる者が水平線上に浮かび出るのは、又容易の業ではない。私の子孫は私の化身であり私の連続であり私の拡大であるが、或いは栄え、或いは衰え、或いは強く、或いは弱く、或いは夭し、或いは寿《ことほ》ぎ、など千差万別の我が出来る。今茲《ここ》に水平線下に泣く我あらんに、其の者が俊才を生まば才能を伸ばす社会の教育制度は多いであろう。今や英才教育資金募集などあれど、平凡教育なるものは小学教育を措いては恐らく他には永久に其の計画もないであろう。俊才も愚劣なる者も共に破格にして、其の中間の才能者が社会の大部分を占むるものであるが故に、私の子孫も亦其の範を脱せずして中間才能者の多き一団に終わるであろうことは、推して知るべきである。故に子孫の計画は他人を俟《ま》たずして近親なる私が計画を遺すべきである。

今の私は近親者であるが、時の推移と共に他人となってゆく。諺に「兄弟は他人の始まりなり」又「遠き親類より近き他人」と云うがごときは漸次にその接触を重ねること少なきによるのもその一因である。私の計画によりしばしば集会をなし旧誼《きゅうぎ》を温めるに至り親愛なる一大団を形成するに至るであろう。世間往々金力に乏しきがために趣味性を傷つくものがある。例えば基礎医学に趣味を有す者がその子孫の教育等を考慮して臨床医家になるように、芸術家たらんとする者が其の趣味性を捨てるに至る者がある。もし子孫教育費に後顧《こうこ》の憂いなかしむれば、各己が欲するところに向かって才能を伸ばすことができる。この計画がありて衣食に窮《きゅう》せざるが故に、高等遊民に終始するが如きは私の好まざるところである。

古人曰く子孫の為に美田を買わず、子孫のために書を積まず、宜しく陰徳を積んで子孫に遺すべきを教えられてある。此れは私の子孫におくりのこす所の陰徳の一つである。各人が独立自由の精神をもって進みこの計画が悉《ことごと》く杞憂《きゆう》に終われむしろ幸甚とするところであって益々広く公益に尽くす両親の菩提を弔うのである。聖書に曰く「持てるものは益々与えられ持たぬ者は持てる者をも取らるるなり」。

方　法

金額　五百円

之を百三十年間〇〇信託銀行に供託し十年に満るごとにその一ヶ年の金利をもって両親の記念会を開いてもらいたい。

時代の推移のために金の価値の低下は避けがたいが、そのときに当り目的のための金額に到達しない場合は、更に二十年若しくは其の上の年月を据え置けば、幾何《きか》級数に増加し時代相応の金額に達し得られる。必ずしも百三十年と時を画する訳ではない。

預け主は永久に私であって相続者の継承を許さない。唯、時到って子孫全員の協議により使用の権利を与えるものである。

預金に当り子孫全員の加判を願うは、私の親族と友人を永久に記憶せんがためと、使用の時到らば其の子孫の方々に凡ての計画に参加して貰い、私の友人親戚の方々が私に親切である如く、其の子孫の方々が私の計画に親切に、私の子孫をして用途を誤らしめん為に補佐してもらいたい。期満ちて預金を引き出すに当たりては加判者の子孫の相続者の連名によらざれば払い戻すことはできない。

期満ちては、其の金額の十分の四を受領し、目的の為に十年間に分割使用し、十分の一は百年計画を以って信託預金とすべし、其の信託銀行は協議により其の時の信用ある銀行に分割して預け入れるがよい。残りの十分の五は十年据え置きに預け置き、十年に満つる時は十分の四を受領し十分の六は十年据え置きとなし、これを十年ごとに反復するのである。

用　途

一、子孫の教育費

伸びんとするものは何処までも伸ばし研究を要するものは研究費を与えるべし。そして子孫の外にして学資の支給を要する者にも支給し、郷党《きょうとう》の為に特に注意をはらえ。
一、キリスト教布教と教会の維持
一、公益　近きより遠きに及ぼせ
一、子孫の救済
但し子孫にして高等遊民となり放蕩のために身を誤りたるものは救済を許さぬ。
一、本郡内に医療上の設備をなすこと
これは公益事業に属することであるが、私は医門第七世であってなるべく永く医門を継承せんことを希望するものであるが、また時には医門が絶えることもあろう。其の時に当たっては郡医師会長にはかり郡内医師の希望により利益を主とせざるの行為をなすべし。たとえばX線深部治療、又はラジウム治療の如きは値高きが為に開業医が設置するに耐えられないものである。この如きものを設備し医家に患家に利益を与えてもらいたい。
一、百事を処するに当たっては親の児に対するが如き慈愛をもって解決せよ
私の子孫と称するは血縁の者に限るので血縁以外のものは参加を許さないのである。其れは放蕩若しくは不摂生に流されざる限りは子孫の絶えるものではないと信ずるからである。時に破格は免れがたいが、もし子なき時は血縁者のものを養子にして権利を保続して貰いたい。但し血縁者の夫は計画の参加の権利を認めるが、婦死して子なき時は権利を失うものである。
一、上寺公園の設立を企図すること
私は上寺公園保勝会を起こし其の会長に推薦されたが、時非にして計画を充たすことが出来なかったのは遺憾である。将来その計画が進まないようなれば遺志を継承してもらいたい。

私はこの計画を遺して百三十年後を夢見つつ永き眠りに就くものであるが、私はこの計画をして勝利たらしめんことを望み、庭前に月桂樹を植え、この計画が子孫と公益との為たらしむるに因み、公孫樹《いちょう》二本を植え、また私の計画が帝国の一部に限局せずして遠くヒマラヤの高嶺を超えて遠く諸外国にも普及せしめたい希望を表象して、ヒマラヤ杉を植えて記念とするものである。

私の邸宅の売却するの止む無きに至らば〇〇信託銀行に相談して買い受けて貰えよ。


これは脳出血で倒れた昭和二年から後の原稿であるから「遺言状」のようなものであるが、普通の遺族に残す遺言とちょっと違うのは一〇〇年後を見据えた内容となっているところである。当時は昭和初年（一九二六）の大恐慌で株の暴落や銀行の取り付け騒ぎがあって一太もご多分に漏れず株で損失を出していた。経済状態は決して好ましくはなかったはずである。五〇〇円が当時どれほどの価値があったのかわからないが、信託銀行に預けて利子で奨学金のようなものを賄《まかな》うとしたら少し無理なような気がする。しかし、実現の可能・不可能はさておき一太の理想主義的な一面があらわれている。

無住庵是空　後千秋庵更生ト改ム
（「中島氏系譜」）

吟稿の最後から三番目に献上俳句が載せてある。

俳句と老子の研究

晩年、一太は本来の日本趣味に戻り、俳句の会を作り「千秋庵」と号し仲間を集めて句会を催したようである。その時期が脳出血の前か後か定かではない。もう一つの趣味に「老子の研究」がある。その遺稿が残っているが解読・分析はまだである。

五八歳で脳溢血を患《わずら》ったが、少し軽快してから老子の研究をはじめ、その解釈を東京の専門家に送って批判を請うていたが、その大家に「現在の日本で老子のわかる人は五人しかいない。あなたはその一人である」と高評価を得た、と大変喜んでいたのを覚えている（『喜翁中島達二随想集』より）。

一太は昭和三年（一九二八）一一月二二日、再度の脳溢血で倒れ亡くなった。「中島氏系譜」のなかの一太の項の終わりに一太の遺稿となった千秋庵吟稿があるのでこれを次に掲げる。

風流ヲ愛好シ大正九年東側ニ櫓作リ茶室ヲ建テ「清黄亭」ト名ヅケ庭園ヲ築造ス。書ヲ善クシ漢詩ヲ作ル。徳堂ト号ス。画ハ津田白印ニ師事シ蘭ヲ得意トス。晩年、小林淇水《きすい》、千歳庵辻可水翁等ト共ニ江東吟社ヲ創リ昭和三年天皇ノ御即位ヲ慶祝セル献上俳句ニ入選セシ

　空高ク満歳幡ヤ菊盛リ

ハ絶句トナレリ。

名驥　字千里　号徳堂　画号秋佩　雑俳号雪踏　空哉　俳号

第一〇章　中島達二（医門第八世）

達二《たつじ》は中島一太《かずた》の長男として明治三七年（一九〇四）一一月一六日に生まれた。父一太は日露戦役で出征中であった。前述のように、大連に駐屯中の誕生により達二（ダルニー）と名づけられた（四〇頁上段参照）。のちに達二は大学卒業後一〇年ほど満州の地で暮らしている。何か因縁めいたものを感じる。

小学校のころは手の付けられない腕白小僧で、今でいう登校拒否状態であったが、「お前は我が家の総領息子で医家八代目を継ぐべき者だ、いわばわしの希望の星である。学校の先生に聞くと、頭はまんざら悪くないそうだが、すこしも勉強をせん。この様な状態では医者にはなれんぞ、もう三年生になったのだから心を入れ換えて勉強しなさい。勉強すれば誰でも出来るようになる」と説教され奮発した、と『喜翁中島達二随想集』に書いてある。その後、大正一二年（一九二三）三月、山口高等学校理科乙類に進学し勉強と野球に熱中していたことが、現存する父一太への手紙と本人のノートからわかる。

岡山医科大学入学と父一太の死

昭和二年（一九二七）、達二は岡山医科大学に入学した。野球に加えボート部にも所属し活躍していたことが、残された写真（図24は昭和四〜五年ごろのもので、背景の建物は三蟠《さんばん》の艇庫。旭川の土手より川側にあったときのもの）などからもうかがえる。しかしこの年、父の一太が脳溢血を起こしている。昭和初年の世界的大恐慌により一太は株で失敗し、その上病気に倒れ中島家は大変な時代を迎えた。いずれにしろ婚期の遅れた姉と学業中の四人の弟がひしめいていたのである。

図24　ボート部の達二（右端）

昭和三年、脳溢血で療養中の一太が再度発作に襲われた。その日、初めて咲いた寒牡丹の花を持って一太は上寺山の恵亮院《えいきょういん》の住職を訪れたが、帰路、突然庭で倒れて再び立てなかった。一太は大正五年（一九一六）ごろ、神崎の医師会員陶守大吉氏が癌で亡くなったときに解剖したのがきっかけで、医師会員の死後剖検の申し合わせをしていた。この遺言により岡山医科大学で病理解剖が行われ、主病巣の脳切片が位牌のかたちで保存されている。一太はキリスト教に改宗しているので戒名も位牌もない。従ってこの位牌代わりの脳の切片だけである。

筆者の父達二はこの病理解剖に立ち会っているのだが、後日談がある。昭和五九年（一九八四）に達二自身が筆者の病院で亡くなる前日、遺言として「（一太と同じように）病理解剖をして主病巣（大腸）を切片として保存するように」といったが、行き違いで脳の切片が遺された。筆者が解剖医にことの経緯を説明したとき、祖父（一太）の脳切片の話をしたのが過ちの原因となったようである（六一頁下段参照）。仕方がないので筆者のときも脳にして貰おうと思っている。そうすれば今後、中島家代々の脳の切片が残ることとなる。

第二内科（柿沼昊作教授）入局

昭和三年父を亡くし、達二は学生ながら一家の大黒柱となった。一太の借財から弟たちのこと、家・親戚のこと、はたまた自分の結婚のことまで、自分でしなければならなかった。しかし、達二自身は極めて意気軒昂だったようである。

大学を卒業した昭和六年（一九三一）の三月、弟に宛てた手紙がある。弟の謙六氏は一太の四男で、すでに板津《いたづ》家（母の実家）の養子になることが決まっており、東京の学校（法政大学予科）に行っていたころである。この手紙では「生田、佐藤、木畑、長田いずれもライバル」などと書かれていて、このころは五年ほど大学に残って頑張るつもりであったらしい。

『喜翁中島達二随想集』によると、昭和五年の夏、達二は柿沼内科の研究室に潜《もぐ》り込んだ。当時、児島医師会の会長を勤めていた伯父の横山亀雄氏より柿沼昊作《こうさく》教授に「甥の中島達二が入局を希望しているので宜しく頼む」といってもらった。柿沼教室は内科学の宿題報告（昭和六年四月の第二八回日本内科学会）で忙しくしていたのでそれを手伝い、宿題報告中に中島の名前が入った。昭和六年、達二は岡山医科大学を卒業し、念願の柿沼内科教室に入局した。前述の弟への手紙はそのころのものである。

卒業後、三月三一日に入局して副手となり、七月三一日には副手手当四〇円が支給された。筆者が入局したときは無給副手で給与はゼロ、大違いである。東京大学安田講堂の攻防戦の発端が医学部のインターン反対と、無給副手制度に端を発したことを思えば、昔日の感がある。

達二の結婚生活

伝え聞くところによると、達二は結婚の段取りも自分でしたという。筆者の母寿栄《ひさえ》の里・近藤家は岡山市青江《あおえ》にある。もとは泉《いず》田《みだ》の地主で庄屋だったが（五〇頁下段参照）、父近藤鉄太の代に医者となり開業していた。母方にはどちらかといえば地主・商家の親戚が多く、中島家の親戚関係と関連は少ない。筆者の想像であるが、おそらく「仲人口」という半専門家の周旋によるものではなかろうか。昭和のはじめころより戦後まで、このような婦人が鞄に一杯の見合い写真を詰めて結婚適齢期の子女子息の家を訪ね、縁談をまとめていた。実際、母の小房はあまり動いていなかったようである。

結婚話は順調に進み、昭和七年には結婚し、翌八年には長女恒子が生まれている。達二は結婚後、寿栄の里近藤家に居候《いそうろう》して大学の研究室に通っていた。姉の恒子も筆者も青江の近藤家で生まれているし、青江は医科大学のある鹿田《しかた》の隣村である。勘ぐった見方で悪いが、結婚を決めた主な理由もそこにあるようである。

邑久の家には母の小房と四人の育ち盛りの弟がいる。母の妹の守屋清子氏の話によれば、邑久の家を訪ねたとき、次々に帰ってきた弟たちが、座敷の敷居から吊るしていた笊《ざる》から「いりぼし」をつまみ喰いしていて、びっくりしたそうである。おそらく結婚したてのころであろう。

同じく伯母守屋清子氏の話であるが、「姉の寿栄は新婚時代、夫達二の大学の研究室についていってよく手伝っていた。達二はおいしい物が好きで罐詰を買ってきて自分で食べていた。名古屋よりサボテンを取り寄せて小屋をつくり、金のことには頓着なく、父鉄太と意見が合わずよく諍《いさか》いをしていた。そのたび祖母の嘉寿が仲に入って苦労していた」とのことである。

達二は妻の里青江の近藤家から四～五年大学に通いながら研究を続け、ついでに弟たちの学費も出して貰うつもりではなかったか。しかし義父の鉄太は清子の話によればかなりの「締まり屋」だったらしい。意見の食い違いは必然的なものだったであろう。いろいろ理由はあっただろうが、達二は学位論文の目途《めど》がついた昭和一〇年（一九三五）、満鉄安東病院に赴任することにきめた。筆者が生まれて三か月目の五月のことである。そのときの母小房に宛てた手紙が残っている。

太田氏依託のお手紙拝読致しました
却って母上よりご送金の段恐れ入りましたが当方にても工面の結果金を借りました（高利貸にあらず）。今日竣七にも申し越の金の不足を送ってやる筈です。も少し送りたいのですが小生としても満州行を決心したため、あちこちの負債整理もあり取りあへず二十円封入（母上からの三十円と一緒に）しました。
（中略）
満州へは約五ヶ年（竣七が学校を出る迄）の予定で参ります。五年経たら帰へって開業するか或は向ふがよいと決ったら向ふで開業です。ご心配無用に存じます。

母上様　　　　　達

手紙にあるように、弟竣七の学資と負債の整理が渡満の主な理由のようであった。満鉄病院は給料が良い。初任給一三五円、在勤手当六割の計二一六円、副手手当の五倍強である。

達二が負っていた負債は主に株による損失であると、筆者は聞いている。当時、医師仲間でも株の取引きが盛んで、一太も空売りをして一夜にして財産を多く失ったそうだ。脳溢血発作後で多少判断力が欠けていたのかもしれない。このとき負債を肩代わりしてくれたのが伯父の横山亀雄氏である。伯父は残った株を担保に負債を引き受けてくれた。そのとき、「金は送らない。人に金を借りるのだから、二か月に一度頭を下げて借りに来い」といわれ二か月分五〇〇円、約五年間続けた。横山家が上村より下村に移転したとき、預かっていた株を処分し債務を決済した（『喜翁中島達二随想集』より）。

横山亀雄氏は昭和八年（一九三三）四月一六日、六一歳で永眠した。遺言により一太と同じ岡山医科大学病理学教室で解剖された。病名は骨盤肉腫であった。

達二が満州行きを決意した原因のもう一つに同僚の陰口がある。これは『喜翁中島達二随想集』所収「満州の思い出」の冒頭に記載されているので省くわけにはいかない。それによれば、柿沼内科に在籍四年二か月で研究テーマ「実験的非特異性操作後の血液学的考察」が完了し、岡山市立某病院就職が内定したのを贔屓《ひいき》されたといわれたことが直接の動機だというのである。それもあったかもしれないが、父達二の性格は豪快ななかにも繊細なところが見え隠れしていた。

ここで思い出すのは祖父哲がコレラ流行のとき、県から表彰を受けたが、「なんで哲だけが表彰されたのか伺いたい」と県に文書で問い合わせことである（三一頁上段参照）。これは正義感のあらわれと解されているが、やはり同僚（多くは医師）の嫉《ねた》みを気にしてのことと解釈したい。いずれも他人に思われることを気にして行動するところがあった。

筆者の母の実家である近藤家は泉田で代々庄屋をしていた豪農で、筆者も含めて中島家がいろいろとお世話になった。伯母の守屋清子氏の話によれば、池田の殿様が泉田に来られるときには近藤家に泊まったそうで、殿様の使った漆塗りの湯殿があったそうである。大水のときそれが流れてしまった、とのことである。筆者の祖父鉄太は、明治四〇年（一九〇七）、岡山医学専門学校（岡山大学医学部の前身）の七期生として卒業し、その後、青江で開業した。

満鉄安東病院から満鉄撫順《ブジユン》病院へ

昭和一〇年（一九三五）六月一〇日、多くの見送りを受けて、達二一家を乗せた船は神戸埠頭から出航した。達二三一歳、寿栄二四歳、恒子二歳、洋一（筆者）三か月の四名と犬一匹（名はヘソ）、船の名はバイカル丸といった。大連・旅順で日露戦役の戦跡巡りをした後、一五日朝、奉天経由安奉線で赴任地の満鉄安東《アントン》病院に到着した。

安東病院は鴨緑江以北にあり、満鉄病院としては一番古いものである。ここで院長兼内科医長の東京大学出の先生と衝突する。南満州鉄道は東大出身が多くまた極めて官僚的な組織、いわゆる東大閥の牙城《がじょう》であったようである。祖父哲のDNAを多く受け継ぎ反骨精神が旺盛な達二は、至る所で衝突を繰り返したようである。しかしそのたびに栄転しているので主張には道理があったのであろう。安東病院の在籍はわずか八か月で、満鉄撫順病院へと転任した。

撫順は日露戦役以前はロシアが占有していて、その炭鉱は坑道掘りであったが、満鉄時代になって大規模に地層を剝がし露天掘りとなった。東西一里南北半里の広大な階段状の炭坑である。

満鉄の社宅は全部中央式スチーム暖房で、冬でも浴衣がけでビールを呑み小窓を開けられるほど暖かかった。また、このスチームで風呂がいつでも沸かせ炊事は全部ガスだったので、煙突はなかった。まったく天国のような社宅だったが、市街地は質の悪い石炭暖房だったのでススが多く街全体が黒ずんでいた。

撫順病院は全満鉄病院中最大の規模で、鉄筋三階建て本館のほかに中央分館・南分館があった。達二は南分館の主任で、ここは「コレラ」「ペスト」など危険な伝染病以外の伝染病患者をすべて収容していた。南分館は四つの棟があり、病床数は二〇〇床あまりだった。

達二は昭和一二年（一九三七）、撫順監獄で発生した発疹チフスの往診中みずからも罹《かか》り、脳症を起こし生死の間をさまよった。幸いにも生還し五〇日ほどの入院で退院し、静養をかねて内地に帰国した。提出していた学位論文が母校の教授会をちょうど通過したので主査教授の方々への御礼挨拶をかねての帰国であった。恩師の柿沼教授は母校東大教授に栄転のため、再会することができなかったようである。郷里の岡山では一人暮らしの母のもとで一〇日間ほど過ごし、予定を切りあげて満州へと戻った。

家族の病気

しばらく休養するようにといわれた達二は「東郷診療所」に勤務することとなった。ここは東郷坑の診療所で低地にあり湿気が多く、寿栄は妊娠九か月であったが関節リューマチに罹《かか》ってしまった。これが寿栄を生涯苦しめる病気になるのである。加えて長女の恒子も赤痢に罹り、おまけに関節リューマチが悪化し婦人科に入院、翌日男の子を死産してしまった。

加えて昭和一四年（一九三九）五月、筆者は赤痢に罹り、達二の転任先の満鉄哈爾浜《ハルビン》病院に入院した。同年五月一三日、ノモンハン事件が勃発し哈爾浜病院に日夜負傷兵が輸送されていたときである。筆者は四〇度の熱が続き、輸血ミスもあって痙攣《けいれん》を起こし、主治医より「諦めてください」といわれたそうである。達二はリンゲルと強心剤が主の注射をし、五月三〇日ころノモンハン事件の負傷兵輸送はピークに達するが、この日を境に洋一の症状は好転したそうである。

これから先は筆者の記憶である。一応危機は脱したが、これといった特別な治療があるわけではない。とにかく食事は茶碗半分のお粥《かゆ》と梅干し一個で、つぎの食事がくるまでベッドの端に正座しておとなしく待っていた。ともかく腹が減っていた。退院したときは痩《や》せ細りまったく歩行ができなかった。

哈爾浜《ハルビン》転勤と鉄砲打ち

話を二年前に戻すと、達二は、昭和一二年一二月に満鉄敦化《トンカ》病院へ内科医長として転勤し、同一四年、哈爾浜に異動するまで勤めた。筆者はこのとき三～四歳の子供であり、わずかに記憶に残っている程度である。

敦化病院の内科医長から哈爾浜《ハルビン》病院の内科医長転任は三階級特進に当たる栄転である。哈爾浜でのはじめの二年は内科医長を勤め、のちの一年は哈爾浜検診所長であった。社宅はなくロシア人宅の間借りであった。

達二が猟（鉄砲打ち）をはじめたのはこのころであるが、本格的に熱中したのは哈爾浜病院の外来にきたスミルノフ一家との付き合いが大きい。スミルノフは革命前はコサック騎兵隊の少尉であったが革命後満州へ逃れ、哈爾浜で牧場をはじめた。当時は四〇頭の牛を飼い、バター・チーズを作る工場を経営していた。達二はこのスミルノフに気に入られ信頼され、家族ぐるみの付き合いをしていた。

雄大なのはスミルノフ一家の山七面鳥《やましちめんちょう》狩りである。山七面鳥は学名を「野雁」と言い最大は一五キログラムもあり、主として歩く鳥である。わらでカムフラージュした馬車に乗り、鳥の群れに近づき射手が取り囲むように草原に伏せ、風下よりスミルノフが追いあげる。追われて飛び立つ鳥の方向に伏せていた者が撃つ権利を得る。

満州での猟は前掲「満州の思い出」に詳細に書かれているが、「狩猟日記」には「何月何日、何時の汽車で、何処《どこ》へ誰と、その日の天気、気候、獲物の種類、数、発射弾数、散弾の号数、命中率、獲物の目方、胃袋の内容まで記載した」そうである。

獲物はおよそ二六〇〇、雉《きじ》が一〇三五、その他の獲物は鴨、雁、鴫《しぎ》、山鶉《うずら》、鶉、山七面鳥、ばん、兎、狐、狸、ノロである。出猟回数は正月三日間と内地に帰った昭和一六年（一九四一）一二月を除き、猟期中の日曜・祭日、年末休暇は一日も欠かさず出猟した。七年間に二五〇回以上出猟している。命中率は雉に関しては通算六割五分くらいであったという。

この「狩猟日記」は、残念ながら日本に持ち帰ることはできなかったが、満州で父に見せて貰った記憶がある。後年、医者になって思い出すのに、これは達二が博士論文を執筆していたときとまったく同じ手法であると気づいた。「記録を残して科学的にやる」である。研究室五年間で体に染み込んだものであろう。

犬は哈爾浜のとき二匹いたのを記憶している。一匹は大きなドイツポインターで焦げ茶色に白い斑点があり、シッポは短く切ってあった。ネロという名前だった。もう一匹はアイリッシュセッターで栗色の毛の長い犬でトミーという名だった。なんでも岡山でなじみの富奴という芸者から名づけたそうである。トミーはとても有能な犬だった。それにくらべてネロはダメ犬でよく主人に叱られていたが、仕事（猟）の能力も劣り所謂「駄犬」だった。

あるとき、一家で外出から帰ってみると、ネロが食パンを食べてしまっているのに気がついた。主人に棒で叩かれても腹一杯で逃げることもできず、恨めしそうな顔をして蹲《うずくま》っていた。

ある日、トミーがいなくなった。達二は筆者を連れてあちこち探したが結局行方不明となった。赤犬は旨いといわれていたので満人にとられたのだろう、ということになった。

哈爾浜に父が転勤してから筆者は小学校にあがった。学校は花園国民学校で国民学校と名前が変わってから二期目である。筆者は花園国民学校は元ロシア人の学校で大きく立派な建物だった。筆者は二月生まれの早あがりで、しばらく別のクラス編成だったと記憶する。他の子は知らないが幼稚園には行ってなかったので、幼いこともあって追いつくのにしばらくかかった。冬の満州ではどの学校でもスケートである。一年生からお下《さ》がりのスケート靴を貰って毎日すべった。お下がりの靴は刃が短くなっていたがとても履《は》き心地がよかった。

新京

達二の次の転任先は新京《シンキョウ》病院であった。新京市街地はもとの長春城の郊外に新しく日本が満州国の首都として作った街である。新京駅を中心に南北に大同大街通りがあり、京都の碁盤の目のように東西南北に道路が走り、和泉・露月・羽衣……と名前の付いた通りがあった。

新しい社宅は新市街地より西に一駅離れた興安大街の白菊町四丁目にあった。一戸建ての新しい近代的な住宅で、玄関を入ると右が応接間、正面右に階段、中央に廊下があり、廊下の左側が居間、階段下に電話室があった。廊下右に風呂・便所が並び、突き当たり右が台所で左に裏口と暖房用のボイラーがあった。二階は和室が二部屋あって、一部屋は子供の勉強部屋に使っていた。今風に数えれば４Ｋであり、社宅としては大きい方である。

筆者は小学二年生だったと思うが、自転車もなく行動範囲は足に限られていた。近くの社宅は病院の医長クラスだったので、通りを隔てた商店街の子供たちが遊び相手だったと記憶する。

学校は白菊小学校で周辺に忠霊塔、関東軍司令部、白菊公園が集まっていた。新しくきれいな学校であったが、昭和一七年（一九四二）から一年半ほどで転校したので友達も少なく、記憶していることもあまりない。クラスには満州国要人の子が二〜三人いた。大臣の娘だといっていた。中国語の授業は週に一時間ほどしかなかった。忠霊塔も関東軍司令部も立派できれいだったが、人通りも少なく閑散としていた。大きな公園は近くに児玉公園があり、日露戦役のときの児玉源太郎大将の銅像があった。

新京の関東軍司令部は京都の国立博物館とよく似た建築のように記憶している。街は壮大な構想で作られていたが、おそらく完成しないまま終戦を迎え、廃墟と化したのではなかろうか。ロシア人による哈爾浜のような情緒のある街が残せたら、日本が命運を賭けて作った満州帝国もすこしは意味があったのにと残念に思う。

達二は新しく赴任した新京病院で安東病院のときに衝突した院長と再会した。満州は広くて狭い。これにはわけがあって、新京病院の院長と若手の内科医員との間がうまくいかない。そこで安東で因縁のある「中島君」を医長にして、院長には院長業務に専念して貰うことにした、ということらしい。しかし所詮油と水で折り合うわけもなく、一年六か月で吉林《キツリン》に転勤となる。安東のときが八か月であるから格段の進歩である。

吉林

昭和一八年（一九四三）九月、大連満鉄本社の衛生部より達二へ出頭命令の電報が届いた。それによると、吉林人造石油株式会社を満鉄の撫順炭坑が引き受けるのでそこの病院長をやって貰いたい、ということであった。身分は満鉄本部総務部吉林駐在員である。

新京病院の医長から傍系の田舎会社の院長では都落ちなので、このさい新京で開業する選択肢もあった。しかし、寿栄が吉林行きを強く希望した。理由は新京の社宅での暖房にある。冬の朝のボイラー焚きは主婦にとって重労働であった。おまけに新京の石炭は撫順とちがって質が悪い。吉林は撫順の社宅のようにスチーム暖房なので、この苦役から逃れられる。これが吉林行きの決め手となった。

吉林人造石油の石炭液化工場とは、石炭より石油・ガソリンを作るという雄大な構想のもとつくられたが、規模の壮大さとは裏腹に完成前の昭和初年に倒産してしまった。それが時代の要請により満鉄によって再開されたのである。

この会社を興こしたのは朝鮮北部の興南にあった朝鮮窒素肥料の野口遵《のぐちじゅん》で、彼は、事業をはじめるにはまず従業員のための福祉施設の完備が第一であると、工場建設に先立って住宅・病院・学校、その他娯楽施設を整備した。大変立派な考えであるが少々遣《や》りすぎた。工場ができる前に用意した二億円の金をつかい果たし倒産してしまった、というわけである。

正確にいえば「吉林市江北区昌平町」であるが、通称新吉林といっていた。吉林市とは松花江をはさんで対岸にある。新京の新市街と同じくロータリーより放射線状に道路が伸び、半円形に住宅が造られていた。病院は市街地の東端にあり、東側に大きな病院農場があった。病院の規模も壮大なもので、看護婦養成所があり一期・二期生が卒業し、三期生あわせると一〇〇名あまりの看護婦がいることになる。また、倉庫には本館建築の資材とレントゲン機械ほかの備品が詰まっていて、一〇数名いた薬剤師が手当たり次第に買い集めた薬品があった。

住宅は放射線状に広がった社宅群の最外部列にあり、後方は小高い丘で中心から朝鮮人集落に通じる道があって、これを「アリラン峠」と呼んでいた。社宅はその道より三軒目である。

江北《コウホク》病院と呼ばれていた前の病院から引き続き残った人、哈爾浜病院から、新京病院から、安東病院から昔なじみの人たちが集まった。医師は新京病院内科より中嶋重行先生を、満鉄梅河口《バイカコウ》病院から外科の木村稔先生を迎えた。

達二はこのような寄せ集めの病院職員の融和を図るため、「むつみ会」をつくった。一時帰国を希望する者には無利子で旅費を都合する「むつみ会金融部」を、年末には忘年会をかねて「むつみ総会」を、アリラン峠を越えたところにある大屯川での「魚釣り競争」など会の運営は活発であった。吉林在住は終戦までの約二年間であったが、家族に病気もなく、満州時代では一番平穏なときであった。

猟は相変わらず土曜日昼から月曜日朝までの日課は欠かさず続けられた。第一回むつみ総会には三〇羽、第二回むつみ総会には二八羽寄付し、すき焼きの材料となった。社宅の裏山には雉・鶉・兎などが多く、筆者も時々連れて行って貰った。夕方、雉をねらって発射すると銃口より一メートルほどの火柱が見えた。

昭和二〇年（一九四五）五月、ドイツが降伏し、戦局は重大な局面を迎えるが満州は現実的にはまったく平穏で食料事情もよく内地とはまったくかけ離れた生活であった。しかし、八月八日のソ連の宣戦布告で事情は一変、九日夜、最初の空襲があり、皆裏山へ避難した。ソ連機は吉林に照明弾を落としただけであったが、戦争を実感する最初の夜であった。

八月一五日昼、天皇陛下の玉音放送があり、終戦を迎えた。そしてはじめて気づいたのは「此処《ここ》が敵地である」ということである。当たり前といえば当たり前だが、満州帝国は消滅し中国の東北地方にいたのである。

九月より江北国民学校は消滅し、学校は満人の子が通いだした。それから内地に帰るまで不思議なことに紙と鉛筆・教科書が消えてなくなった。毎日が日曜日でそれが当たり前のように感じられた。

ソ連兵の進駐

八月二八日、吉林にソ連軍が進駐してきた。宣戦布告が八月八日であるから電撃的進軍である。関東軍の抵抗はほとんどなかったのであろう。先発の軍隊は気が荒く囚人部隊だろうと噂されていた。かの有名な略奪はこの部隊の仕業《しわざ》が主である。社宅の端から一軒々々押し入って進んでくる。まったく無抵抗で取り締まる者もいない。日本の軍隊を見ていた者にとっては信じられない光景であった。しかし、日本も占領地帯では同じようなことを行っていたのかもしれない。

ソ連軍は医者と技術者を大事にしたことが幸いした。達二は軍と会社の仲介役を買って出て、我が家は接待の場所となった。守備隊長をはじめ首脳部の将校がしばしば訪れ、寿栄は哈爾浜で習ったペロシキという料理（ギョウザを油で揚げたもの）を作ってもてなした。酒はもっぱら病院のアルコールを薄めて提供した。玄関の「此処はドクターの家であるから荒らさないように」と書いた張り紙を見て略奪部隊は我が家をとばしていった。

ソ連軍は「土地は中国のものだが地上のものは皆ソ連のもの」とばかり工場の機械、設備をすべて解体して運んだ。工場の解体作業を行った部隊は先発隊の戦闘部隊と違って規律も正しく、服装も立派で、将校はみな紳士的であった。会社の従業員の給料は軍票で支払われた。

一〇月末に工場の解体作業はほぼ終了し、会社の幹部が朝鮮経由で帰国することになった。達二も一緒に帰国するように誘われたが、部下がいるしまた若い看護婦もいるので、自分だけ帰るわけにはいかないと断った。一一月一日、社長・重役以下家族を含めて八〇人ほどがソ連の軍用トラックで出発したが、これには後日談があり、日本行きの船のつごうがつかず朝鮮の錦城で留め置かれ、帰国は撫順経由の一般社員より遅くなったという。

数日後、ソ連部隊が帰国することになった。お土産を持って挨拶にくる者、行きがけの駄賃で略奪して帰る者いろいろであったが、駐屯中の印象に左右された感があった。

ソ連部隊が引き揚げると社宅群は不用心なので中央の社員クラブに引っ越しすることになった。病院関係者が集まったので「病院長屋」と呼んだ。

ここで昭和二一年（一九四六）一月三日、撫順に転出するまで生活した。ここでの生活はいろいろ不安であったが、ある意味未来に希望を持てた集団生活だったので楽しかった。餅つきをしたり、圧力釜で大豆を炊き味噌を作ったりした。ストーブが不完全燃焼し、一酸化炭素中毒で危うく命を落とすようなこともあった。

再び撫順へ移動

内地まで一緒に帰国することに決まった看護婦は結局一〇名で、いずれも二〇歳未満の独身者であった。この人たちとは帰国後長く交流が続き、今でも年賀状を交換している。

一月三日朝、貨物列車で撫順へ向かった。各自一個ずつのリュックサックを背負い、雪のなかを駅に向かって行列が進んだ。母の手を離すとそのまま行きはぐれるような不安でいっぱいだった。貨車は有蓋《ゆうがい》車で両側の中央に引き戸があり、荷物を並べその上に人間が乗ったので天井が低く屈《かが》んで歩いた。一車両に九〇人ほど乗ったので横になることもできないほどであった。角《すみ》に荷物を除けて床板に穴を開け便所を作った。もちろん車内は暗闇で外の景色はわからない。何処《どこ》をどちらに進んでいるか皆目わからない。

結局撫順に着いたのは六日後の一月九日、距離にして約五〇〇キロ、停車するたびに駅・検車区・警備隊に賄賂を差し出しての六日間であった。

撫順では石炭液化工場の社宅や診療所の間借り生活である。一家五人と黒松家の兄弟二人の計七人の一間での生活がはじまった。食事は主食が高粱《こうりゃん》とジャガイモ、一〇日に一度白米と肉の日があった。大人たちは副業に煙草作りをはじめた。闇市から材料を仕入れて「偽煙草作り」である。子供たちの役目は朝から箱に並べたその「偽煙草」をひもで胸の前に下げて炭坑に売りに行き、帰りは暖房用の石炭をリュックサックに詰めて帰った。

時々警備兵に捕まって没収されたが、けっこう役に立った。煙草はほとんど売れなかったが、切れ端《はし》を袋につめて煙管《キセル》用にしたものは飛ぶように捌《さば》けた。お互い金のない生活であった。

一二月ごろより発疹チフスが流行しはじめていた。診療するにも薬がない、注射をするにも注射薬がない。達二はボイラーのスチームを見て蒸留水を作ることを思いついた。暖房のパイプから漏れ出た蒸気を一升瓶に集めてこれを濾過・消毒し、食塩を入れて「リンゲル液」を作り、大量皮下注射をする。これで命を拾った患者が多数いた。蒸留水に塩化カルシウムを溶かしてカルシウム注射液を作り静脈注射をすると、不純物が多いので震えが起きる。これを中国軍（八路軍）の隊長に注射すると「この注射は力がある」と喜んだ。

中国は内戦状態で「国府軍─蔣介石軍」と「八路軍─毛沢東共産軍」が一進一退の戦いを続けていた。戦争といっても白兵戦をするのではない。一方が攻めてくると一方が退却する。その間、一週間の間がある。敵が近づくと状況判断で撤退をはじめる。これを繰り返し、勢力の強いほうが勝ち進む、同じ民族であるからあえて殺し合いをしないのだろうか。炭坑に石炭拾いに行っても歩哨がある日、八路軍の軍服を着ていたりする。八路軍のほうがはるかに規律正しく、石炭拾いにも厳しかったように記憶する。八路軍が進駐すると玄関に歓迎の赤い紙が貼られる。しばらくすると今度は別の赤い紙が貼られるが、こちらは読めないからどちらも一緒である。八路軍は撤退のときはきれいに掃除していった。国府軍はよく手榴弾などを忘れていった。

帰国

昭和二一年（一九四六）も六月になっていよいよ日本に帰国することになった。所持金は一人一〇〇〇円、その他持ち物は制限があり、金・銀およびその製品、書いたもの一切であるが、身分不相応なものという項目があり、時計その他贅沢品はすべてこれが適用され、最後の合法的略奪となった。

六月一五日早朝、持ち物検査の後、今度は無蓋車《むがい》で撫順を出発し途中錦州の収容所で足止めされ、同地滞在一四日間、六月二八日葫盧島《ころとう》より乗船が決まった。船は川崎汽船所属の熊野丸（九五〇二トン）といった。後部に上陸用舟艇を出す大きな穴があり、甲板は飛行機発着用で左前方に煙突のみがある。戦争末期、特攻機を乗せ最後に浅瀬に乗りあげて上陸用舟艇で上陸する、所謂「特攻専用母艦」として作ったが制海権・制空権を失い、出動の機会もなく瀬戸内海にごろごろしていて、戦後は引き揚げ船として使われたのである。

引き揚げ者たちは甲板の下の格納庫のようなところに収容された。鉄板の上に毛布をひいて寝起きした。厨房の天窓から鯛の塩焼を調理しているのが見えたので、今日は帰国祝いの料理だと喜んだが、出てきたのはひじき汁と麦飯で、鯛は船員用で引き揚げ者は八日間ひじき汁と麦にうどんを混ぜたものが続いた。みんな文句をいっていたが、考えてみれば内地の人にとって引き揚げ者は身内の者は別として「招かれざる難民」なのだから、鯛など食べさせるわけがない。

大竹に着いたのが七月四日、ここでちょっとしたトラブルがあって達二だけ一汽車遅れて帰った。広島を通過したとき、家が一軒も見えず廃墟と化した市街地に樹木だけが立っていたのは驚きだった。山間部を夕方走ると民家の明かりが見え、夕食時の家族の光景が通りすぎた。内地へ帰ったという実感があった。

岡山駅で達二と合流するため、その日は待合室のベンチで寝た。駅周辺は人が多く、駐屯していた豪州兵が珍しかった。

翌朝早く家族五人はリュックサックを背負い岡山駅から青江《あおえ》の寿栄の里まで歩いた。街はまだ復興していなくてバラックがぽちぽち建てはじめていた。青江は幸運にも焼け残っていた。今とは違い、鹿田《しかた》より南は田圃で人絹《じんけん》道路から青江に向かって細い道が一本田圃のなかを通り途中に神社が一つだけあったと記憶する。青江では電報が届いておらず皆びっくりしたが喜んでくれた。青江の祖母嘉寿にはよくかわいがってもらった。五〇銭銀貨を入れた小さな手作りの袋を貰って満州では小遣いにした。青い田圃の稲と台所裏の八《や》つ手《で》の緑が日本の印象だった。

数日後、邑久の家に向かった。ここにも電報は届いていなかった。祖母小房が亡くなってから無人であったが、戦時中疎開してきた親戚が三家族住んでいた。次弟の廣井道三一家、板津の親戚の小岡一家、近藤家親戚の野波一家で総勢一三人である。それに達二一家が加わり二〇名ほどの大家族となった。

ともかくも仕事をはじめなければならない。満州時代、達二の往診係りであった黒田勝子氏が八か月ほど勤めてくれた。無口でおとなしく目が細く色の白い美人だったが、診察代を取り立てに行くような勝気なところもあった。診察室は祖父一太の当時のままを使ったが、ほとんどの住人は山を下《お》りているので患者はあまり多くなかったように思う。

邑久での開業

昭和二一年（一九四六）七月六日に満州より引き揚げ、郷里の邑久郡今城村北島で開業したのが九月一日である。診療所は七代目の一太まで代々開業してきた上寺山中腹にある旧宅である。診察室は祖父一太の建てたもので、居宅の西側に患者用玄関があり待合いの畳敷きがあって薬局と診察室が北と西に連なっていた。診察室の北側に標本室があってガラス瓶に入った標本が並んでいた。ここで診察したのはそう長い期間ではない。昔と違ってほとんどの住人が山から麓《ふもと》に下りているのだから、山の中腹の診療所は不便きわまりないのである。

山の麓に診療所を建てたのは昭和二三年で診療所開設許可書なるものがあり、その日付が同年七月二三日となっている。木造平屋で玄関、待合い、薬局、診察室、居間、便所のこじんまりした建物だった。

土地は北島神社の参道登り口を三〇メートルほど東に入った県

道ぞいにあり、材木は親戚の谷口長四郎氏より格安で分けてもらった。親戚といっても母の伯母の嫁ぎ先であるからかなり遠い親戚である。

しばらくは生活本拠地を山の上の家に置いて、父が毎日診療所に通っていた。私たちは弁当を持って通っていたが不便で仕様がない。一部屋しかないので三段重ねのベッドを作ってこれを並べ、寝室に早変わりし一家寝泊りした。診療所の東隣りに住宅を建てたのはさらに一〇年後である。

昭和三一年（一九五六）、達二は邑久町議会議員に立候補し当選した。以来四期一六年、昭和四七年（一九七二）まで勤めている。地方議員はある意味で地元利益代表のようなものだから地元住民に推されてのことと思うが四期は長すぎた。達二の議員生活のなかで地元に関する仕事は北島県道の付け替えがある。これは七代目一太が大正九年（一九二〇）ころ「永安橋ヨリ邑久郡役所所在地ニ通スル県道変更ノ宣伝」と題して道路変更運動を起こしたのが最初である。この陳情書が残っているが、「代表者　今城村中島一太　中山才次」ほか三〇九名とある。三七年ぶりの県道付け替え事業であるが、今回は地元選出の県会議員元浜寛一氏の力で完成にこぎつけた。

達二は昭和三七年（一九六二）より五三年（一九七八）まで四期一六年、邑久郡医師会長を勤めている。一太も大正三年に邑久郡医師会長を勤めているので親子二代が地方医療行政に携わったことになる。

昭和三二年九月、待望の住宅が診療所の東側に建った。住宅金融公庫融資審査申請書が残っている。「起工九月四日、棟上げ一〇月三日、竣工一二月一三日設計：古武昇、建築：山口拓一」とあり、設計したのは主に学校建築を手がけていた設計士で多分父が町会議員をしていた関係であろう。

昭和三二年ころの筆者は岡山大学医学部三年（専門課程一年）だった。当時より建築に興味を持っていたので母と相談しながらいろいろ図面を考えた。平面図は階段の取り付け以外はほとんど筆者の計画通りとなった。台所と居間の間にハッチのついた食器戸棚を入れた。これは筆者が図面を書いて、西大寺の泉屋に注文した。これで一間生活もようやく終わりとなった。

古武弥四郎先生と浦上善治氏のこと

達二は昭和三七年より五三年まで邑久郡の医師会長を勤めているが、昭和三七年に古武《こたけ》弥四郎先生（岡山県出身の生化学者、トリプトファンの中間代謝の研究で知られる）の胸像を造り邑久中学校に記念像を建立した。胸像は備前焼作家で当時岡山県無形文化財保持者の浦上善治氏に依頼した。このあたりから古武弥四郎先生と浦上善治氏とのお付き合いがはじまった。浦上善治氏は備前高校の教員から備前焼作家になった人で北村西望に師事し彫刻を学び塑像《そぞう》を得意とされた。達二との交際のはじまりは定かではないが、これより前、長田孝一前医師会長の胸像を依頼したあたりではないだろうか。

昭和三九年二月七日、浦上氏同伴で古武先生宅を訪問し、五月一七日には胸像を持参している。『喜翁中島達二随想集』によれば、最初に小型の寿像を造りそれを先生にさしあげてから記念像を建立したようである。

邑久中学校には、成績優秀者に贈る古武賞というものがあった。まず昭和三八年二月、達二が所用で邑久中学校を訪問したとき、表佐代治校長に中継ぎを依頼され、古武先生に色紙を三枚かいてもらった。内容は「誠実一路　昭和癸卯初春　古武弥書」であった。これが二年続いて、三年目からは浦上善治氏の陶額となった。達二の発案である。

浦上善治氏の生《なま》の陶板を持参し、古武先生に「誠」の一字を竹篦《べら》で彫ってもらいそれを石膏でかたどって雛型を造り、卒業生三名の成績優秀者に贈った。これは昭和五八年（一九八三）まで続いたが翌年、浦上氏側の要望で中止となった。多分、浦上氏側の好意に甘えすぎていたのが原因であろうが残念なことであった。浦上善治氏との交遊は達二が亡くなるまで続き、東京の個展（昭和四七年五月・東京三越）には開通したばかりの新幹線で応援に上京した。

中島家には浦上善治氏の作品が多数ある。達二は貧乏な田舎医者であったから備前焼ブームの作品には手が出ない。良い作品は頂いたものばかりである。なかには浦上氏の釜出《かまだ》しのときの割れた作品を頂戴して帰り、漆《うるし》で継いだものもある。鷺の塑像は立派なもので、個展で一〇〇万円の札が付いていたが立派すぎて買い手が付かなかったものをゆずってもらったらしい。

古武弥四郎先生との交流は亡くなった後まで続いた。中島家には古武先生の書が多数あり、華岡青洲の書も没後、奥様よりゆずりうけた。達二による自費出版の『古武弥四郎先生』はその集大成である。

晩年の達二

昭和五二年（一九七七）のある日達二は筆者の病院を訪ねて、右股関節部にある直径三センチほどの腫瘤《しゆりゆう》を示し動脈瘤のように思うがどうかと質問した。触れてみると拍動があり表面は不整に隆起している。多分股動脈瘤であろうと、同級生の白髭健朗氏の病院を紹介した。結果、やはり動脈瘤で手術して人工血管置換術の適応である、と白髭先生の返事があった。達二と川崎医科大学の創設者川崎祐宣先生とは岡山医科大学の同期で、同医大には血管外科の大家もいるのでそちらで手術することになるだろうと思っていたら、本人は「原尾島病院で手術する」という。「いざというとき、それではと大きな病院へ行くのは性に合わない」と原尾島病院で手術することに決めたそうである。

筆者は手術当日立ち合った。動脈瘤は幅七ミリ・長さ一八センチあり、長さ二〇センチのアメリカ製ダクロンという人工血管を繋ぐ手術である。血管の両端を縫合し終わるまで股動脈の血流を遮断し、縫合後血流を再開、人工血管のメッシュが血漿《けつしょう》で塞がれるのを待つのである。おびただしい血液があふれ、長時間経過したように思ったが数秒か数十秒だったのだろう。輸血は必要だったが達二は血清肝炎をおそれ輸血を拒否していたのでそれをしないまま、手術は無事終わった。

昭和四五年（一九七〇）ごろより達二は慢性の便秘に悩まされていた。便柱が細く排便に時間がかかるといって下剤やヨーグルトを常用していた。後から考えれば大腸癌末期の狭窄《きょうさく》症状であったのだが、医者父子がまったく念頭になかったのだから恐れ入る。

昭和五九年一二月一五日、中島病院の忘年会の席に邑久からの電話が入り、達二の発病を知らされた。腹痛のため便所から出られないという連絡である。病院の救急車で駆けつけて病院に運んだ。症状は急性腹膜炎で大腸破裂が疑われ、注腸検査でS状結腸破裂と診断され、筆者の先輩の岡島邦雄教授とおおもと病院院長の山本泰久先生執刀のもとで開腹手術が行われた。腫瘤の上部口側で破れて糞便が腹腔にあふれ、腹膜炎を起こしていた。

S状結腸切除術は無事終わったが、高度の肝転移と全身状態の悪化で予後の希望は薄かった。術後一週間目ころ、達二は「儂は癌か」と聞いた。筆者は控えめに「そうみたい」と答えた。達二は「そうか、儂もお陀仏じゃのう、兄弟仲良くせいよ」といった。

筆者は川崎学園理事長の川崎祐宣先生に電話で達二の様子を知らせた。川崎先生は予期されていたのか、同じく同期の村上栄岡大大学名誉教授と来院された。達二は呂律《ろれつ》の回らぬ言葉で川崎先生に何かいっていた。それは孫の祐一を頼むといっているようだった。肉親の情の濃い人であった。

一二月三一日大晦日の早朝、達二は八〇歳の生涯を閉じた。遺言は「病理解剖をして主病巣をホルマリン漬けにして保存すること」であったので岡大医学部病理学教室に連絡すべきであったが、気が動転していたのか大晦日の早朝に大学は無理だろうと決め込んで連絡せず、同門の藤井康宏先生のいる岡山協立病院に電話した。すぐ連絡がついて病理医の豊田先生に解剖していただくことが決まった。

早朝六時ごろストレッチャーに達二を乗せ、ベンツワゴンの後部座席を倒して入れ、筆者一人で協立病院まで運んだ。すべて自分一人でしなければならないと、思いこんでいたようである。天気は良かったが寒い朝だった。

筆者は解剖に立ち合った。巨大な肝臓にレモンの輪切りのような転移巣がぎっしりと詰まっていた。移植したダクロンは健在だった。ここで遺言の実行に手違いをしてしまった。解剖担当の豊田先生に病巣保存の希望を説明するさいに、祖父のときには大脳保存であったことを話してしまったのである（祖父一太は脳溢血が死因）。これによって保存するのは「主病巣」ではなく「脳」との誤解が生じ、保存されたのは祖父と同じ大脳（脳切片）だったのである。遺言は正しく実行されなかったが、遺体の一部は保存された。さらに代が続いて大脳が保存されれば、それも結果としては良いことかと自分で納得したのである。

葬儀は上寺山余慶寺の本乗院で行われた。中島家は祖父一太の代から宗教はキリスト教（プロテスタント）だったが、晩年になって達二は葬儀のことを考えたらしく、「キリスト教はしっくりこない」と曾祖父まで檀家だった本乗院に変わることにした。筆者は達二のことを考え、多分派手な葬式を望んだだろうと、花輪を片っ端から受けて、一番奥の本乗院より馬場の南端の吉祥院まで並べた。

弔辞は、国立病院の日下連《くさかむらじ》先生、木下邑久町長、県議の元浜貫一氏にお願いした。父が七〇歳のころの元気のよい威厳のある写真を畳二枚ほどの大きさに伸ばして中央に飾り、花は菊だけにした。多くの参列者に送られ、盛大な葬式だった。

中島寿栄の晩年

筆者の母寿栄は満州生活のときからリューマチを患《わずら》っていた。リューマチ性心弁膜症がいつごろ発症したか定かではないが、昭和五一年（一九七六）二月国立病院に入院、三月退院、同五三年一一月脳梗塞発作で再入院、翌五四年一月退院している。

中島病院のカルテによれば、昭和五四年の初診診断名は「心臓弁膜症、四肢関節ロイマチス、高血圧、脳血栓（脳梗塞）」となっている。脳梗塞の原因は心臓弁膜症であって弁膜片、血栓が脳の血管を詰まらせ再三の脳梗塞を引き起こし死にいたる病いとなった。二度目の脳梗塞発作では片麻痺と失語症をともなった。意志を伝えるのに文字盤を使い、麻痺した手で日記を書いた。

最後の発作は昭和五九年八月でそれから後は意識がなく、九月一日昼、眠るように夫達二より一足はやくその生涯を閉じた。九月二日が誕生日だったので丸七三年生きたことになる。

中島達二　惇徳院浄穎明達居士　昭和五九年一二月三一日没
享年八〇歳

中島寿栄　操徳院寿栄妙澄大姉　昭和五九年九月一日没　享年
七三歳

【中島家系図】

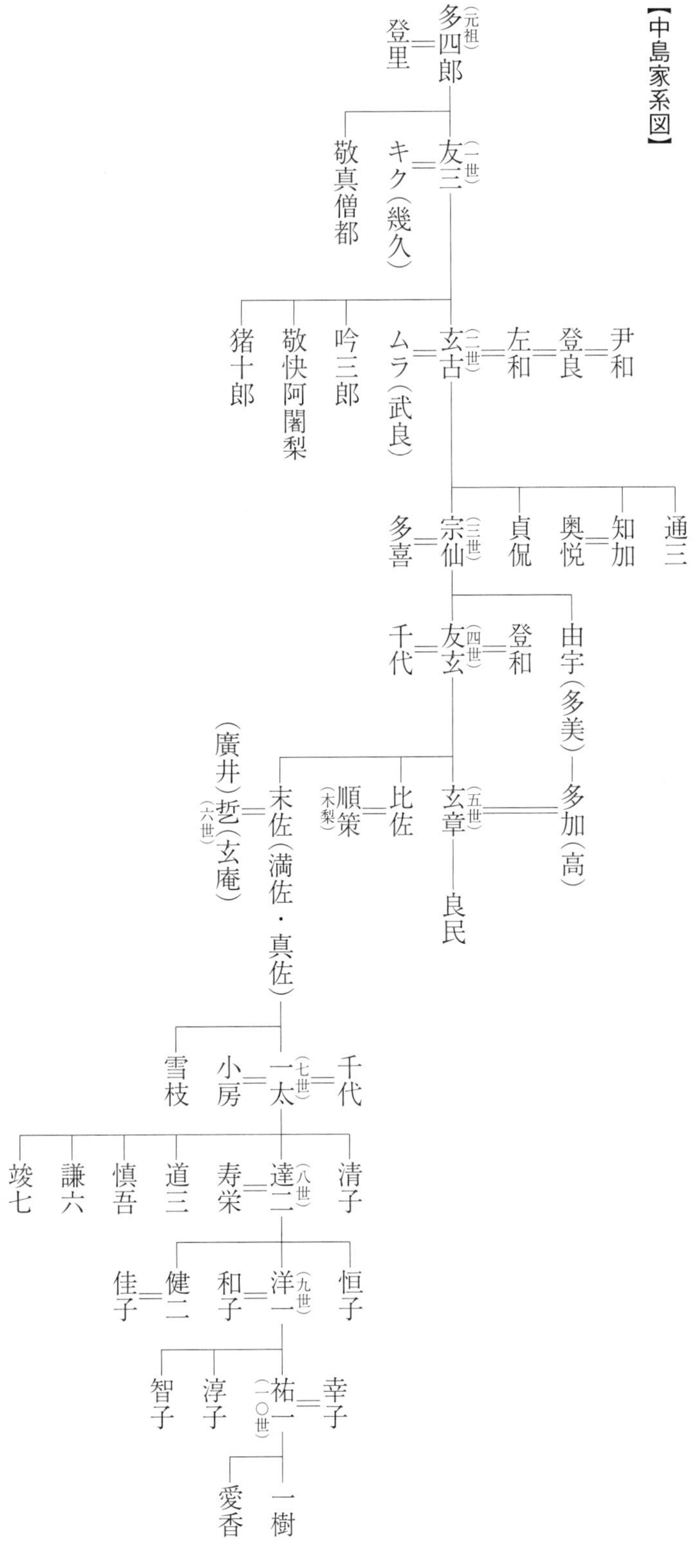

（元祖）多四郎
登里
（一世）友三
キク（幾久）
敬真僧都
（二世）玄古
ムラ（武良）
左和
登良
尹和
吟三郎
敬快阿闍梨
猪十郎
（三世）宗仙
多喜
貞侃
奥悦
知加
通三
（四世）友玄
千代
登和
由宇（多美）
多加（高）
（五世）玄章
比佐
順策（木梨）
末佐（満佐・真佐）
（六世）哲（玄庵）（廣井）
良民
（七世）一太
千代
小房
雪枝
（八世）達二
清子
寿栄
道三
慎吾
謙六
竣七
（九世）洋一
恒子
和子
健二
佳子
（一〇世）祐一
幸子
淳子
智子
一樹
愛香

II　研究論文・史料

地域医療史研究の端緒としての中島家文書――『鍼灸施治姓名録』をもとに――

松村紀明

一　「在宅医療」と「地域医療」

近年、医療行政分野のニュース・書籍において「在宅」という言葉をたびたび目にする。その背景には、死生学の勃興や患者の権利に関する議論に呼応した、末期患者の「病院ではなく家庭で家族に囲まれた状態で死を迎えたい」、慢性患者の「家庭において療養したい」という素朴な声があるのは論を俟たない。そして、そのような国民の要望と財政的な観点から厚生労働省も「在宅医療」を推進している。IT化と情報公開の流れのなかで、各省庁はそれぞれの政策についての文書を各省庁のサイトで公開しているが、厚生労働省のサイトにおける在宅医療・介護の推進についての施策紹介では、(1)「在宅医療」に関して次のように現状を位置づけ、併せてその問題点を指摘している。その要点をかいつまんでまとめると、次のようになろう。

我が国は国民皆保険のもと、世界でも類を見ない高水準な医療・介護制度を確立しているが、六五歳以上の高齢者数は二〇四二年には三八七八万人（予測）にもなり、国民の六〇％以上が自宅での療養を望んでいる一方、単独世帯や夫婦のみの世帯が増加しており、医療・介護の連携が十分とはいえない。(2)

このようななかで、住まい・医療・介護・予防・生活支援が一体的に提供される地域包括ケアシステムの実現により、重度な要介護状態となっても、住み慣れた地域で自分らしい暮らしを人生の最後まで続けることができるようになる。(3)

すなわち、地域内における「連携」と「包括的システム」に基づいた「地域医療」をどのように成立させるかが鍵であり、それによって、住み慣れた地域で必要な医療・介護サービスを受けつつ、安心して自分らしい生活を継続できる社会を実現する、としているのである。(4)

以上を言い換えれば、「在宅医療」はそれぞれの地域の特性に応じた「地域医療」を成立させたうえで行われるべきもの、ということである。

しかしながら、我が国の「地域医療」は近年崩壊の危機にある。その背景には過疎化やそれにともなう地域経済の崩壊という大きな問題があることには論を俟たないが、しかしそれは本稿でとりあげるには問題が大きすぎる。ここでは近年出版された地域医療をテーマとした著作から論点を拾いあげてみよう。それらでは地域内における「連携」が必要であることを指摘している。

例えば、松田晋哉『医療のなにが問題なのか』では、すべてをフォーマルセクター（公的部門）で賄うのではなく、地域社会トラスト（地域住民間の信頼）の再構築とそれに基づいたサービスが必要であると指摘している。(5)

さらに、秋山美紀『コミュニティヘルスのある社会へ』では、病院で完結する現代医療にかわる医療概念として地域コミュニティを軸とした「コミュニティヘルス」というものを提唱している。(6)

また、狭間研至『薬局が変われば地域医療が変わる』では、薬局はコンビニエンスストアより、薬局薬剤師は診療所医師よりも多いことを指摘し、地域包括ケアのなかで地域医療を支えるひとつの社会資源として薬局や薬剤師を位置づけている。(7)

すなわちこれらで指摘されている論点は、地域医療を支える中核的な病院・診療所が住民に対して一方的に医療サービスを提供するというシステムの限界と、地域コミュニティの活用のふたつである。

二〇〇七年三月に財政再建団体として認定された北海道夕張市における地域医療の崩壊について、伊関友伸『まちの病院がなくなる?! 地域医療の崩壊と再生』でも、住民が「機械」でもあるかのように仕事をすることを要求し自分たちの都合でコンビニのように医療を使えば地域医療は崩壊すると論じ、(8)特に重視すべきは現場で何が起きているかをふまえ「人と人とをつなげる」ことが必要である、(9)と訴えている。

すなわち、現在の医療システムを次々と一方通行的にサービスを与えてくれる単なる機械のように位置づけまたは扱い、地域コミュニティや医療システムと地域コミュニティの相互関係を軽視することは、地域医療を崩壊させる、あるいは医療サービスを医療側の視点においても患者側の視点においても非人間的なものに変えてしまう危険をはらむのである。

二　地域医療に関する議論の欠落点

では、地域医療を維持・形成するためにどうしたらよいのだろうか。もちろん本稿は、実際の医療行政の現場における具体策を提示する場ではないし、それは医療福祉行政の専門家に委ねる。しかし、ここで指摘しておきたい傾向がある。現在、医療従事者教育の現場で用いられている医療社会学のテキスト、勝又正直『ナースのための社会学入門』(10)を見てみよう。

同書は、現代医療がさまざまな問題を抱えていることについて、「西洋の近代医学は必要不可欠のものとなっています。しかしそれをよく考察するためには、たえずそのあり方に対して疑問をぶつけ、それを相対化するような視線が必要」であるとし、(11)現代医療を相対化するための手段としての医療社会学の存在を強調している。しかしながら、そこで用いられている議論、援用されている理論は、典型的な近代西欧社会学のそれである。その典型的なものは、近代以降の社会や組織の性格を考える上で広く受け容れられている、ドイツの社会学者フェルディナント・テンニースが唱えた対概念「ゲマインシャフト」と「ゲゼルシャフト」である。(12)これは同書に限った傾向ではなく、現在、医療従事者教育の現場で用いられている地域医療のあり方について取り扱っている医療福祉行政論などの他のテキストでも「常識」とされる議論であり、医療従事者の国家資格試験でしばしば「ゲマインシャフト」と「ゲゼルシャフト」に関する出題がなされている。これだけではなく、例えば近代以前の社会保障の歴史において常に言及されるのは西欧社会におけるそれであり(13)、日本の社会保障についての記述は明治あるいはそれ以降の記述から始まるのが常である(14)。

すなわち、日本の実際の医療教育や実務の現場では日本の地域医療の議論をするさいに、近代西欧社会学の延長線上で現代医療についての議論がなされているのである。逆に、明治期以前の地域医療についての研究はまだ始まったばかりであり、これらの現場では全く視野に入っていない。

もちろん、現在の日本の医療体制が、明治初期における西洋における医師免許制度や医学教育システムの導入によって成立しており(15)、江戸期の医療体制とは大きく違うことは疑うべくもない。しかしながら、明治初期のこの変革は決してスムーズに成ったわけではなかった。明治時代の前半まで主に地域医療を支えたのは教育システムや免許制度が導入される前に医療活動を始めた旧時代の医師たちであり、明治政府は彼らからいきなりこの役割をとりあげることはできず、移行期間を設けざるを得なかった。つまり、明治期以降においても、江戸期の地域医療の体制は影響を与えていると考えられる。しかるに、明治期以前の地域医療の歴史は、日本の実際の医療教育や実務の現場において「無視」され、木に竹を接《つ》ぐように近代西欧社会学のそればかりを援用することは大きな問題点であるといわざるを得ない。ここに、中島家をはじめとした近代以前の地域医療を支えた医家を研究する意義が見出されるのである。

三　『鍼灸施治姓名録』から見る地域医療と中島家

岡山県邑久郡（現：瀬戸内市）において、江戸後期以降から現在の長期にわたって、中島家の医師たちはさまざまな医療活動を行ってきた。そのなかで彼らは、鍼灸を中心とした伝統的漢方医療も行っており(16)、施術記録である『鍼灸施治姓名録』『鍼灸諸事代紳録』といった史料群が残されている。以下では、この史料群の紹介と内容を検討する意義について考える。

本稿で紹介するのは『鍼灸施治姓名録』『鍼灸諸事代紳録』である。これを著わしたのは中島友玄（文化五＝一八〇八年～明治九＝一八七六年）であり、専門医家中島家の第四世にあたる。友玄は父の宗仙に従って医を学び、二三歳の時岡山藩医、武井養貞の弟子となり、二六歳のとき京師に遊学した。吉益北洲・小石元瑞・藤林泰祐・緒方順節らに学び、清水大学には産術、華岡青洲の門人高階清介には外科を学んだとされ、嘉永六年（一八五三）、四六歳にして岡山藩の御目見医者になった(17)。彼が書いたと思われる中島家蔵の鍼灸関係の記録文書は次の七冊である。

金艾堂主人『鍼灸施治人名録』文久二年（一八六二）
金艾堂主人『鍼灸諸事代紳録』文久三年（一八六三）
中島友玄『鍼灸施治姓名録　邑久郡西南』文久三年（一八六三）
中島友玄『鍼灸施治姓名録　邑久郡東』文久三年（一八六三）
中島友玄『鍼灸施治姓名録幷諸事留　上道郡・御野郡』文久三年（一八六三）
中島友玄『鍼灸施治姓名録　邑久郡北』文久三年（一八六三）

中島友玄『鍼灸施治姓名録　和気郡・磐梨郡・赤坂郡・津高郡・児島郡』文久三年（一八六三）

以下、それぞれの内容を簡単に紹介していくことにする。

（1）『鍼灸諸事代紳録』

『鍼灸諸事代紳録』（図1・2）の著者は「金艾堂主人」と書かれているが、筆跡などから中島友玄と推測される。書かれたのは文久三年（一八六三）であり、大きさは一二・四×三三・六センチメートルである。本文は二一丁であり、その内容は、鍼灸活動にかかった費用一覧となっている。

記述形式の例として、最初部分の内容を次に掲げる。

一拾七匁　ちらし板木代
一四拾五匁　半紙壱〆
一弐匁五分　燃草袋板木

図1

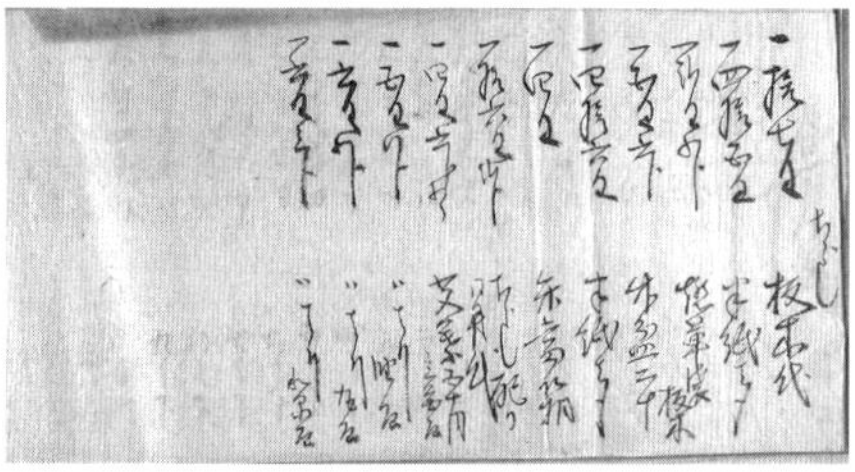

図2

一五匁六分　竹盆二十
一四拾六匁　半紙壱〆
一四匁　弁当箱
一拾六匁弐分　ちらし配り日用代
一四匁六分五厘　艾葉五十目　立花屋
一五匁八分　同壱斤　油屋　よもぎ

よもぎなどの材料に加えて、ちらしなどの費用があることから、鍼灸施術活動を手広く行おうとしていたことがうかがえる。

（2）『鍼灸施治人名録』『鍼灸施治姓名録』

『鍼灸施治人名録』『鍼灸施治姓名録　邑久郡西南』（図3）『鍼灸施治姓名録　邑久郡東』『鍼灸施治姓名録幷諸事留　上道郡・御野郡』『鍼灸施治姓名録　邑久郡北』『鍼灸施治姓名録　和気郡・磐梨郡・赤坂郡・津高郡・児島郡』の六冊の著者は、無記名あるいは「金艾堂主人」と書かれているが筆跡などから中島友玄と推測される。書かれた年と大きさは次の通りである（単位はセンチメートル）。

『鍼灸施治人名録』文久二年（一八六二）、一二・四×一七・四
『鍼灸施治姓名録　邑久郡西南』文久三年（一八六三）、一二・六×三二・八
『鍼灸施治姓名録　邑久郡東』文久三年（一八六三）、一二・六×三二・五
『鍼灸施治姓名録幷諸事留　上道郡・御野郡』文久三年（一八六三）、一二・六×三三・五
『鍼灸施治姓名録　邑久郡北』文久三年（一八六三）、一二・五×三

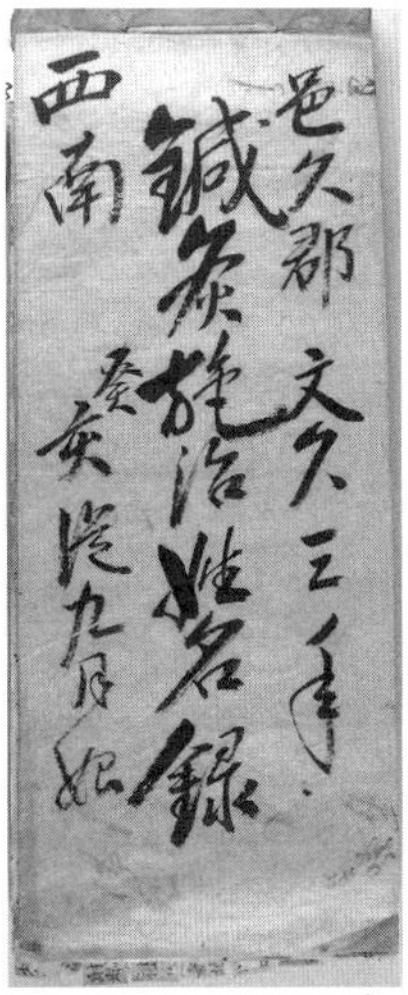

図3

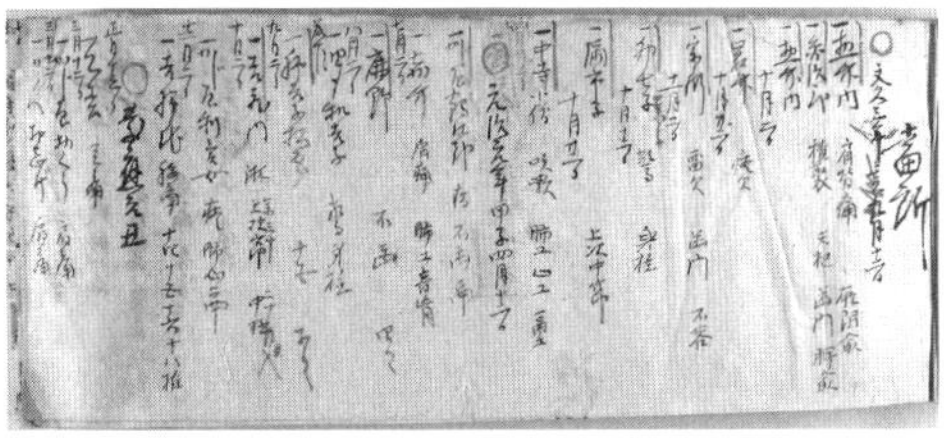

図4

二・五

『鍼灸施治姓名録　和気郡・磐梨郡・赤坂郡・津高郡・児島郡』文久三年（一八六三）、一二・六×三三・七

六冊の形式は次のようになっており、近隣のいくつかの郡内の地名（村名）ごとに、日付・個人名・症状・施治経穴名などが記載されている（図4）。

地名
　年月
　　日付　個人名　症状　施治経穴名
　　日付　個人名　症状　施治経穴名
　　・
　　・

・
　年月
　　日付　個人名　症状　施治経穴名
　　・
　　・

このなかの一冊『鍼灸施治姓名録　邑久郡西南』（図3）には、のべ三四一名の患者名が記載されており、四回以上登場する症状・病名とその回数は次のようになる。

痰	二九回
心下痞	二五回
肩痛	二三回
頭痛	一八回
腰痛	一七回
目	一六回
心下痛	一三回
留欠	一二回
足痛	九回
積	八回
痃欠	六回
下血	五回
小便頻数	五回
肩腰痛	四回
腹痛	四回

淋　　四回
癇　　四回
（以下略）

また、地名・日付・個人名・症状・施治経穴名の他には、赤字で謝礼の記述が見られる。例えば、同書の鹿忍（地名）の記述を見てみよう。図5の①から④までは次のように書かれている。

①小豆五合
新蔵
②小豆五合
同人内
③一匁四分
④一〇包

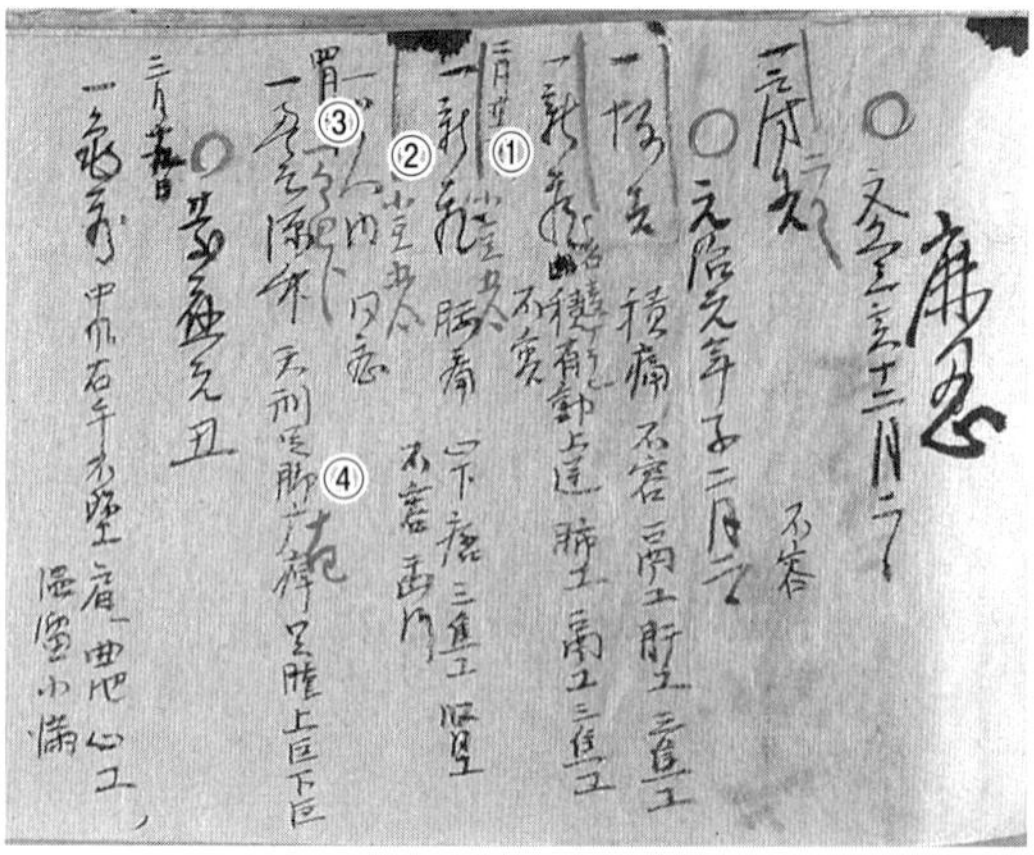
図5

以上の中島家蔵の鍼灸関係の記録文書七冊から、次のようなことがわかる。

まず、中島家が地域住民の日常的に見られる病気に対して鍼灸施治を行っており、また具体的な金銭・物品のやりとりがなされ、まさに地域と密着した医療活動が行われていたことがわかる。すなわち、藩や幕府の医官あるいは医学者ではなく、地域医療を支える在村医として中島家が存在していたのである。

中島家に残されているその他の医療活動・診療記録が記された文書にも少し言及しておきたい。中島家には、鍼灸施治姓名録の六冊の他に『配剤謝義姓名録』『回生鉤胞代臆』などの医療活動・診療記録文書があり、それらと鍼灸文書を組み合わせることによりさらに立体的に地域社会と中島家との関係性を明らかにすることが可能である。

例えば、これらの医療活動・診療記録文書を横断するかたちで、同一人物と思われる患者名がしばしば登場する。邑久郡西部についていえば、『鍼灸施治姓名録　邑久郡西南』『配剤謝義姓名録　邑久郡西』『回生鉤胞代臆』での重複は、邑久郡の射越村・川口村・濱・福山・新村の患者一七名である。ただし、ここでは同一世帯内を一名とカウントしている。その理由は鍼灸や回生では、女、内との記載が多数だからである。

その患者の一部は次の通りである。ただし以下では『鍼灸施治姓名録　邑久郡西南』を鍼灸邑久郡西南、『配剤謝義姓名録　邑久郡西』を配剤謝義西、『回生鉤胞代臆』を回生と略記する。

・鍼灸邑久郡西南
射越村　慎左衛門
文久三年一〇月二日　痰

・配剤謝義西
安政二年七月~慶応元年七月（九回）
・回生　記録なし
射越村　久蔵
・鍼灸邑久郡西南
元治元年二月二日　腕痛
・配剤謝義西
安政二年一二月~明治元年一二月（一三回）
・回生　記録なし
川口村　直介
・鍼灸邑久郡西南
文久三年一〇月一二日　腰痛
・配剤謝義西
安政二年一二月~明治四年七月（一一回）
・回生
慶応三年正月
（「大ケ島辻甚三郎娘　川口直介娘ナリ」との記述あり）

これらの事例から、中島家の医師が特定の世帯・個人に対して一定の期間継続的に関わっていることがわかる。つまり、中島家は在村医として地域と密着した医療活動を行っていたのである。

以上のような『鍼灸施治姓名禄』『鍼灸諸事代紳録』などの史料群の検討から、地域における中島家の立ち位置・スタンスが明らかになったが、中島家の活動は針灸施治活動だけではもちろんない。その活動範囲は非常に幅広く、現在でいうところの内科・外科・産科を中心とした患者の診察や薬の処方といった診療所・診療所医師の役割だけでなく、売薬活動といった薬局のような役割、種痘といった公衆衛生活動なども行い、さまざまな形態・関わり方で周辺地域社会の医療活動に貢献してきた。また、京都や長崎にも留学し、江戸時代に一世を風靡した吉益流古医方医学や蘭方医学などのその時代々々の最先端の医学も学んできた。

本書史料篇に収録されている他の論文は、それぞれの医療活動についての独立した研究として有用なだけでなく、お互いに付き合わせることにより中島家の支えた地域医療あるいは地域との関わりを立体的に見せるといった点で、有効であると考えている。

（1）厚生労働省「在宅医療・介護の推進について」（http://www.mhlw.go.jp/seisakunitsuite/bunya/kenkou_iryou/iryou/zaitaku/dl/zaitakuiryou_all.pdf）より。
（2）同右、二頁。
（3）同右、六頁。
（4）同右、六頁。
（5）松田晋哉『医療のなにが問題なのか』（勁草書房、二〇一三年）三四四頁。
（6）秋山美紀『コミュニティヘルスのある社会へ』（岩波書店、二〇一三年）。
（7）狭間研至『薬局が変われば地域医療が変わる』（じほう、二〇一四年）三四~三六頁。
（8）伊関友伸『まちの病院がなくなる?!　地域医療の崩壊と再生』（時事通信社、二〇〇七年）一七四頁。
（9）同右、一七六頁。
（10）勝又正直『ナースのための社会学入門』（医学書院、一九九九年）。
（11）同右、九頁。
（12）同右、三・九九~一〇〇頁。

(13) 前掲注(5)『医療のなにが問題なのか』三～五頁。
(14) 同右、六～七頁。
(15) 厚生労働省編『医制百年史　記述編』。
(16) 中島家の鍼灸関係の蔵書は次の五冊がある。
版本『新刊十四経絡発揮』
版本『十四経片仮名付文字図改正　新刊十四経発揮』
写本『十四経和語鈔　十四経発揮和解』(岡本一抱)
写本『十四経穴名録』
版本『新刻難経本義　難経本義』
『中島姓一統家系』(中島友玄、嘉永二＝一八四九年)の自ら記した経歴のなかには目立った言及なく、遊学時、あるいは藩内の他の医師に接触した可能性もあるが、友玄が積極的に他者から学んだ形跡はない。父宗仙や友玄自身が写本をしていることや、兄貞侃が漢方医であったこと(友玄二四歳の時に死去)から、父宗仙、兄貞侃と書物からの独学の可能性が大きい。
(17) 前掲注(16)中島友玄『中島姓一統家系』。

中島友玄の患者の診療圏について

木下　浩

はじめに

本稿は、江戸時代後期から備前国邑久郡北地村（現：岡山県瀬戸内市邑久町北島）で開業した中島家に残された医学資料の中から、中島友玄が診察した患者の診療圏について考察を試みるものである。中島友玄は医学を京都で学び、帰郷して地元北地村で開業し、多くの患者を診察して、地元で亡くなった典型的な「在村医」といえる。

岡山県における在村医の研究は、その重要性が指摘される以前から研究や報告がされてきた。その嚆矢は森紀久男(1)であり、中山沃(2)・岩本伸二(3)・柴田一(4)・下山純正(5)・藤澤純子(6)・仲田永造(7)ら多方面の研究者によってその実態が明らかにされてきた。最近の研究では、沢山美果子氏による江戸後期〜明治期に美作国久米北條郡錦織村（現：岡山県久米郡美咲町錦織）で開業していた女性の医師光後玉江について、彼女が残したカルテなどを足がかりに、地域における医師と患者の関係性や女医・産医としての医療観などについて深く考察している(8)。

また、一九五九年刊行の『備作医人伝』(9)は岡山県に関わる江戸期の九八〇人余りの医師について記載されており、この中にも数多くの在村医が記録されている。ただし、この『備作医人伝』には友玄の父中島宗仙は記載されているが、友玄は記載されていない。

さらには、昭和四六年（一九七一）四月に岡山大学医学部と岡山県医師会の主催で、岡山衛生会館において「医学資料展　岡山医学のむかし」という展覧会が開催された。時を置いて平成一三年（二〇〇一）、岡山県立博物館において「命を与ふ――医療の歴史――」という岡山の医学史に関する展覧会を筆者が担当して開催した。この二回の展覧会において発掘された岡山の在村医に関する資料も見られる。

このように多くの面から研究に取り組まれてきたが、岡山県の在村医に関する残された資料は断片的で、決して多いとはいえない。また、比較的まとまった資料が残されていたとしても、系統立てた調査・研究が行われているとはいえず、未だ眠ったままの資料群も多い(10)。

このような岡山県の医学史研究における状況の中で、中島家に残された資料は膨大で、しかもその中の多くが在村医としての活動に関する資料であることは注目に値する。江戸時代後期、備前国中南部の農村地域に開業した医師がどのような医療活動を行い、どのように地域と関わっていったのかを明らかにすることが、これら中島家資料を読み解いていく中心のテーマとなる。

すでに中島家に関しては、本研究チームのメンバーにより多くの発表・報告がなされてきた[11]。また、筆者も中島友玄の種痘接種や種痘館に関する報告を行った[12]。その種痘に関する調査を行っていたときに友玄の患者名簿の存在を発見し、そこには患者の居住地が記されていた。患者の診療圏については、今まであまり報告されていない[13]。その理由としてはそもそも残された資料が少なく、診療圏が作成できるような具体的な資料、例えば診療記録や患者名簿などが残されていないことが原因であろう。しかし、在村医として村で開業する医師が診察する患者がどこからやってくるのかが明らかになれば、当時の在村医の活動範囲や活動内容がより鮮明になり、地域との結びつきも見えてくると思われる。とりわけ友玄については、他に売薬や鍼灸・回生（産科）についても患者名簿を残しており、これらと比較し、どういった地域の患者を診察していたのかを明らかにすることによって、友玄の在村医としての地域との結びつきだけでなく、友玄を中心とした当時の一地方における医療実態や医療活動を推測することも可能と思われる。本稿も中島友玄の患者の診療圏について、地元邑久郡を中心に、在村医としての地域との関連性に重点を置いて検討していきたい。

一　中島友玄と中島家について

中島友玄は文化五年（一八〇八）、備前国邑久郡北地村（現：瀬戸内市邑久町北島）に中島宗仙の子として生まれた。文政一三年（一八三〇）、岡山藩医武井養貞に入門、内科などを学ぶ。天保六年（一八三五）、京都の吉益北洲に入門、翌年いったん帰国するも再上京して医学を学び、帰国して地元で開業した。友玄は診察だけでなく、売薬や鍼灸もやっており、「神宝丹」や「清涼散」といった薬を販売していた。嘉永六年（一八五三）、岡山藩の御目見医者に任じられる。翌七年、横山元長から種痘を学び、開業医としてだけでなく種痘も積極的に行っていく。他の一六名の医師との連名で種痘館設置の願書を提出した友玄は、慶応二年（一八六五）神崎種痘館を設立した（一〇一頁参照）。明治新政府になったのちは、種痘御用、次いで種痘医となるも、明治九年（一八七六）死去。この友玄が残した文書を中心に中島家に多くの医学書や実物などの資料が残されている。

中島家についても触れておく。「中島姓一統家系」や中島家現当主中島洋一氏からの聞き取りなどによると、医師としての中島家は初代中島友三、二代玄古、三代宗仙と続き、四代目が中島友玄である。友玄の祖父で二代玄古は安永八年（一七七九）、苗字御免、父宗仙は寛政二年（一七九〇）、友玄と同じように京都の吉益南涯に入門、さらに文政二年（一八一九）には長崎にも遊学している。帰国後、岡山藩から御目見医者を仰せつけられるも、それを固く固辞している。なぜ宗仙は御目見医者を固辞したのか。御目見医者そのものは正式な藩の医者、いわゆる藩医として任命されたものではなく、いわばただの肩書きに近いものであるが、挨拶や参勤交代の送迎などにかり出されることがあった。しかし宗仙はその肩書きを固辞し、逆に地元の患者のために凶作時に米麦や金子などを配って救うといったことをしている。宗仙のこういった行動は、藩医ではなく宗仙自身が地元に密着した在村医に重点を置いていたということが推測できる。父宗仙が固辞した御目見医者を友玄は仰せつかっており、父が辞退した御目見医者を受けた理由については記録がないので判明しない。しかし御目見得医者となっても父と同様、地元に密着した医師であることには変わりなかったようで、中島家はその後、玄章・悊《たもつ》・一太・達二と続き、現在の洋一氏にいたっている。

二　友玄の患者名簿について

友玄は非常に筆まめな人物で、種痘や中島家に関する記録など多方面にわたる多くの文書を残している。その中に友玄が診察したと思われる患者名簿といえる記録が三冊残されている。それが「配剤謝義姓名記」（以下「姓名記」）、「配剤謝義姓名録」（以下「姓名録」）、「配剤謝義人名籍」（以下「人名籍」）である。三冊とも嘉永七年（安政元＝一八五四）～明治四年（一八七一）までの一七年間の患者名などが地域別に記載されている。それぞれの地域は「姓名記」は邑久郡東部、「姓名録」は東部以外の邑久郡と地元の北地村内、「人名籍」は邑久郡以外の郡部や他国の患者となっている。

三冊の書式はほぼ同様である。例えば「与平　廿七　五匁」などのように、人名・数字・代金（朱字）が地域ごとに各年七月と一二月の二回に分けて記されている。数字や代金がとんでいたり、屋号や店名が記されてあったりもする。これに「人名籍」は先頭に村名が付け加えられている。患者名のほぼすべてが男の名前であることから、記された名前は戸主か引率者で、実際の患者とは一致しないと考えられる。また、人名の後の数字が何をあらわしているのかははっきりしない。二から四〇〇を越える数字まであり、明らかに年齢ではないことがわかる。また、同じ年号の中で、七月期と一二月期で同じ人名が出てくることもあり、これらは継続して治療にあたった同一の患者と考えられるが、その場合でもそこに記されている数字が大きく違うこともあり、現在のところ、この数字が何をあらわすかは不明である。しかし、地域ごと、年代ごとにはっきりと人名が記されていることから患者の数や分布を明らかにすることはできる。以下、それぞれの冊子ごとに詳しく検討していくが、本稿では嘉永七年から明治直前の慶応三年（一八六七）までのデータを見ていく。

三　患者名簿の分析

(1)「配剤謝義姓名記」について

「姓名記」は友玄が表紙に記しているように、旧邑久郡東部の二三の地域の患者を記載している。患者総数は二二一一人。「姓名記」に記された二三の地名と患者数は記載順に、田淵（二〇二人）、仁生田（三〇六人）、大ヶ島（四〇四人）、円張（四二四人）、山田（三〇八人）、大窪（一一九人）、潤徳（五〇人）、包松（九〇人）、尾張（九五人）、山田庄（二二人）、山手（七人）、真徳（一三人）、須恵（一五人）、土佐（二人）、佐井田（五八人）、横尾（三人）、小津（三一人）、奥浦（七人）、井手（三人）、平山（二六人）、庄田（七人）、大土井（九人）、尻海（九人）となっている。

二三の地域のうち、田淵と仁生田は北地村の枝村、井手・平山・大土井は大字や集落などである。また、山田は上山田村と下山田村のどちらか、須恵は東須恵村と西須恵村のどちらかは判明しない。これらすべての地域が友玄の開業する北地村の北東方から東方面に遠くてもおよそ九キロの半径内に収まっている。

二三の地域の中で一番患者数が多いのは円張（四二四人）、次いで大ヶ島（四〇四人）、山田（三〇八人）、仁生田（三〇六人）、田淵（二〇二人）と続く。これに大窪（一一九人）を加えた六つの地域が一〇〇人を越える患者数となっている。田淵・仁生田は北地村の枝村であり、北地村から東方面へ田淵、次に仁生田が隣接し、さらにその先に円張・山田が隣り合う。大ヶ島は仁生田からやや南に、大窪は同じく仁生田からやや北にそれる。つまり田淵・仁生田・大窪・大ヶ島が友玄の開業地に隣接していた地域であり、友玄が開業していた北地村に非常に近い地域の患者が多いことがわかる。

逆に患者の少ない地域は、少ない順に土佐（二人）、横尾（三人）、井手（三人）となっている。しかし、遠い順に患者が少ないわけではなく、北地村から直線距離で土佐・横尾の倍近い尻海の患者は九人いる。また、邑久郡東部の村でも患者がいない村も多い。(14) 山南である現在の瀬戸内市牛窓町の大半の地域は記載されていない。同じく旧長船地区(15)もほとんど患者がいないが、それらの地域に病気の患者がいなかったとはとうてい考えられない。

(2)「配剤謝義姓名録」について

「姓名録」は表紙に「邑久郡西方幷村内」と記され、旧邑久郡西部の六村と村内（北地村）の二一二〇人の患者人が記載されている。友玄が開業する北地村は邑久郡内でも中央やや西寄りにあるため、北地村より西の村数は少ない。そのため「姓名記」と比べて記載されている村数が少ない。六つの地域と患者数は記載順に、射越（二七四人）、福山（二一八人）、新地（七七人）、川口（一〇一人）、濱（三九八人）、新村（七二人）であり、多い順に並べると濱・射越・福山・川口・新地・新村となる。ここでは六地域すべてが当時の村である。一番遠い新村でも約三キロ、そこから先は吉井川を隔てて上道郡となる。

友玄が開業する北地村の西隣りが射越と川口、川口から吉井川にそって南に濱、新村と続く。射越から吉井川ぞいに北に福山、北地の南隣りが新地となっている。隣接ではない濱が三九八人と邑久郡全体の中でも三番目の多さとなっている。しかし、射越・福山も二〇〇人を越える患者数を数えることから、やはり北地村に近い部落の患者が多いことがわかる。

また、「姓名録」では「村内」と記された北地村の患者は九八〇人と圧倒的に多い。この数は他地域の中で一番多い円張の二倍以上、「姓名記」と「姓名録」を合わせた邑久郡全体の中でも約二三%を占める。これもまた友玄が地元の医療に従事した在村医であることをあらわすものである。一四年間で九八〇人ということは、年平均約七〇人、月平均約五・八人が友玄の診療を受けたことになる。

(3)「配剤謝義人名籍」について

「人名籍」には備前国の邑久郡以外の郡や町、他国や島の患者が記載されている。書式は「姓名記」「姓名録」と同様だが、村別ではなく地域別に分けられ、患者名の前に村名や島名・国名が記されている。記載順に、上道郡（二六七人）、西大寺（一三八人）、沖新田（九八人）、御野郡（一五人）、岡山（九〇人）、児島郡（五六人）、津高郡（一六人）、赤坂郡（四八人）、磐梨郡（一三人）、和気郡（五一人）、島（一〇五人）、他国（一〇〇人）となっている。

岡山は御野郡と上道郡に属し、岡山藩池田家の城下町で現在の岡山県庁所在地である。

西大寺は吉井川の西岸に位置し、川を隔てた邑久郡の西側で上道郡に所属、真言宗金陵山西大寺の門前町として、また吉井川の舟運の便に恵まれた物資集散地としても発展した町である。日本三大奇祭の一つ裸祭りでも有名である。

沖新田は岡山藩による新田開発として元禄五年（一六九二）、児島湾内の干潟に堤防を築いて作られた干拓地で、邑久郡と吉井川を隔てた西岸に位置し上道郡に所属、干拓地全体を一番・三番・四番・五番・六番・七番・外七番・九番に分けて村役人を置くなど村としての体裁を持っていた[16]。

島は三島が記載されている。そのうち小豆島が九人、豊島が四人でいずれも讃岐国、しかも小豆島の患者は文久二年（一八六二）以降に固まっている。残りの九二人はすべて犬島の患者である。犬島は児島湾口の東に浮かぶ島で邑久郡所属、岡山藩の海の番所として重視された。元禄年中に児島郡番田村と邑久郡東片岡村から一人ずつが移住して田畑を開墾、やがて文政期には一八軒八〇余人が居住したという[17]。

これらの町や地域をそれぞれの所属郡に入れて郡別患者数を割り出すと、多い順に、上道郡（五〇三人）、御野郡（一〇五人）[18]、児島郡（五六人）、和気郡（五一人）、赤坂郡（四八人）、津高郡（一六人）、磐梨郡（一三人）となる。ちなみに島（一〇五人）は他国（讃岐）と邑久郡で数えることとする。地元邑久郡に次いで患者が多い上道郡は、吉井川をはさんで邑久郡の西隣りの郡となる。その中で多い地域は、すでに単独の地域として記載されている西大寺であり、中島家と特別なつながりがあったと現当主中島洋一氏は述べている。次いで射越の対岸の川本（四七人）、沖新田の中で邑久郡と吉井川をはさんで一番近い南東隅の九番（四一人）、川本の北側で川口の対岸の西隆寺（二一人）と西隆寺からさらに吉井川にそって上流の百枝月（二一人）が同数、川本のすぐ北の窪（久保）（一五人）と続く。しかし、上道郡の中で患者数が多いこれらの地域も、邑久郡内の隣接地域に比べると圧倒的に数が少ないといえる。

その他の地域・郡で患者数の多い地域は犬島（九二人）、岡山（九〇人）で、このように見てみると、他郡である上道郡でもやはり北地村から比較的近い村からの患者は多い。一方、特別なつながりを持つとされる西大寺や同じく海を隔てて近い犬島からの患者も多いということがわかる。

備前国以外の患者ではどこが多いのか。一〇〇人中一番多いのは備中国（六二人）で約六割を占める。次いで美作国（二六人）、伊勢国（三人）、備後・阿波（各二人）、讃岐・因幡・木曽・丹後（各一人）となっている[19]。距離も近く、経済的・文化的にもつながりが深く、備前国とともに現在の岡山県を構成する備中国・美作国で約九割を占めている。

なぜ他国の患者が診療を受けるのであろうか。「人名籍」には患者名と数字しか記載されていないため、患者の詳細は不明であり、備中・美作の患者がわざわざ友玄の診療を受けに来院したかどうかはわからない。倉敷や笠岡・玉島といった備中南部の港町の地名も見られることから船を使って来院したことは想像できるが、友玄に診察してもらうことが目的であったのか、航海の途中で病気となり立ち寄ったのかは判断できない。ただし、備中・美作両国以外の他国の患者は、その数の少なさからおそらく旅行や航海の途中で病気となり立ち寄ったと考えられる。

（4）患者の診療圏の傾向

これまで見てきたように「姓名記」「姓名録」「人名籍」に記載された友玄の患者の診療圏を分析すると一つの大きな傾向が見られる。それは友玄が開業していた北地村の近隣地域の患者が圧倒的に多いということである。これは至極当然のことではあるが、それが改めて資料のうえからも確認できる。

一四年間の総患者数五三二八人中、邑久郡が四四二三人で全体の約八三％を占めている。また、このうち地元北地村が九八〇人で全体の約一八％、北地村の枝村である田淵（二〇二人）と仁生田（三〇六人）、さらに北地村に隣接する大ヶ島村（四〇四人）・大窪村（一一九人）・射越村（二七四人）・川口村（一〇一人）・新地村（七七人）を合わせると二四四五人となり全体の約四六％を占める。つまり友玄の診察を受けた患者の半数近くは、地元の村と隣り合った村・枝村の患者であり、これらの村・枝村は北地村を半径とした約一・五キロの円内に収まる。さらに隣りの隣りの村には、東方面に円張（四二四人）と山田（三〇八人）、北西方面に福山（二一八人）、南西方面に濱（三九八人）と多くの患者数を数える村が半径約三・三キロの円内に続いている。これから見ても、友玄は地元に密着した在村医であったことがわかる。

しかし、すでに（3）項でも見てきたように、当時の村もそれぞれ人口規模に差があり、村人口の大小で患者数に差があっても当然である。そこで当時の村人口で患者数を割った人口比の割合で比較してみたい。

『改訂邑久郡史上巻』[20]には文久二年（一八六二）当時の村の人口が掲載されている[21]。そこで友玄の患者記録のうち、文久二年だけを抽出し、その患者数を使って村人口における患者数の割合を算出した（表1）。

その結果、一番割合が高かったのは北地村（二七・九％）[22]となり、実に四人に一人が友玄の診察を受けている割合となっている。以下、大ヶ島村（一五・三％）、福山村（一二・七％）、大窪村（一一・八％）、射越村（一〇・四％）で、この五か村が一〇％を越えていて、一〇人に一人以上が友玄の診察を受けている割合となる。以下、犬島村・濱村・川口村・包松村・潤徳村・尾張村・山田村と続く。包松村は円張村の北東に隣接、尾張村が包松村の北隣り、潤徳村は大窪村の東隣りであり、いずれも北地村の周辺で約三・三キロの半径に収まっている。このデータからも友玄は地元の在村医であったことが確かめられる。また、この一〇か村に山田村・新村・新地村・円張村を加えた一五か村以外は一％を切る低い値で、いずれも患者数が三人以下となっている。これらのデータから見ると、やはり北地村に近い村が患者数の割合が高いことをあらわしている。

別の角度から見てみよう。文久二年に友玄に診察を受けた患者がいる村数は二三か村で、邑久郡全体の約二九％である。さらに患者数五人以上、人口比で一％を越える村は一五か村で約一九％、全体の二割にもおよばない。この村数は同じく友玄が手がけた売薬や回生術、鍼灸の村数と比較してもはるかに少ない。

同様に一四年間、四四二三人の患者の人口比についても算出を試みた（表2）。人口については一四年間の総計がないので「邑久郡大手鑑」の人口データを使用、患者数は「姓名記」「姓名録」から算出した。人口は万延元年（一八六〇）頃の一年間、患者数は一四年間の合計ということで、文久二年の人口比データよりも数値は大きくなっているが、患者の多い村の傾向は読みとることができる。

表1　文久2年における患者数と村人口比

簿冊名	村名・地名	患者数（人）	人口（人）	人口比	順位
配剤謝義姓名記	大ヶ島	43	281	15.3%	2
	円張	5	484	1.0%	15
	山田	20	1,049	1.9%	12
	大窪	26	220	11.8%	4
	潤徳	5	156	3.2%	10
	包松（豊安）	8	236	3.4%	9
	尾張	12	606	2.0%	11
	山田庄	3	460	0.7%	16
	山手（真徳含む）	1	581	0.2%	20
	須恵	2	964	0.2%	18
	土佐	0	179	0.0%	
	佐井田	3	787	0.4%	17
	横尾	0	96	0.0%	
	小津	1	1,305	0.1%	23
	奥浦	1	782	0.1%	21
	上山田（井手含む）	0	440	0.0%	
	鹿忍（平山含む）	3	2,380	0.1%	22
	庄田	0	385	0.0%	
	尻海（大土井含む）	3	1,624	0.2%	19
配剤謝義姓名録	射越	30	288	10.4%	5
	福山	32	252	12.7%	3
	新地	3	255	1.2%	14
	川口	7	183	3.8%	8
	濱	34	594	5.7%	7
	新村	5	395	1.3%	13
	村内（田淵・仁生田含む）	145	520	27.9%	1
	犬島	9	110	8.2%	6
	総計	401	15,612	2.6%	

※文久2年の人口は『邑久郡史』より算出

その結果を見てみると、やはり人口比で一番多い村は北地村で約二六八％、一四年間で村人口の二・五倍以上の患者が診察を受けている。次いでこれも文久二年データと同じ大ヶ島村で人口比約一四四％、一四年間のうちに村人が一人一回以上は友玄の診察を受けている計算になる。この二か村が一〇〇％を越えており、以下、射越村の約九九％、福山村の約八八％、犬島村の約八四％と続いている。犬島村を除く四か村は文久二年のデータでも一四年間のデータでも五位以内に入っており、他村も同じような順位を占めている。文久二年データで人口比一％を越えた一五か村は一四年間データでも一〇％を越え、順位の移動はあるものの一五位を下回ることはなかった。

患者がいる村数は二六か村で、文久二年データよりも三か村多い。また、順位については、例えば患者数三人の横尾村は人口も九四人しかいないため、人口比約三％で順位は一九位であるが、患者数三二人の小津村は人口一三二五人もいるため人口比では約二％、順位で二〇位と横尾村よりも下位となる。しかしいずれにしても低い数値であり、またそれが文久二年データと一四年間データとで大きく結果が違うこともない。

表2 「配剤謝義姓名記」と「配剤謝義姓名録」に記載された邑久郡内の患者数と村人口比

			万延元年頃の人口と患者数				文久2年の人口と患者数			
		村名	人口（人）	患者数（人）	人口比	順位	人口（人）	患者数（人）	人口比	順位
大庄屋円張村嘉太郎組合	1	新	420	72	17.1%	14	395	5	1.3%	13
	2	五明	283	0			268	0		
	3	浜	612	398	65.0%	7	594	34	5.7%	7
	4	川口	175	101	57.7%	8	183	7	3.8%	8
	5	新地	250	77	30.8%	11	255	3	1.2%	14
	6	射越	278	274	98.6%	3	288	30	10.4%	5
	7	上寺	70	0			77	0		
	8	門前	200	0			206	0		
	9	北地（田淵・仁生田含む）	556	1488	267.6%	1	520	145	27.9%	1
	10	向山	318	0			311	0		
	11	大富	586	0			562	0		
	12	福山	247	218	88.3%	4	252	32	12.7%	3
	13	久志良	482	0			465	0		
	14	大山	56	0			47	0		
	15	宗三	135	0			120	0		
	16	百田	126	0			126	0		
	17	大窪	229	119	52.0%	9	220	26	11.8%	4
	18	尾張	659	95	14.4%	15	606	12	2.0%	11
	19	包松	233	90	38.6%	10	236	8	3.4%	9
大庄屋富岡惣平次組合	20	下笠加	391	0			371	0		
	21	上笠加	289	0			289	0		
	22	南谷	9	0			8	0		
	23	箕輪	214	0			218	0		
	24	福永	112	0			119	0		
	25	福岡	838	0			811	0		
	26	八日市	196	0			199	0		
	27	長船	560	0			545	0		
	28	服部	558	0			546	0		
	29	土師	878	0			835	0		
	30	牛文	524	0			514	0		
	31	福里	338	0			328	0		
	32	磯ノ上	883	0			874	0		
	33	飯井	646	0			669	0		
	34	佐山	805	0			792	0		
	35	鶴海	981	0			951	0		
	36	大ヶ島	281	404	143.8%	2	281	43	15.3%	2
	37	長沼	734	0			693	0		
	38	潤徳	165	50	30.3%	12	156	5	3.2%	10
	39	円張	507	424	83.6%	6	484	5	1.0%	15

つまり、一四年間の患者数の人口比を見ても文久二年データと同じ傾向にあり、北地村に近い村の患者数が多いということが裏づけられる。

一方、一四年間を通して他の五四か村からは一人も患者が受診していない。他郡や他国からの患者もいるにもかかわらず、邑久郡内では一四

大庄屋大ヶ嶋村義左衛門組合	40	下山田	638	311	29.0%	13	609	20	1.9%	12
	41	上山田(井手含む)	435				440			
	42	山手(真徳含む)	582	20	3.4%	18	581	1	0.2%	20
	43	山田庄	461	22	4.8%	17	460	3	0.7%	16
	44	福元	311	0			283	0		
	45	豆田	591	0			590	0		
	46	北池	200	0			204	0		
	47	西須恵	466	15	1.5%	22	449	2	0.2%	18
	48	東須恵	511				515			
	49	虫明	1,540	0			1538	0		
	50	福谷	862	0			849	0		
	51	間口	0	0			0	0		
	52	庄田	401	7	1.7%	21	385	0		
	53	尻海(大土井含む)	1,694	18	1.1%	25	1624	3	0.2%	19
	54	小津	1,325	32	2.4%	20	1305	1	0.1%	23
	55	横尾	94	3	3.2%	19	96	0		
	56	佐井田	801	58	7.2%	16	787	3	0.4%	17
	57	土佐	182	2	1.1%	23	179	0		
大庄屋村乙子村文蔵組合	58	乙子	481	0			455	0		
	59	神崎	1,115	0			1604	0		
	60	邑久郷	1267	0			1215	0		
	61	宿毛	688	0			705	0		
	62	西片岡	612	0			607	0		
	63	正儀	821	0			837	0		
	64	久々井	577	0			564	0		
	65	犬島	109	92	84.4%	5	110	9	8.2%	6
	66	東片岡	1,310	0			1308	0		
	67	藤井	335	0			318	0		
	68	下阿知	443	0			414	0		
	69	上阿知	537	0			511	0		
	70	千手	342	0			313	0		
	71	鹿忍(平山含む)	2,419	26	1.1%	24	2380	3	0.1%	22
	72	牛窓	3,132	0			2967	0		
	73	大浦	0	0			0	0		
	74	奥浦	777	7	0.9%	26	782	1	0.1%	21
	75	東幸崎	332	0			615	0		
	76	西幸崎	499	0			649	0		
	77	南幸田	541	0			549	0		
	78	北幸田	206	0			211	0		
	79	東幸西	617	0			309	0		
	80	西幸西	661	0			478	0		
			44,739	4,423			44,209	401		

※文久２年の人口は『邑久郡史』から算出
※万延元年頃の人口は『邑久郡大鑑』より算出

年間診療していてもこの五四か村からは友玄の診察を受けなかった。つまり友玄の診療圏ではなかったということになる。

さらには尻海・須恵・庄田・奥浦・横尾・土佐はそれぞれ合計一八人以下で、ほぼ一年に一人以下の患者数となると、友玄の診療圏としてこれらの村が確立されていたのかという点では非常に疑わしいと思われる。このように文久二年データや一四年間データによると、友玄の診療圏は地元北地村とその周辺の村であったということがいえる。またその傾向は、地元北地村や大ヶ島村など患者数が多い村と患者が全くいない五四か村、そして尻見村などわずかに患者がいた村の三つのパターンにはっきりと分けられる。

四　友玄の診療圏の分析

ではどうしてそのようなパターンが確立されたのだろうか。同心円を描くように友玄の患者数は増減しているのだろうか。友玄の診療圏を地理的な側面からもう少し詳細に分析してみたい（図1）。

友玄の診療圏、つまり患者がいる村は二六か村、その場所は地元北地村とその周辺、とくに北東方面と南西方面の隣接する村の患者が多い。北東方面は大雄山脈と桂山山脈にはさまれた山北[23]を中心に瀬戸内海まで、南西方面は濱村・新村周辺を中心に吉井川まで診療圏が伸びている。

一方で患者が全くいない村も多く、八〇か村中五四か村を数える。ここで注目したいのが、この五四か村の中に友玄の開業する北地村に隣接する村も含まれていることである。本来ならば隣接する村にはすべて多くの患者がいて、友玄の診察を受けているはずである。現に隣接する村に患者数が多い傾向にあることはすでに述べてきた。しかし、北地村と北方面に隣接する上寺村、そこから北の向山村・大富村の患者はいない。また、患者数の多い大窪村と福山村にはさまれた地域でありながら患者の記録がなく、そのまま千町平野の北方面に宗三村・福元村・百田村・下笠加村から豆田村・福岡村へと延びる地域からの患者の記録もない。また、北地村のすぐ南方面の長沼村・門前村・五明村にも患者はいない。さらには、山南地域には犬島村・鹿忍村を除く村には患者がおらず、旧長船地区にも須恵を除いて患者がいない。

つまり近い距離で患者がいる村では患者数が非常に多いが、距離的には友玄の開業する北地村に非常に近い村でも患者が全くいない村もあるということになる。つまり同心円を描いて患者数が増減しているわけではなく、患者のいる村が非常に偏《かたよ》っているということになる。このように非常に偏りのある診療圏を持つ理由は何なのか、いくつかの仮説を検証してみたい。

(1)氏子や親戚筋としての特別なつながり

中島洋一氏から友玄の診療圏について、豊原北島神社の氏子の村が多いのではないかというご示唆を受けた。豊原北島神社は中島家のすぐ北側にある神社で、六代目業合大枝は本居宣長・平田篤胤の門人、歌人・国学者としてよく知られている。中島家はこの豊原北島神社の一の神子の分家にあたり、関係が深い。その北島神社の氏子一三か村の村に患者が多いのではないかという仮説である。

「中島姓一統家系」[24]には「氏子十三ヶ村ハ神崎村、長沼村、新村、濱村、川口村、新地村、射越村、門前村、五明村、北地村、上寺村、向山村、大富村ナリ」とあり、患者数が多い新村・濱村・川口村・新地村・射越村・北地村の六か村は確かに氏子の一三か村に入っている。しかしその他の七か村は患者がいない村であり、氏子の村の患者が多いという仮説はすべてに当てはまるわけではない。

本家である神社との関係だけでないとすると、中島家との個人的な関

図１　邑久郡内の中島家の患者分布図

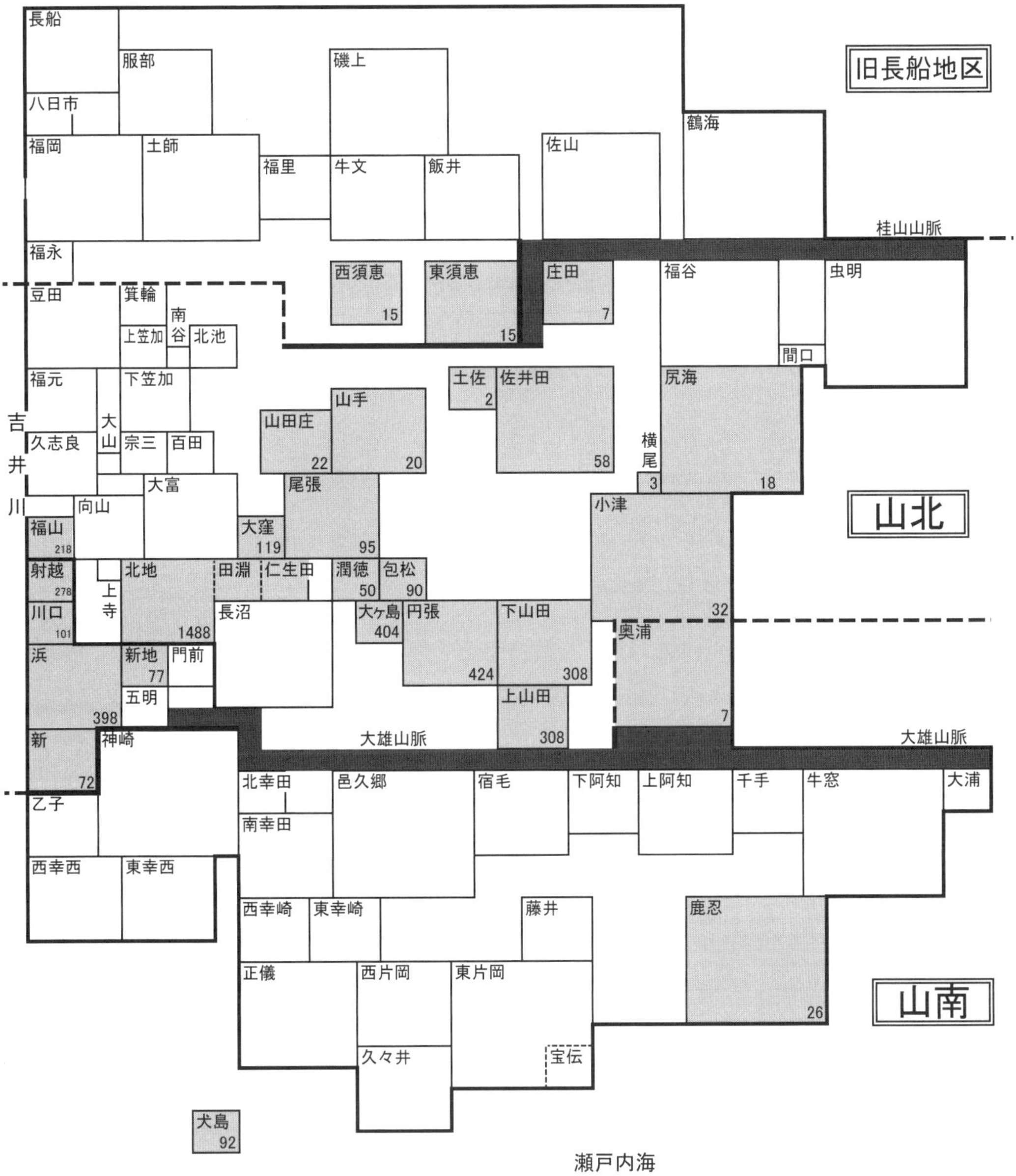

「邑久郡大手鑑」(万延元＝1860年頃)より作成(但し間口村・大浦村は不明)

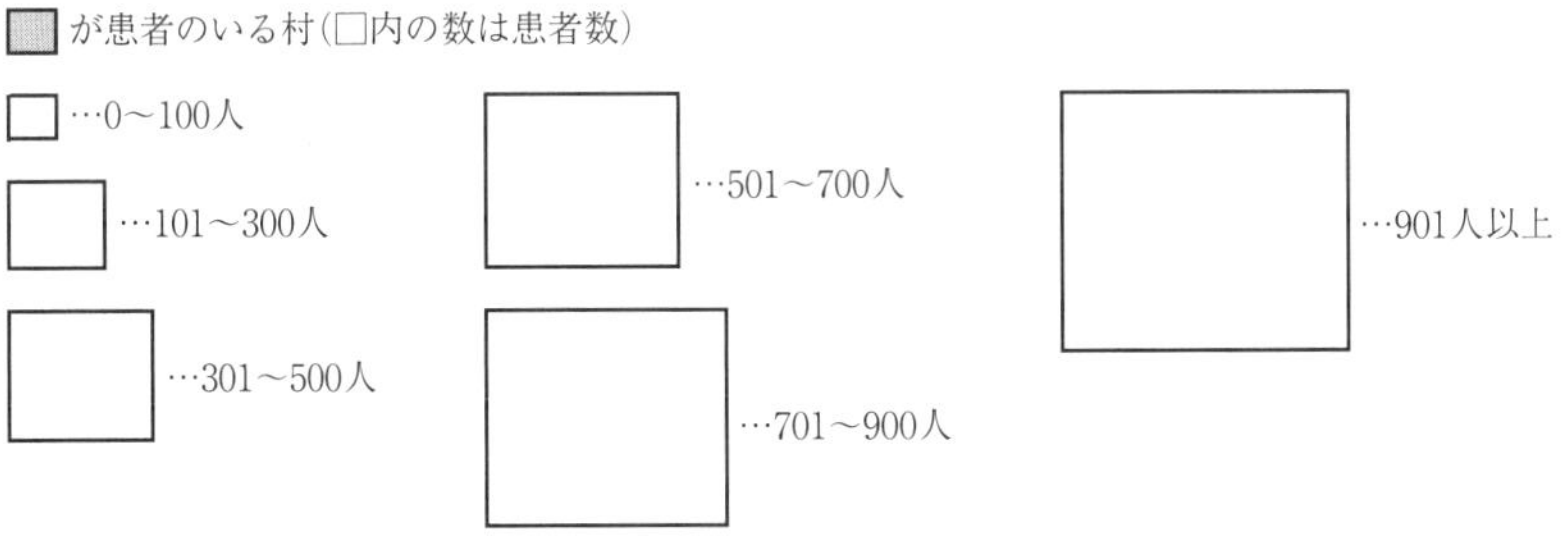

係が患者数にも影響していないだろうか。同じく中島洋一氏の話によると、患者数の多い濱村・射越村・西大寺・沖新田には親戚がいたという。「中島姓一統家系」によると、濱村は友玄の祖父で二代目の玄古の妻と後妻の出身地、西大寺は友玄の母の出身地であり、友玄の姉が嫁いだ商家もある。沖新田の九蟠は友玄の妻の出身地であり、射越村は和田家という親戚が居住し、友玄の娘婿でのちに養子となって跡を継ぐ哲《たもつ》が一時期開業していた。邑久郡ではない西大寺と九蟠に関しては、親戚筋ということで深い関係にあり、他地域の中では高い患者数を示すことは考えられる。また、記録としては残されていないが、友玄が親戚筋に依頼されて、あるいは友玄側からの申し出で往診にいったことも想像できる。

しかし氏子の村の患者数と同じように、親戚筋や近しい関係の人物がいる地域でも患者が全くいない村もある。例えば初代友三の妻の出身地は邑久郡藤井村だが、この村からの患者はいない。また、友玄の養子の哲の実家は東幸崎村であるが、この村の患者もいない。さらに友玄が京都に遊学中、生活費などのお金を友玄に届けるなど非常に親しい関係があった近藤家がある五明村の患者もいない。

このように本家の神社の氏子関係や親戚筋の村には患者数が多いところもあるが、すべてが一致するわけではなく、逆に患者がいない村もある。つまり氏子関係や親戚筋の他に患者数の多少を決定する何かがあるということになる。

(2)友玄の医師としての専門分野での診療圏

氏子や親戚筋が診療圏を決定づける要因でないとすると、他に考えられる可能性は何であろうか。

同じ邑久郡内の豆田村に松原という医家があった。ここは代々小児科医であり、友玄と同じ時代にも診療を行っていた。松原家は「配剤記」という診療記録を残しており、そこには患者の年齢や症状、服薬した薬名や患者の村名まで記載されている。文政二年（一八一九）の「配剤記」によると、[25]患者の約九割が一五歳以下で、残りの患者も一〇代や年齢不詳が多く、松原家が小児科専門医であることをあらわしている。もし友玄が松原家のようにある特定の分野の専門医であったとするならば、その診療圏に特別な偏りがあったとしても不思議ではない。

友玄は自分がまとめた「中島姓一統家系」の中で自分が学んだ医学分野について記している。それによると、吉益北洲に古医方を、藤林泰祐に西洋医方を、緒方順節と清水大学に産術を、高階清介に外科をそれぞれ学んでいる。実際に友玄は産科についても別に記録を残しており、[26]産科も行っていたことが判明している。また、「種痘諸事留」[27]の中の友玄の種痘履歴書には、嘉永七年（一八五四）に児島郡の横山元長から当時最先端の医学である種痘術を学んだと記されており、実際に種痘を行っている。[28]これらを合わせた友玄が学んだ分野は古医方・西洋医方・産術・外科・種痘となり、松原家のように特定の分野の専門医とは考えにくい。

さらに文久二年の友玄と松原家の患者診療圏を比較してみると（表3）、顕著な相違点が見られる。「松原家配剤記」文久二年[29]の中で出身が邑久郡と判明している患者数は二〇二人で、友玄の患者数四〇一人のほぼ半数である。そのため、患者数が最大でも福岡村の二三人、次いで尾張村と円張村の一一人で、二桁の患者数はこの三村のみ、人口比でも福永村の約七・六%、次いで福岡村の約二・八%、百田村の約二・四%といずれも友玄のデータと比べると低い値となっている。

しかし、最大の相違点は患者がいる村数である。友玄の患者がいる村数二六か村に対し、松原家は五一か村を数え、友玄のおよそ二倍となっている。患者が一人の村も一二か村あるが、松原家は幅広く多くの村から患者を受け入れ、診療を行ったことになる。つまり、松原家は地元の患者を幅広く受け入れる在村医ではなく、小児の病気で困ったときに診

表3　文久2年における中島家と松原家の患者数と村人口比の比較

	村番号	村名	人口（人）	中島家			松原家		
				患者数（人）	人口比	順位	患者数（人）	人口比	順位
大庄屋円張村嘉太郎組合	1	新	395	5	1.3%	13	2	0.5%	33
	2	五明	268	0			0		
	3	浜	594	34	5.7%	7	1	0.2%	46
	4	川口	183	7	3.8%	8	1	0.5%	31
	5	新地	255	3	1.2%	14	0		
	6	射越	288	30	10.4%	5	6	2.1%	6
	7	上寺	77	0			0		
	8	門前	206	0			0		
	9	北地（田淵・仁生田含む）	520	145	27.9%	1	3	0.6%	28
	10	向山	311	0			3	1.0%	16
	11	大富	562	0			3	0.5%	32
	12	福山	252	32	12.7%	3	5	2.0%	8
	13	久志良	465	0			4	0.9%	21
	14	大山	47	0			0		
	15	宗三	120	0			1	0.8%	23
	16	百田	126	0			3	2.4%	3
	17	大窪	220	26	11.8%	4	1	0.5%	36
	18	尾張	606	12	2.0%	11	11	1.8%	10
	19	包松	236	8	3.4%	9	2	0.8%	22
大庄屋富岡惣平次組合	20	下笠加	371	0			6	1.6%	12
	21	上笠加	289	0			0		
	22	南谷	8	0			0		
	23	箕輪	218	0			2	0.9%	17
	24	福永	119	0			9	7.6%	1
	25	福岡	811	0			23	2.8%	2
	26	八日市	199	0			1	0.5%	34
	27	長船	545	0			3	0.6%	30
	28	服部	546	0			1	0.2%	45
	29	土師	835	0			6	0.7%	25
	30	牛文	514	0			5	1.0%	15
	31	福里	328	0			3	0.9%	18
	32	磯ノ上	874	0			1	0.1%	51
	33	飯井	669	0			2	0.3%	41
	34	佐山	792	0			1	0.1%	50
	35	鶴海	951	0			2	0.2%	44
	36	大ヶ島	281	43	15.3%	2	6	2.1%	5
	37	長沼	693	0			6	0.9%	20
	38	潤徳	156	5	3.2%	10	2	1.3%	13
	39	円張	484	5	1.0%	15	11	2.3%	4

大庄屋大ヶ嶋村義左衛門組合	40	下山田	609	20	1.9%	12	1	0.2%	48
	41	上山田(井手含む)	440				4	0.9%	19
	42	山手(真徳含む)	581	1	0.2%	20	6	1.0%	14
	43	山田庄	460	3	0.7%	16	9	2.0%	9
	44	福元	283	0			5	1.8%	11
	45	豆田	590	0			0		
	46	北池	204	0			0		
	47	西須恵	449	2	0.2%	18	3	0.7%	26
	48	東須恵	515				3	0.6%	27
	49	虫明	1,538	0			0		
	50	福谷	849	0			0		
	51	間口	0	0			0		
	52	庄田	385	0			3	0.8%	24
	53	尻海(大土井含む)	1,624	3	0.2%	19	6	0.4%	38
	54	小津	1,305	1	0.1%	23	3	0.2%	43
	55	横尾	96	0			2	2.1%	6
	56	佐井田	787	3	0.4%	17	1	0.1%	49
	57	土佐	179	0			1	0.6%	29
大庄屋村乙子村文蔵組合	58	乙子	455	0			0		
	59	神崎	1,604	0			4	0.2%	42
	60	邑久郷	1,215	0			4	0.3%	39
	61	宿毛	705	0			0		
	62	西片岡	607	0			0		
	63	正儀	837	0			0		
	64	久々井	564	0			0		
	65	犬島	110	9	8.2%	6	0		
	66	東片岡	1,308	0			5	0.4%	37
	67	藤井	318	0			1	0.3%	40
	68	下阿知	414	0			0		
	69	上阿知	511	0			0		
	70	千手	313	0			0		
	71	鹿忍(平山含む)	2,380	3	0.1%	22	4	0.2%	47
	72	牛窓	2,967	0			0		
	73	大浦	0	0			0		
	74	奥浦	782	1	0.1%	21	0		
	75	東幸崎	615	0			0		
	76	西幸崎	649	0			0		
	77	南幸田	549	0			0		
	78	北幸田	211	0			1	0.5%	35
	79	東幸西	309	0			0		
	80	西幸西	478	0			0		
			44,209	401			202		51

※文久２年の人口は『邑久郡史』から算出
※万延元年頃の人口は『邑久郡大鑑』より算出

察する小児専門医であり、患者は専門医に診てもらうために松原家をめざした。だから邑久郡内で多くの村から松原家に診察を受けており、逆に小児専門ということでそれぞれの村からの患者数はそれほど多くなかったといえる。実際、文久二年では松原家の地元の豆田村からの患者はいない。一方、友玄の患者は友玄が専門医ではなく地元に密着した医師だったため、近辺や地元の患者が多いといえる。

しかし、そうであるならば余計に同じ近辺の村でも患者がいない村と患者が多い村があるということの説明にはならない。

(3)地理的な要因の可能性

地理的な要因が考えられないだろうか。例えば向山村を考えてみると、友玄の北地村と隣接しているとはいえ、友玄の開業場所は上寺山の南西向きであり、北隣りの向山村から患者が通院するには上寺山を越えてくるか東か西に回り道をしなくてはならない。そのため隣接はしているものの患者には遠く感じたであろう。しかし、友玄の開業場所から南東にひらけた長沼村の患者もいないのは、通院する困難さとは無関係と思われる。

一方で、長沼村よりもさらに遠い円張村やその先の海に面した村々からも患者が診療に来ている。さらには海を越えて犬島からも患者が診療に来ている。ということは、地理的な要因、ただ単に友玄の開業場所からの遠近や地理上の困難さだけが友玄の偏った診療圏の理由とは思われない。

(4)他の在村医の存在

中島家との個人的なつながりでも、友玄の医師としての専門性でも、地理的な要因でもないとすれば、この診療圏の偏りは一体何が原因であろうか。

前出藤澤純子氏は津山市内の医師仁木家に残された「主方録」(文化一四＝一八一七年)と「処剤録」(天保一四＝一八四三年)からそれぞれ患者の診療圏を地図に落とし、考察を試みている(30)。それによると、文化一四年の診療圏は仁木家の地元である籾山から「約五キロ圏内に入っている村からの患者が比較的多い」としながらも「現在の津山市を中心にかなり遠方からも診察を受けにやって来ていることがわかる」として、仁木家から三〇キロ弱の中に患者がいることを指摘している。そしてその理由として「遠方からの患者が多いのは、仁木惟清が名医だということだけでなく、むしろ、まだそれぞれの村々に医師があまり存在していなかったことを示すと考えられる」と述べている。

さらに、天保一四年の診療圏では患者数の増加を指摘するとともに、「患者の居村が十キロ以内の範囲におさまっている」として、文化一四年の診療圏との違いを明らかにしている。その理由として、患者の診療圏の分布が狭まったことに注目し、「地域に医師が増えたことによりそれまで遠方からわざわざ来院していた人々が、その必要がなくなったことを示している」と述べている。しかし、村ごとの患者の有無や人数、そして「地域に医師が増えた」と述べているにもかかわらず、その医師の検証などはなされていない。

友玄の患者の診療圏は、患者が地元の村から半径約三・三キロの範囲に多いのは仁木家の天保一四年の診療圏と同じ傾向だが、一方で他郡や島といった広範囲からも患者が診療に来ているという点では、むしろ仁木家の文化一四年の診療圏に近い傾向となる。さらには、隣接した村からの患者がいないという偏りも見られ、このことは仁木家の二つの診療圏からは読みとることができない。

ここで藤澤氏の述べる地域の医師の増加について邑久郡の状況を検証したい。

向山村の隣りの大富村に生田家という医師がいた。『今城村史』(31)によると、七代生田恵廸常正は御目見医、八代生田良順は明治三〇年（一八九七）没、このどちらかが江戸末期に大富村で開業していたと思われる。その生田家が開業していた大富村からの患者は一七年間で一人もいない。当時の村民の意識として、わざわざ自分の村や隣りの村に医師がいるのに、他の遠くの村まで診察を受けに行く村人はいなかったのではないかという仮説がここで成り立つ。

こういった他の在村医の存在は中島家所蔵資料からも読みとれる。前掲「種痘諸事留」の中に、友玄が邑久郡内に種痘館を設立するために提出した「奉願上口上書」の控えが記載されている。その願書は友玄が単独で提出したのではなく、一七人の医師の連名となっている。その一七名とは以下の通りである（一〇二頁参照）。

富岡　　　俊民
佐井田　　俊輔
大富　　　良唯
鶴海　　　立柄
尻海　　　脩輔
飯井　　　俊治
富岡　小山良助
車　　河野伯淳
牛文　久山祥哉
佐井田　桜井祥元
尾張　横山憲章
上笠加　戸田元周
福岡　平井秀策
福元　黒田立琢
　　　松原陽省
　　　額田太仲
　　　中島友玄

医師名の前に記載されているのは地名であり、一七名中、地名が記されているのが一四名、富岡と車は服部村、地名のない三名のうち友玄は北地村、額田太仲は「邑久郡大手鑑」などにより飯井村、松原陽省は前出の松原家の医師で、開業地は豆田村である。この一七名全員が山北または旧長船地区の医師である。

また、前掲「邑久郡大手鑑」にはその村に住む医師の名前が記されていたり、ただ「医者」と記してその存在をうかがわせていたりする村もある。それは記載順に、牛文村に「医者　久山祥哉」、飯井村に「御目見医者額田太仲　医者　俊二　正安」、鶴海村に「医者　至炳」、福元村に「弐人　医者」、虫明村に「壱人　医者」、尻海村に「三人　医者」、佐井田村に「壱人　医者」とある。久山祥哉と額田太仲は「奉願上口上書」と重なり、鶴海村の至炳は「奉願上口上書」の立柄と同一人物の可能性もある。

これらの医師が存在する村と友玄の患者のいなかった村を対比させると図2となる。山北では大富村に生田家と良唯、福元村に黒田立琢と医者二名、上笠加村に戸田元周、豆田村に松原陽省となる。さらに友玄の患者が全くいなかった旧長船地区では福岡村に平井秀策、牛文村に久山祥哉、飯井村に額田太仲、服部村に小山良助ら三名となっており、それぞれの医師が近隣の地域を患者の診療圏としていわば縄張りを構築していたと考えると、友玄の患者がいない地域とも合致する。つまり、当時

図２　江戸末期における邑久郡内の医師とその分布

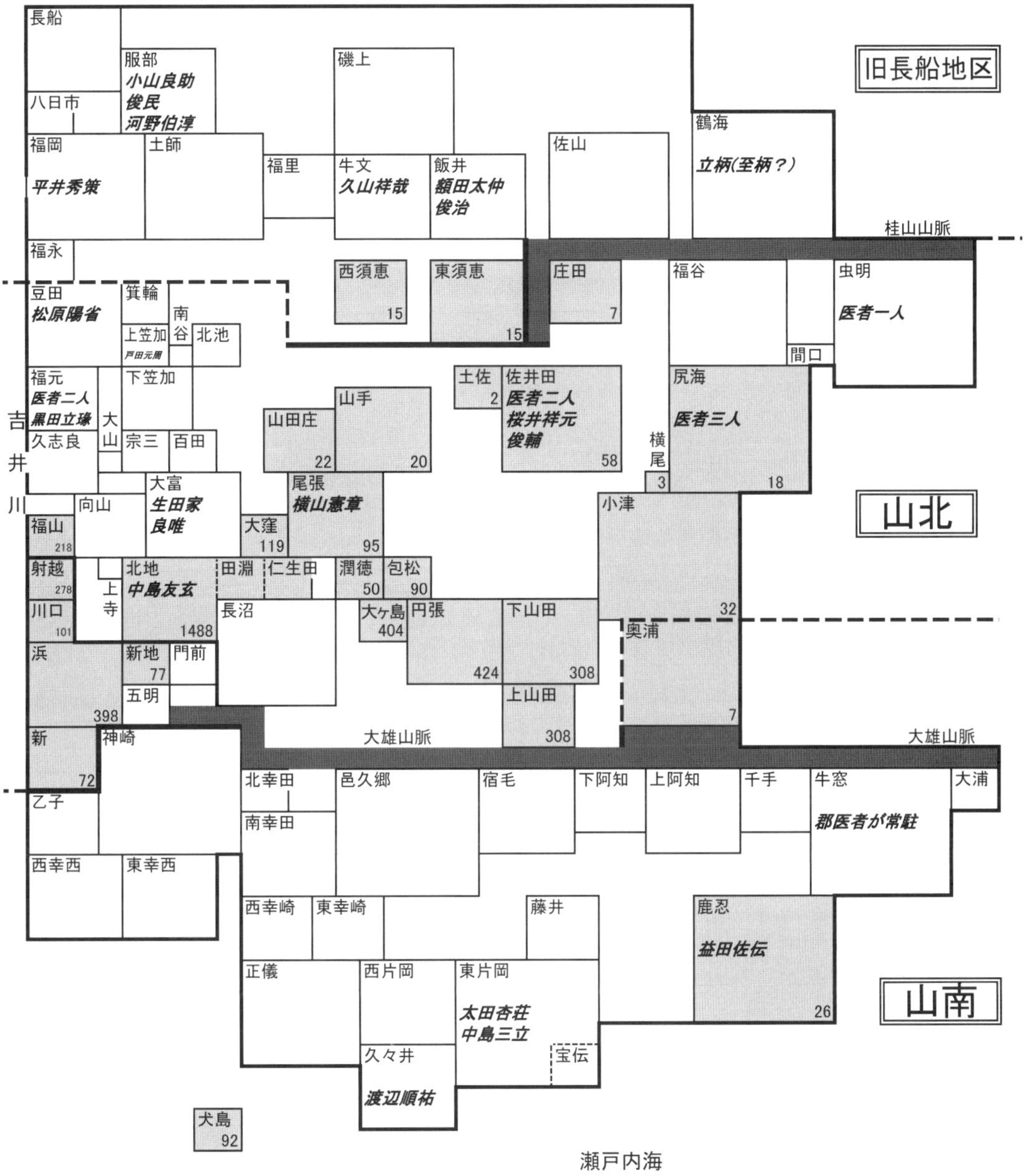

「邑久郡大手鑑」「奉願上口上書」（中島家蔵）などにより筆者が作成

■ が患者のいる村（□内の数は患者数）

から医師が開業（存在）する村の村民は、その在村医の診察を受けるのが通常であって、あまり自由に好きな医師や遠くの医師に診察を受けに行くことはなかったということになる。

もう少し詳細に検討して見よう。

「奉願上口上書」や「邑久郡大手鑑」に記されている医師が開業する村のうち、そのすべてが友玄の患者が全くいなかったのであろうか。

例えば桜井祥元らのいた佐井田村からも友玄のところへ患者として来て診察を受けている。しかし、その数は一四年間で五八人、一年間では約四人の患者であり、人口比でも一四年間データで約七・二％（二六か村中一六位）、当時の佐井田村の人口約八〇〇人から見るとそれほど多い人数ではない。

脩輔のいた尻海村から友玄の診察を受けた患者は一八人で、一年間ではほぼ一人強、人口比では十四年間データで約一・一％（二六か村中二五位）、当時の尻海村の人口は約一七〇〇人で、当時としては人口の多い村であり、ここから考えるとごくわずかである。つまり患者がいても、人口における割合や一四年間中の患者数で考えると、患者数としては非常に少なく、この程度は人びとが暮らしていく中で許容される範囲ではないかと想像できる。もしかすると医師間のネットワークや連携で、患者の移動は承知していたか、あるいは診察依頼などもあったかもしれない。

しかし佐井田村・尻海村と比べて、医師がいながら友玄の患者数も多い村も存在する。それが尾張村で、横山憲章が在村医として存在していながら、友玄のところへ患者としても一四年間で九五人、一年間で約六・八人、人口比として一四年間データの約一四・四％が診察を受けており、患者数としては決して少ない数ではない。

ではなぜ尾張村の患者が友玄の診察を受けたのであろうか。可能性としてはいくつか考えられる。例えば、「姓名記」には「尾張村」としか記載がないため、隣接する村と同じように尾張村の一部の地域が友玄の患者の診療圏であった可能性もある。実際に尾張村は六六〇人ほどの人口を抱え決して小さい村ではない。また、横山憲章が途中から開業したため、それまでの患者が友玄の診察を受けていたということなどが考えられる。しかし、後者の可能性については、一四年間で患者数に大きな偏りがないため考えにくい。また、前者の可能性については村単位での記載しかないため現時点では確認ができない。医師の横山憲章については詳細は不明だが、憲章の養子横山謙斎は、文久二年（一八六二）に前出福岡村の平井秀策とともに下笠加村に淳風学館を設立し、子弟の教育をはじめている[32]。医師としての診察だけでなく教育を優先していったとすれば患者の一部を友玄が分担した可能性も考えられなくはない。

友玄の患者が鹿忍村を除く全村にいなかった山南はどうか。山北・旧長船地区にも多くの医師がいた以上、山南地区にもいたと考えられる。

前出「種痘諸事留」で種痘館を設置する「奉願上口上書」の中で、山南側の神崎村に種痘館を設置しようとする友玄ら一七名の山北側の医師たちに対し、山南側の医師たちがもの申している。詳細は本書収録の「中島友玄と岡山県邑久郡における江戸末期から明治初期の種痘」[33]を参照されたいが、このとき山南側の医師は「山南社中」という言葉を使って山南側の医師の集まりをあらわしており、山南側にも山北・旧長船地区の医師の集まりに対抗する医師の集まりがあったことを示唆している。残念ながら具体的な名前については、友玄の返事の宛先として「三好友いては不明である。

泰」という人物しか記載されておらず、山南社中にどんな医師が何人いたのかについてはわからない。この三好友泰もどの村の医師なのかについては不明である。

しかし、他の資料などから山南で活動していた医師を見出すことはできる。幕末から明治にかけて活躍した医師・漢学者の太田杏荘（天保五＝一八三四年～明治三〇＝一八九七年）は東片岡村の生まれで、牛窓村の太田家の養子となる。その後、医師となって神崎村で開業するが、それは明治維新以後のことである。しかしこの杏荘の実父が山南の東片岡村の医師中島三立であったという[34]。ただし、中島三立についてはよくわかっていない。

久々井村の医師渡辺順祐友迪は文政五年（一八二二）に生まれ、高良斎門下で医学を学び、弘化三年（一八四六）久々井で開業、麻疹の治療などにあたったという。明治一四年（一八八一）、岡山県ではじめての私立病院を設立した。友迪は「種痘諸事留」にも、牛窓の種痘医として名前が記載されている。明治三一年（一八九八）没[35]。

この他にも有名医家の門人録などに山南出身の医師の名前を確認できる。

このように山南にも山南社中と呼ばれる医師の集まりがあり、医師がそれぞれ活動していた。地形的にも大雄山脈で分断され、その地元に医師がいる以上、山南各村から友玄の元に患者が診察を受けに来るとは考えにくい。また、岡山藩が藩内の地域に郡医者を任命し診療を行っていたが[36]、邑久郡では牛窓に郡医者を置いた。そのため牛窓からの患者もいなかったものと考えられる。

五　まとめ

今まで述べてきたように、邑久郡内のそれぞれの医師は自分の患者の診療圏がある程度はっきり存在していた。友玄のところにも近隣でありながら患者が診察に来る村と来ない村がはっきりと分かれていた。友玄は、開業した地元北地村を中核として、近隣の東方面と南西方面にその診療圏を形成していった。逆に自分の村の在村医を越えて患者が診察に来ることはあまりなかった。例えばすぐ隣りの村だとしても、あるいは氏子や親戚がいる村だとしても、すでにそこに在村している別の医師がいたならば、そこの患者を診察することはトラブルになるのが目に見えており、難しかったであろう。また、友玄が開業する山北も医師の集まりを作っていたと考えられるので、そのネットワークや連携を壊すような患者の獲得争いはできなかったであろう。つまり、江戸後期の邑久郡内において、医師は現在のような患者獲得の完全な自由競争ではなく、在村医がいるのかいないのかというある程度の縄張り意識、あるいは住み分けを持って患者を診察していったと考えられる。

終わりに

患者獲得競争の最中にいる現代の医師・病院と比べ、江戸時代末期に多くの在村医が存在した邑久郡において、患者の診療圏が構築されていたことには驚かされる。診療圏＝患者数であり、ひいては収入や名声につながることから、当時の医師たちにとって診療圏を順守することは非常に重要であったと考えられ、友玄もまた、それを守っていたと思われる。しかし、逆に在村医のいない村の患者は、おそらく近隣の医師による過酷な患者獲得競争があったこともまた容易に想像できるのである。その点においては、江戸時代の邑久郡の医師たちもまた、患者獲得競争を競っていたのかもしれない。

(1) 森紀久男『抱節難波立愿先生』(研精堂印刷所、一九四一年)。森紀久男『備前洋学の始祖児玉順蔵先生』(大阪杏林温故会、一九四一年)など。
(2) 例えば中山沃『岡山の医学』(日本文教出版、一九八二年)、同『備前の人医難波抱節』(山陽新聞社、二〇〇〇年)など。
(3) 岩本伸二「幕末期在村医の組織化への動向――美作津山の場合――」(『岡山県史研究』四、一九八二年)。
(4) 柴田一「近世後期における在村医の修学過程」(『実学史研究』Ⅱ、思文閣出版、一九八五年)。
(5) 下山純正「美作在村蘭学概論」(田崎哲郎編『在村蘭学の展開』、思文閣出版、一九九二年)、平成十五年度津山洋学資料館特別展図録『横山廉造と香杏館』(津山洋学資料館)など。
(6) 藤澤純子「近世の地域医療と医師――美作の医師仁木家を例として――」(『岡山地方史研究』六九号、一九九二年)。
(7) 仲田永造「仲田家の医師たち」(『医譚』復刻七七号、日本医史学会関西支部、二〇〇一年)。
(8) 沢山美果子『在村医のカルテからみた女性の出産と身体観――近世から近代への展開を中心に――』(平成十三～十五年度科研費補助金研究成果報告書)。「在村医の診察記録が語る女の身体――日本における近世から近代への展開――」(望田幸男・田村栄子編『身体と医療の教育社会史』第八章、昭和堂、二〇〇三年)。
(9) 岡山県医師会編『備作医人伝』(岡山県医師会、一九五九年)。
(10) 比較的まとまった資料のうち報告や展示がされたものとしては、光後玉江関係資料(美咲町)や仁木家資料(津山市)、横山廉造関係資料(真庭市)、万代常閑資料(備前市)などがあげられる。筆者が知るうえでまとまった資料が確認でき、なおかつ系統立てた報告がなされていない資料群として内田家資料(井原市)・佐藤陶崖資料(備前市)・平井家資料(瀬戸内市)などがあげられる。
(11) 報告としては中島洋一「中島友玄の京都遊学日記(一～四)」(『医譚』復刊第八八～九一号、日本医史学会関西支部、二〇〇八～一〇年)など。発表としては日本医史学会関西支部二〇一一年総会・秋季学術集会「在村医の成立――備前国邑久郡中島家について――」(中島洋一)。第一一三回日本医史学会総会・学術大会「江戸後期の岡山県邑久郡周辺における地域医療研究――中島家文書をもとに――」(松村紀明・木下浩・梶谷真司・鈴木則子、二〇一二年)など。
(12) 木下浩「中島友玄と岡山県邑久郡における江戸末期から明治初期の種痘」(『医譚』復刊第九一号、日本医史学会関西支部、二〇一〇年→本書収録)。
(13) 前出(注6)藤澤純子氏は美作仁木家文書中の文化十四年と天保十四年のカルテから患者の分布を地図とともに掲載し、時代による分布の変化や患者の診療へのかかり方の変化などについて述べている。同じく前出(注8)沢山美果子氏は、旧中央町の女性の産科医の患者分布を地図とともに掲載し、その診療圏について藤澤氏が行った仁木家の分布との比較や産科という医療内容などの観点から論じている。
(14) 旧邑久郡内で桂山山脈より北で旧長船町を中心とした地域を旧長船地区、大雄山脈と桂山山脈の間で千町平野を中心とした旧邑久町近辺を山北、大雄山脈以南で旧牛窓町と旧西大寺市の一部を中心とした地域を山南と呼び、旧邑久郡を南北に三つの地域に分けて考察していく。
(15) 同右。
(16) 『角川日本地人大辞典三三・岡山県』(角川書店、一九八九年)参照。
(17) 同右。
(18) 岡山は御野郡と上道郡にまたがるが、便宜上御野郡とした。
(19) 残り一人は「日本回国千ヶ寺」と記載。
(20) 前掲註(15)に同じ。
(21) 「邑久郡大手鑑」との註あり。
(22) 田淵・仁生田の患者数も北地村に含めて算出した。
(23) 前掲註(14)に同じ。

(24) 中島家所蔵。
(25) 木下浩「文政二年配剤記の研究」(『研究報告』二三・二四合併号、岡山県立博物館、二〇〇四年)。
(26) 中島家所蔵「回生鉤胞代臆」。
(27) 中島家所蔵。
(28) 前掲註(12)に同じ。
(29) 松原昌和氏所蔵。
(30) 前掲註(6)に同じ。
(31) 小林久磨雄『今城村史』(今城小学校PTA、一九五一年)。
(32) 岡山県歴史人物事典編纂委員会編『岡山県歴史人物事典』(山陽新聞社、一九九四年)。
(33) 前掲註(12)に同じ。
(34) 小林久磨雄『改訂邑久郡史・下巻』(邑久郡史刊行会、一九五四年)。
(35) 高於菟三・高壮吉『高良斎』(大空社、一九九四年)。
(36) 吉田徳太郎『池田家履歴略記・上巻』(日本文教出版、一九六三年)、承応三年二三八頁参照。

中島友玄と岡山県邑久郡における江戸末期から明治初期の種痘

木下　浩

はじめに

日本で昭和三〇年（一九五五）に最後の天然痘が発症してから半世紀以上、昭和五五年（一九八〇）に世界中から天然痘の根絶宣言が発表されてからも約三〇年が経ち、天然痘はすでに過去の伝染病となった。それはジェンナーが牛痘種痘を発明して以来、ひとえに医師のたゆまぬ努力によってなしえた快挙であり、日本においては江戸末期に種痘が伝播してからの長い歴史の成果でもある。

しかし、岡山においては種痘に関する残された資料が少なく、断片的に天然痘との戦いを伝えるだけで、その内容があまり明らかになっていない。とくに緒方洪庵によって足守藩（現岡山市）にもたらされた後から明治期までの資料が少なく、系統立てた種痘の流れがわかっていない。

そういった状況の中で、瀬戸内市の医師中島家に残る江戸期以降の医学資料群の存在が明らかになった。江戸後期から代々医師として続く中島家には、『解体新書』をはじめとする医学書や古文書類、江戸期に作られていた薬の実物や版木など膨大な医学資料が残されていることがわかったが、その中に中島友玄が種痘について記録した「種痘諸事留」が残されていた。

拙稿ではこの中島家の種痘に関する資料を通して、江戸末期から明治初期における岡山県下の種痘の流れについて紐解いてみたい。

一　岡山での江戸末期における種痘

ここで簡単に岡山の種痘の流れについて概観する。

嘉永二年（一八四九）、日本にもたらされた種痘は、翌嘉永三年正月、岡山出身の緒方洪庵によって、洪庵の地元足守藩にもたらされた。洪庵は足守に葵丘除痘館を開き、一三名の医師とともに種痘を行っていったと思われる[1]。この足守から津山・早島・帯江・撫川など県内各地に種痘が広がっていく。

例えば備前金川（現・岡山市）の医師難波抱節が足守を訪れ、洪庵と面会し、種痘の方法などを教授されたのもこのときである。抱節が著わした『散花新書』によると、洪庵と面会し、種痘の実際を見学し、種痘関係の本を写すことを許された抱節は、さらに二月一五日、児童五名と塾生一名を足守に派遣、種痘を受けさせた。彼らによって分苗された牛痘は金川で三〇〇〇人に施術されたという。抱節は「緒方氏ノ嘉恵ニ依ル也」と感謝の意を述べている。

また、嘉永三年に備中簗瀬（現井原市）の山鳴氏が作成した「種痘養生心得書」(2)には、洪庵が一五〇〇人に施術したが一人も過ちがなかったと記している。抱節の例や「種痘養生心得書」の記述からわかるように、岡山県内の牛痘種痘は足守の葵丘除痘館を中心に広まっていったと考えられる。

しかし、実際の牛痘種痘をされた側の記録はほとんど残されていない。抱節が残したわずかな資料と津山や備中梁瀬に残された「種痘養生心得書」などがわずかに確認されるだけで、その他は明治になってからの記録となる。足守から県内各地に伝わっていったと思われる種痘の記録が少なく、どのように広がっていったのか、誰が広めていったのか、ほとんどわかっていない。

他にも例えば、第一生命の創始者矢野恒太が、自伝の『矢野恒太伝』で慶応二年（一八六六）に岡山市竹原で生後六か月のときに種痘を受けたと記している。しかし、具体的な記述はなく、どこで誰に施術されたかなどは全くわかっていない。

そこへ「種痘諸事留」の発見があったのである。

二　中島友玄について

「種痘諸事留」を記した中島友玄は、文化五年（一八〇八）備前国邑久郡北地村、現在の岡山県瀬戸内市邑久町北島に生まれた。父宗仙も医師であり、この地で開業している。

明治六年（一八七三）八月に友玄本人が記した履歴書の下書きによると、幼少時より父に従って医学を学び、文政一三年（一八三〇年）岡山藩医武井養貞に入門、内科などを学んだ。さらに当時の医師の一般的な就学過程と同じように天保六年（一八三五）京都に行き、吉益北洲に入門(3)した。このとき友玄二八歳、さらに藤林泰祐や小石元瑞(4)などにも医学を学んでいる。翌年帰国、さらに再上京ののち、帰国して地元で開業した(5)。

この友玄が中島家に医学書や文書など膨大な医学資料を残している。『解体新書』や『医範提綱』、『西説内科撰要』や『病学通論』といった医学書から前述の備前金川の医師難波抱節が著わした『胎産新書』、当時販売していた薬関係の資料、多くの文書や医学以外の資料まで貴重な資料が残されている。

これら友玄が残した資料の中でもとくに異彩を放っているのが「種痘諸事留」である。

友玄は非常に筆まめな人物で、多くの文書と写しを残しているが、この「種痘諸事留」は友玄が関わった種痘に関する記録を写したものである。それは友玄が中心となって設立した種痘館の記録であったり、種痘医を拝命するまでのいきさつであったり、あるいはほかの医師からの苦情であったりする。

しかしそれは江戸末期から明治初期にかけての岡山における貴重な種痘に関する記録であり、種痘に関する資料が非常に少ない中でこれだけまとまった記録は他に見つかっていない。

三　友玄と種痘との関わり

中島友玄はどのように種痘と関わっていったのであろうか。

「種痘諸事留」中の種痘履歴書（以下、履歴書）には以下のように記されている。

種痘履歴書

一、嘉永七年甲寅二月ヨリ児島郡上村横山元長ニ従ヒ種痘術ヲ学受習熟ノ上安政二年乙卯年ヨリ明治四年辛未年迄十七ヶ年間毎歳自家ニテ施種種痘仕申候

一、明治五年壬申二月十日種痘御用蒙仰邑久郡牛窓村種痘所ニテ相勤申候

一、同七年四月二日御免状頂戴仕同年七月迄相勤申候

右之通ニ御座候也

第十三区二番小区邑久郡北地村
三百五十七番屋鋪居住平民医者
中島友玄印

明治八年一月

石部岡山県参事殿

岡山県七等出仕　西毅一殿

これによると、友玄は嘉永七年（一八五四）備前国児島郡の医師横山元長から種痘術を学んだと記している。そのとき友玄はすでに四七歳、洪庵が足守に種痘を伝えてから四年後のことである。

しかし、「種痘諸事留」中の明治八乙亥歳諸事留に「師家無之候ニ付横山元長相頼証書囉受」との記述がある。これによると種痘の師がいないので、のちの種痘医免許取得のため、元長に依頼し名義を借りた可能性がある。ただし、「師家無之候」と記述しているのはこの部分だけである。

同じく中島家所蔵の「配剤謝義受納留記」によると、友玄は嘉永七年から種痘の謝儀を受領しているので、実際に嘉永七年から種痘を施術しているのは事実である。

それでは、実際に友玄は誰から種痘術を学び、誰から痘苗を分苗されたのか。この点について考察することは、当時の医師がどのように種痘術や痘苗を獲得していったかを知る事例となると思われるので、ここでいくつかの仮説の獲得ルートを立ててみたい。

まず第一に「種痘諸事留」の記述「師家無之候」は間違い、または別の意味であって、実際には種痘履歴書の記述通り横山元長に学んだとするルート。横山元長については詳細が不明だが、中島家現当主洋一氏によると、元長は難波抱節に学んだという言い伝えがあるという。しかし、抱節の門人帳は残されていないので、元長が本当に門人であるかどうかは現在のところ確認できない。もし本当に門人であるならば、友玄は抱節の弟子の弟子となり、洪庵─抱節─元長─友玄というルートとでつながる。このルートは種痘を行う医師として由緒あるものであり、そのことで箔もつくであろうから、履歴書に記載するには都合がよかったであろう。しかしこのルートを確認する手段はない。友玄も「師家無之候」と否定している。

第二は「種痘諸事留」の記述が正しく、元長でない別の医師から教わったルート。それは友玄が実際に学んだ種痘術が由緒ある洪庵―抱節ルートではなく、あえて師の名前を出さない格が落ちるルートであったと考えられる。洪庵が岡山に種痘をもたらして四年後という短期間、しかも当時の最先端の医療ということで、それほど多くの医師が種痘術を習得していたとは考えにくいが、それでもあえて名前を使わなかったことに理由があるのだろうか。種痘術を学んだとするならば少なくとも洪

庵や抱節に近い人物だと考えられるが、可能性がある人物は「種痘諸事留」には登場してこない。あるいは後述する医師の仲間などから教わったという可能性もある。いずれにせよ、実際に別の師がいながら種痘履歴書に師を横山元長と記載するということは、あくまで名義だけを借りて、あるいはかたちだけ入門することによって、実際にはない経歴を詐称したということになるが、それも現在ほど厳しくモラルが問われるということではなかったのであろう。実際、師が誰であろうと友玄は種痘を行い、その確かな施術で多くの人びとを救ったことは事実である。

最後に「種痘諸事留」の記載通り師を持たないルート。これは種痘術の伝習というより、独学で学んだということになる。洪庵によって岡山に種痘がもたらされた嘉永三年にはすでに種痘術に関する詳細な医学書が出版されている。前述『散花新書』も、同じく抱節が洪庵に写本を許されたと思われる種痘に関する医学書の『訳引痘略』もその出版は嘉永三年である。友玄が種痘を行ったのは「配剤謝義受納留記」などから嘉永七年と考えられるので、これらの本を入手すれば種痘を行うことができた可能性もある。痘苗はすでに多くの児童に施術されていることから、そこから入手することも可能であろう。もし独学で学んだとするならば、すでに医学の知識さえあれば比較的容易に種痘を学ぶことができ、痘苗を手に入れて、施術も行うことができる医療環境や社会的条件が満たされていたということになる。

どのルートで友玄が種痘術を学んだかについては不明だが、いずれにせよ岡山に種痘が入ってきて四年後には、もう県内各地で多くの医師が実際に種痘を行う土壌が育っていたことは確かである。友玄の種痘の師の問題は新出資料をまつほかない。

四　友玄が行った種痘の実際

友玄はどのようにして種痘を行っていったのであろうか。中島家に残る資料からそれを探ってみたい。

友玄の種痘の施術は「種痘諸事留」などから三期に分けることができる。第一期は安政二年（一八五五）からの自宅による種痘である。履歴書にも安政二年から「自家ニテ施種」とある。第二期は神崎種痘館での種痘である。「種痘諸事留」に書かれている記事は、神崎種痘館についての記述がその核の一つをなしている。第三期は明治四年以降の岡山県の任命による種痘掛、さらには種痘医という公的な立場での種痘施術である。この三期に分けて、友玄と種痘について考察してみたい。

(1)第一期：自家にての種痘

友玄は現在中島家が居を構える備前国邑久郡北地村（現：瀬戸内市邑久町北島）で開業していることから、ここで種痘も行われていたと見るのが妥当であろう。筆まめで非常に多くの記録を残している友玄であるが、自宅での診療の記録は少ない。どんな施術を行ったか、どんな患者がどこから来たのかなど種痘についての具体的な資料が乏しく、詳細は不明である。

しかし、嘉永七年からの「配剤謝義受納留記」が残されている。これは安永元年（一七七二）から明治四年（一八七一）までの中島家医家四代の謝義高や患者数を記したものである。この記録の中に嘉永七年（安政元＝一八五四年）から「種痘謝儀」とその軒（件）数が記載されている。この記録を見てみると、中島家で種痘を受けた人数や種痘に関する謝礼のあり方をかいま見ることができる。

　種痘謝儀が記載されている最初の年、嘉永七年の種痘謝儀は一五四軒で銀七六三匁二分とある。履歴書によると嘉永七年二月から児島郡上村の横山元長に従って種痘を学びながら習熟したとあることから、これはそのときの記録だと考えられる。師が横山元長でない可能性もあることについてはすでに触れた。しかし、師が誰であろうと、この嘉永七年二月から友玄は種痘を実際に行いながら学んでいったことはこの記録から間違いないと思われる。以下年ごとの謝儀をあらわすと、

	軒(件)数	謝儀
嘉永七年	一五四	七六三匁二分
安政二年	なし	なし
安政三年	三四	一八五匁
安政四年	三四	一五一匁五分五厘
	三三四	三八二匁
安政五年	一九一	一貫　七匁二分五厘
	四	二四匁
安政六年	五八	三三四匁七分
万延元年	七一	三七五匁一分
文久元年	二六六	一貫二一二匁八分
文久二年	七二	五一九匁五分
文久三年	四九	三〇二匁
元治元年	一二四	八二八匁五分
慶応元年	記述無し	
慶応二年	記述無し	
慶応三年	記述無し	
慶応四年	記述無し	
明治二年	記述無し	
明治三年	七三	一貫　二匁
明治四年	記述無し	

となる。慶応元年から明治二年までは記述がないことから、種痘をやっていないか、やっていたとしても記録をしなかったということがわかる。これは後述の神崎種痘館の時期と重なる。また、明治四年以降記述がないことは、翌五年に友玄が種痘御用を蒙り、牛窓種痘所に勤務したことにより、種痘も含めた開業医としての個人的な診察・医療はしなくなったと想像できるので、この点とも合致する。

　詳細に見てみよう。嘉永七年から明治三年までの記録のある一一年間の合計件数は一四六四件、一年当たりの件数は約一三三件となる。一一年間で一四〇〇件、つまり一四〇〇人を越える人びとに種痘を施術しているということになる。前述の「種痘養生心得書」には洪庵が一五〇〇人に種痘を行ったと記されているので、一一年間で一四〇〇人という数はそれほど多い数ではないのかもしれない。しかし、種痘の普及には大きな力となったであろう。「配剤謝義受納留記」には種痘謝儀以外の患者数や謝儀も記録されているので、種痘謝儀と同じ年の患者数と比較してみると、

		療治高	謝儀
嘉永七年	七月	三九〇件	三三四件
	十二月	三四〇件	三二九件
安政三年	七月	二六〇件	二六二件

	十二月	二五〇件	二五八件
四年	七月	四三〇件	三九三件
	十二月	四三〇件	三三四件
五年	七月	四〇〇件	三二〇件
	十二月	三三〇件	三三五件
六年	七月	四五〇件	三六四件
	十二月	四二〇件	三八八件
万延元年	七月	四一〇件	三一六件
	十二月	一七〇件	二二二件
文久元年	七月	三四〇件	二六六件
	十二月	二三〇件	二五三件
文久二年	七月	三五〇件	三二八件
	十二月	五五〇件	四九七件
文久三年	七月	三六〇件	三二四件
	十二月	（記録なし）	
元治元年	七月	四二〇件	三四三件
	十二月	二三〇件	二五六件
明治三年	七月	（記録なし）	二〇三件
	十二月	（記録なし）	二五八件

となる。療治高と謝儀の数が違う点、月によってどちらが多いかが違う点についてはよくわからないが、全員の患者から代金を徴収したわけではないこと、また、その場で支払うことができずに、のちになって支払うこともあったため、療治高と謝儀の大小が変わっているのではないかと考えられる。それらをふまえた上で、種痘謝儀と同じ一一年間の療治高と謝儀のそれぞれの合計を算出してみると、療治高六七六〇件、謝儀六五八三件となる。これにより療治高・謝儀ともに約一八%の患者が種痘の患者であったことがわかる。また、一一年間の中でも安政四年（三六八件）や文久元年（二六六件）のように件数が多い年と安政三年（三四件）や文久三年（四九件）のように少ない年とで件数に大きな差が見られる。

一件当たりの謝儀については、安政五年後半の四件で二四匁から考えると一件当たり六匁となる。しかしすべてにおいて一件当たり六匁が当てはまるのではなく、例えば初年の嘉永七年では一件当たり約五匁、安政三年では約五・四匁、一番安い年が安政四年前半の約一・一匁、一番高い年が文久二年の約七・二匁となる。これらのことから一定の金額（価格）が決まっていたわけではなく、謝儀の値段の相場が変動したり、謝儀をもらう患者ともらわなかった患者がいたりしたと考えられる。

(2)第二期：神崎種痘館における種痘

前述のように、友玄は嘉永七年から自家で種痘を行い、謝儀をもらっていた。

しかし友玄はこれで満足せず、ここからさらに牛痘種痘を広めるために種痘館設立に動き出す。「種痘諸事留」も邑久郡内に種痘所を設立するための願書の控えからはじまっている。それによると、

友玄考ニ而願書下書扣

一、去歳ヨリ痘瘡流行ニ而死亡数多御座候得トモ、種痘之分ハ一向伝染再感不仕、尓誠仁術之妙初而相顕レ医家一統感心仕候、依之痘苗永続仕候様祈度奉存候へ共、世間一統春分閑隙之際ハ一編ニ相好候

故一時ニ痘苗ヲ失ヒ、再探索仕候頃ハ大ニ困リ候義ニ御座候、右ニ付、御郡中ニ除痘館ヲ結構仕、医家交代ニ而痘児之救ヲ斗リ徐々ニ相施候時ハ、四季共相続キ諸民之一助ニモ可相成哉ニ奉存候、何卒右之趣被仰付候ハバ、医家一統難有奉存候、
右、諸医相談之上相改、願書認指上申候其写シ、

奉願上口上書

一、近来牛痘種法致流伝嬰児之幸福ニ御座候所、世上半信半疑ニ而施術未給、去歳天行痘致流行死亡之者不少候得共、種芸之児ハ更ニ伝染無之、種痘之効験相顕レ諸民一同感悟仕候、乍然、是迄之通衆医一時ニ種播仕候而ハ痘苗断絶之患モ有之、右ニ付本郡中最寄宜場処へ除痘所ヲ設、痘児之救ヲ計リ、種芸ノ相談種芸種芸漸徐ニ相施度所ヲ希候．左候ハバ、痘苗モ永続仕益嬰児之幸福救民ノ一助ニモ可相成ト奉存候．願上之御通御許容被　仰付候ハバ一同難有存奉候、此段宜御伺下候様願上候、已上、

富田　俊民
佐井田　俊輔
大富　良唯
鶴海　立柄
尻海　脩輔
飯井　俊治
分田　小山良助
車　河野伯淳
牛文　島　祥哉
佐井田　桜井祥元
尾張　横山憲章
上笠加　戸田元周
福岡　平井秀策
福元　黒田立琢
松原陽省
額田太仲
中島友玄

とある。つまり天然痘に対して牛痘種痘の効果はあるが、一度に種痘を行ってしまえば痘苗が途絶え、必要なときになくなってしまう。そこで邑久郡内のよろしき場所へ除痘所を設置し、痘児の数を調整しながら牛痘種痘を行っていけば痘苗が途絶えることなく牛痘種痘が継続できるということである。

友玄が示唆した痘苗の断絶はこれまでにも指摘されてきた問題である。例えば江戸末期、備中国南西部で天然痘が流行し始めたが痘苗がないので、井原村（現：井原市）の医師内田玄瑞に対し、児童を派遣するので種痘を接種してほしいと依頼した備中簗瀬（現：井原市）の医師山成大年の書状が残されている(6)。このように痘苗の維持管理は種痘施術の大きな問題であった。いざ天然痘が流行しはじめたというときに、種痘の技術はあっても痘苗がなかったら種痘は行えず、役に立たないのである。ちなみにこの山成大年は、前述の洪庵が足守に開いた葵丘除痘館で種痘を行った一三名の医師の一人、山鳴弘斎の父である。

この痘苗断絶問題の解決策の一つが、種痘館（除痘館）設置であり、個人個人の無計画な施術ではなく、種痘館が痘児や痘苗の管理をはかり

ながら種痘施術を行っていこうというものである。岡山県内で種痘館設置の理由が明確に記された資料は非常に珍しい。

岡山県内の江戸時代における種痘館の存在については次の三館が判明している。前述の足守の葵丘除痘館、安政七年の「種痘中心得の事」（津山市郷土博物館蔵）に記された作州の種痘館、そして前述の嘉永三年の「種痘養生心得書」に記された備中簗瀬の除痘館であり、神崎の種痘館で四館めである。

しかし、葵丘除痘館については「謨斯篤牛種痘説」の欄外の記述、備中梁瀬除痘館については「種痘養生心得書」にのみ一次資料としては記録があるだけで、詳細は不明である。それだけこの神崎種痘館に関連する一連の記録は、岡山県内の種痘館において貴重な資料である。

神崎種痘館設立において特筆すべきことのひとつが、友玄の他に一六名の医師、または医師と思われる人物の連名で種痘館設置の願書が出されていることであり、前掲「奉願上口上書」の通りである。友玄は連名の一番最後に名前が見られる。また、一七名中、名字が記されていない者が六名、地名が記されていない者が三名いるが、これら一七名の医師の総意というかたちで種痘館設置の願いが出されている。

この一七名のうち、地名が記された一四名の地域を見てみると、そのすべてが邑久郡の北半分、山北と呼ばれた地域かそれ以北の医師である。また、地名のない松原陽省は旧邑久郡豆田（現：瀬戸内市）の小児科医[7]、額田太仲は旧邑久郡美和村飯井（同前）の医師[8]でいずれも山北地域、中島友玄も旧邑久郡北地で山北地域となり、一七名すべてが山北またはそれ以北の医師であることがわかる。この山北の医師が連名で種痘館の設置を願い出て、その結果、実際に設置された種痘館は、邑久郡の南半分である山南と山北の境よりやや南側、つまり山南側となる神崎村の佐渡屋庄右衛門宅を借り請けて開設されたのである。

一七名の誰一人山南側には住んでいない医師たちが、なぜ神崎に種痘館を設置したのか、「種痘諸事留」にはその理由が山南社中より来た書状の返事の中で以下のように記されている。

返書口上書

（中略）

三月十八日初而開館仕度同家へ伝置候処、同日横山・生田同伴ニ而拙宅へ相見へ、右之趣相話候処、神崎村ハ山南之地ト心得候ハ、彼地へ転館有之候而議定ニ相背候事ゆへ山北之地へ転呉候との義なれ共、最早差競候事ゆへ不能、其義三人談合之上ニ而益川氏ヲ相頼種痘見届、且惣御社中へ此旨通達相頼候時ハ強而御意背も有之間敷哉ト及談決、即時ニ益川氏へ罷出談合仕出席相頼候、

（後略）

これによると、三月一八日に横山憲章と生田と友玄が集まり、種痘館を転館する場所について協議している。神崎村は山南の地であり、議定に背くので、山北の地がいいのではないかという意見が出たが、「最早差競候事」なので、益川氏に頼み、種痘を見届けて山南社中へ通達して開館しようというものである。「最早差競候事」がどんなことなのかは不明であるが、同書中に「当春山北上村之分ハ種痘大半相済ニ付、敝村近辺へ開館いたし候」という記述があるので、未痘児への種痘施術のことではないかと考えられる。

しかしいくら急ぐといっても山南社中との議定に背いてまで開館するというのはおかしい話である。転館という語が使われていることから、

神崎種痘館以前にも種痘館の役目を持った場所が存在し、そこを中心に山北の上村の種痘を行ったものと思われる。そこが「本郡中最寄宜場処へ除痘所ヲ設」ということで、最初は神崎種痘館のように特定の建物を持たなかったのかもしれない。しかし「山北上村之分ハ種痘大半相済ニ付」ということで転館が図られた。そのとき、山南の社中、つまり山南側の医師の集まりが存在していて、そこと話し合いが行われていたこともわかる。つまり、山北の上村ではほぼ種痘施術が終了したので、今度は友玄側と山南社中が交渉しながら種痘館を転館し、種痘を行おうとしていた。その場所についても最初は神崎ではなかったと思われる。しかし、何らかの理由で急ぐこととなり、山南社中には許可を得ずに山南側の神崎村に種痘館を開いたのである。益川氏もいったん断るが結局開館してしまう。このように既成事実化したかたちで開館された神崎種痘館は、多くのトラブルを抱えることになる。

では山北の種痘施術が大半終了したからといって、なぜ山南側の神崎の地なのか。その理由としては、神崎は友玄にとって関係が深く、いわば自分のテリトリーであったと思われる。友玄は神崎村のすぐ西側の乙子村と関係が深く、乙子で牛痘種痘を行ったことがあった。また、中島家が製造する薬もこの近辺で販売していた。そのため友玄にとっては神崎村近辺は自分のテリトリーであり、山南で開館せざるを得ないのならば自分が中心となって運営する種痘館を設立するのに神崎が都合がいいということであろう。

ここでは種痘をめぐって、山南側と友玄の山北側が対立した構図になっている。山北と山南はその名の通り大雄山を中心とした東西に連なる山々の南北で区別されており、現在では山南側の大部分は旧西大寺市を経て岡山市となっているのに対し、山北側は旧邑久郡邑久町や牛窓町・長船町を経て瀬戸内市となっており、行政区分が違う。しかし、現在では峠を越す県道で結ばれており、山北という地名や呼び方はほとんど残されていない。山南も岡山市立山南中学校と山南公民館にその名が残るだけで、山南と山北をそれだけ意識することはない。それに対して、江戸末期はどちらも同じ邑久郡内であり、行政区分上は何の区別もないが、千町川を中心に開けた平野である山北に対し、江戸期の干拓でできた干拓地と漁村を中心とする山南では現在の私たちが考える以上に対抗意識があったのかもしれない。

友玄の種痘館設置願書に連名した山北社中と呼ぶことのできる一七名のうち、素性のわかる医師がいる。

松原陽省（文政一一年～明治四年）は旧邑久郡豆田の小児科医松原家の一族。祖父退省は岡山藩の御番医、父東省は郡医者で、母松原三穂子は歌人である。(9)

額田太仲（文化六年～明治三年）は旧邑久郡飯井村の医師で曽孫豊と晋は東邦大学の創設者、友玄とほぼ同じ年齢で、京都に留学していたというので、そちらでの交流もあったとも考えられる。また額田家に抱節からの書状と抱節の私塾思誠堂で筆写した写本が旧蔵されていたので、太中は抱節門下であったと考えられる。(10)

平井秀策（文政元年～明治一一年）は邑久郡福岡村（現：瀬戸内市）の医師、種痘に熱心で明治八年には種痘術の免状を授与されており、明治九年の種痘簿が残されている。さらに明治二年に種痘を行った形跡も見られる。(11)

島祥哉（文化九年～明治一三年）は邑久郡牛文村（現：瀬戸内市）の

医師で本名は久山祥哉[12]。

生没年がわかる人物は以上の四名で、陽省を除く太仲・秀策・祥哉はいずれも年齢も近く、同じ邑久郡内の医師として交流があったと考えられる。

また、河野伯淳は寛政一〇年（一七九八）三月、横山憲章と思われる太田憲章が寛政一〇年一〇月に京都の吉益家に入門している。この吉益家に友玄の父宗仙が寛政一三年（一八〇一）九月に入門している。さらに戸田玄周と同じ上笠加村で戸田姓であることから、一族と思われる戸田玄仲が寛政一三年四月に入門している。つまり、友玄の父宗仙と学友かその跡継ぎと思われる人物が名前を連ねていることから、学閥とまではいかないにしても吉益家の同門下ネットワークも連名の一役を担ったのではないかと思われる。友玄自身も天保三年（一八三二）に吉益家に入門している。

ちなみに太田憲章の養子横山謙斎と平井秀策は文久二年（一八六二）邑久郡下笠加村に淳風学館を設立し子弟を教育しているが、ここが種痘の施術場所になった可能性もある。さらに謙斎は明治四年に種痘御用を任じられている。

また、太田憲章の養子横山謙斎が種痘御用に、額田太仲の長男一仲が種痘救助医に任命されたことは判明しているが、いずれも次の世代である。同じく種痘救助医に「備前　石原俊民」とあるが、これが連名中の「富田　俊民」と同一人物であるかどうかはわからない。ちなみにその種痘救助医に友玄の名前も記載されている。

お上に提出する以上、一六名の医師たちは友玄の考えに賛同し、できる協力の約束はしたと思われるが、友玄自身は種痘館への積極的な関与まで期待はしていなかったのだろうと思われる。実際、一六名中種痘に積極的と思われる人物が平井秀策であるが、彼は種痘館設立に名前を連ねているにもかかわらず、自宅で種痘を行っている。秀策が残した明治九年の種痘簿の裏に明治二年の種痘の記録跡が見られるが、同年はまだ神崎種痘館が存続しており、その設立に署名している秀策が種痘館ではなく自宅で種痘を行っていたということは、途中で種痘館を脱退したのか、最初から自宅で行っていたのかということになる。これらのことから見ても、神崎種痘館は友玄が中心となって運営されていったことがわかる。

このようにして山北側の医師が願い出て山南側に種痘館を設置し、山北社中の医師中島友玄が中心になって種痘館を運営していったことは多くのトラブルを抱えることになり、山南社中の医師の苦情が友玄の元に寄せられる。それに対して友玄が怒りながら反論しているのが「種痘諸事留」の中の大きな部分を占める「返書口上書」などの書状である。その主なトラブルの内容は、

・種痘の謝礼の分配について
・種痘施術の分担について
・未痘児患者の獲得について

となっている。

種痘の謝礼については、種痘を行ったことに対する謝礼を山南社中と山北社中でどう分けるか、あるいは友玄が謝礼を着服したという疑いをかけられたことなど多くのことが書かれている。しかし前後関係がわからないことも多く、友玄の一方的な反論だけしか記述されていないこともあって読みとることが難しくここではとりあげない。

また、種痘施術の分担については次のような文面が見られる。

返書口上書

（中略）

扨乙子村種痘之義ハ昨年大保正ヨリ急ニ種痘いたし呉候様との義ニ候得共、山北ニ於而ハ山南種痘相済候迄ハ相始不申約ニ而断申得共、折節村中ニ天行痘始り候ニ付是非共頼度との義ゆへ同社中へ談候処、素ヨリ天行有之地へハ急キ相施可申本意ニ而痘苗永続之願差出事ゆへ一日モ早く相施可申との義ニ有之候、尓ル処、同家兼而野生之手術を相好居申故不得止御地之痘苗ヲ願請申候、夫ニ付山北ヨリ横山、生田、私共益川氏宅ニ罷出、右之条申談、天行之地乙子村へ当時相施置相済候上ハ同処ハ即時ニ相止可申約ニ而両三会施申候、

（後略）

乙子村の種痘は山南の種痘が終わるまで施術しないと決めていたにも関わらず、大保正に頼まれて種痘を勝手に行ったということである。このことは山南側からすると、順番が無視され意向を反故にされたということで、種痘館が山南側の神崎に設置されたことと同様に怒りの対象となったことであろう。しかし友玄にとってみれば、天然痘が流行し始めたのに、順番などを守って手だてをうたないということはおかしいことであり、大保正に頼まれたことでもあり、何より迅速な種痘施術を行わないといけないという危機感がそうさせたのだろうと考えられる。このような山南社中と山北社中の意見の食い違いや些細な対立がいくつも見られる。

そして未痘児患者の獲得についてであるが、友玄は神崎村に種痘館を設置する許可を得た直後に次のように述べている。

返書口上書

（中略）

尓ルニ其刻細川氏へ相頼候趣ハ、野生宅ハ南北縫合之地故山南ヨリ之痘児過半参り候事ハ必定之事ナレハ、是又御承知被下候様申入候処許容有之、且所望之人モ有之候ハ、相進可申との懇意感入申候、

（後略）

つまり、友玄の家は山南と山北の境であるから、山南より痘児が来ることも当然のことなので承知してほしい、さらに種痘を所望する子がいれば施術することも認めてほしいということである。また、同じく次のような文面も見られる。

返書口上書

（中略）

且又痘児私手前へ数多く引き寄せ候迚私不人柄之御咎メ御社中一同御嘲弄被成候趣甚以奇快之至ニ奉存候、私義痘家を相頼ミ手前へ招寄候様成賤仕業ハ不仕候、此義御推察之思召成哉、又ハ他ヨリ申伝候族ニ而も有之候哉、定而証拠無之候而ハ御伝告も有之間敷ト奉存候、御好ミニ候得ハ山南痘児人名記帳仕居申候間指出可申候、一々御吟味被下、私ヨリ相頼招寄候輩一人ニ而も御座候歟乍憚委ニ御探索可被下候、且証人ニ而も御座候ハ、其人物拙宅へ御差向可被下候、一廉詰問仕此恥辱を雪可申候、

（後略）

友玄が痘児を多く自分の家へ患者として引き寄せているという疑いに対して、事実ではないし、患者名簿を見てもらっても構わない、証人がいるのなら詰問をしてでも恥辱をはらしたいとまで述べ、強い口調で反

論している。ここまで反論するということは、それほどまでにあってはならない、恥ずかしい疑いをかけられているということであり、種痘を利用した患者の獲得でそこまで強く反論しなければいけないほどのものであったともいえる。

このように山南社中と友玄の間で多くの対立が生まれていったことで、子どもを救うという高い志とは裏腹に、友玄の種痘館への情熱を冷ましていったことは想像に難くない。

神崎種痘館が設置された翌年には明治維新を迎える。

この年明治元年の秋、山北の医師が集まって額田杏林会席という評議が開かれ、その席で友玄は痘苗の永続が覚束ないので、三か所で種痘を行うか、個人で種痘を行ってはどうかと提案している。しかし、平井や戸田は、痘苗永続の願書を出したばかりであるのにすぐ方針を転換したのではお上に対し申し訳ないとして却下された。それでも友玄は明治維新による御政事の変革があったので、改めて願い出ればいいではないかと食い下がっている。それでもやはり却下されるが、そこまで食い下がる理由を友玄自身が述べている。

明治元辰秋、額田杏林会席にて種痘評議之節、友玄申出

（前略）

西大寺河合氏春分ニハ種痘手廣相施候事ゆへ、拙家ニ不相始時ニハ近村ハ素ヨリ隣家迄小児連れ参り候得ハ小子も不面目、且種痘之恩を顧ミ、外病者迚も同人へ相托し候様ニ行成候事必定ニ候へハ、尚以テ小子之不幸ニ相成候故、春分斗種痘を許容被下候ハヽ、自宅ニ而近村幷隣家丈へ相施申度、謝義ハ素ヨリ惣社中へ不残指出し申条及相談候得とも、衆議一同許容無之ニ付不遂存意、是又閉口いたし候、

つまり、神崎の西方面に当たる西大寺で、河合という医師が手広く種痘を行い、種痘に感謝した患者がそのほかの病気のときまで河合氏に行くことになり、患者そのものまで河合氏に奪われてしまう、だから種痘の謝礼はすべて差し出すので個人で種痘をやらせてほしいということである。謝礼まで全て差し出すとまでいっているところに、友玄におけるこの問題の深刻さが伝わってくるが、これも却下され、閉口していると述べている。友玄も種痘館だけでは食べていけず、本来の在村医としての仕事を行い、患者を獲得したかったと思われる。

しかし、友玄は前述した山南社中への反論の書状の中で、患者獲得について逆の立場に立っている。痘児を多く自分の家へ患者と引き寄せているという疑いに対して強い口調で反論する一方、山南と山北の境界なので、山南から痘児が来ることも、希望があれば種痘を行うことも認めさせている。さらに乙子村ではたとえ山南社中の順であるにもかかわらず、天然痘が流行し始めたということで、種痘を行い、それを正当化している。

つまり、神崎種痘館の医師としては、順番や地域を顧みることなく半ば強引に種痘施術を行っていったのに対し、一在村医としては、近隣の種痘医の動向に目を光らせ、患者の確保に四苦八苦しているのである。友玄のこれら一連の記述により、当時の種痘にとって、患者の獲得は非常に大きく、且つ深刻な問題であったということが判明する。

当時の最先端の医療を使って、子どもたちを天然痘から守るという理念は素晴らしいものである反面、種痘が患者を獲得することができるという副産物も持ち合わせており、そちらの面もあわせて種痘の広がりについて見ていかなくてはならない。もちろん、友玄は自分の意見が喰い

違っていることには気がついていると思われる。しかし、神崎種痘館の中心人物として種痘施術を行っていったとき、そこには大きな使命感が燃えており、個人としての立場は見えなくなっていたのかもしれない。

ちなみに額田杏林会席では、結局個人の種痘はだめだと認められなかった。友玄は納得はできないものの、決定には従って個人では種痘を行わなかったと見られる。

しかし、「配剤謝義受納留記」には、元治元年から記録のなかった種痘謝義が明治三年に復活しており、種痘を行って謝礼を得たことがわかる。前述の通り、額田杏林会席で友玄に個人の種痘はだめだと許可しなかった平井秀策も、その翌年の明治二年には個人で種痘を行っている。神崎種痘館がその後どうなったのかは記録がなく不明であるが、明治維新を迎え、中心メンバーであった友玄も明治三年頃を境に、事実上手を離したと思われる。そして友玄は神崎種痘館ではなく、明治新政府の方に目を向けていった。

(3)第三期：明治期の種痘

患者を奪われることの危機感から神崎種痘館を離れていった友玄は、再び個人での種痘をめざし、前述のように明治三年、七三名に種痘を行った。しかし、この年を最後に「配剤謝義受納留記」から種痘の記録も他の療治高の記録もなくなる。それは明治新政府と岡山県が打ち出していった種痘の施策と関係している。否応なしに友玄も種痘も新しい時代の波に組み込まれていくのであるが、ここでは紙幅の都合から、「種痘諸事留」の記録から見た友玄の種痘施策への関わり方を追っていくことにとどめる。

岡山県は次々と種痘に関して施策を打ち出しては変えていく。その変遷を追ってみる。

Ⅰ郡内に種痘所を設ける(明治四年春)

岡山県は、明治新政府になった最初の種痘施策として、各郡内に種痘所を設け、役医（種痘医）三～四人を出張させて種痘を行うこととした。「種痘諸事留」によると、邑久郡については牛窓と下笠加の二か所において種痘を行うこととしている。この二か所は邑久郡の東方面と北方面（山北の北の方）であり、邑久郡内の設置場所としては偏っている。友玄はこの役医になることをめざし、三人いた候補が一人辞退したため、その穴埋めに入れるよう有力者に対し工作活動をした。しかしいったんは任命されるも、別の医師を推挙した実力者と調整がきかず、岡山医学館の実力者に贈り物をするなどしてようやく牛窓種痘所掛に任命された。

しかし友玄はそれで終わらず、牛窓が遠いことから戸長を通じて友玄の自宅の北地村に種痘所を設けるように岡山県庁に願い出ている。この願い出は邑久郡内の牛窓・下笠加の二か所の種痘所では地域的なバランスが悪いこともあり、妥当な申し出であると思われる。しかし、前述のように、種痘を自宅で行うことによって患者の獲得ができるというメリットを考慮したときに、友玄が種痘所を開きたいもう一つのねらいがそこにあることが見えてくる。また、友玄が種痘を行う種痘所を設置するということは、この時点で神崎種痘館は消滅していたか、ほとんど機能していなかったということになる。ただし、この北地村での種痘所設立は実際には制度改正でかなわなかった。

Ⅱ岡山病院での種痘に改正(明治六年二月)

この改正により、岡山市中の人びとは岡山病院へ行って種痘を受けること、郡中村々は春秋に病院より村を回り、種痘を行うことへと変わった。そのため種痘所は廃止、役医も種痘を禁じられた。また、村を回って種痘を行う種痘医員も募集されたが、種痘医員になるためには学科検査を受けて、免許を得ることが必要となった。ちなみに改正の理由は、種痘術の巧拙のためと書かれているが、種痘を行う医師にとっては大きな改正であった。

何とか牛窓の種痘掛となった友玄だが、それが廃止されると、今度は種痘医員に任命されるように戸長とともに県令に願書を出している。さらに岡山県病院[13]に行って、三問の試験を受けている。その問題とは、

①天行痘の性、経過及び治法

②種痘起因経過真仮の区別

③変痘

であり、その答えも「種痘諸事留」に書かれている。友玄はこれを県庁に提出、明治七年三月に仮免許を、翌四月には免許を受け、病院の種痘医員として種痘を行うことができるようになった。さらに翌明治八年には願書・履歴書・種痘伝習の師匠の証書を出すように布告が出され、友玄が提出した写しが「種痘諸事留」に記載されている。このとき横山元長を師匠とした記録を提出しているのである。

しかし、友玄の種痘医員としての実働期間は四か月という短いものとなった。履歴書によると明治七年七月までしか種痘医員として勤務していない。すでにこのとき友玄は六七歳、種痘医は養子の哲《たもつ》が免状を受けて受け継ぎ、友玄自身は種痘を行わなくなったと思われる。これにより安政元年からの友玄の長い種痘施術は終わった。

ところが、明治九年、難波抱節の息子立愿とともに「種痘諸事留」の中にある「幼少救助のため無謝金にて種痘施行」する救助種痘を県令に願い出ている。貧しい者を助け、より多くの子どもを天然痘から救うことのできる救助種痘の実施は、長い間種痘に携わってきた友玄の最後の思いであったことは想像に難くない。

同じく難波立愿が著わした明治九年刊行の『種痘伝収録』の巻末に岡山県救助種痘医名簿が添付されているが、その中に友玄と養子哲の名前も見られる。一〇月刊行の『種痘伝収録』を見ることができたであろうか、同年一二月友玄死去。おそらく岡山県救助種痘医名簿の中で最長老、洪庵も抱節もいない若い世代の医師たちが名前を連ねる名簿の中で、その名前は異彩を放っていたであろう。種痘伝来以来二〇年以上にわたって種痘を行ってきた自負とともに、世代交代の寂しさを感じながら。

五　終わりにかえて

友玄の種痘との関わりを見ることによって、江戸末期から明治初期における岡山県下の種痘の流れを追うことができた。

種痘の伝来期には、友玄はいち早く誰かからその施術方法と痘苗を受け、個人で自宅で種痘を行っていった。そこには、疱瘡から多くの命を救う使命感とともに、患者獲得の一つの手段としての最新技術の導入という面もあった。

やがて種痘が普及してくると、痘苗の確保のため、在村の仲間の医師たちとともに種痘館を設立、痘苗を確保しながら種痘に当たっていった。この医師のネットワークと医療拠点の設置は、痘苗の確保という最大の難問に、個人ではなく集団（社中）の力で立ち向かおうとするものであり、種痘の普及に大きな役割を果たしたと思われる。しかし、そこには

社中どうしの対立や縄張り争い、さらには種痘館での種痘と個人宅での種痘による患者獲得競争などがあり、使命感だけではいかない多くの難しい問題があり、結局友玄は種痘館から離れていくこととなる。

さらに明治新政府になると、次々と種痘施策が打ち出されたことにより、在野から政府側へと移り、贈り物をしてまで免許を受けて、公務員としての種痘医の活動にこだわった。友玄の個人から集団、さらには公的機関へと活動の場を移しながらの種痘施術は、そのまま種痘普及の広まりの動きとリンクしてくる。また、この流れは、個人の予防医療としての種痘から、国家が行う公衆予防衛生による種痘の施術へと大きく政策を転換していく流れそのものでもあろう。

友玄の種痘への考え方や関わり方は、おそらく当時種痘を行っていた在村医の考え方・関わり方と大きく違っているとは思われない。多くの医師たちが時代の流れや技術の発達の波にもまれながら、とまどいながら、子どもと向き合って種痘を行い、多くの命を救っていったであろう。友玄や当時の種痘医たちに心から敬意を払いたい。

(1) 洪庵が開いた除痘館については詳細はわかっていないが、岡山県立博物館蔵の「謨斯篤牛種痘説」の欄外に葵丘除痘館として館長緒方洪庵、補助山田元眠・藤田畝庵以下の名簿が記されている。
(2) 大戸孚氏所蔵。
(3) 吉益家門人録の天保三年（一八三二）に「備前児嶋中嶋友玄」の名前が見られる。また、父宗仙も寛政十二年（一八〇〇）九月二〇日に入門している。
(4) 究理堂文庫所蔵『樫園先生門籍』の中に「備前邑久郡上寺中嶋友玄」の名が見られる。
(5) 友玄の京都での生活については中島洋一「中島友玄の京都遊学日記（一～四）」（『医譚』復刊第八八～九一号、日本医史学会関西支部、二〇〇八～一〇年）および本書「I　中島家の歴史」に詳しい。
(6) 岡山県立博物館特別展図録『命を与ふ』（岡山県立博物館、二〇〇一年）。
(7) 岡山県医師会編『備作医人伝』（岡山県医師会、一九五九年）、岡山県歴史人物事典編纂委員会編『岡山県歴史人物事典』（山陽新聞社、一九九四年）などによる。
(8) 岡山県医師会編『備作医人伝』（岡山県医師会、一九五九年）。
(9) 吉崎志保子『幕末女流歌人の研究』、岡山大学附属図書館池田家文庫奉公書、『備作医人伝』など。
(10) 前掲註(7)に同じ。
(11) 前掲註(6)に同じ。
(12) 前掲註(7)に同じ。
(13) 「種痘諸事留」の「明治六年癸酉諸事留」には、明治六年二月で「病院」とだけ記している。友玄はその後の明治七年の記録でも「病院」と記しているが、実際には明治六年一月に岡山県病院と称している。

［参考文献］
中山沃『岡山の医学』（日本文教出版、一九七一年）
岡山大学医学部百年史編集委員会編『岡山大学医学部百年史』（岡山大学医学部、一九七二年）

［初出］　『医譚』復刻第九一号（日本医史学会関西支部、二〇一〇年）

［謝辞］　本稿をまとめるにあたって、中島家資料の所蔵者で共同研究者でもある中島洋一氏に深く感謝の意を表すとともに、厚くお礼を申しあげます。また、多くのご示唆を与えてくださった故中山沃先生に厚くお礼申しあげます。

事業者としての友玄——製売薬から見た中島家の家業経営——

梶谷真司

はじめに

備前邑久郡上寺で江戸時代から医業を続けてきた中島家は、友玄（一八〇八～七六）の時代、製売薬業を営んでいた。医家であるから、薬を作り、患者に直接売るのは当然としても、商売として売薬を行うのは珍しい。実際の活動期間としては、残されている関連文書から推察するに、天保一三年（一八四二）から弘化三年（一八四六）の五年間か、その前後に限られていたと思われるが、だからといって、けっして片手間であったわけではない。

当時、友玄は三五～三九歳、天保三年（一八三三）と五年の二回にわたり京都に遊学して一〇年、村医者として地歩を固めていた時期であっただろう。二度目の京都遊学から帰ってきた友玄は、おそらく父宗仙を手伝って診療と施薬をしつつ[1]、同年にさっそく回生術による治療を始めている[2]。施薬はその後も明治四年（一八七一）まで記録が残っているが[3]、回生術のほうは、天保七年（一八三七）から弘化三年まで記録がなく、休止していたと思われる。そのほか友玄は鍼灸による治療も行っており、文書に記された限りでは、文久三年（一八六三）から慶応元年（一八六五）の記録が残っている[4]。

以上のことからわかるように、友玄が製売薬を営んでいたのが、ちょうど回生術の休止期と重なっているのは、それだけの精力をこの新事業に傾注していたからかもしれない。それはともかくとしても、以下で論じるように、彼は「月桂堂」という屋号まで別に設け、直接間接合わせて数十人の人を雇い、組織的に売薬業を営んでいた。それは中島家の家業の一翼を担う「新事業」であったように思われる。こうした友玄のいわば「事業家」としての側面に光を当てるのが、本稿の目的である。

現在の中島家には、そうした彼の製売薬の活動を示す、ほぼ同時期に成立した四つの異なるタイプの文書が伝えられている。また広告のための引札・能書の版木が百数点あり、そこから多くの薬について、その効能までわかる。本論では、これらの資料を相互に関連づけて考察することで、どんな薬が作られ、どのように売られていたのか、どこで販売し、どのような薬がよく売れていたのか、どれくらい商売として成り立っていたのかなど、中島家の製売薬の実態を立体的に明らかにしたい。

そのためにまず一節では、この四つの文書の内容と特徴について述べ、そのあと二節で友玄が製売薬業で扱っていた薬の種類とその効能について記す。三節では友玄が採用していた「大庄屋廻し」という事業形態について述べる。続いて四節では、実際にどのような薬がどれくらい売れていたのか、当時の需要をさぐる。五節では友玄がとっていた雇用形態と従業員について、六節では事業のために必要であった品々について述べる。最後に七節で、彼の製売薬の経営実態がどのようなものであったかを論じる。

一　関連資料とその特徴

中島家に伝わる売薬に関連する文書には、種類の異なる次の四つがある（図1）。

①『売薬処方録』

天保一三年壬寅（一八四二）から同一五年甲辰（一八四四、一二月二日から弘化）までの記録。六二種類の薬の製法（材料、分量、作り方）が記されている。

②『売薬諸事記』

天保一四年癸卯（一八四三）から弘化二年乙巳（一八四五）までの記録。板木や紙の注文・購入、預け家への土産物、さまざまな物の購入、薬の購入、売上の受取記録、販売拠点へ派遣した売子への手当、宿料その他の諸経費が記されている。文書の表紙には天保一四年と記されているが、収支は天保一五辰年と弘化二巳年の一二月（極月）の二回のみの記録が、「現銀請取」については天保一三年寅年の記録も載っている。

③『売薬銀札請取覺』

表紙に天保一五年甲辰（一八四四）とあるが、文書内の「賣高」の記録で、時期が明記されているのは、「卯」の年、天保一四年のみ。派遣した売子別に薬の種類ごとの販売量（と思われる数字）と売上額、売子ごとの収支（集金した額と必要経費）が記録されている。記載されている薬は六七種類（うち『処方録』にあるのは五三種）。

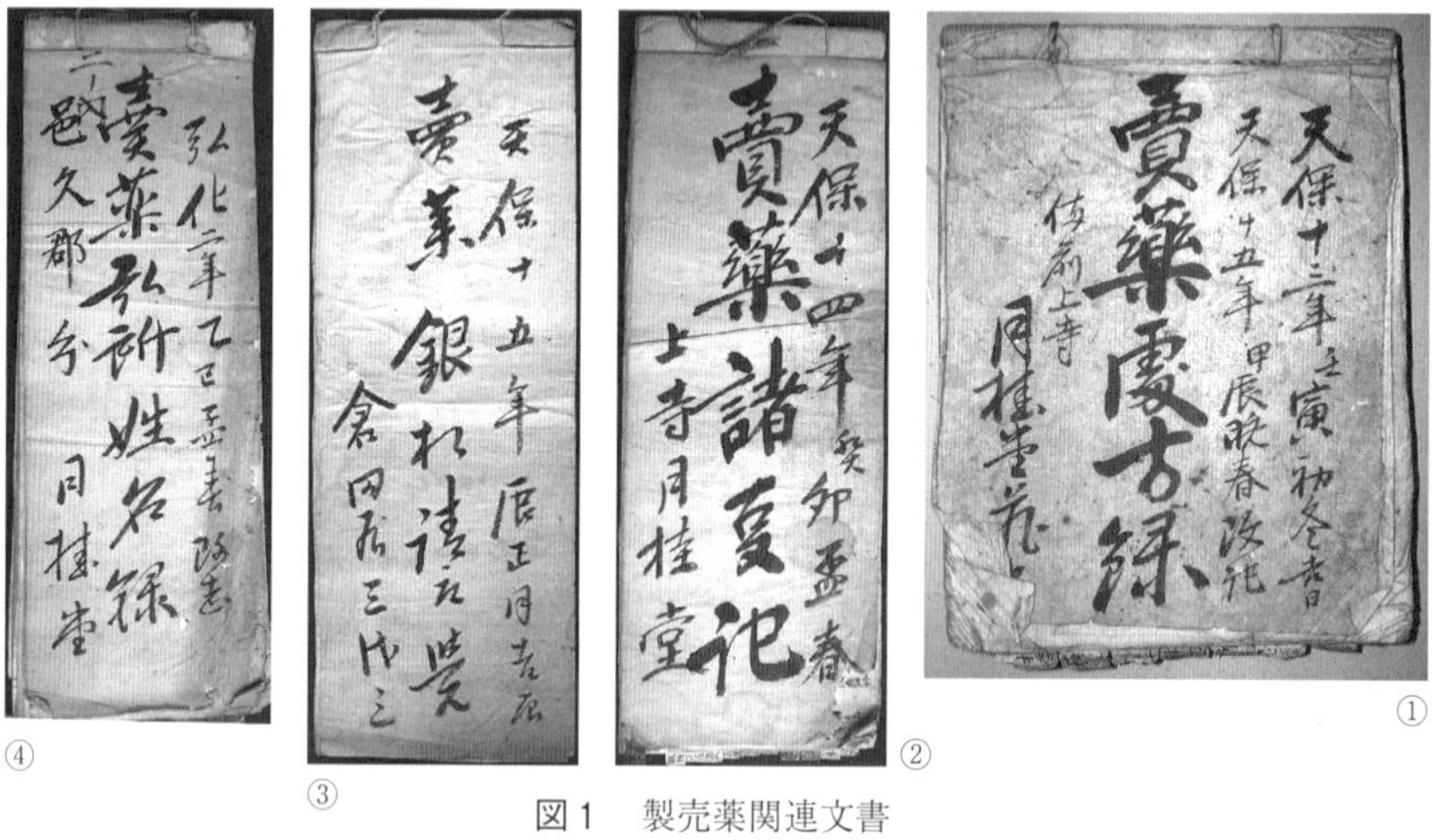

図1　製売薬関連文書

④『売薬弘所姓名録』

天保一五甲辰（一八四四）から弘化三丙午（一八四六）までの記録。地名別の弘所（販売拠点）となる「預け家」の人の名前、そこに預けた薬の種類と量と思しき数字、そこに預けに行ったと思われる者の名の漢字一字が記されている。

中島家には、これらの文書以外に、製売薬関連では薬の広告・能書の版木が一〇〇点あまり現存しており、薬名だけではわからない効能を知ることができる。また他に薬箱や薬箪笥、薬研などの道具類が伝えられている。

これらの文書と版木の多くには「備前上寺村　月桂堂」とある。「月桂堂」とは、友玄が薬の製造販売のために使っていた屋号である。『鍼灸施治人名録』『鍼灸諸事代紳録』といった鍼灸関連文書には、表紙に「金艾堂」と記しているものもあり、いわば「業種」によって屋号を使い分けていたといえる（いわゆる診療記録である『配剤謝義』の一連の文書には屋号がない）。

さて、文書の性格と内容の記載時期から判断すると、『売薬処方録』が書かれた天保一三年から一五年（一二月二日から弘化元年）までの三年間が、どのような薬を作って販売するかを検討した準備期間であったと思われる。そして『諸事記』の記載によれば、板木、ちらし、紙、預け家への土産、薬の材料、その他もろもろの物の大半が天保一五年に購入されており、また『弘所姓名録』において、薬を預けた場所と人物、量が同じく一五年から記録されていることを考えると、中島家の製売薬はこの年に本格的に活動が始まったと考えていいだろう。『諸事記』の最後にある支出のまとめ「諸入用一切覺」に「右賣薬初辰極月诂惣入用一切〆」とあり、「初」の字が記されているのも、それを裏づけている。

『銀札請取覺』の記録がその前の年、天保一四年になっているが、それは、試験的に販売していた時期だからではないかと思われる。

いずれにせよ、この期間が友玄の製売薬業の主要な時期であったと考えて間違いないだろう。こうしてこれらの資料を相互につき合わせることで、他にもさまざまなことを知ることができる。以下で論じていくが、例えば、一部の文書（『弘所姓名録』）で省略されて記されている薬の名が何を指しているのか、その他の文書から判別することができる。また、能書の版木があるおかげで、多くの薬の効能を知ることができ、それと『銀札請取覺』や『弘所姓名録』に出ている売上や預け量から、当時どのような薬の需要が高かったかを知ることができる。さらに『銀札請取覺』や『諸事記』などから、薬の販売活動の具体的な有様、事業実績、全体の収支もわかる。まずは、製造・販売された薬の種類から述べていこう。

二　薬の種類

中島家では、いわゆる万病に効く薬から、小児薬、産婦人薬、膏薬・付け薬など、実にさまざまな薬が作られ、売られていた。そのなかには「おこりおとし」や「うるしまけ妙薬」「歯痛の妙薬」のように、一般名称からくるものや、「山田ふり薬」や「胆凉圓」「萬金丹」のように広く知られた薬もあるが、それ以外は中島家が独自に調合し命名した薬だと思われる。ではどのような薬が作られ、売られていたのか。

ところがこれを知るのは、案外に難しい。そもそも文書によって、記載されている薬が一致しない。薬の製造法を記した『処方録』には六二種が載っていて、それ以外で『銀札請取覺』か『弘所姓名録』に出てくるものが一四種、版木だけがあるのが一三種、合計で八九種類の薬が、何らかの仕方で扱われたことになる。とはいえ、例えば『処方録』には出ていて、あとの二つの文書には登場しない薬は、中島家で作られて個人的に売られたことはあっても、販売ルートには乗らなかったと考えられる。

他方、『処方録』にはなくても、『銀札請取覺』や『弘所姓名録』に出ているもの、つまり、販売記録が残っている薬もある。これは『処方録』に製法が記されていないだけで、中島家で作られていたものと、別のところで作られていたものがある。対応する版木があるものは、ほとんどの場合「月桂堂製」とあるので、中島家で作られたと見なせる。だが版木のなかには、それ以外の製造元の薬もある。「長崎延寿堂」の「梅の露」と、「備前東辛崎廣井氏」の「奇妙巾着薬」と「除痢散」、西大寺の「済世堂」の「沈麝丹」（これは月桂堂製もある）の三つがそれに当たる。ただしこれらは、販売記録を示す文書のほうには見られない（梅の露＝はみがき、であれば記録にある）。

以下、これらの文書や版木に出てくる薬名を効能別に分けながら、それぞれの資料での記載の有無とともに記しておく（ゴシック体になっているのは版木があるもの、傍線を付したのは『売薬処方録』に出ているもの、×印がついているのは『銀札請取覺』や『弘所姓名録』に出ておらず、販売記録がないもの）。

・万病に効く　八種

梅花錠（万病薬）、**牛の妙薬**（丑の日に服用して万病を予防、万病に効く、牛の病にも用いられる）、**保齢丹**（元気を補い脾胃を整える）、**蘊雪圓**（蘭方、万病の予防・治療）、**神寶丹**（食傷、霍乱、熱症、下痢、吐き気、頭痛、めまい、癪、産後の血の道）、**理中圓**（冷えからくる一切の病、腹痛、下痢、手足の冷え、夜尿、疝気、溜飲、癪、痔、淋疾、血の道）、×**萬金丹**（気つけ、解毒）、**沈麝丹**（気つけ、毒消し、食傷、咳、痰、癪、溜飲、疝気、血の道、驚風、船籠酒の酔い）

・小児薬　八種

神肥丸（発熱、消化不良、驚風、疱瘡、麻疹など）、**小児たいどく妙薬**（胎毒による腫物、発疹の治療・予防）、**銘紳散**（寝小便）、**解毒丸**（胎毒）、×**肝凉圓**（食傷、腹痛、疳の虫、虫下し）、**金龍丸**（発熱、気つけ、虫おさえ、驚風、傷寒、腹痛、下痢、胎毒、鳥目）、**五香湯**（五疳、驚風、疱瘡、発熱、腹痛、胎毒）、**小児万病圓**

・婦人薬　七種

山田ふり薬（産前産後の血の道）、**安胎湯**（妊娠中の諸症状）、**補血丸**（月経不順）、**如聖丸**（乳が出るようにする、産後の肥立ち）、**催生湯（はやめの妙薬）**（分娩促進）、**乳まさり**（乳が出るようにする）、**乳《ちち》のいたみの妙薬**

・傷寒・風邪　六種

敗毒散（傷寒、感冒、痔癖、寒熱、手足の痛み）、**一菊丸**（傷寒、はやりかぜ、熱病一切）、×**洗肝散**（解熱、鎮静）、×**三石湯**（痰、鎮静）、×**保生湯**（はやりかぜ、熱さまし、頭痛、のぼせ）、×**日本一風薬**

・腫れ症、皮膚の疾患　一五種

禹水湯（さまざまな病いによる腫れ、腫れにともなう諸症状）、**奇妙巾着薬**（一切の瘡）、**釀膿膏**（膿の吸出し、瘭疽、皮癬、腫物）、**整膚膏**（やけど、しもやけ、ひび、胎毒、頭瘡、うるしまけ）、**解凝膏**

（打ち身、切り傷、骨痛み、腫物、脚気、すりむき、ひびあかぎれ、まめ）、ひぜん（皮癬）妙薬湯、錦嚢丹（腫物）、たむしの妙薬、ほくろぬき、うるしまけ妙薬、なまずの妙薬、×ひび霜やけ妙薬、×あかぎれの妙薬、たむしの妙薬、×懐中即功紙（打身、金創、腫物、骨のたがい、おでき、しもやけ、虫刺され）

・消化不良、胃腸薬　九種

木香丸（食傷、腹痛、霍乱、痰咳、溜飲、癪、疝気）、健胃丸（溜飲）、熊膽丸（食傷、腹痛、癪、つかえ、さしこみ、溜飲、酒毒、霍乱、痢病、産後の腹痛、血の道、瘧、および牛馬の病気）、神功丸（癪、食傷、霍乱、疝気、冷えによる腹痛、虫による腹痛、産前産後の腹痛）、神中丸（食傷、腹痛一般）、除痢散（痢病）、治急散（食滞、下痢、癪、つかえ、酒や船の酔い）、しょくたい（食滞）の妙薬、くだりはらの妙薬

・特定の病気　一八種

中風の妙薬、救驚丹（驚風）、疝気の妙薬、痘瘡あらい薬、瘧おとし、御目あらい薬（一切の眼病）、たんの妙薬、淋病の妙薬、癲癇の妙薬、癩病の妙薬、ふくびょう妙薬、風しつの妙薬、狂気の妙薬、くわくらん（霍乱）の妙薬、歯痛の（はのいたみ）妙薬、わきがの妙薬、血どめ妙薬、蝮の妙薬

・その他　一八種

はみがき、梅の露（はみがき）、髪はへ薬、頭しらみうせ薬、床のうみ（催淫剤）、染粉いろいろ、あらい粉、ふしの粉（お歯黒）、懐中はや歯黒（くわい中かね）、にほい袋いろいろ、あぶらぬき、むしおさへ、安気散、屠蘇、梅の香、×五種香、×鼠とり蝿とり、煙光丹（効能不明）

以上、合計で八九種の薬がある。実に多種多様な薬を扱っており、当時の人たちがどのような病いや症状に悩まされていたかがうかがえる。また、中には「その他」であげたはみがきや髪はえ薬、染め粉、あらい粉、お歯黒、におい袋、鼠とり蝿とりのような医療と関係の薄いものも含まれており、狭い意味での売薬に収まらない商売ぶりであった。

三　事業形態

友玄は、いわゆる「大庄屋廻し」と呼ばれる配置売薬を行っていた[5]。すなわち、「帳主」と呼ばれる製造・卸主が各地域に販売拠点を設け、「売子」を雇って、それらの拠点に商品である薬を預け、後から売上を集金するシステムである。「大庄屋」とは、名主や五人組頭のように、その地域の集落の長で、年貢納入責任を負う家を指し、そのような家に毎年まとまった量の薬を置き、村人はそこへ買いに行く。そしてその代金を年に一度売子が集めるのである。

配置売薬といえば、富山の置き薬が有名であるが、もともと岡山備中の万代常閑が「返魂丹」を売るのに始めたものである。そもそも富山の薬としてのちに有名になる「反魂丹」は、他ならぬ万代家からもたらされたもので、常閑も今となっては「反魂丹の祖」として、岡山よりも富山のほうで有名になっている。

ところが岡山の配置売薬のほうは一八〇〇年ごろ、享和から文化にかけて、藩によって禁止され、藩が管轄し利益を独占するところとなった。そのため民間の大庄屋廻しはいったん衰退し、その間に富山の反魂丹がいわば逆輸入されて広まっていた。それに危機感を覚えた第一六代の万

代常閑が天保三年（一八三二）に大庄屋廻しの復活を訴え、やがて認められたらしい(6)。友玄が天保一三年に製売薬業に乗り出すことができたのは、この大庄屋廻しの復活後だったからであり、その意味で彼の時代だからこそできた事業であったといえる。

以下、この配置売薬が中島家においてどのように行われていたのかを具体的に見ていこう。そこで手がかりになるのが『売薬弘所姓名録』である（図2）。ここには「弘所」＝販売拠点となる「預け家」ごとに、どの薬をどれだけ預けたのかが記されており、邑久周辺の五二か所の地域の一七四人の名前が預け家として載っている。地理的にいえば、中島家のある邑久北島を西の端として、北は長船、南は久々井・鹿忍、東は虫明・尻海という直線距離でも東西南北いずれも一七キロから一八キロ、山がちな地域なので、実際の移動では、その何倍もの距離の範囲に広がっている。

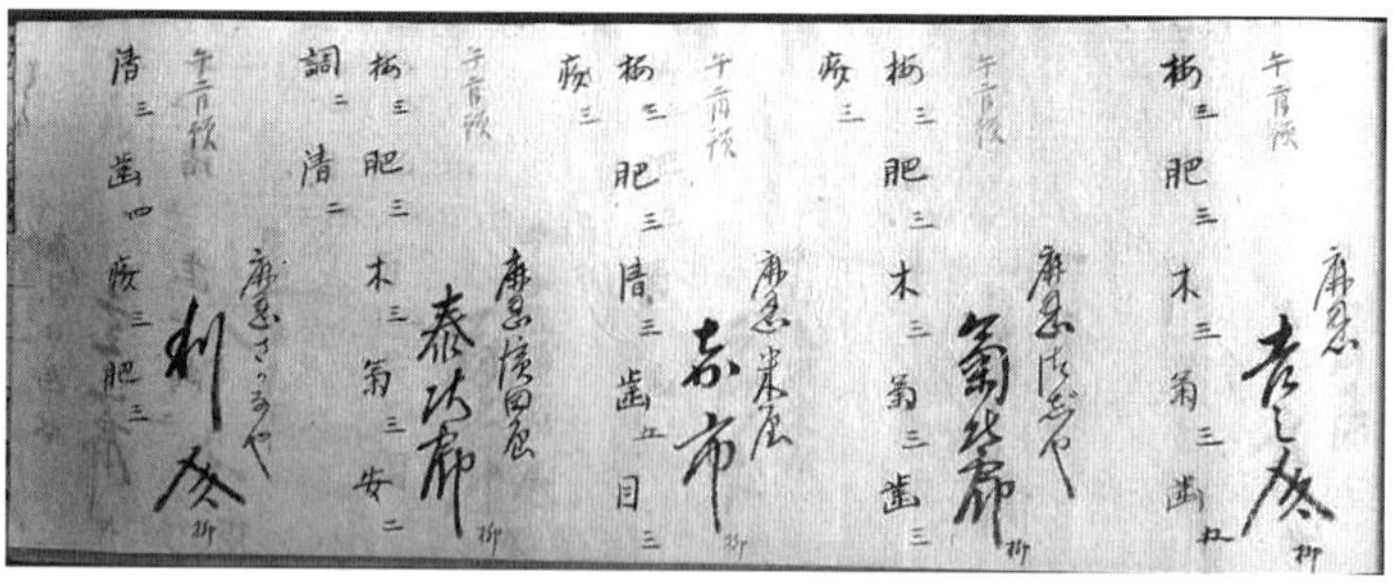

図2　『売薬弘所姓名録』

これらの家のなかで屋号があるのは六八人、全体のおよそ四〇％である。彼らがいわゆる庄屋なのかどうかはわからない。一軒だけ「名主土五兵衛」（土佐）というのがあるだけで、それ以外は「～屋」という名前である（括弧内は邑久周辺の地名、以下同様）。そのなかには「大内屋」（福岡）、「とみ屋」（富岡）、「角屋」（長船・宗三）、「橋本屋」（福里）、「嶋屋」（水門）、「濱田屋」（鹿忍）、「西田屋」（鹿忍）、「福田屋」（牛窓関町）、「川崎屋」（神崎）のような家名を冠したところもあれば、「たるや」（福岡）、「わた屋」（箕輪）、「うどんや」（土師）、「あめ屋」（水門・奥浦）、「かみや」（尾張）、「たび屋」「かめや」「さかなや」（鹿忍）、「米屋」（虫明・鹿忍）、「かじや」「ひご屋」（牛窓関町）、「いかりや」（牛窓新町）、「油屋」（奥浦・吉塔）のように、職業名を屋号としているところもある。

それ以外は、「九十郎」「才介」（福岡）、「吉右衛門」（山手）、「嘉左衛門」（佐井田）のような名前のみであり、彼らがどういう人物なのかはわからない。おそらくは、どの家にせよ、何かしらの理由で人が集まりやすいところだったと思われる。

四　薬の種類ごとの需要

さて、この『弘所姓名録』では、預け家の人名の上に、「辰年預」や「巳年預」と朱書されており、その左側には、薬の名が漢字一字、もしくは短縮したひらがなで略記してある。それぞれの文字がどのような薬を意味しているかは、『処方録』や『銀札請取覚』および版木から判別することができる。例えば、歯＝歯痛の妙薬、肥＝神肥丸、木＝木香丸、疥＝ひぜん湯薬（疥癬はひぜんとも読む）、梅＝梅花錠、清＝清涼散、菊＝一菊丸、目＝御目あらひ薬、た＝たむし妙薬、は＝はみがき、うるし＝うるしまけ妙薬、山＝山田ふり薬、といった具合である。

その省略した薬名の右下に漢数字が書いてある。その単位はわからないが、「辰年預」とあることから察せられるように、それぞれの販売拠点に預けてきた薬の分量をあらわしていると考えられる。時期的には、辰年＝天保十五年（一八四四年一二月二日から弘化元年）から同三年の間に預けた量が、年ごとに分けて記録されている。ただし、三年間毎年預けている地域はなく、そのうちの一年だけであったり、二年だったりしている（組み合わせは、元年と二年、二年と三年、元年と三年の三通り）。

　またこれは、『弘所姓名録』の記述に従えば、あくまで預けた量であって、実際の売上ではないだろう。『銀札請取覚』にはさまざまな名前の薬と、それぞれの販売量と思しき数字、および売上額の合計が出ているが、これら三種類の数字の関係は不明である。また『諸事記』に出てくる薬は、「烟光丹」「床の海」「理中圓」「銘神（銘紳散）」「神解散」「木香丸」「月流し」「はい取」のみであり、『弘所姓名録』に出てくる薬とは対応していない。したがって『弘所姓名録』からわかるのは、実際に売れた薬の量ではなく、友玄が売れると見込んだ薬の量であろう。

　それを踏まえたうえで、『弘所姓名録』に記された薬の「預け量」は、多い順から並べると以下のようになる（括弧内が薬名の右下の数字の合計）。

　歯痛の妙薬（四九五）、神肥丸（三一六）、木香丸（二八八）、ひぜん湯薬（二七三）　梅花錠（二四八）、一菊丸（一九九）、清涼散（一三九）、御目あらい薬（一二三）、沈麝丹（一〇五）、牛の妙薬（九五）、安胎湯（九四）、調血湯（九三）、禹水湯（四六）、たむし妙薬（一三）、はみがき（一一）……

　すでに薬の効能のところで述べたように、神肥丸は小児病薬、木香丸は胃腸薬、ひぜん湯薬とたむし妙薬は皮膚病、梅花錠と沈麝丹、牛の妙薬は広くいろいろな病いに効く薬、一菊丸は熱病一般、清涼散は口中の病い、安胎湯は産前の諸病、調血湯は婦人病、禹水湯は腫れ症である。

　年ごとの預け量の総計の変化を見ると、上位八種は、二年目は一年目よりかなり減っており、三年目には一年目よりもずっと増えている。たとえば、歯痛の妙薬は、弘化元年が一〇九、二年が四五、三年が三四七、神肥丸は元年が八〇、二年が二〇、三年が二一六、木香丸は一〇七、二二、一五九、ひぜん湯薬は三三、三一、二〇九、一菊丸は五三、九、一三七と推移している。これらから読み取れるのは、最初の年にいささか多く預けすぎたので、二年目にはさほど補充しなかったが、結局はよく売れ、三年目には一年目を大きく上回る量を預けたということだろう。したがって、上位八種については、厳密な順序はともかく、おおむね需要の高い薬だったと見ることができよう。

　他方で、三年間で預け量が増え続けた薬もある。上記のなかでは、安胎湯が〇→一四→八〇、調血湯が二→一二→七九と増加している。これらの産婦人薬は、もともと需要を見込んでいなかったが、要望があったのか、二年目から預けたら、非常によく売れたということではないかと思われる。

　こうした預け量とその推移から、歯痛、小児の病い、胃腸の病い、皮膚の疾患がとくに多かったことが推察される。また産婦人薬も、当初の予想を超えてかなりの需要があったといえる。

五　雇用形態と従業員

　次に友玄の製売薬事業の販売に尽力した従業員＝売子とその雇用形態、仕事内容、売子ごとの業績について考察していこう。『弘所姓名録』の預け家の下には、「文」「助」「長」「藤」「柳」の文字が記されている。

これは薬を預けたり集金をして回った売子の名前だと考えられる。それが誰であるのかは、『諸事記』と『銀札請取覺』に記されている人名からわかる。「文」は文蔵、「助」は助五郎、「長」は長蔵、「藤」は藤吉を指している。「柳」は『諸事記』に一度だけ出てくる「卯兵衛」かもしれない（「柳」を「卯」と略記しているとすれば、名前は「柳兵衛」だろう）。『銀札請取覺』と『諸事記』には、もう一人「武次郎」なる名があるが、『弘所姓名録』には見られない。同じく「八太郎」と「文吉」という名が、『諸事記』に一か所だけ登場する。

このうち「藤吉」については、『中島親族支系』の最初に「無縁ノ佛」と題する一節があり、そこに彼のことが、「弘化三丙午四月十一日」の日付とともに記されている。

コノ塚神納山ノ下ニ在リ。コノ人備後国ノ産也。曾テ備中国玉嶌ノ産ニ藤吉ト号シテ蝿取売アリ。ソノ株ヲ求テ前銘ヲ名ノリテ蝿取ヲ商シヲ、予カ家売薬ヲ弘ルニ、コノ人強テ頼ミシニ兼テ留飲ノ病アリ。後終ニ予カ家ニテ死ス。依テ神納山下ニ葬ル。故ニ盆祭ニハ必ス香華ヲ供ス。

これによると、藤吉はもともと蝿取りを売っていた人物で、何かの折に知り合い、友玄が自らの売薬事業のために頼み込んで手伝ってもらったことがわかる。しかし藤吉には「留飲」の持病があって弘化三年に死去し、中島家で埋葬され、その後も供養されたようである。

他の売子たちがどういう人たちであったのかはわからないが、彼らに対しては、出張のさいの宿代や船賃などの旅費、および相応の手当てが払われていた。また、上記の八人以外にも、名前は記されていないが、彼らがそのつど臨時で雇っていた人もいたようで、『諸事記』の「現銀賣銀札請取覺」や『銀札請取覺』には「弐拾人　日用代」や「拾七匁　拾七人日用代引」「七匁　日用代七人」といった記載がある。「日用」は「ひよう」と読み、「日雇」とも書き、一日あたりの報酬、今でいう日当にあたる。おおむね一人一日壱匁で、一回の出張で少なくとも七人、多ければ二〇人ほど雇っていた。このように売子が臨時でさらに他の人を雇うのは、友玄もしくは当時の売薬業にとっては、ごく普通の形態であったようだ[7]。

こうした名前のわかっている主たる売子のうち、誰がどれくらい働いていたかは、資料から読みとることができる。ただし、文書によって、働き具合を示す観点が異なるので、以下、薬を預けに行った回数、売上額、出張回数、人件費の四つの面から見ていく。

①預けに行った回数から

資料によって異なるが、『弘所姓名録』の預け家ごとに記されている売子の名前の登場回数は、助五郎が弘化元年に一八回で、二年と三年は〇回、文蔵は元年に一六回で、あとは〇回、長蔵は元年に一三回であとは〇回、藤吉は元年が三回、二年が一五回、三年が二一回となっている。柳兵衛は弘化三年のみだが、一年だけで八七回となっている。継続的に売子を務めていたのは、上記の『親族家系譜』に出ていた藤吉だけであり、その点で彼は中島家の売薬業にとって中心的な存在の一人であったといえるかもしれない。

②売上の面から

『銀札請取覺』や『諸事記』に記載されている売上額からは、また別の人物が浮上してくる。『銀札請取覺』は卯年、天保一四年の記録だが、売上の合計でいうと、武次郎が一五二匁四分、長蔵が一一四匁二分となっている。『諸事記』の「現銀賣銀札請取覺」は、その前後の年の記録が出ている。すなわち寅年、天保一三年の売上合計額は、長蔵が一〇五匁二分、武次郎が七七匁四分であり、巳年、弘化二年は長蔵が合計九〇匁五分、藤吉が四四匁六八分となっている。長蔵は安定して高い水準の売上を維持しており、武次郎は天保一三年から一四年にかけて売上を伸ばして長蔵を超えたが、弘化二年には登場せず、代わりに藤吉が出てきている。ここからは、むしろ長蔵のほうが主要な売子であるように見える。

③出張の面から

『諸事記』の「宿料覺」には、「弐匁　長蔵新田行　三月廿日より廿一日迄」のように、出張のさいの宿泊代、出張者の名、行先、出張期間が書かれている。長蔵のほかに、助五郎・文蔵・藤吉の名が見られる。「長蔵助五郎和気郡行」や「三人小嶋行」のように、出張は、一人で行くこともあれば、二人・三人で行くこともあったことがわかる。また、出張は一回当たり短ければ二日、長い場合は二六日におよぶが、おおむね一〜二週間ほどである(8)。

ここからそれぞれの売子の出張回数・日数・宿代がわかる。弘化元年は、長蔵が一〇回で七五日、宿代の合計が一一九匁である。二年は四回で三四日、計六〇匁。助五郎は元年に七回、四一日で六五匁、弘化二年はなし。文蔵は元年だけで出張六回、三八日で六一匁、藤吉は逆に弘化二年のみ、出張四回で六二日、計九四匁四厘の宿代である。こうした出張面から見ても、長蔵は二年とも名前があり、継続性がうかがわれる。藤吉は弘化二年のみではあるが、その年に関する限り、長蔵よりも活躍が目立っている。

④人件費の面から

『諸事記』の「日用代取かへ覺」には、売子に支払った「日用代」、日当が記されている。「取かへ」は立て替えの意であろう。「長蔵」についてはその明細が書かれており、金額的にも弘化元年に三三四匁八分、二年に八八匁、売子のなかで最も多くの金額が支払われている。「文蔵」と「助五郎」については「手間代」として元年の金額のみが記され、それぞれ六七匁六分、五七匁となっている。

また長蔵の場合、その明細の冒頭に「百目　寅正月」とあり、弘化元年の二年前、天保一三年に百匁というまとまったお金を渡しているようなので、やはり彼は売薬業を始める準備段階から中心的な役割を果たしていたのであろう。また、彼の明細を見ている限り、先に述べたような、彼がさらに臨時で雇用した人に対する日当というよりは、彼自身にかかった手当であるように見える。

同じく『諸事記』の「諸入用一切覺」には、日用代のまとめも出ているが、そこでは長蔵への支払いと文蔵・助五郎（他に卯兵衛・八太郎の名がある）への支払いは区別していない。よってこの日用代は、人件費一般として見ていいだろう。それで売子ごとの金額を見ると、長蔵が三三二匁八分で群を抜いており、続いて文蔵が六七匁六分、助五郎が五七匁、卯兵衛が三〇匁、八太郎が一六匁となっている。

文書によって出てくる名前や人数が違っていて、必ずしもすべての人件費が記載されているかどうかわからないので、何ともいえない部分はあるが、残っている記録に即していえば、長蔵が際立って大きな役割を果たしていたことがわかる。

六　必要購入品

友玄は、製売薬業を営むために、どのような準備をしていたのだろうか。『諸事記』には、必要な品々の購入記録が載っている。以下、項目ごとに見ていくことにする。

○「板木直段覺」

ここには、ちらし、能書、預ヶ置袋の版木、看板等の注文が記されている。弘化元年には、「大坂（ママ）」の「岩崎徳蔵」に「ちらし三枚」、大坂の「市田次郎兵衛」には「能書十四枚[9]」、「西大寺」の「見付屋岩吉」には「能書十六枚[10]」と「ちらし文言ほり」、「湊屋（もしくは「みなとや」と表記）三郎治」に「膏薬能書三枚」「目書小判」「袋表形もよふ」「看板大字[11]」「預ヶ置袋判」を注文している。また「判下書」の製作を「藤屋定右衛門」に依頼している。弘化二年には、「みなと屋」に三種類の薬の看板[12]を、「見付や」に「ちらし文言ほり」を注文している。

○「諸道具色々覺」

ここには製売薬に必要な物品が記されている。弘化元年に「坊主合羽」、「ねり薬焼壺」、「弁当合利[13]」、「さなだ」（真田紐）、「荷燈油」、「十路盤」（そろばん）、「乳鉢」、「粉薬秤」、「大合利」、「荷合利」、「秤」、「手合利」、「丸薬製器」、「櫃」、「木綿」（風呂敷地）、木綿の「染ちん」、「張合利」、弘化二年に「矢立」（矢立硯のことか[14]）を一本注文している。

○「紙仕入覺」

ここには、「大廣」「小廣」「半紙」「御障子」など、さまざまな用途、大きさの紙の購入記録が載っている。

○「預ヶ家土産物覺」

ここには、薬の弘所としている預ヶ家にもっていくさまざまなお土産があげられている。「杉ようじ」（ないし「よふじ」）（五回に分けてそれぞれ三〇〇〇本・一〇〇〇本・四〇〇〇本・一七〇〇本・一〇〇〇本を注文）、「歯楊枝」（一〇〇本）、「墨繪」（一回目が一五六枚、二回目が六枚）、「小供扇子」（二回に分けて一〇〇本・一〇〇本）、「上扇子」（三〇本）、「ぬり箸」（二〇〇膳）、「小箸箱」（四三個・五〇個）、「花笄《はなかんざし》」（二一本・一本）、「針」（七疋）、「江戸繪」（二〇〇枚）、「錦繪」（二回に分けて五〇〇枚・五〇〇枚）。

○「薬外諸事買物」

ここには上記の「諸道具」以外で必要なものが並んでいる。「さらし木綿　安胎調血薬袋」「曲物[15]」「紅あわ」「小貝」「半両貝」「金箔」「銀箔」「真中箔」「金の粉」「籃花[16]」「籃蠟[17]」「錫香合」「絵ばけ」「生婦」「棒あい蠟」「朱」「ヒマシ油[18]」という品目があげられている。貝は膏薬を入れる容器であろう。

○「薬種買入覺」

これは中島家で作っていた薬の材料の購入記録であろう。具体的に何を買ったかは記されておらず、天保一三年・一四年・一五年／弘化元年、一年おいて弘化三年の購入額が出ている。天保一三年寅は年間合計額のみ、一四年は仕入先の「児嶋屋」「久見屋」「立花屋」それぞれへの支払額、一五年は七月までと一二月まで、それぞれの期間ごとの支払額が書かれ、以上三年間の合計額が記されている。翌年弘化二年はなく、三年は七月までの額が「四軒薬種代」として書かれている。

七　経営実態

以上述べてきたような友玄の製売薬は、どの程度事業として成り立っていたのだろうか。最後にこの問題を、『売薬銀札請取覺』と『売薬諸事記』の「現銀賣銀札請取覺」と末尾の「諸入用一切覺」の記載から考えてみよう。まず、これらの文書から、細かく分ければ、三つの販売形態があったことがわかる。一つは「現銀売り」で、現金による直接取引、もう一つは「銀札請取」で、これが配置売薬、大庄屋廻しによる取引だと考えられる。あと、わずかしかないが、代金後払いの「かけ売り」もある。

『諸事記』の「現銀賣銀札請取覺」には、「現銀」で取引したものと、「銀札」を受け取って薬を入れ替えたものが記されている。「現銀賣」と思われる記載では、「五匁　烟光丹　一　小豆嶋」、もしくは「壱匁　神解散　谷定吉取次」や「三分　木香丸　虚無僧」のように、金額、薬の名、地名や人名（職名）が書かれている。おそらく売上額と、売った場所や相手であろう。薬としては、他に「床のうみ」「理中圓」「銘紳(散)」、地名は他に「平嶋」「尾張」「西大寺」、人名は「長蔵」と「差右衛門取次」があげられている。こちらの決済は、「辰極月迠」、すなわち弘化元年一二月のみで、この時期にはまだ現銀売りの比重が高く、大庄屋廻しのかたちが十分にはできていなかったと考えられる。

「銀札請取」と思われる記載では、例えば、「廿三匁壱分　長蔵和気郡入替受取高」と書かれている。おそらく、長蔵が和気郡に行き、そこで売上の二三匁一分を受け取り、薬を新たに補充（「入替」）した、ということだろう。地名としては他に「一日市」「奥方」「小豆嶋」「児島」「邑久郡」、売子としては他に「藤吉」の名があがっている。最後に現銀売りの追加で、「月流し」[19]「床の海」の販売記録が出ているが、これはおそらく、出張先で現銀売買したものであろう。

そのあとに半丁あけて、「外に薬元　そん」というのがある。これは製造販売元である中島家から見て出た損失についての記載だと思われる。これは集金に行った期間と行先、その時の「賣高」とかかった経費（宿泊代、日当、その他の人件費）、その差し引きの金額が売子ごとに書かれている。これが中島家の製売薬の収支とその内実をもっとも明瞭に示しているので、以下この項目を少し具体的に見ていこう。そこには例えば、次のような記述がなされている。

○寅二月十日より廿九日迠和氣郡行
賣高〆
一　五拾五匁四分　　武次郎
　　内
　六拾壱匁七分　　廿日分宿賃小遣
　　　　　　　　　共引
　残　六匁三分　そん
又外ニ
　弐拾人　日用代幷薬元そん

○寅二月十日より廿六日迠和氣郡行
賣高〆
一　百五匁弐分　　長蔵
　　内

十七日分
四拾三匁弐分　宿賃小遣共引
三拾弐匁　かけ賣引
拾七匁　拾七人日用代引
残　拾三匁　過
外ニ
薬元　そん

寅年なので天保一三年、時期的にはまだ本格的に配置売薬を始めていない段階であるが、形態としては配置売薬の記録であろう。ここで二人は、同じ日に同じ方面に出発して、武次郎は二〇日、長蔵は一七日の出張なので、長蔵が三日早く帰ったことになる。一緒に行動していたかどうかはわからないが、それぞれ五五匁四分、一〇五匁二分の売上があった。そこから必要経費が差し引かれるわけだが、武次郎は二〇日分の宿代と小遣いが六一匁七分かかっており、これを売上から差し引くと差額の「残」が「六匁三分」の「そん」、つまり損失が出ている。それに加えてさらに武次郎が個人的に臨時で雇った人、二〇人分の日当と合わせて、薬元である中島家には「そん」、赤字が出たということだろう。

長蔵の場合は、売上から宿代と小遣いで四三匁二分、「かけ賣り」、すなわち後払いで売ったのが三二匁で、これは当面支出の扱いとなっている。それ以外に長蔵が臨時に雇った一七人分の日当が合計一七匁、これらを合計した額と売上の差額が一三匁のプラス（「過」）、黒字になっている。ただしこれは長蔵にとっての話で、「外ニ　薬元　そん」とあるので、中島家にとってはそれ以外の経費が何かしらかかっていて、赤字になったということだろう。

他にも同様の収支が、「寅二月五日より十八日迠　小豆嶋行」の行程で、同じく武次郎と長蔵の分があるが、いずれも売上から経費を引くと、売上と同額くらいの赤字になっている。『銀札請取覺』でも、卯年、天保一四年に関して、武次郎と長蔵について同じような収支の記録がある。そこでもすべて末尾には「そん」ないし「損」と書かれ、赤字になったことがわかる。

こうした出張ごとの収支以外に、『諸事記』の末尾にある「諸入用一切覺」には、上記のさまざまな支出の合計額だけが箇条書きでまとめられている。年ごとに記載項目は異なり、弘化元年は「板古代」（＝「板木」）が四九〇匁三分、「諸費」（＝「諸道具」）が一六三匁七分七厘、「紙類」が五二四匁一分五厘、「土産物」が八三匁六分二厘、「薬外」（＝「薬外諸事買物」）が一三四匁八分八厘あり、「薬種」が八二九匁九分五厘の出費となっている。そこにさらに売子の「日用代」として、長蔵に三三四匁、文蔵に六七匁六分、助五郎に五七匁、卯兵衛に三〇匁、八太郎に一六匁が支払われている。さらに出張の時の宿泊代が二五五匁となっている。総計で二貫九七八匁七〇厘かかっており、これが一節ですでに述べたように、「右賣薬初辰極月迠惣入用一切〆」とあるので、この一年だけでなく、少なくとも記録にある天保一三年から本格的に製売薬を始めたこの年の終わりまでに、これだけの「先行投資」をしていたことになろう。

翌弘化二年は、「板古代」「紙類」「土産物」「薬外諸事」「長蔵日用代」「宿料一切」で合計三一九匁七分四厘、弘化三年については、「一九八匁二分　薬種買入七月迠分」のみの記載となっている。これらが純粋に支出額であり、売上、収益は、少なくとも個々の出張（集金）を見る限り、そこだけで明確な損失を出していることを考えれば、全体としては相当な赤字であったと推察される。

結び

友玄の製売薬業は、本論で述べたように、天保一五年（弘化元年）に本格的に始まったと考えられる。それまでにかけた費用や時間、買い揃えた物品の多さから、相当に周到な準備をして乗り出した事業だったといえる。しかし、収支の実態を見る限り、かなりの損失を出し、やはり弘化三年には、ほぼ続けられない状態になっていたのではないかと思われる。その意味で、彼の製売薬業は失敗であった。

とはいえ、本書所収論文（木下浩氏の論文）で論じられるように、友玄は個人的に診療をして施薬し、鍼灸を行い、さらには回生術も施した。それらは、『配剤謝義姓名録』や『配剤謝義人名籍』などの配剤関連文書、『鍼灸施治姓名録』や『鍼灸諸事代紳録』のような鍼灸関連文書、回生術に関する『回生鈎胞代臆』など、一連の診療記録から知ることができる。しかも興味深いことに、これら異なる種類の文書群に出てくる名前にはほとんど重複がないことから、薬の販売圏と、鍼灸と配剤それぞれの診療圏は、別の原則で展開していたのではないかと推測される。言い換えれば、いずれも他の活動といっしょに行われていたのではなく、別々の活動として位置づけられていたということであろう。

そこから見えてくるのは、友玄の飽くことのないチャレンジ精神である。そのことは、彼がのちに明治五年（一八七二）に種痘医として認定され、当時最先端の医療にもかかわったことにもつながるだろう。江戸時代の村医者といえども、必ずしも静かにのんびりと地元の患者を診ていたわけではない。友玄のように、京都まで行っていろいろな医療を精力的に学び、それを故郷に持ち帰ってかなり広範囲の人たちに対して実践していた人もいた。しかも彼の場合は、従業員まで雇って展開した売薬業にまで手を広げており、その姿勢は、たとえ失敗に終わっていたとしても、医者というより企業家としてのそれに近い。

今後、鍼灸や配剤、回生術などの他の医療活動の実態も明らかになれば、友玄の家業経営の全体像と、当時の在村医と地域医療のあり方が、さらに具体的に把握できるようになるだろう。

（1）現存する資料が実際の治療のすべてとは限らないが、通常の診療と薬の処方については、『配剤謝義受納留記』に安永元年（一七七二）から明治四年（一八七一）までの日付があり、祖父の玄古の時代からの記録がまとめられている。何年から友玄の記録なのか不明だが、遊学から帰ってきた直後から宗仙を手伝っていたのではないかと思われる。

（2）回生術に関する文書『回生鈎胞代臆』に、天保五年（一八三五）から明治三年（一八七〇）までの治療が記録されている。

（3）上記の『受納留記』以外に、関連する文書としては、『配剤謝義人名籍』『配剤謝義姓名記』『配剤謝義姓名録』があり、いずれも嘉永七年（一八五四）から明治四年までの記録が載っている。

（4）『鍼灸施治姓名録』が地域ごとに五分冊され、うち四冊が文久三年（一八六三）年から慶応元年（一八六五）、一冊は元治元年（一八六四）までとなっている。他に関連文書として『鍼灸諸事代紳録』（文久三年から慶応二年）『鍼灸施治人名録』がある。いずれも文久三年（一八六三）年から二年ないし四年間の記録となっている。

（5）「大庄屋廻し」については、プロジェクトのメンバーでもあり、『備中売薬――岡山の置き薬』（岡山文庫二六九、日本文教出版、平成二三年）の著者である木下浩氏自身から、書中のみならず直接いろいろとご教示いただいた。

(6) 和気医療史研究会編『和気の医療史　通史編』(吉備人出版、平成一五年)一五八頁、および土岐隆信・木下浩『備中売薬――岡山の置き薬』(前掲注5)一五頁を参照。

(7) 木下浩氏の教示による。

(8) 以上は弘化元年の記載であるが、翌二年には、「拾六匁　長蔵和気郡入替　二月六日より十四日迄」「六匁　長蔵八幡辺新預　六月頃」というように、薬の「入替」や「新預」といった用務が書かれているケースが多くなる。

(9) ここで版木を注文した一四種の薬は「目洗、おこり落し、健胃丸、清涼散、理中円、催生湯、月ながし、銘紳散、鮮毒丸、疱瘡妙薬、はみかき、木香丸、神功丸、牛妙薬」である。

(10) ここで版木を注文した一六種の薬は「梅花錠、沈麝丹、保齢丹、神宝丹、ひぜん湯薬、風しつ薬、禹水湯、中風妙薬、蘓雪丹、安胎湯、調血湯、如聖丸、ながち薬、神肥丸、救驚丹、床のうみ」である。

(11) 看板を作った薬は「禹水湯、梅花錠、沈麝丹、牛の妙薬、神肥丸」である。看板は一つも現存していない。

(12) この時に注文したのは「たむし、安胎(湯)・調血(湯)」の看板である。

(13) 「合利」は「行李」、竹で編んだ箱のことか。

(14) 矢立硯、筆を入れる筒の先に墨壺の付いた携帯用の筆記具を指すと思われる。

(15) 杉や檜の薄い板を筒状に曲げて作った桶。

(16) 甕で藍の染料を発酵させた時に液の表面にできる泡、もしくはそれを取り出して乾燥させたもの。

(17) 藍汁の泡を集めて固めたもの。棒状に固めたものを棒藍蝋という。

(18) トウゴマの種を圧縮して作る油。下剤や潤滑油・せっけんなどに使う。

(19) 月経不順を治す薬、もしくは中絶薬。

中島宗仙・友玄と一九世紀日本の漢蘭折衷医学

町　泉寿郎

近世日本の医学の概観

本稿を、近世日本の医学と医療の成立と展開をたどることから説き起こせば、その開幕を象徴する人物は曲直瀬道三（一五〇七〜九四）とその継承者である曲直瀬玄朔（一五四九〜一六三一）である。

足利遊学中に、舶載された最新の明医学を導道と田代三喜から習得した道三は、帰京して開業し、漢籍医書や自著の講釈によって学知を公開した[1]。また自ら確立した「当流医学」と呼ぶ臨床医学については、修学階梯を定めて進捗に応じたテキストを設定していた[2]。「当流医学」が提唱する医学・医術は、「察証弁治」といわれる独自の診断学と処方学を核とする臨床医学であり、道三は日々の医療において基本的には処方集に収載されている既存の処方を使用せず、患者の病証ごとに適応する生薬を考え、例えばある患者が示す複数の症状に対して吐逆にはA、反胃にはB、盗汗にはC、不眠にはD、二便の状態によりE、脈の状態によりFとそれぞれ生薬を対応させ、その結果として複合処方ABCDEFを決定していた[3]。道三の治療においては、陰陽五行や運気論などの診断理論と、生薬の薬効による治療が極めて有機的に結びついていた。

しかしながら、道三の「察証弁治」による臨床医学は、それを学んだ誰もが実践できる平易さに欠けていたようであり、道三からその奥義の皆伝を受けたはずの玄朔にして、早くも道三の「察証弁治」の方法だけに依拠することは困難であったらしい。例えば玄朔の『経用十一方』は、常用するわずか一一種の基本処方が記されており、道三が否定した既存処方による治療が玄朔のもとで早くも復活しているさまをうかがわせる。基本処方とその加減方による臨床が行われるようになると、陰陽五行や運気論などの診断理論や個々の生薬の薬効に関する知識の重要度は後退し、さまざまな病気に対応する個別の経験知としての処方を知ることが医者の学びの内容を大きく占めるようになる。

ただし、道三と玄朔（およびそれぞれの影響下にある医者たち）の医学が、細部ではかなり違う性格を持ちながらも、ともに後世方派とひとくくりにされるのは、彼らが元・明の新しい医書を次々に摂取しながら医療を構築し、その摂取の基本的な枠組みにおいて、共通点が多かったからである。例えば、道三医学の源流と形成についてまとめた『当流医学之源委』に記されている「源委嗣続之専学」は、本草・内経・外感配剤・診切・内傷・雑病・砭焫・治婦・治嬰・事親・外科・辨経察因といった枠組みと、それぞれの基本的なテクストをあげているが、これらは一七世紀を通じて学習者に共有されたと考えられる。本草では李杲『珍珠嚢』・王好古『湯液本草』、内経では劉温舒『素問運気論奥』・劉完素『素問運気原病式』、外感配剤では劉完素『傷寒直格』・劉純『傷寒治例』・呉恕『傷寒指掌図』、雑病では朱震亨『丹渓心法』・徐彦純『玉機微義』・虞摶『医学正伝』など、医学古典の元・明の研究書を中心に熱心に学ばれた。

　このテクストの共有化は、玄朔が最晩年を迎えた一六三〇年代以降、整版印刷の普及によって附訓点の安定した本文の書籍が大量に市場に提供され、師匠に就かずして漢籍が読めるようになり、従来の写本時代（および短期間の活字印刷の時代）とは異なる読書環境が将来したものであった。この後世方派医学の最も簡便な形態をとったものが、一七〇〇年前後にあらわれるいわゆる「医家七部書」であるといえよう。

＊　＊　＊　＊　＊

「察証弁治」がその難解さ故に定着せず処方の学問が医学の中心になると、その一方で、儒学においても見られる原典回帰が医学においても軌を一にして起こった。儒学における古学派、医学における古方派がそれである。原典回帰は、講学とそのためのテクストの印刷という物理的な問題も誘因となったかもしれない。内経（素問・霊枢）・傷寒論のいずれを見ても、一六世紀末～一七世紀初頭の最初に行われた古活字印刷では、明刊の注釈書が覆刻されて、これがさらに整版になって普及した。(4)その後、一六五〇～六〇年代に入って本文のみが刊行されると、その簡便さが歓迎されて初期の注釈書の覆刻をしのぐようになる。さらに香川修庵が校訂刊行した小型本『傷寒論』（いわゆる小刻傷寒論）は同書のテクストとして近世期を通じて最も普及した。

　近世前半の学術文化の中心であった京都では、整版印刷の時代を迎えて、数多くの知識者層が出版事業に動員され、出版業の盛行が学者たちの京都での生活を支えた。(5)また京都に集まった学者たちが構えた多様な私塾には、全国各地から年間数百人もの遊学生が集まり、そのうちかなり高い割合を医者の子弟が占めた（江村北海『授業編』）。多くの医学生を含む修学人口に支えられて、儒者・医者の中には仕官後もなお京都の基盤を維持する者や、仕官を望まず京都の家塾に講学する者も少なくなかった。(6)

　講学内容の点でも、旧来の在住者に加えて地方からの新規加入者による私塾が次々に生まれ、それが遊学者の需要を満たし、結果として地方に次々に新しい学問を供給していった。江戸に生まれて京都で古方派を開いた後藤艮山（一六五九～一七三三）、姫路から出て後藤艮山に医学を学び伊藤仁斎に儒学を学んだ香川修庵（一六八三～一七五五）、広島から上京して同じく古方派を標榜しても徂徠学の影響をより強く受けた吉益東洞（一七〇二～七三）はその典型といえる。(7)特に吉益東洞は、『傷寒論』『金匱要略』の条文を処方ごとに再編した簡便な処方集『方極』『類聚方』（ともに一七六四年刊）等を刊行して、臨床に直結しやすい点が幅広い層から歓迎され、全国から門人を集めた。(8)反面、劇薬使用や「天命説」が支配階級の医療従事者に忌避されがちであったことから、吉益流を学んだ医者はどちらかといえば民間医が多かった。

　江村北海が批判的に描写しているように、地方から上京した遊学生は、初め書肆《しょし》などで入塾先を紹介してもらい、そのうち友人ができればその評判をもとに別の師匠に入門し、早朝に医書の講義に出席し、下宿に戻って朝食をすませ、テキストを取り換えて次は儒書の講義に出席し、昼食後、別の儒書の講義に出席し、帰って医書の夕講、夕食後は本草の夜会といった具合に寧日《ねいじつ》のない数年間の遊学期間を過ごした。複数の塾に通い複数の先生に就いて儒書と医書を兼学するものが多かった（『授業編』巻四・書生之学）。こうした儒者と医者の密接な交渉の中で、近世京都の私塾は営まれていた[9]。

　また、地方から上京してその成果を地方に還元するだけにとどまらず、比較的恵まれた経済基盤を背景として、例えば大坂の有力商人や河内在郷の豪農層の中には、地域ごとに「学び」の場を自主的に形成する者が相次いだ。河内平野郷では土橋友直（一六八五～一七三〇）が主導して救荒時のための備蓄倉庫から発展させて郷学含翠《がんすい》堂を開設し[10]、早く享保年間に三輪執斎（一六六九～一七四四／陽明学派）・伊藤東涯（一六七〇～一七三六）・三宅石庵（一六七六～一七三〇／浅見絅斎門）・五井持軒（一六九七～一七六二）ら多様な学問系統の学者を招聘して儒学を講じさせた。大坂に開塾した三宅石庵は有力商人らの支持を集め、門下に中井甃庵（一六九三～一七五八）らが出て、現在まで続く懐徳堂の流れを創った[11]。河内八尾には環山楼《かんざんろう》や麟角堂《りんかくどう》といった私塾が開設され、一八世紀前半には伊藤東涯らが、一八世紀後半には片山北海（一七二三～九〇）を盟主とする混沌《こんとん》社中（柴野栗山・葛子琴・尾藤二洲・古賀精里・頼春水ら）もこれに関与した。

　同時期に、幕府では紀伊藩主から宗家を継いで将軍となった徳川吉宗が、学問の啓蒙普及は継承しつつ、前代までの学派間対立を終息させ、林家の朱子学、室鳩巣ら木門の朱子学、闇斎学、荻生徂徠らの古学を併せ任用した。医学においては、半井家・今大路家が典薬頭に任ぜられ、その下で小普請医師の選抜や御薬園産出生薬の医官分配や紅葉山文庫医書の校正など、医官組織の一元化が進んだ。かくて一七世紀末～一八世紀初頭の時期に、医学・儒学等の専門職が幕府機構の中に秩序づけられた。

　その後、一八世紀末～一九世紀初頭の時期には、幕府や諸藩では公立学校の設立が相次ぎ、その学制が整備される過程で、公立学校に相応しい学問内容が形成されていった。儒学においては武士階級を中心に普通教育としての朱子学が全国的に浸透した。前述の混沌社中から寛政三博士が出ていることも注目に値する。医学では文献実証を重んずる幕府医学館の学風が一定の影響力を持った。一方、享保以来の洋書の禁の緩和や北方問題など対外関係の緊張が背景となって、医学を中心に蘭学が急速に成長していった。

　要するに、一八世紀日本では印刷された書籍が市場に十分に流通し、民間では京坂の私塾や郷学を中心に多様な学問が共存する自由な学風が醸成されたこと、また多様な学派の学者が支配機構のなかに組み込まれたこと等が背景となり、一八世紀末には極めて多種多様な折衷学が形成された。併行して、公立学校の設立により普通教育として朱子学が浸透し、考証医学や蘭学も形成されていったのである。

＊　＊　＊　＊

　中島宗仙・友玄父子が京都に遊学した一八世紀末～一九世紀前半の医学の性格を指す評価として「漢蘭折衷」という表現があり、後述するように中島父子の医学・医術も「漢蘭折衷」と評してよい性格をもつものといえる。ただしそこで問題とすべきは、漢学・漢方と蘭学・洋学がどのように折衷されているのかという点である。

「漢蘭折衷」に関して研究史を振り返れば、古くは『日本医道沿革考』（河内全節撰・今村了庵補／一八八五年）では、一八世紀以降の医学の変遷を「第十一沿革　古方」「第十二沿革　吉益流」「第十三沿革　折衷（多紀家）」に続いて、「第十四沿革」として「前野蘭化・桂川国瑞・杉田翼・中川鱗・大槻茂質・宇田川晋・石川世通等が洋学を講究し、小石元俊の洋医が上国に行はれ、遂に漢洋医術並び世に行は」れたと評している。「漢方と洋方が並び行われた」とは、単に漢方処方を行う医者と洋方処方を行う医者が併存していたという意味に読みとれる。

明治末期の富士川游『日本医学史』（一九〇四年）では、「後期（徳川氏季世）紀」の状況を評して、次のように述べる。

折衷派（又考證派）ガ、古方・後世、両派ノ共ニ一方ニ偏セルヲ排シ、今古諸家ヲ折衷シテ中庸ノ説ヲ立テシハ、可ナレドモ、ソノ所謂折衷ハ徒ニ蠹書ノ箋註考訂ヲナスニ過ギズシテ、醫道ハ之ガ為ニ却テソノ歩ヲ晦闇ノ中ニ退ケタリ。然ルニ夫ノ古方家ハコノ間ニアリテ實驗ニ據リテソノ説ヲ立ツベキコトヲ唱道シ、遂ニ漢・蘭ノ醫説ヲ参酌シテ先ヅ産科ノ革新ヲ致シ、刺絡ヲ治方中ニ加ヘ、コノ期ニ及ビテ眼科・児科等ノ諸科ニモ、コノ見地ヨリシテ革新ヲ加ヘ、古医方ハ一轉シテ、遂ニ所謂漢・蘭折衷ノ一派ヲ成スニイタレリ

「古医方」が転じて「（親試）実験」の見地から「漢・蘭ノ醫説ヲ参酌」し、産科・刺絡・眼科・児科等の諸科において「漢蘭折衷」になったというのは、実際にどのようなことを意味するのであろうか。

「古医方」に関していえば、後述するように中島父子もまた吉益流の医学理論と処方学を学んでいる。「漢蘭折衷」を代表する存在である華岡青洲（一七六〇～一八三五）にはじまる華岡流でも「内外合一」（内科学と外科学の合一）を標榜したが、その内科学もまた基本的には青洲が従学した吉益南涯の『傷寒論』医学であったと考えられる。しかしながら問題とすべきは、「漢蘭折衷」という場合に、何と何がどのように折衷されていたかという点である。「漢蘭折衷」は古方派を基礎としたとか、あるいは古方派から転じたとか言い得るのであろうか。また、漢と蘭をいかに「折衷」しえたのであろうか（折衷の理論の問題）、そして漢と蘭を「折衷」してどのように治療を行っていたのであろうか（折衷の臨床の問題）。

前者については、古方派のような処方学中心の医学ではない、鍼灸医学や内経医学には「漢蘭折衷」は見出し得ないのであろうか。シーボルト（一七九六～一八六六）に鍼術を伝授したことで知られる幕府鍼科医官の石坂宗哲（一七七〇～一八四二）は西洋解剖学を重視し、解剖学の進歩によって真の鍼灸医学のあり方が明らかになると考えており、当時一般に通行していた経穴による治療を後代の誤った治療法と考え、患部に施術する独自の治療を行った。石坂宗哲の鍼術は、「漢蘭折衷」の一つの形態と言い得るが、その「漢」はかなり異端的なものであり、伝統的な理論にもとづかなかったゆえに、シーボルトに理解されてヨーロッパに伝えられたといえるだろう。

大槻玄沢の高弟として知られる海上随鷗（一七五八～一八一一）は、文化年間に翻訳のために数多くの造字を行い極めて難解な解剖学書『八譜』『解観左券』を著している。同じ頃、野呂天然（一七六四～一八三四）もまた解剖学書『生象止観』『生象約言』を刊行し、数多くの造字を行っている。海上や野呂があえて難解な造字を使用する意図を付度すれば、おそらく固有の理論体系を持った漢方医学用語を単純に西洋医学

の翻訳に使用することができないと考えるからであろう。かくして彼らは、西洋医学にも漢方医学にもよらずにそれらを折衷して独自の医論を構築しようと努力することになる。海上は『洋注傷寒論』という『傷寒論』の注釈書を著しても、西洋解剖学の知識を援用して『傷寒論』に説く病理と治療法を説明しようとしたり、その解剖学書においても人体機能だけでなく、「魂」や「気」をめぐって思弁的な説明をしている。その著書に見る限り、海上は古方派ではなく、内経医学の理論をよく学んだ人物であっただろう。彼らは独自の漢蘭折衷医学の構築を試みた医者たちといえるだろう。

海上の著書の難解さは、異なる学問体系の間に架橋することの困難さを物語っている。ひるがえっていえば、杉田玄白・大槻玄沢・宇田川榛斎等の広く知られる訳業においては、極めて単純に西洋医学書の翻訳に従事し、翻訳時には努めて中国医学に由来する用語を使用している。つまり中国医学用語の背後にある理論体系は捨象して、西洋医学の理論体系に従い、その単語の訳語としてのみ漢語を使用する。造字・造語は中国医学の欽を補う場合や、旧呼称使用によりかえって誤解が生じる場合に限定されているのである（『重訂解体新書』附録下）。これはもはや「漢蘭折衷」とはいえない。

臨床において漢と蘭をいかに「折衷」していたかという点については、大和国高市郡越の在村医から高取藩医となった服部宗賢（一七五二～一八二〇）が、一つの例を呈示する。服部は、京都遊学中に小野蘭山・畑黄山・橘林由仙らに学び、藩医として江戸在勤時には小野蕙畝・足立長雋・宇田川榛斎・岩崎灌園・杉田玄白・桂川甫周らと交流し、その師承関係や交流から見ても、漢蘭折衷医というべき医者である。その臨床記録からは、湯液治療のほかに灸治もよくし、西洋薬の使用は比較的稀であったことがわかる。しかしながらその湯液治療は、多くの場合に既存の処方によるものではなく、生薬名による複合処方によっている。服部宗賢がどのような診断学や処方学によったかは明らかでないが、処方内容から判断して少なくとも吉益流などの古方派ではなさそうであり、小野蘭山に学んだ本草知識を基礎にして漢方や蘭方を併用する治療学であった可能性がある。

幕末にいたって解剖や病理における西洋医学の優秀性が広く認知されるようになっても、『傷寒論』等の処方集の需要はなおも続いた。備前金川の漢蘭折衷医・難波経直（一八一八～八四／抱節の嗣子）の著作『傷寒論新註』（一八五三年成立）を例にとれば、『傷寒論』の需要が衰えない理由の一つは、西洋薬が普及していないため、蘭方を学んでも実際には使用できなかったからである（「今為蘭方者、苦乏薬材、以和薬代之」「故今医不得不用漢方。漢方此書為最」）。また経験知が蓄積された処方学は漢方医学の最も発達した分野であり、西洋医学に比べても臨床上の有効性があったからである（「今為医者不得不由西法。但西人雖有汗剤之名、於発表諸証、論辨未明」）。経直が『傷寒論新註』を著したのは、儒学の師である漢洋兼学の豊後日出《ひじ》藩儒帆足万里の勧めによるものであった。その注釈態度は「西洋窮理之説」によって『傷寒論』を註解するものであり、西洋医学知識を援用した『傷寒論』解説は、張仲景の本来の意図とは違っているが、今の人たちの理解しやすさに配慮したといっている（「今以窮理説治此書、雖非仲景之舊、冀使学者易于解悟、以不至誤人也」）。漢蘭折衷の立場からの中国医学古典の注釈として注目に値する。

吉益南涯に本道を、華岡青洲・鹿城に外科を、賀川蘭斎に産科を学んだ難波抱節（一七九一～一八五九）と、その長男で父の修学内容をなぞるように、吉益北洲に本道を、華岡青洲に外科を、賀川蘭斎に産科を学んだ難波経直の例は、中島宗仙・友玄父子の医学と医療を考える上で、参考にすべきである。

宗仙・友玄父子の医学

中島宗仙（一七七四～一八四〇）は、はじめ西大寺の河野意仙に医を学び、ついで寛政一二年（一八〇〇）二七歳で岡山藩医木畑貞朴に入門し、同年より享和元年（一八〇一）まで京都に遊学して吉益南涯に古方を学び、ほかに産科や外科へ入門して医術を修業したとされる。のち文政二年（一八一九）四六歳で長崎に出かけてさらに医学を修めた。

中島家の伝存資料に徴すれば、管見では宗仙が写本した医書としては次の十二部があげられる。

①『仲條流産科全書』仮綴　一冊　拠寛政五年河野夢得写本
②『艮山先生遺教　養庵椿庵遺文集』仮綴　一冊　三三丁
③『医断記聞』横本　仮綴　一冊　七丁
④吉益南涯『丸散方解』・和田東郭『癲癇奇方灸方』合綴　一冊
⑤荻野元凱『台州先生腹診秘訣』仮綴　一冊
⑥池田瑞仙『周陽池田瑞仙痘科口授記聞』仮綴　八冊
⑦華岡青洲『外療聞書』・山脇東洋『養寿院方函』合綴　一冊
⑧『解体新書餘義』横本　仮綴　一冊　二二丁　文化一三年写
⑨『筑紫行雑紀』横本　仮綴　一冊　文政二年写
⑩『吉雄先生聞書』横本　仮綴　一冊　五丁
⑪『和蘭外科書』仮綴　一冊　一〇丁
⑫『阿蘭陀流取油法』仮綴　一冊

多くは筆写の日付がないので確実なことはいえないが、②～⑦は寛政一二年～享和元年の京都遊学時の修学を、⑨～⑫は文政二年の長崎遊学時の修学を、反映したものである可能性がある。そのなかでも③④は吉益南涯（一七五〇～一八一三／周助）の家塾での修学の跡を示す資料であろう。

吉益塾の門人録に徴すれば、宗仙の入門は吉益南涯の門人録に記載されており、その入門は寛政一二年（一八〇〇）九月二〇日のことであった。同日に同国出身の「河野林平　備前邑久郡」と「十河監二　備前上道郡西大寺」が入門しているので、宗仙は同国出身の三人連れで南涯塾に入門していることがわかる。実はこの寛政中は南涯が経営する吉益塾が京都と大坂に併存していた時期に当たる。これより先、天明八年（一七八八）の大火に類焼した南涯は末弟贏斎（一七六七～一八一六／掃部）とともに一時京都を離れて大坂船場伏見町に身を寄せた。寛政四年に南涯は三条通東洞院西北に家塾を新築して京都に戻ったが、贏斎はそのまま大坂にとどまり、数年後に船場の吉益塾を継承した。宗仙が入塾したのは勿論この三条東洞院の京都の南涯塾である。時に南涯は宗仙より二四歳年長の五一歳であった。

③『医断記聞』は他に伝本を聞かないが、吉益東洞の医説として著名な鶴田元逸編『医断』の聴講記録と見られる。語句の解説を書き留めた簡略なメモにすぎないが、宗仙が吉益塾で聴講した内容を反映したものであろう。講義者は南涯である可能性が高い。

また④吉益南涯『丸散方解』は、吉益東洞原著の『丸散方』に東洞と南涯・嬴斎兄弟の解説が施されたもので、おそらく刊本『丸散方』(一八〇九年刊)以前の写本から写したものと考えられる。

ほかに吉益南涯とのつながりを示す資料としては、南涯揮毫にかかる張仲景賛の書幅がのこされており、入門時に入手したものである可能性がある。その賛は次の通りである。

或謂、仲景長沙太守、献帝之後。又聞、漢代良醫、扁鵲之倫。是歟非歟、妄歟真歟。年歴邈矣。予誰適詢。尊信方法、勿問其人。吉益猷讃。

(訓読:或るひと謂はく、仲景は長沙の太守、献帝の後なりと。又聞く、漢代の良醫、扁鵲の倫なりと。是か非か、妄か真か。年歴邈かなり。予誰にか適き詢はんや。方法を尊信して、其の人を問ふことなかれ。吉益猷讃。)

⑤『台州先生腹診秘訣』の入手経路は定かではないが、著者の荻野元凱(一七三七〜一八〇六)は生存していたから、入門して入手した可能性もある。

⑥『周陽池田瑞仙痘科口授記聞』は、宗仙が筆写した医書のうち量的に最も多く、治痘術に対する関心がうかがえる。著者の池田瑞仙がこれよりさき寛政八年に幕府から招聘されて医学館に痘科を講じることになり京都にはいなかったが、数年前に医学館講師に抜擢された声聞も宗仙の関心を呼んだのかも知れない。

⑦山脇東洋『養寿院方函』は、文化一三年(一八一六)に江戸で刊行された刊本(「常山湯」からはじまる二巻本)もあるが、宗仙が筆写したのはその刊本とは異なる内容の処方集(「芟凶湯」からはじまる一巻本)で、写本で流通していたものから重鈔したのであろう。『養寿院方函』と合綴されている華岡青洲『外療聞書』も、写本から重鈔したものであろう。華岡流については、宗仙の京都遊学と同年の寛政一二年の三月に南涯に入門した紀州名手出身の「花岡栄二」という人物が門人録に見えており、従来、呉秀三によって青洲の末弟鹿城(一七七九〜一八二七)のことと推定されている。[12] 同年の入塾者同士は面識があった可能性が高いから、宗仙の華岡流外科との接触は南涯塾において華岡鹿城から入手したものと推測される。青洲の乳岩手術成功以前のことである。

その他、宗仙は京都遊学中に儒者猪飼敬所(一七六一〜一八四五)にも接触したらしく、帰京後も師家吉益ともども音信を続けた。敬所は宗仙より一三歳年長で、遊学した寛政一二年に出会ったとすれば四〇歳である。猪飼は漢唐の古注を尊重し、一時、津藩儒となった高名な儒者である。

その後の宗仙は、文化一三年(一八一六)筆写の⑧『解体新書餘義』に見られる『解体新書』の聴講を経て蘭方への関心を強め、それが文政二年(一八一九)の長崎遊学へとつながると見ることができる。

＊　＊　＊　＊

宗仙の嗣子友玄(一八〇八〜七六)が天保四年(一八三三)、父の遊学とほぼ同年の二六歳で京都遊学をした時のことは、[13]『京遊備忘』(二一九頁以下参照)『京遊厨費録』(二三六頁以下参照)が残されているため、より具体的に明らかにできる。正月二六日に郷里を発った友玄は、二月上旬、京都で下宿先に落ち着くと、まず宗仙の代からの師家である吉益家とともに、産科を学ぶための師を求めて清水大学や緒方順節を訪問している。吉益家の当主はこの時、南涯はすでに歿し、その嗣子北洲(一七八六〜一八五七)が三条東洞院の塾を継承している。

友玄が吉益塾をはじめて訪ねたのは、二月一〇日のことであったが、塾主の北洲はこの日、大津に出かけていて会えず束脩の金額を問い合わせるだけで戻り、翌日再訪したが北洲はいまだ帰宅せず、おそらくこの日は束脩の納入だけで帰り、はじめて北洲に面謁したのは二月一二日のことであった。ところで北洲の門人録に徴すれば、友玄の入門記録は前年の天保三年にある。これはこの年に入門した同郷「備前児島」出身の小林良敬が、前もって友玄の入門を申請したためと考えられる。

友玄が吉益塾入門に当たって納入した束脩の内訳も興味深い。師事する北洲だけでなく、初代東洞と二代南涯にも同額の「南鐐一片」を納め、さらに北洲夫人とまだ健在であった南涯未亡人と吉益西園（伝未詳）、また塾生の教導・管理等にあたる学頭と知事にも規定額と思われる金額を納めている。修学の対価としての謝金は、吉益塾に限らずどの塾でも、盆暮や節句（重陽等）ごとに納めている。この当時、金一朱が相場であった。その他、吉益塾の場合には、五月一二日には、南涯の命日に合わせて門流が東福寺に墓参し、その際にも銀二匁を納めている。暑中見舞に納める金額も定額があったようである。

『京遊厨費録』に記された購入書籍からも、友玄が当初想定していた修学内容が端的にうかがえる。入門前の二月八日に『傷寒論』（三二〇文）と『金匱要略』（三一〇文）を購入し、併せて『京都人物誌』（一六〇文）を購入している。吉益塾入門が決まっている友玄は、入塾後に講じられるはずの基本テキストとして『傷寒論』『金匱要略』を買い揃えてから、吉益塾の門を叩いたわけである。それに対して『京都人物誌』は、遊学中に師事したり交流したりする師友に関する情報を得るためであったと考えられる。

吉益塾での友玄の修学については、『金匱要略』欄外に記された友玄による書入れが、会読の様子をうかがわせる。おそらく北洲による講読を筆記したものであろう。内容的には、『金匱要略』の撰者を張仲景ではなく扁鵲であるとするなど文献成立に関する特異な見解も見られるが、全体として極めて臨床に即した古典解説である。

また南涯の『傷寒論精義』二冊、紙数にして一三五枚（半丁八行一六字）を、七月八日から一〇日にかけて筆写している。

友玄の吉益流習得に関してもう一つ附言すべきことは、北洲の画賛による河豚図である。その賛文は次の通りである。

獣名而魚　毒之何神　毒々于毒　不毒於人
河豚之為毒　々不毒々何存　非河豚為毒　々在河豚也
右録東洞南涯二先生之讃。余亦有慢唫、一首書似之。
毒々相銜毒始新　乃知毒而莫邪均
何論酷毒無兼有　不毒之愁無毒人
天保癸巳之夏　　北洲書并題

（訓読：獣名にして魚なり　毒の何ぞ神なる　毒もて毒に毒し　人に毒せず
河豚の毒たる　毒は毒ならず毒何くにか存せん　河豚の毒たるにあらず　毒は河豚に在るなり
右、東洞南涯二先生の讃を録す。
余も亦た慢唫有り、一首書してこれを似す。
毒々相銜んで毒始めて新たなり
乃ち知る毒にして邪莫きに均しきを
何ぞ酷毒の無と有とを論ぜんや

毒せざるの愁ひは人を毒する無し）

この書軸は『京遊厨費録』に「吉益画料」として「金一朱」で購った「絹画河豚」と記録されるものであり、華岡青洲などの肖像画と同様に、地方から遊学してきた医学生が、修学した証拠として購入して帰郷したものと見ることができる。

吉益塾について友玄が入門したのは、緒方順節である。二月一一日に緒方塾入門に必要な束脩の金額を尋ね、金二朱を納入している。『杏林内省録』の著者として知られる緒方は、名を惟勝、字を義夫、順節はその通称、別に寸簸・簸川と号した。緒方家の学統は、祖父昌勝、父彭勝と京都在住の幕府医官として知られる山脇家に本道を学んでおり、順節も山脇東海（一七五七〜一八三四）とその子東圃（一七八一〜一八四二）に古方を学び、賀川流にさらに工夫を加えた産科の名医として知られる奥劣斎（一七八〇〜一八三五）に産科を学んだ。[14] 奥もまた山脇東門や中西深斎に本道を学んだ人物である。奥や緒方は産科医であるばかりでなく、奥は漢詩文に堪能であり、緒方は博覧多識を知られた学医である。したがって、友玄が順節の塾で吸収したものは、産科術のみならず、幅広い医学知識であったと考えられる。

『京遊備忘』の二月から九月までの記録には、「吉益会」「緒方会」といった記され方で各塾における会読への出席が記されている。各塾への出席回数を見ていくと、吉益塾が六八回と最多であり、それに次いで緒方塾は三九回であるが、緒方塾の場合は会読だけでなく、「写書」という書籍の筆写が一九回記されている。このことから、緒方順節の塾が蔵書に富み、友玄がその書写によって学知を吸収したことがわかる。したがって、学生の立場からいえば、吸収できる知識量に直結する塾の蔵書の多寡は、入門の際の要件であったと思われる。

中島家に残されている緒方順節の書幅は次の通りである。

写字之法、古有小心布置大膽落筆、訣於回生施術之際亦然。

（訓読：写字の法に、古 小心の布置、大膽の落筆なること有り。回生の施術に訣するの際も亦た然り。）

　　　　　　　　　　　　　　　　奥劣斎先生口訣
　　　　　　　　　　　　　　　　　　平安緒方惟勝謹書

その内容は奥劣斎から伝えられた産科術と「写字」に関する心得であり、友玄の修学内容をよく表しているといえる。

吉益と緒方の両塾で会読に出席するようになった友玄は、その様子を父宗仙に書き送るとともに、蘭学への志望を父に伝えて学習のためのテキストとして『解体新書』と『医範提綱』二編の送付を請うている。宗仙自身も蘭学には関心を持っていたから、友玄の志望を当然のことと受けとめ、早速、二書を送り届けた（天保四年三月九日付 友玄宛宗仙書簡――二三二〜三頁参照）。しかし、その後、五月に入って友玄が蘭学修学のために翌年春まで京都遊学の延長希望を申し出たことに対しては、これを許さず、吉益塾の講義と緒方塾の産科奥儀を修学した以上は、蘭学は初心者には学びにくいから（「蘭学ハ初心ニ而ハ一寸研究成しかたく、是も追々事と被存候」）、蘭学修得は機会をあらためることにしてひとまず帰郷するように書き送っている（天保四年五月二四日付 友玄宛宗仙書簡――二三四頁参照）。

友玄の蘭学修学は、三月五日の小石元瑞（一七八四〜一八四九）への入門にはじまり、次いで七月一八日に藤林普山（一七八一〜一八三六）に入門している。

小石元瑞の窮理堂入門時には、塾主に対する「束脩 金一歩」と「扇

子料 金一朱」とともに、塾頭両名に金一朱を納めている。この年、塾主元瑞は五〇歳を迎えているが、これは元瑞が男紹（仲蔵）に医業を譲って隠居し、以後別居して著述に専念したとされる年に当たっている。元瑞の門人録「樫園先生門籍」に徴すれば、「邑久郡上寺　中嶋友玄」の名は国別に編集された同書において、備前の門人五人中、二番目にある。このことは、玄瑞の教育活動が隠居後にむしろ活潑になり、入門者も増加したことを示唆するものであろう。

日記によれば友玄は窮理堂の会読に、三月八日・一二日・一八日・二二日・二八日、四月二日・一二日・一八日・二八日、五月二日・二八日、六月二日・八日の計一三回出席している。したがって、窮理堂の会読の定例日は毎二と八の日であったことがわかる。その会読内容は、宇田川槐園『西説内科撰要』（『増補重訂内科撰要』）であったといわれている。実際、友玄は遊学中に同書を「金一歩一朱二百文」で購入しており、究理堂での会読との関係が推定される。

友玄は究理堂の塾頭のひとりである小関亮造のところで開かれた会読にも、三月二八日の一度だけであるが、出席している。小関亮造は元瑞の父小石元俊（一七四三〜一八〇八）の庶子で、名は篤、字は行之。元俊門の斎藤方策（一七七一〜一八四九）の長女を娶った人物である。

この他、小石家の学統に関することでは、元俊が師事した古方派の儒医永富独嘯庵の書幅が残されている。中島家の入手時期等は不明ながら、友玄が学んだ小石家の蘭方の源流として購入されたものである可能性がある。その内容は次の通りである。

　吾技者賤業也。不知聖賢之道、不存英雄之義、唯以療己之病者、應人之病而已。上焉王侯、下焉乞丐、公然施治、一切不拒。而王侯忘其豪貴、乞丐忘其究賤、虚心可來應。莫問藥之甘苦、莫論方之剛柔。具報其成敗得失、莫避寒暑晝夜遠近險阻。寶暦辛未春日　獨嘯菴
（訓読：吾が技は賤業なり。聖賢の道を知らず、英雄の義を存せず、唯だ己の病を療する者を以て、人の病に応ずるのみ。上は王侯より、下は乞丐まで、公然として治を施し、一切拒まず。而して王侯も其の豪貴を忘れ、乞丐も其の究賤を忘れ、虚心に来応す可し。薬の甘苦を問ふこと莫かれ、方の剛柔を論ずる莫かれ。具《つぶ》さに其の成敗得失を報じ、寒暑昼夜遠近険阻を避くること莫かれ。）

次に、友玄は藤林普山の塾へは、入門前の四月二七日に訪問しているが、この時には入門にいたらなかった。あるいは、前述した父宗仙からの忠告が影響したのかも知れない。その入門は窮理堂の会読に参加しなくなった後のことである。入門後は七月二二日・二六日・二八日、八月一〇日・一六日・二四日・二八日、九月四日の計八回会読に出席し、精勤のさまがうかがえる。

藤林は海上随鷗の高弟として知られ、『訳鍵』等の著述があり、友玄が師事した人物のなかでは最も蘭学色の濃い人物である。この年、五三歳で、有栖川宮の侍医を勤めていた。束脩・扇子料・奥方肴料として各々金二朱とともに、金一朱を納めた「知事山崎元東」は、藤林の門人録にその名が見えており、文政四年（一八二一）五月に入門した京都出身の人物である[15]。

上記の他に友玄が学んだ医者に、「清水」と「岡田」がいる。清水は通称を大学、字を子達、別号を淡斎・受園といった人物。岡田は瀛洲と号した人物だが、詳細は不明である。

その他、友玄は五月一六日に、父宗仙の旧知である儒者猪飼敬所を訪

問しているが、敬所不在のためか、このとき面会はしておらず、その後も再訪していない。父からの指示による儀礼的な訪問だったのであろう。これより先、宗仙は遊学からちょうど三〇年経った天保元年（一八三〇）に、京都遊学する門人に托して敬所宛の書翰を認めた。おそらく、嗣子友玄がすでに成人し、その京都遊学を念頭に、旧知の人々の近況をそれとなく知ろうとしたものと推測される。古稀をすぎた敬所はなお壮健であったが、この時は些細な行き違いから敬所からの返事がなかった。友玄が京都に出てから、音信のなかった敬所から医学修業のために西遊する美濃出身の門人丸山道男・柳澤兄弟に托して、宗仙に便りがあった。この時敬所からは、宗仙の京遊時の旧知で敬所門の中村中書編にかかる著書『論孟考文』が送られている(16)。友玄の敬所訪問は、それに対する礼のためであったと考えられる。

友玄が京都滞在中に購入した書籍のうち、最も高価な「金一両二歩二百文」を出して購入した宇田川榛斎『遠西医方名物考』三六巻・『同補遺』九巻のことにもふれておきたい。友玄は『遠西医方名物考』から抜萃した『医方名物考抜萃』を残しているが、その抜萃のしかたが興味深い。

『遠西医方名物考』は西洋薬のオランダ語名をいろは順に収録し、それぞれについて「形状」「主治」を記しているが、友玄は「形状」を全く捨象し、「主治」の要点だけを抜萃している。例えば巻頭の「乙百葛《イペカ》格安那《コアナ》」については次の通りである。

乙百葛格安那《イヘカコアナ》

羅甸名　ブラークウヲルトル　和蘭名　吐根ノ義

湧吐ノ聖薬、汗管ヲ弛開シテ、蒸気及汗ヲ発ス。凡ソ胃中ノ穢物敗液等ハ細末一刄ヲ送下ス。虚弱ナル者ハ二三氏、或ハ五氏ヨリ十氏迄ヲ与フ。

『遠西医方名物考』原文から、約一五分の一まで圧縮してしまっている。

もう一例あげておこう。「硫黄」では、次のように抜萃している。これも九分の一程度の圧縮である。

硫黄　ソルフルス　羅甸　スワーフル　和蘭

発汗ノ良効。酷厲液ヲ甘和ス。故ニ酷厲液ノ肺ニ侵刺シテ発ル喉漱、或ハ蒸発気壅遏シテ発ル咳冒寒傷冷毒ノ経久ノ咳嗽声亜、或ハ肺瘍吐膿。○瘡瘍ノ内攻ヨリ発ル胸水腹水ノ証、或ハ発斑羅斯等ノ内伏シテ発ル水腫。○痔ノ諸証劇痛シテ出血ナキ証。○末一刄ニ砂糖ヲ加ヘ一時ニ用。

このことから、吉益流古方を中心に学んだ友玄にとって、西洋医学書の処方（蘭方）を新薬の情報源として取り入れることには、少なくとも理論上は何ら困難がなかったであろうことが予想される。すでに吉益流古方が『傷寒論』に説く疾病進行の理論から切り離して、処方ごとに再編した処方集を編成している以上、西洋医学の訳著から各薬品の主治だけをとりだして和漢薬と併用することには何の抵抗もなかったはずである。

まとめ

中島宗仙・友玄二代の京都遊学による医学修得の跡は、吉益流古方の医学理論と処方学を基盤にして、それぞれ専門科目の医術を付加するように学んでいることを示している。その専門科とは、一八〇〇年（寛政一二）遊学の宗仙の時には荻野元凱の腹診術、華岡流外科、池田流治痘術などであり、一八三三年（天保四）遊学の友玄の時には賀川流産科術、小石元俊や藤林普山からの蘭方であり、吉益流古方を基盤にそれぞれの時代に最新の医学知識を刷新しながら加えて学んでいたことがわかる。こうした学び方が、「漢蘭折衷」といわれる医学の、最も普通に見られる形態であったと思われる。

（1）道三が京都で講釈したテキストは、『難経』、＊『全九集（真名本・仮名本）』（月湖撰とも）、『本草序例』、『医方大成論』、＊『十五巻（十五指南篇）』、＊『切紙』四〇通、『察病指南』、『医学源流』、『和剤指南』、「運気論」、「新本草古文序」、『明堂灸経』、＊『丑時（老師雑話）』、＊『日用薬性能毒（大・小）』、『明医雑著』、『医学正伝（或問）』、『崔真人脈訣（東垣十書序）』、『職原抄』、＊『雲陣夜話』、＊『茶話』、＊『山居四要抜萃』、＊『啓迪集』、『心経』、＊『正心集』、『三体絶句』、『論語』、『三略』（＊は自著）。

（2）武田科学振興財団杏雨書屋所蔵『当流医学之源委』に、「対学侶宜使授与之次序」という九段階からなる修学階梯が記されている。

（3）曲直瀬道三とその門人甘静軒の間で交わされた医学・医療に関する質疑応答の記録である『師弟問答』（武田科学振興財団杏雨書屋所蔵）や『翠竹翁問答』（京都大学富士川文庫所蔵）等に、その病証ごとに対応する生薬を考え、その結果として複合処方を決定しているさまがよくうかがえる。

（4）「素問・霊枢」では馬蒔『素問註証発微』『霊枢註証発微』が、「傷寒論」は成無己『註解傷寒論』がいちはやく印刷された。

（5）藤原惺窩門の那波活所に学んだ鵜飼石斎（一六一五〜六四）は、尼崎藩儒を致仕後、京都で医書を含む三〇余種六七〇巻以上の漢籍に訓点を施して刊行した。

（6）儒学では藤原惺窩門の松永尺五は仕官せず子孫が代々京学（朱子学）を守った。同じく惺窩門で医学にも通じた堀杏庵は広島藩と尾張藩に仕官した後も京都の家塾を存続し、門下に黒川道祐（?〜一六九一）が出、曾孫の堀景山（一六八八〜一七五七）門に本居宣長（一七三〇〜一八〇一）が出た。

専門医家では、道三門の理慶を父に持ち自身は吉田宗恂に学んだ長沢道寿（?〜一六三七）は致仕後、洛西北で医学を講じ「小学七科」「大学八科」という医学修得の階梯を立てた。玄朔門人とされる饗庭東庵（一六二一〜七三）はもっぱら内経医学を講じ、門下に味岡三伯・吉弘玄仍・竹中通庵等が出て、三伯門に浅井周伯（一六四三〜一七〇五）・小川朔庵・岡本一抱・井原道閲等が出た。浅井は尾張藩医として仕官後も京都の家塾を維持した。朔庵門の堀元厚（一六八六〜一七五四）や周伯門の松岡玄達（一六六八〜一七四六）は、仕官せず講学を生業としその成果を出版した。

（7）山脇東洋や吉益東洞は、林東溟や山県周南の門人を通して徂徠学に接した。拙稿「山脇東洋と徂徠学派――『外台秘要方』翻刻をめぐって――」（『日本中国学会報』五〇、一九九九年）を参照。

（8）吉益家塾の入門者数の推移および出身地に関しては、拙稿「吉益家門人録の考察」（『日本医史学雑誌』四七巻一号、二〇〇一年）を参照。

（9）上層町衆の出身で仕官を求めず医業をかねず、儒学に専心して古義堂を興こした伊藤仁斎（一六二七〜一七〇五）も、その門人帳の入門者や紹介者には多数の医者を見出す。京都在住のまま加賀藩に出仕した本草家稲生若水（一六五五〜一七一五）は仁斎・東涯父子や古義堂一門と親交があったし、姫路出身の艮山門人香川修庵（一六八三〜一七五五）は仁斎の高弟の一人である。

（10）含翠堂の歴史に関する研究には津田秀夫『近世民衆教育運動の展開』（御茶の水書房、一九七八年）・梅溪昇『大坂学問史の周辺』（思文閣出版、一九九一年）等があり、資料目録に『含翠堂（土橋）文庫目録』（大阪大学附属図書館、一九七二年）、資料集に『平野含翠堂史料』（清文堂出版、一九七三年）がある。

（11）懐徳堂が明治末期に西村天囚らの顕彰によって復興し、その関連資料が大阪大学文学部に所蔵され、『懐徳堂文庫図書目録』（一九七六年）が備わることは周知の通り。

（12）呉秀三『華岡青洲先生及其外科』一〇七頁。

（13）京都遊学前、友玄は鴨方藩医の武井養貞に本道を学んでいた。

（14）奥劣斎は、賀川流産科術に定戦・発啼・双全の術を補ったといわれる。

（15）森納「藤林普山とその子孫、門人録」（『日本医史学雑誌』三八巻四号、一九九二年）。

（16）中島家に宗仙宛の猪飼敬所書翰が二通残されているが、天保四年三月六日付の書翰は、次の通り。

一筆致啓上候。爾来御疎濶打過候。先以春暖之節、愈御勇健御入可被成、珍重奉存候。拙方乍老衰依舊致教授候。乍慮外御省念可被下候。一昨年御門人ニ托し御書状被下候處、其人拙塾門生と醫家にて出合、渡被申候。拙家へ被来候ハヽ、御答可申入存候。其御門人不来候而、帰国も存不申、御答不申入候。今般、美濃門人丸山道男、同柳澤兄弟、醫學修業ニ西遊致し候。篤志之者ニ候へハ、貴家へ御尋可申候。醫道心得と相成候事、御示可被下候。右得貴意度、如此御座候。不具頓首。

三月六日　猪飼敬所　中島宗仙様　梧右

再白、先年京師御遊学之時、紹介致し候吉川中所、只今ハ中村中書と改名致し、六七年前より信州高遠へ儒醫兼学にて被召抱、藩中師範致し候。此人去冬拙著論孟考文上木、御旧識之儀、昔年之事御思出し可被成と存候故、一部進上候。已上。

『胎産新書』諸本について——中島家所蔵本を中心として——

清水信子

はじめに

『胎産新書』は、江戸後期、備前で活躍した漢蘭折衷医、難波抱節[1]が著した、妊婦の産前、臨産、産後、また嬰児に関することなど産科全般にわたる総合的な産科書である。成立は天保年間（一八三〇～四四）、十巻本と二巻本の二種の系統があり、著録の傾向、特徴が異なるものの、いずれも当時の産科、産術の実態が知られるものとして、産科史の研究に資するものである。刊行はされず、現在、写本でのみ伝わる。

中島家は、抱節と同じく備前の医家で、現代まで一〇代続いており、抱節と同時代の人物もいる。代々の蔵書が残されているが、その一つに『胎産新書』がある。中島家所蔵本（以下略「中島家本」）は十巻本で、その他現在確認される十巻本には、内藤記念くすり博物館本（以下略「くすり博物館本」）、岡山市立中央図書館所蔵本（以下略「岡山市立図書館本」）、正宗文庫所蔵本（以下略「正宗文庫本」）、杏雨書屋乾々斎文庫所蔵本（以下略「杏雨十巻本」）、杏雨書屋佐伯理一郎旧蔵本（以下略「杏雨佐伯本」）があり、中島家本と合せて六点がある。一方、二巻本には、京都大学付属図書館富士川文庫所蔵に二点と杏雨書屋乾々斎文庫所蔵本（以下略「杏雨二巻本」）の三点がある。またその他未詳一点[2]を含めると計一〇点が伝わっている。それら諸本には少なからず異同があるため、本書を研究するにあたっては、まず書誌学的解明が必須となろう。そこで本稿においては、十巻本、二巻本各本の概要を紹介するとともに、諸本間の書承関係から成書過程について、検証していく。

一　難波抱節と『胎産新書』

（1）難波抱節

難波抱節（通称立愿、諱経恭、字子敬、号抱節、鳩窠、柯集菴）は、寛政三年（一七九一）、備前金川篠野家に生まれ、のち難波家経寛の養嗣子となる。文化八年（一八一一）京都に遊学し、吉益南涯[3]に内科を、賀川蘭斎[4]に産科を学び、また大坂では華岡青洲[5]に外科を学ぶ。文化十二年（一八一五）、帰郷して開業する一方、郷里備前御津郡金川・妙覚寺にて学塾思誠堂を開き、その学を広めた。さらに嘉永三年（一八五〇）には、緒方洪庵[6]から種痘術を学び、種痘の普及にも努め、安政六年（一八五九）、コレラの治療中、自らも感染し死去した。享年六九。

(2)『胎産新書』

『胎産新書』十巻本と二巻本について、まず各々の概要を紹介する。

十巻本は、「産前門」上下「臨産門」「変生門」「産後門」「血證門」「嬰児門」「雑門」「手術門」「図式門」「方剤門」の全十門からなり、各門にはさらに子目が立てられている。

各門には概要が著されている他、著録の中心となるものは、抱節が見聞、あるいは実際に処置した具体的症例である。そこには患者の地域、年齢が記され、それらを見ると、備前、備中はもとより讃岐の患者も散見する。またそれら症例の一部に関しては、さらに巻九「図式門」に図示されている。十巻本は、これら症例とその図こそが特長であり、それは同時代の産術、産科、そして実際に臨産にあたる医師に直接的に有用であったことはもちろん、妊婦、出産等当時の産科の実態を後世に伝えるものとして貴重な記録であろう。

その他、医書をはじめ儒書、仏書、その他漢籍を中心に古今の諸文献から、各症例に関する記述が引用されており、それら引用文献は、当時の各文献の受容が窺測されるものとして看過できない。

一方、二巻本は、上巻に「胎前門」上中下、下巻に「臨産門」「血證門」「嬰児門」の全四門があり、さらに十巻本と同様に各門子目が立てられている。それら門、及び目を十巻本と対照すると表1の通りで（一五〇～四頁参照）、一致する門目もあるが、十巻本の巻五、八、九、十に関する項目、即ち「産後門」「雑門」「手術門」「図式門」「方剤門」は立てられていない。

具体的な著録内容については、十巻本と共通する子目もあるように、一致、もしくは相似する記述もあるが、その著録意図は異なり、漢籍医書からの引用による理論が中心の研究に主眼を置いたものである。さらにそれらに対して、「経恭按……」として抱節の按語があり、これもまた抱節の産科論、産術法を知る上で重視される。

以上によれば、十巻本と二巻本は、『胎産新書』として書名は一にするも、異なる読者対象を想定して著作されたものと看做される。これら二系統の諸本について、以下詳察していく。

二　諸　本

(1)十巻本

十巻本について、中島家本と対照しつつ、諸本間の関係を検証していく。

○中島家本

中島家本については、はじめに中島家と抱節との関係を概述する。

中島家において、抱節と同時代の人物は、安永三年（一七七四）に生まれる第三代の宗仙（～天保一一年＝一八四〇）と、その子で、文化四年（一八〇七）に生まれる第四代の友玄（～明治九年＝一八七六）で、抱節はちょうどこの父子の間の世代にあたる。

宗仙、友玄父子、また抱節の医学修学については、まず寛政一二年（一八〇〇）、父宗仙が京都にて吉益南涯に入門し、その後文政二年（一八一九）には長崎に遊学している。子の友玄は、天保三年（一八三二）、京都に遊学し、南涯の子北洲に入門する(7)が、それと併行して小石元瑞、緒方惟勝(8)(9)のもとへも日々通っている(10)。一方、抱節は文化八年（一八一一）、同じく京都にて南涯に入門し、文政一二年（一八二九）、南涯に続き北洲にも入門している。それら京都遊学時期は中島家の宗仙、友玄父子と重ならず、直接的な関係は未詳ながら、何らかの接点はあったと思われる。

中島家本の基本的書誌事項は以下の通り。

胎産新書十巻　難波経恭子敬著〔長谷川原泉（直記）・門脇志賀介・水田謙益〕画　高山謙道益等校　江戸後期写本　全九冊（第二冊別筆）

【書式】　書形二五・二×一七・五　無辺無界一〇行二〇字（除第二冊）墨筆返点・朱筆送仮名、朱筆傍注　書形二五・九×一七・四　単辺有界一九・六×一三・一　九行二〇字　墨筆返点・朱筆送仮名（第二冊）朱筆書入は全冊同筆。

【巻首・内容】

首「序」末「嘉永七年小春朔江戸丹波元堅茝庭撰于奚暇斎」（全四丁）

次「胎産新書序」末「天保十四年歳在癸卯冬十月朔／信州州羽　源宜識」（全一丁）

次「胎産新書序」末「日出　帆足万里」（全一丁）

次「自序」末「天保十五年甲辰上元／難波経恭識」（全三丁）

次「序」末「時安政二年乙卯春三月上巳日男経直撰于岡山僑居」（全四丁）

次「例言」（全三丁）

次「引用書目」（全三丁）

次「胎産新書総目次」（全五丁）

次「胎産新書巻之一／備前　難波経恭子敬著／門人一備前　高山謙道益／美作　蟲明善元長／武元信忠恕卿一同校」（巻首目「産前門上」）末題「胎産新書巻之一　終」（全一三丁）（図1）

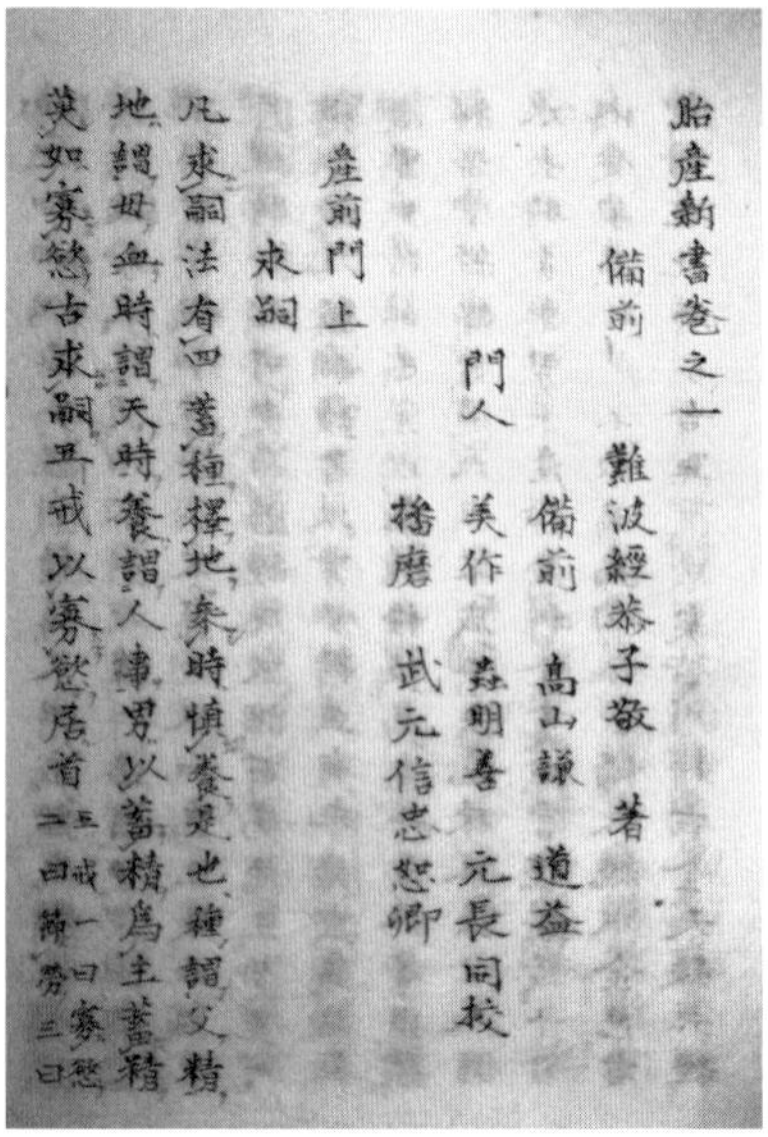
胎産新書巻之一
備前　難波經恭子敬　著
門人　備前　高山謙　道益
美作　蟲明善　元長
播磨　武元信忠恕卿　同校
産前門上
求嗣

図1　中島家所蔵本・巻頭

以下至巻九

【巻二以下各巻校者事項／巻頭】

巻二「河内橘玄輝南明／播磨室井務時敏／平安池田吉謙貞／産前門下」（全四三丁）

巻三「大坂田中顕美君業／備中馬越元孝通潤／備前蓮岡周監譲輔／臨産門」（全三〇丁）

巻四「日向水築簡太可／紀伊竹村育賛平／遠江阿部徳裕夫／変生門」（全三〇丁）

巻五「備後小林亨子敬／遠江三輪文明見龍／三河豊田柔鉉剛／産後門」（全三〇丁）

巻六「三河山崎良譲平／備中三宅亨元甫／肥前原口善元長／血證門」（全三〇丁）

巻七「備中藤野篤君敬／加賀鮭延温良節／周防三浦温文良／嬰児門」（全四〇丁）

巻八「豊後横山貞子亨／青木順道藍川／備前明石純仁卿／雑門」（全三

七丁）
巻九〔図式門〕（首題編著者事項無し）（全三六丁）
【版心題】「胎産新書」、第二冊版心下部「思誠堂蔵」（図2-a・c）
【外題】書題簽「胎産新書」（第二・三・四冊）
【印記】「備前金川／難波蔵書」（第二冊）（図2-a・b）
【その他】函書「難波抱節著／胎産新書　全八巻及付図／中島家蔵」

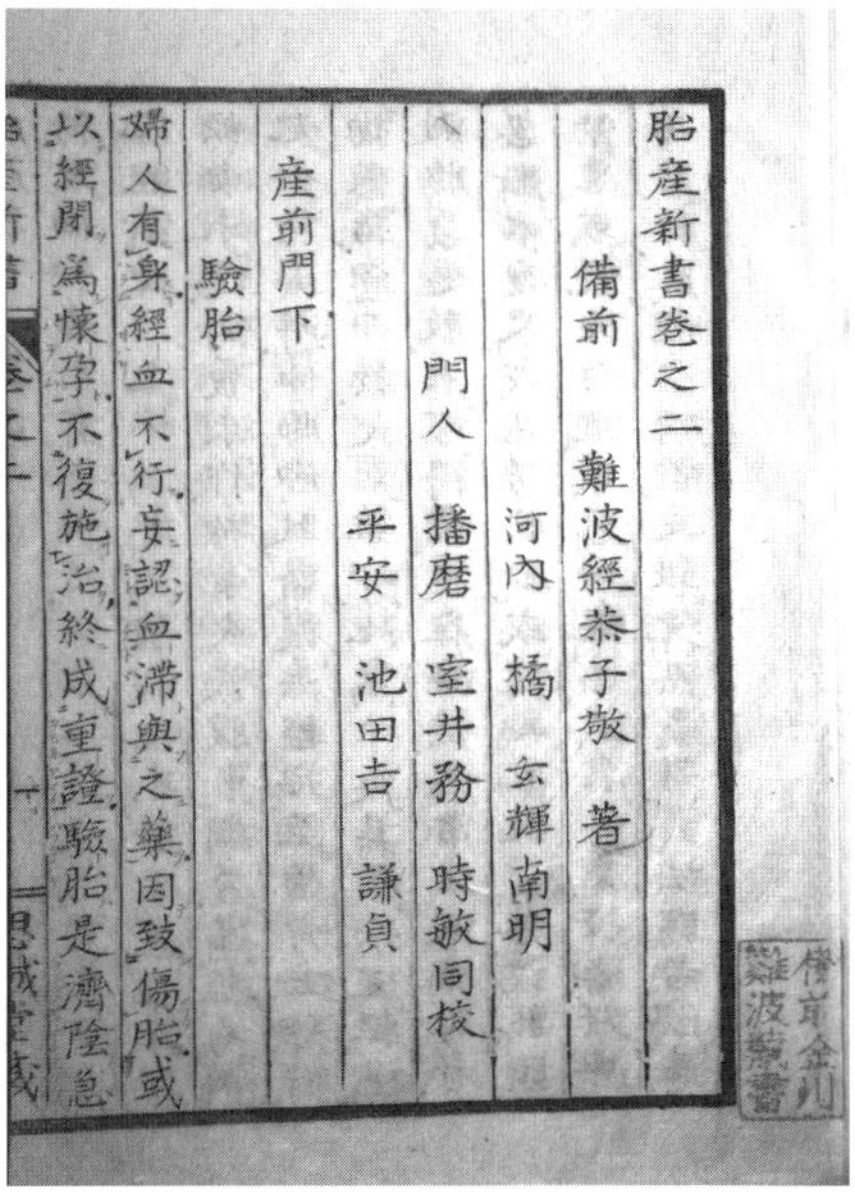

図2-a　中島家所蔵本・巻二

図2-b
同前・難波家蔵書印

図2-c
同前・版心部
「思誠堂」

中島家本は、序の年代によれば、安政二年（一八五四）以降に成立、書写されたものである。第二冊（図2-a）のみ抱節の私塾「思誠堂」の用箋を使用した別筆で、印記「備前金川／難波蔵書」があることから、該冊は著者抱節旧蔵書と見られ、これによりやはり抱節、もしくは思誠堂、難波家と中島家は無関係では無かったと思われる。現在、第二巻以外の抱節旧蔵『胎産新書』の所在は確認されていないが、十巻本には少なくとももう一点あったことが想定される。

著録内容は、前付けとして、嘉永七年（一八五四）多紀元堅序、天保一四年（一八四三）源宜序、帆足万里序（年時不明）、天保一五年（一八四四）自序、安政二年（一八五五）難波経直（抱節男）序の五序、「例言」「引用書目」「総目次」があり、続いて巻一以下本文となる。「引用書目」は、「医書部」「儒書部」「仏書部」「和書部」と三項を立て、末に「右二百三十五部」と記す。(11)

図の画師については、巻二「子癇」に「予方撰此書、原泉及友人伯州門脇志賀介門人播州水田謙益、為写胎孕諸図」(12)とあることによる。原泉は、抱節の友人小神富春(13)の子廉次で、画師長谷川融記の養子となり、直記、原泉と改名(14)した人物で、抱節はその出産にあたった。その際、母親に「子癇」の症状が現れ、抱節が処置したため、それらは事例として巻二「子癇」に記載され、併せて前掲の記述がある。

その他、序、本文には、朱筆にて、返点、送仮名、また一部には和訓が書き入れられているが、これは第二冊の難波家旧蔵本も含め全冊同筆によることから、それら朱筆は、該本が難波家から移入後に中島家にて書き入れられたものであろう。

○くすり博物館本

胎産新書十巻（存巻一至五） 難波経恭子敬著 〔長谷川原泉（直記）・門脇志賀介・水田謙益〕画 高山謙道益等校 江戸後期写本 存二冊

【書式】 書形二四・一×一八・八 双辺有界一〇行二〇字（序部無辺無界）一九・七×一三・〇 墨筆返点・朱筆送仮名、朱筆傍注。

【巻首・内容】

首「序」末「嘉永七年小春朔江戸丹波元堅茝庭撰于奚暇斎」（全三丁）

次「胎産新書叙」末「天保十四年歳在癸卯冬十月朔／信州羽 源宜識」（全一丁）

次「胎産新書序」末「日出 帆足万里」（全一丁）

次「自序」末「天保十五年甲辰上元／難波経恭識」（全三丁）

次「序」末「時安政二年乙卯春三月上巳日男経直撰于岡山僑居」（全四丁）

次「例言」（全三丁）

次「引用書目」（全三丁）

次「胎産新書総目次」（全五丁）

次「胎産新書巻之一／備前 難波経恭子敬著／門人一備前 高山謙道益／美作 蟲明善元長／武元信忠恕卿一同校」（巻首目「産前門 上」）末題「胎産新書巻之一 終」（全一三丁）

以下至巻九（巻二以下各巻校者事項、巻頭は中島家本に同じ）

【外題】 内表紙「胎産新書」、後補書題簽「胎産新書」書題簽「胎産新書」（第二・三・四冊）

【印記】 「大同薬室／図書之記」（朱文長方印）「内藤記念／くすり／博物館」（朱文正方印）

くすり博物館本は、巻六以降を闕くが、著録内容は、前付け、著者事項の記載等、基本的に中島家本と同一で、返点、添仮名等の朱筆書入も概ね一致する。また本文も概ね一致するため、同系統の伝本として、以下本系統を中島家本系と称す。

○岡山市立図書館本

胎産新書十巻（巻八「手術門」闕） 難波経恭子敬著 江戸後期写本（二筆） 全三冊

【書式】 書形二四・五×一六・八 無辺無界一〇行二〇字 墨筆句点

【巻首・内容】

首「序」末「嘉永甲寅南至日江戸丹波元堅茝庭撰于奚暇斎併書」又「離騒楼主人蔵之」（全二丁）

次「胎産新書総目次」（全四丁）

次「胎産新書巻之一／備前 難波経恭子敬著」（巻首目「産前門 上」）末題「胎産新書巻之一 終」（全一二丁）

以下至巻十（巻十のみ巻題に巻数表示無し）（巻二全四〇丁巻三全三〇丁（第一冊）、巻四全三三丁巻五全二六丁（途中より別筆）巻六全一六丁（第二冊）、巻七全二六丁巻八全一七丁巻九全二八丁巻十全二二丁（第三冊））

巻七末題下部に「五月二日夜写尽」と有り。

【外題】 後装表紙打付書「胎産新書」又「巻一～三」（「巻四～五」「巻七～十」）又第一冊に「難波経恭（名）、子敬（字）、抱節（号）立愿」と有り。

【印記】 「示宗／蔵書」「岡山市立図書館」他一顆

岡山市立図書館本は、現存する諸本の中で、唯一全巻揃っているものであるが、目次には記載があるものの、巻八の一部「手術門」を闕き、完全ではない。書写は、巻五の途中より別の筆となり、二筆からなる。

著録内容は、はじめに嘉永七年多紀元堅序が有り、次に「総目次」、そして巻一以下本文となる。

序はこの多紀元堅序のみで、その本文は中島家本と単純な誤写による僅かな異同はあるものの概ね一致する。しかし末の年次表記は以下の通り相違するため、書写した底本は異なるのであろう。

中島家本

嘉永七年小春朔江戸丹波元堅茝庭撰于溪暇齋

岡山市立図書館本

嘉永甲寅南至日江戸丹波元堅茝庭撰于溪暇齋併書　□□（印記を示す□符）

巻一以下本文について中島家本と比較すると、まず各巻首の著者事項の記載が異なり、中島家本に見える門人等の校訂者事項は無い。また本文についても著録内容に大きな異同があり、やはり中島家本とは書承系統が異なるものと判断される。

○正宗文庫本

胎産新書十巻（闕巻九・十）　難波経恭子敬著　江戸後期写本（第一・二・七冊、三・四冊、五・六・八・九冊の三筆）　存九冊

【書式】　書形二三・三×一六・〇　無辺無界一〇行二〇字　朱墨句点

眉欄校異

【巻首・内容】

首「胎産新書総目次」（全四丁）

次「胎産新書巻之一／備前」（巻首目「産前門　上」）末題「胎産新書巻之壹終」（全一二丁）（以上第一冊）

以下至巻八〔巻二以降著者事項「備前難波経恭子敬著」、巻二全四一丁巻三全三〇丁巻四全三四丁巻五全三六丁巻六全三一丁巻七全四三丁（以上各巻一冊）巻八全四〇丁（第八冊全二二丁第九冊「手術門」～全一八丁）〕

【外題】　書題簽「胎産新書」

【印記】　「児玉／氏蔵／書記」「正宗文庫」「郷土」

正宗文庫本は、複数の手により書写され、第一・二・七冊の一筆、三・四冊の一筆、五・六・八・九冊の一筆、計三筆からなる。著録内容については、「総目次」から始まり、序文は無い。「総目次」によれば全十巻で、巻九、十を闕くが、原闕の可能性が高い。これについては次掲杏雨十巻本により推定した。

巻一以下本文については、前掲の中島家本系、岡山市立図書館本と比校すると、両本には全く無い記述が少なくなく、また総目次所載の子目によれば、原闕巻九十についても、中島家本系、岡山市立図書館本とは異同があるため、別系統の伝本と見られる。

また本文眉欄には按語や脱字などの校異記事が書き入れられているが、それらを中島家本、岡山市立図書館本と対校すると、いずれにも合わない場合があり、その校異はさらに別の一本とのものと思われる。

○杏雨十巻本

胎産新書十巻（巻八「手術門」、巻九十原闕）　難波経恭子敬著　江戸後期写本　全四冊

【書式】（寸法未測定） 無辺無界一一行二一字注文小字双行 朱墨句点
眉欄校異

【巻首・内容】
首「胎産新書総目次」（全四丁）
次「胎産新書巻之一／備前 難波経恭子敬著」（「産前門 上」～）末題「胎産新書巻之一終」（全十一丁）
以下至巻八〔巻一全三七丁以上第一冊巻三全二八丁巻四全三〇丁以上第二冊巻五全三一丁巻六全二七丁以上第三冊巻七全三八丁巻八全二〇丁以上第四冊〕

【外題】 原表紙打付書「胎産新書 元」（亨・利・貞） 後表紙題簽「胎産新書 元（亨・利・貞）」

【印記】「藤浪氏蔵」

杏雨十巻本は、「総目次」によれば全十巻で、巻八の途中「手術門」以下、巻九、十は闕巻となる。しかし最終冊第四冊末丁には、本来巻八の途中ながら、「手術門」前に著録される「雑門」末に「胎産新書巻之八 大尾」とあり、また全四冊の各冊表紙打付書には、書名に続いて本文同筆にて「元・亨・利・貞」と四冊で完結していることから、巻八「手術門」、及び巻九、十は書写した底本から闕いていたものと考えられる。また眉欄には、正宗文庫本と同じく他本との校異が書き入れられている。

本文を前掲諸本と比較すると、中島家本、岡山市立図書館本とは相違するが、正宗文庫本とはほぼ一致するため、書承系統が同じものと判断される。これにより正宗文庫本の闕巻の原闕について推察した。以下、この二本を同系統として正宗文庫本系と称すが、両本に書き入れられた眉欄の校異を相互に校合すると必ずしもその結果が本文と合致せず、直接的な書承関係があったとは言えない。

〇杏雨佐伯本（佐伯理一郎旧蔵本）筆写未見
胎産新書〔十巻〕（存巻一至六）〔難波経恭子敬著〕 明治二四年岡義夫写
佐伯理一郎補写本

中山氏[15]によれば、山田業精所蔵本を岡義夫が借用書写し、多紀元堅序、自序などを佐伯理一郎が補写したとある。山田業精[16]は後掲杏雨二巻本の書写者山田業広の子。

以上、十巻本については、各本の書誌事項、著録内容により、中島家本とくすり博物館本の中島家本系、正宗文庫本と杏雨十巻本の正宗文庫本系、そしてこれらとは系統を異にする岡山市立図書館本の三系統があったが、さらにそれら書承系統とその特徴、またそれにより系統間の関係を検証する。

特徴について、まず中島家本系については、第一に序文、「例言」、「引用書目」の前付けと各巻首の編著者事項の記載が挙げられる。序文以下の前付けについては、諸本の中で、五序、「例言」、「引用書目」が備わるものは他に無い。序文には、著述経緯、方針が記され、凡例を示す「例言」、著述の最終過程として整理された「引用書目」を備えるなど他系統本よりも著作の完成型を成している。これは中島家本系が、成書の最終段階を示すものであろう。また編著者事項についても、中島家本系には著者難波抱節の他、校訂した門人の名が列記されているが、他系統本の場合は著者抱節の名を記すのみである。これらによれば、中島家本系が校訂を経た『胎産新書』十巻本の最終稿と言える。

岡山市立図書館本については、序文は多紀元堅序のみ著録されているが、前述の通り中島家本とは末の年次表記が相違するため、書写した底本は異なる。その他前付けの有無によれば、書承系統としては、中島家本系『胎産新書』より前段階の稿になろうか。

残る正宗文庫本系については、その特徴として他系統本には無い記述が挙げられる。それらは各子目の末にあたる箇所に多く、「西説……」「解体新書曰……」と西洋医学、蘭方を参照した記述が散見する。これらは他系統本では伝写過程で削除されたものか。それ以外の本文については、中島家本系よりも岡山市立図書館本と一致する箇所が多い。

以上、十巻本各書承系統の特徴、各間の関係を総括すると、底本の成書時期については、まず正宗文庫本系、次に岡山市立図書館本、そして最終稿として中島家本系があったと推察される。

なお、筆者未見の杏雨佐伯本については、序の有無によれば、中島家本系に可能性もあるが、これについては、別稿を期す。

(2)二巻本

次に、二巻本の各書誌事項、概要と、諸本間の関係を整理する。

○京都大学付属図書館富士川文庫本(以下略「京大清川本」)
胎産新書二巻(巻下「嬰児門」闕) 難波経恭子敬著 進藤玄常写抛浅野謙輔写嘉永元年(一八四八)清川玄道校点本 全一冊
【書式】(寸法未測定) 左右双辺有界一〇行一九字 句点朱引 眉欄校異
【巻首・内容】首「胎産新書巻之上／備前 難波経恭子敬纂述」(巻首目「胎前門上」)(全五六丁)
以下巻二(巻首目「臨産門」)(全四一丁)
【識語】 嘉永元年五月靄軒愷記識語(末「嘉永元年五月朔靄軒愷記」)(書末)
【外題】 表紙打付書「胎産新書」
【印記】 「清川氏／図書記」「富士川游寄贈」「京都／帝国大学／図書印」
本書京大清川本には、以下の通り、嘉永元年の清川玄道識語(17)がある。
右胎産新書二巻、備前侯医臣、某之医員難波立玄所纂述也往歳三河吉田之村医、浅野謙輔寓於彼塾、自謄写以帰、予門人吉田侯医官、進藤玄常、亦転写、蔵之笈以自随、遂為予書一本見贈、因得閲之、書頗博洽、事実明確、而其所論妥穏不失則、其為人可以想見焉。第原本転伝訛誤、不能無衍脱、是則可憾已、今一仍其旧、如挍亥豕、則俟他日云、未知経其梓行否、姑以挿架、嘉永元年五月朔、靄軒愷記 (句点は原本ママ)
これによれば、まず三河吉田の村医浅野謙輔が抱節の私塾思誠堂において謄写したものを、玄道の門人、吉田侯医官進藤玄常が移写し、それを贈られた玄道が本文の脱誤、校異を眉欄に書き入れ、句読を付したものである。印記「清川氏／図書記」があることから、清川玄道自筆校本と考えられる。但し。眉欄の校異と識語は別筆と見られ、未詳。
○京都大学付属図書館富士川文庫本(以下略「京大伊沢本」)
胎産新書二巻 難波経恭子敬著 嘉永四年(一八五一)伊沢信淳(田中信順)写安政二年(一八五五)校点抛嘉永元年(一八四八)清川玄道校点本

全一冊
【書式】（寸法未測定）　無辺無界一二行二二字　朱句点朱引　眉欄校異
【巻首・内容】
首「胎産新書巻之上／備前　難波経恭子敬纂述」（巻首目「胎前門上」）（全四六丁）
以下巻下（下巻は上巻から続き、第二四丁裏第九行から始まり、巻頭題なし）
【書末】「嘉永四年亥年自四月終八日到五月十一日写終焉　田中信順書」
又「安政二乙卯三月十八日句読卒業于時蓮池蘸青錢燕子花満開堪愛賞　伊沢信淳」
【識語】嘉永元年五月靄軒愷記識語（末「嘉永元年五月朔靄軒愷記」）
【外題】表紙打付書「胎産新書　完」
【印記】「伊沢氏／酌源堂／図書記」「富士川游寄贈」「京都／帝国大学／図書印」

本書は、前掲京大清川本と同じ嘉永元年清川玄道識語の他、書写者伊沢信淳の嘉永四年と安政二年の識語がある。なお、嘉永四年識語の署名「田中信順」は伊沢信淳、即ち蘭軒の嗣子榛軒の養子棠軒で、生父が田中氏、幼名が信順である。[18] また、信淳（棠軒）は玄道に学んでいる。

識語によれば、信淳（棠軒）は清川玄道校点本を底本として、まず嘉永四年に移写し、その四年後の安政二年に校点を加え、眉欄に校異を書き入れている。よって京大清川本とは直接的な書承関係がある。印記「伊沢氏／酌源堂／図書記」の「酌源堂」は信淳（棠軒）の号であることから、本書は自筆校本と見られる。

○杏雨書屋乾々斎文庫本（以下略「杏雨二巻本」）
胎産新書二巻　難波経恭子敬著　慶応三年（一八六七）山田業広写拠嘉永元年（一八四八）清川玄道校点嘉永四年（一八五一）伊沢信淳写安政二年（一八五五）同校点本　全二冊
【書式】書形二三・六×一七・一　左右双辺有界一〇行二〇字　句点　眉注
【巻首・内容】
首「胎産新書巻上目録」第一行眉注「原缺目録今新補之」（全一丁）
次「胎産新書巻之上／備前　難波経恭子敬纂述」（巻首目「胎前門上」）（全五〇丁）
次「胎産新書巻下目録」（全一丁）
次「胎産新書巻之下」（巻首目「臨産門」）巻頭眉注「旧有上巻之目而无下巻之目今以意補之」
【書末】「三月九日起業同月廿六日卒業」（全五〇丁）
【識語】嘉永元年五月靄軒愷記識語（末「嘉永元年五月朔靄軒愷記」）、慶応三年三月椿庭業博廣識語（末「慶応三年卯三月廿八日椿庭業廣」）
【外題】後補書題簽「胎産新書　上〔下〕」

杏雨二巻本には、前掲京大本二点と同じく嘉永元年清川玄道識語がある他、以下の通り、慶応三年山田業広（椿庭）[19] の識語がある。

右胎産新書靄軒清川玄道抄写、福山医官伊沢信淳転写、蔵之余借而手自鈔写更校読一過了。時寓于備後福山深津町本陣藤井五郎右衛門家。慶応三年卯三月廿八日椿庭業広

これによれば、業広が伊沢信淳から京大清川本の移写校点本（京大伊沢本）を借りて、慶応三年に移写し、さらに校点を加え、眉欄に校異を

書き入れたものである。よって、京大二本の書承系統に連なる。また移写にあたり、各巻前には底本には無かった目録を補記している。

なお、山田業広（椿庭）も清川玄道と同じく、伊沢蘭軒門下で蘭門五哲の一人に挙げられる人物で、信淳（栄軒）はまた業広（椿庭）にも学んでいる。

以上、二巻本については、諸本間に明白な書承関係があり、それと同時に現存する伝本の書承系統が一つであることも判明した。またそれは伊沢門下の人々により、伝写されていったことは興味深く、抱節の産科学が彼らにどのように影響していったのかは、今後の課題とする。

(3) 十巻本と二巻本

前述の通り、十巻本と二巻本は、書名は同じくするも、元来、読者対象、著録意図を異にする別本である。成書過程、その時期の詳細、また両本の関係については、今後さらに本書の内容面を検討した上で判断していくこととして、現段階で明確となった点について記す。

十巻本については、三系統の伝本があり、各々正確な書写時期は不明であり、複数の稿を経て成ったものであるが、最終稿にあたる中島家本系所収の序文の年代によれば、その成立は安政二年（一八五五）以降となる。一方、二巻本の場合は成書過程、書承関係が明白で、その成立時期は嘉永元年（一八四八）となる。よって、最終的な成書時期としては、二巻本の方が先となる。

おわりに

『胎産新書』について、十巻本、二巻本二種の諸本について書承系統、特徴等を書誌的に整理してきたが、さらに今後は内容面について検討していかなければならない。そこで、以下、それら検討課題について挙げ、結びとする。

二巻本については、諸文献からの引用、及びそれらに対する抱節の按語が記された理論を主とした産科研究書であり、そこには抱節の産科論、延いては学術が顕著になるものとして、詳細に考察していきたい。

一方、十巻本については、二巻本よりもさらに多角的な研究課題が挙げられる。

前述の通り、十巻本の著録の中心となるものは、抱節が実際に対処した具体的症例であるため、そこから当時の産科はじめ婦人、小児科の実態が解明される。またその記録には患者の地域、年齢といった状況が克明に記されているため、地域医療の実態についても検証できよう。さらに、二巻本と同じく、多くの文献を引用していることから、こちらもまた抱節、また同時代の各文献の受容を把握する端緒となろう。そしてこれらの研究にあたっては、著者抱節の自序とともに、著述意図を示す「例言」、また校訂を経た『胎産新書』最終稿となる中島家本はその基本資料として一つの起点となろう。

本稿の作成に当たり、中島洋一氏、内藤記念くすり博物館、岡山市立中央図書館、正宗文庫、杏雨書屋、京都大学付属図書館には、閲覧及び複写にあたり御高配を賜りました。末文ながらここに記して感謝の意を表します。

（1）難波抱節に関しては、中山沃氏により詳密な研究がなされ、その成果は

『備前の名医　難波抱節』（山陽新聞社、二〇〇〇年）として刊行され、本稿においてもその学恩にあずかった。

（2）　前掲注（1）中山氏著には、著者中山氏蔵本が紹介されているが、該本は、浅野謙輔が抱節の塾で書写した本論一冊附論一冊の二冊本とあり、巻数については記されておらず、不明である。なお、書写者浅野謙輔については後述するが、二巻本の書写者でもあり、あるいは該本も二巻本の系統である可能性も考えられる。

（3）　寛永三年（一七五〇）～文化一〇年（一八一三）。名猷、字修夫。通称大助、周助。江戸後期の古方派の医師。吉益東洞の子。京都で父の医業を継ぐ。

（4）　明和八年（一七七一）～天保四年（一八三三）。名満定、字子清。賀川玄悦（子玄）次男。京都の人。

（5）　天保六年（一八三五）～宝暦一〇年（一七六〇）。名震、字伯行、通称随賢（三代）、家号春林軒。江戸後期の漢蘭折衷外科医。吉益南涯に古医方を、大和見立にオランダ流外科を学ぶ。

（6）　文化七年（一八四九）～文久三年（一八六三）。名章、字公裁、通称三平、別号華陰、適々斎。大坂にて中天游、江戸で坪井信道に入門。長崎に遊学ののち大坂に適塾を開く。

（7）　天明六年（一七八六）～安政四年（一八五七）。吉益南涯の子。

（8）　天明四年（一七八四）～嘉永二年（一八四九）。名龍。号拙翁、樫園など。京都の人。小石元俊の子。江戸で大槻玄沢、杉田玄白らに学び、京都に戻ると父の医学塾究理堂を継ぐ。

（9）　天明七年（一七八七）～天保年間（一八三〇～四四）。名惟章、字義夫、号摂生堂、通称順節。備前の人。岡山藩医。諸国漫遊後、京都にて摂生堂と号し、後進を育てる。

（10）　友玄は、京都遊学時代の日記『京遊備忘』を残しており、「七日　晴〇終日緒方塾ニテ写書／八日　晴〇朝小石会〇昼終日緒方塾ニテ写書／九日　晴〇吉益会〇（中略）〇緒方会」というように、同日に複数の塾に出かけていることが見える。

（11）　医書は一一〇部、儒書は八七部、仏書は一二部、和書は一六部で、実際は全二二五部（表2参照）。各部、広範な分野に亘り、医書は、古典的文献から蘭方、儒書はいわゆる漢籍全般（一部邦人著作含む）で、経書、史書、字書類の他、雑家類、小説、随筆が多見する。それら引用文献については、「例言」に、

一　編中所引諸書、文辞体裁不一。今不論古今雅俗。皆拠本書、但係本邦俗文。写以漢文。雖已用其文、拙陋難通暁者、或有所改竄。蓋医書性命之所関、貴平生易読。非修辞闘巧也。雖野史貝典、有事可取、則挙以徴之。亦非衒博也。（編中引く所の諸書、文辞体裁一ならず。今古今雅俗を論ぜず。皆本書に拠り、但本邦俗文に係するのみ。写するに漢文を以てす。已に其文を用ゐると雖も、拙陋通暁し難きは、或は改竄する所有り。蓋し医書は性命の関はる所、平生読み易きを貴ぶ。辞を修め巧を闘かはしむるに非ず。野史貝典*と雖も、事の取るべき有れば、則ち挙げて以て之を徴す。亦博を衒するに非ず。）（*貝典。仏書）

とある。また、その引用に際しては、

一　古書有論説相同、而文異詳略者。務取其易通者。不必由時代前後、且或名或字、書名称号、無有定例。覧者諒焉。（古書論説相ひ同じ、而して文異なるに詳略する者有り。務めて其通じ易き者を取る。必ずしも時代の前後に由らず、且つ或は名或は字、書名称号、定例有ること無し。覧者諒せよ。）

とある。

（12）　岡山市立図書館本、正宗文庫本、杏雨十巻本は「原泉」を「直記」に作る。

（13）　天明四年（一七八四）～安政五年（一八五八）。通称均、信象、号芒園、杉蔭之舎。江戸時代後期の国学者、歌人。備前・七曲神社の神職。

（14）　岡山大学池田文庫マイクロフィルム目録データベースに「先祖【並】御奉公之品書上　長谷川勝巌」が著録され、細目に「長谷川直記芳昆（長谷川籐次を改名）　長谷川原泉（直記を改名）　長谷川勝巌芳景（原泉を改名）」とある。

（15）　中山氏前掲注（1）書（二〇四頁）参照。

（16）　嘉永三年（一八五〇）～明治四〇年（一九〇七）。儒学を芳野金陵の門に学び、医学は父業広に学ぶ。

（17）　寛政四年（一七九二）～安政六年（一八五九）。享年六八。名愷、字吉人、

号靄墩、靄軒、梧陰、室号誠求堂。医師榎本玄昌の次男。のち伊沢蘭軒に入門、清川金馬養子となる。蘭門五哲の一人。

(18) 伊沢信淳、天保五年(一八三五)~明治八年(一八七五)。享年四二。伊沢蘭軒嗣子棒軒養嗣子。字良甫、号棠軒、谷軒、尚軒、通称棠軒。幼名鏐造、のち信順、淳良、良安、春安。堂号酌源堂、三養堂、芋二庵。生父田中氏。蘭軒三男柏軒、森養竹(共之)、山田業広(椿庭)、清川玄道等に学ぶ。【参考】『伊澤文書』(東京大学附属図書館鷗外文庫所蔵)

(19) 文化五年(一八〇八)~明治一四年(一八八一)。字子勤、通称昌栄、号椿庭。高崎藩藩医の家に生まれ、儒学を浅川善庵に、医学を伊沢蘭軒に学び、蘭軒没後は多紀元堅に師事。さらに痘科を池田京水に学ぶ。蘭門五哲の一人。

表1　『胎産新書』十巻本・二巻本門目

＊十巻本は中島本、二巻本は京大伊沢本による。

十巻本（10門143目）	二巻本（５門75目）
巻一・産前門上	巻上・胎前門上
求嗣	将護
結胎	情欲
胎位	飲食
娩期	労逸
労逸	鍼灸 附産後
情欲	服薬
飲食	鎮帯産椅（椅）
用薬	穏婆
鍼灸 附産後	受孕
	結胎
	成男成女 転女成男預男女
	胎位
	娩期
巻二・産前門下	巻上・胎前門中
験胎	験胎
悪阻	悪阻
胎動（下部割注「宜與胎漏半産條参照」）	胎動
胎漏　吐衄 尿血 盛胎	胎漏 附下血吐衄
半産	巻下・胎前門下
打胎	水腫 附産後
子癇 附産後痙	鼓脹
水腫 附産後	癇
泄瀉 附産	小産＊（＊十巻本巻二「半産」と同内容あり）
大便不通 附産後	打胎
小便不通　転胞 遺尿 附産後	小便閉
	淋病
	滞下
	下利
	癥瘕
	不仁攣痛 附産後
	喘 附産後
	咳嗽
	大便不通 附産後
巻三・臨産門	巻下・臨産門

助挽	将護
陣疼(下部割注「宜漿候條相参観」)	陳痛(下部割注「與漿候條互相参酌用之為善」)
漿候	児頭下臨
	漿候(下部割注「験死胎八則可互参看」)
	嘔吐
巻三・難生門	有斎先生験死胎八則(下部割注「子玄先生之子蘭斎先生之父」)
験胎死生	**巻下・難生門**
四難産	四難産
順生難	順生難
横生	逆産
逆生	横産 附露手産
坐生	臀産
巻四・変生門	
孿胎	孿胎 附品胎
胎位	孿生受孕之由
挙孿	孿子疑兄弟
孿子品胎経日生	慣孿生
一産多子 三子至六子	孿生貌肖
雙生兄弟	一産多子*(十巻本巻四「一産多子」と同実例所載)
全胞児 断胞児　内胞児	附一産四子五子六子記*
母死子不出	孿胎経日生
産不由戸	三子賜米鈔
異産	全胞児
	異産
	附記事*(具体例)
巻五・産後門	
将護	
飲食	
用薬	
労逸	
沐浴	
入房	
息胞(下部割注あり「…詳見胞衣辨」)	
乳病	
小腹痛	
発暈　崩血 悪露不下	
狂驚	

陰宮脱 陰宮諸證	
脱肛	
巻六・血證門	**巻下・血證門**
調経	経水
経閉	帯下
癥瘕	血崩
血崩	
帯下	
巻七・嬰児門	**巻下・嬰児門**
初誕	将護
断臍 蔵胎衣	断臍
洗浴	洗浴
著衣	着(著)衣
剃頭	乳哺
乳哺	拭口
用薬鍼灸	不啼
不啼	夜啼
夜啼	不乳
吐乳	哯乳
大便不通　小便不通 鎖肛	不大便 附鎖肛
胎溻皮瘡	無髪
胎斂瘡	初生無皮
胎瘤	解顱
鵞口瘡	胎瘤
	鵞口瘡
	頭瘡
	断紋蒼斑
巻八・雑門	
胞衣辨	
三胞辨	
子宮	
鵞卵記	
鮫胎記	
柹蕈説	
男女火水説	
成男女辨	
産帯説	

穏婆	
痙痓辨	
癇痙辨	
辨月経非淤悪論	
胎汚辨	
悪阻名義	
月経名称	
攣子品胎名義	
胎孕名義 附娩	
巻八・手術門	
胎前術六則(下部割注「毎術宜與本条参観本条所論無異同者不複別載」)	
験胎	
整胎	
擁胎	
救癇	
洩閉	
鍼陰	
臨産術八則	
助娩	
両全	
脱梗	
抒倒	
回倒	
抜坐	
整偏	
挙攣	
産後術五則	
挐蔕	
禁暈	
救痙	
斂宮	
復肛	
巻九・図式門	
〔器械〕(巻頭標題無し、「総目次」による)	
隻眼子	
玉鎖匙	
杈子	

義爪	
牝牡子	
正孕	
順生難 四式	
露手偏生	
横生 八式	
逆生 九式	
断頸	
坐生 三式	
全胞児	
断胞児	
内胞児 二式	
孿胎 八式	
品胎 五式	
五胎	
不月胎 三式	
異胎 十五式	
異物 四式	
正胞蒂 二式	
奇胞蒂 十一式	
孿胞蒂 三式	
品胎胞蒂	
息胞 十式	
驚卵 二式	
鮫胎	
柹莫	
女子命門繫胞図	
巻十・方剤門	
胎前	
産後	
血證	
嬰児	

普済方	明朱橚撰
古今医統	明徐東皐撰
万病回春	明龔廷賢撰
寿世保元	明龔廷賢撰
済世全書	明襲廷賢撰
神農経	
本草綱目	明李時珍撰
本草彙言	明倪朱謨撰
本草原始	明李中立撰
名医類案	明江瓘撰
赤水玄珠	明孫一奎撰
證治準縄	明王肯堂輯『傷寒証治準縄』
外科正宗	明陳実功撰
外科秘録	清陳士鐸撰
瘍医大全	清顧世澄撰
景岳全書	明張介賓撰
済陰綱目	清武之望撰
医学入門	明李挺撰
温疫論	明呉有性撰
医燈続焰	明潘楫註
保産心法	清石成金撰
産経	明施沛『霊蘭集』所収
類経	明張介賓撰
医心方	丹波康頼著
偶意草	明喩嘉言『寓意草』
錦囊秘録	清馮兆張撰
医宗全鑑	「全」ママ、清呉謙撰『医宗金鑑』
東医実鑑	「実」は原表記「實」で、「宝」の正字体「寳」の誤写か、許浚『東医宝鑑』
集験良方	清年希堯撰
格知余論	「知」ママ、元朱審亨『格致余論』
石室秘録	清陳士鐸撰
張氏医通	清張璐撰
産宝百問	元朱震亨撰
大徳済陰	月湖『大徳済陰方』
達生論	清亟斎居士輯『達生編』
達生録	明堵胤昌撰
幼幼集成	清陳復正(飛霞)撰

表2　『胎産新書』十巻本(中島家本)「引用書目」

＊表記は原本通り。但し、正字体は新字体に改めた。
＊備考欄は筆者補記。

引用書目	備考
医書部	110部
素問	
霊樞	
傷寒論	漢張仲景撰
金匱要略	漢張仲景撰
肘后方	晋葛洪撰
病源候論	隋巣元方等『諸病源候論』
脈経	晋王叔和撰
脈訣	晋王叔和撰
千金要方并翼	唐孫思邈撰宋林億等校正
外台秘要方	唐王燾撰
顱顖経	闕名撰
産宝	唐昝段撰
聖恵方	宋王懐隠等奉勅撰『太平聖恵方』
聖済総録	宋姓和中勅撰元申甫等校『大徳重校聖済総録』
三因方	宋陳言『三因極一病證方論』
産育保慶	宋李師聖・格稽中編『産育保(宝)慶集』、抱節旧蔵『産育宝慶方』あり、序題「産育宝慶方序」眉注「恭按他書所引皆作保慶」
済生方	宋厳用和『(厳氏)済生方』
医説	宋張杲撰
続医説	明兪弁撰
儒門事親	金張従正撰
婦人良方	宋陳自明撰
大全良方	宋陳自明『婦人大全良方』
蘭室秘蔵	金李杲撰
永類鈐方	元李仲南撰
直指方	宋楊士瀛撰
丹渓心法	明方広撰
医学綱目	明楼英撰
傷寒六書	明陶華撰
便産須知	明顔漢撰
医学正伝	明虞摶撰

生象止観	野呂天然(無量居士)著
解体新書	杉田玄白等訳
奇疾便覧	下津寿泉著
蔓難録	柘植彰常著
洛医彙稿	山本世孺(仲直)編
萍州可談	宋朱彧撰
東朝食鑑	平野(人見)必大『本朝食鑑』?
儒書部	87部
詩経	
易経	
礼記	
論語	
周礼	
蒙引	
左伝	『春秋左氏伝』
国語	
公羊伝	『春秋公羊伝』
家語	『孔子家語』
荘子	
管子	
淮南子	
文子	
戦国策	
史記	
前漢書	
後漢書	
魏志	
晋書	
三十国春秋	劉宋武敏之撰
魏畧	
遼史	
博雅	魏張揖撰
通雅	明方以智撰
広雅	魏張揖撰
説文	明穆希文撰
説原	未詳
大玄経	漢揚雄撰

痘科鍵	清朱巽撰
普渡慈航	明龔廷賢撰龔定國続編『雲林医聖普渡慈航』
明医指掌	明皇甫中撰馮昌年校
丹台玉案	明孫文胤撰
済陰纂要	清銭峻『済陰纂要方』
奚嚢便方	明陳朝堦撰
褚氏遺書	斉褚澄編
女科撮要	明薛己撰
董西園医級	清董魏如(西園)撰
董氏集験方	未詳
衛生易簡方	明胡濙撰
種痘新書	清張琰玉撰
産科要訣	ヨーセフ・グリフヰス・スウエイン著
保生砕事	清汪淇撰
胤産全書	明王肯堂撰
彙聚単方	明呉勉学『師古斎彙聚簡便単方』
推拿秘法	未詳
簡便方	未詳
救正論	明蕭京『軒岐救正論』
寿域神方	明朱権撰
證類本草	宋唐慎微撰
證治要訣	明戴元礼撰
保産機要	明湯処士撰柯炌編
産論	賀川玄悦『子玄子産論』
産論翼	賀川玄迪著
産科全書	戸田斎宮(旭山)『中条流産科全書』
産科指南	大牧周西著
女科随剳	奥劣斎著
女科漫筆	奥劣斎著
産科発蒙	片岡鶴陵著
産科新論	立野竜貞著
坐婆筆研	池田清年『坐婆必研(とりあげばゞ心得草)』
安生論	中川為昌『無難産安生論』?
丹水子	名古屋玄医著
北山医話	北山友松子(寿安)著
叢桂偶記	原昌克著

文献通考	宋馬端臨撰
続文献通考	明王圻纂輯
異苑	劉宋劉敬叔撰
野史	未詳
嵩山記	清朱雲錦撰『嵩山説』？
瑯琊鈔	明文林撰『琅琊漫鈔』？
夷堅志	宋洪邁撰
菽園雑記	明陸容撰
檜園	未詳
語怪	明祝允明撰
螽斯集	明汝賢子撰。医書
粧楼記	南唐張泌撰
留青日札	明田藝蘅撰
扁海類篇	明宋濂撰
言鯖録	清呂種玉撰『言鯖』？宋趙令時撰『候鯖録』？
七修類稿	明郎瑛撰
捜神記	晋干宝撰
游宦記聞	宋張世南撰
画墁録	宋張舜民撰
舜水談綺	朱舜水撰
陸可彦随筆	陸可彦(くがよしひこ)『有の儘(ありのまま)』
仏書部	12部
法華経	
法苑珠林	
大素経	
宝積経	
倶舎論	
修行道地経	
元亨釋書	
有縁経	
大蔵一覧経	
因果経	
毗婆論	
釋氏要覧	
和書部	16部
日本書紀	

楊氏方言	漢揚雄撰
楊氏法言	漢揚雄撰
博物志	晋張華撰
続博物志	宋李石撰
积名	漢劉熙撰
西京雑記	闕名撰
独異志	宋李元撰
顔氏家訓	北斉顔之推撰
蠡海集	宋王逵撰
遵生八牋	明高濂撰
物理小識	明方以智撰
五雑俎	明謝肇淛撰
夢渓筆談	宋沈括撰
家宝全書	清石成金撰
一家言	未詳
寄園寄所寄	清趙吉士撰
塵余	明謝肇淛撰
輟耕録	元陶宗儀撰
酉陽雑俎	唐段成式撰
崔行功纂要	『崔氏纂要方』？医書
古今秘苑	墨磨主人編
陳眉公聞見録	未詳
胡元瑞筆叢	明胡応麟撰『筆叢』
羅圭峯文集	明羅玘撰
秋燈叢話	清戴延年撰
洗寃録	南宋宋慈撰。法医書
白虎通	漢班固撰
正字通	明張自烈編
字典	未詳
字彙	明梅膺祚音釈
玉篇	梁顧野王撰
全天録	未詳
玉芝堂談薈	明徐応秋撰
事文類聚	宋祝穆撰
因樹屋書影	清周亮工撰
琅琊代酔編	明張鼎思撰
皇極経世書	宋邵雍撰

続日本書紀	
延喜式	
三大実録	
類聚国史	
中右記	
源氏物語	
万葉集	
袖中鈔	
定嗣経日記	
拾芥鈔	
東鑑	
大日本史	
築紫風土記	『筑紫風土記』
北条九代記	
逸史	

『回生鈎胞《こうほう》代臆』からみた中島友玄の産科医療

鈴木則子

はじめに

『回生鈎胞代臆』とは、幕末の備前国邑久郡の在村医・中島友玄（一八〇七〜七六）が残した、天保五年（一八三四）から明治三年（一八七〇）にかけての産科手術記録である。精粗はあるものの、三七年間で全二七四件におよぶ回生術・鈎胞術・座草術（分娩介助術）・導尿などの処置が記録される。本稿はこの『回生鈎胞代臆』の分析を通じて、幕末産科医療の実態を検証しようとするものである[1]。

回生術とは、杉立義一の定義によれば「死胎児に対し穿顱《せんろ》術（頭蓋骨に穴を開ける手術）・砕頭《さいとう》術（頭蓋骨を打ち砕く手術）・截胎《せったい》術（胎児の体を切り離す手術）を行って娩出《べんしゅつ》させ、母胎の生命を救う手術法」である[2]。一八世紀半ば、それまでの産科医学が、難産に堕胎薬や呪いくらいしか対処法を持たなかったのに対し、賀川玄悦（一七〇〇〜七七）という彦根出身の独学の医者が、鉄製の鈎を使って胎児を掻き出すこの手術法を考案したとされている[3]。玄悦によって広められた賀川流産科の技術は、日本の産科医学の近代化の始まりとして、医学史研究の領域では高く評価されてきた[4]。

現代医学からみると、麻酔・止血法・抗生物質のない時代に往診先で鈎一本で回生術を行うことは難しい[5]。しかしながら、日本ではシーボルトによって鉗子《かんし》が紹介されて以降も、明治になるまで鉗子は使用されなかった[6]。戦前の産婦人科医も分娩遷延に対してはまず探頷器《たんがん》か鉗子を使用し、やむを得ないときは截胎術を行っている[7]。回生術は危険をともなうものだが、かつての産科臨床現場においては重要な技術であったといえよう。

また鈎胞術とは、出産後に胎盤が出ないとき、回生術に使用するのと同じ鈎を以て胎盤を下ろす手術である。ただし、友玄の時代には技術の工夫によって、危険な鈎を使用せずに手や箸などを使って胎盤を下ろすようになっていた。しかし技術内容は変わっても、名称は玄悦の時代のまま「鈎胞」と呼ばれた[8]。史料名『回生鈎胞代臆』の「代」の字は、「鈎胞」とあるが鈎を使わずに他の方法で出している、ということを意味しているのかもしれない。

一　中島友玄が学んだ産科医術

『回生鈎胞代臆』の分析に入る前に、友玄の産科医術習得過程を確認しておこう。

友玄は最初の医学教育を父宗仙（一七七四～一八四〇）から受けたのち、岡山藩医武井養貞のもとで学んで、文政一二年（一八二九）、養貞の「譜代弟子」となる。[9]

宗仙はどのような産科術を友玄に伝えたのか。宗仙の産科医術は、中島家に残された宗仙の手になる二冊の写本『仲条流産科全書』と『産術筆記』から推測される。

父を早く亡くしている宗仙は、西大寺の医者河野意仙に学んだのち、木幡貞朴の「譜代弟子」となる。[10]『仲条流産科全書』は寛政五年（一七九三）四月、一九歳の宗仙が意仙に許されて筆写した中条流産科の秘伝書である。[11]だが伝統的な中条流産科は、回生術の技術を持たない。

のち文化四年（一八〇七）七月、宗仙三三歳のときに筆写した『産術筆記』は、回生術や鈎胞の技術についても記す。本書の回生術の記述は賀川満定（蘭斉／一七七二～一八三三）の口授本『産科秘要』と内容が重なる。宗仙は寛政一二年（一八〇〇）から享和元年（一八〇一）にかけて京都に遊学しているが、このとき賀川流産科を学んだと考えられる。

いずれにせよ宗仙は回生術を身につけていて、最初に友玄に回生術を指導したのは宗仙であったことはほぼ間違いない。

その後、友玄が父宗仙の元を離れて岡山の武井養貞に入門した時期は未詳であるが、天保四年（一八三三）には、父と同様に京都遊学に出ている。京都では古医方や蘭方・外科術を学ぶと同時に、緒方順節（摂生堂／一七八七～一八四〇頃）から賀川流産科の流れを汲む奥流産科を学んだ。

奥流産科は、三代目賀川玄悦の高弟・奥劣斉（一七八〇～一八三五）を祖とする。奥劣斉は独自の双全術[12]・発啼術（新生児仮死への施術）を編み出した他、妊産婦の尿閉塞に対して日本で初めてカテーテルを導入した。緒方順節はこの奥劣斉の高弟である。

中島家の蔵書中、『産科要略』は友玄が京都遊学から帰った翌年の天保五年五月、疫病の病後養生中に、かつて緒方塾で筆写した奥流産科書をまとめたものと考えられる。本書巻五「内術」は「回生門」と「鈎胞門」で構成され、その記述は奥劣斉の口授本『回生鈎胞秘訣』[13]とほぼ同じである。

賀川流も奥流も、内術に関する技術を秘伝としたため、出版されている医書には内術について具体的記述はない。また講義や実習のさいにノートを取ることは禁じられた。そこで塾生たちは、自分のノート代わりに師の口授本を塾で筆写した。友玄の遊学中の日記『京遊備忘』でも、緒方塾で写本していることが確認できる。

友玄の緒方塾での産科履修状況は、『京遊備忘』と金銭出納録『京遊厨費録』からうかがえる。天保四年一月二六日に故郷を出立、京都到着後二月一一日に順節に束脩として金三朱を納め「入門式」、一四日から一回目の授業（「緒方会」）が始まる。その後五月二〇日、二四回目の緒方会で、「外術」から「内術」の履修に入る（「緒方会、入内術」）。そして六月一五日、内術に入って八回目（五月二〇日を含む）の緒方会で「緒方会皆伝」となった。ちょうど四か月で奥流産科の履修課程をすべて終えたことになる。

賀川流も奥流も本来、初心者や数か月の短期在籍者に対しては、回生術の施術や他人への伝授を禁止している。友玄は短期履修ではあったが、すでに上洛前に父や武井養貞のもとでこれらの技術を修得済みであったから皆伝が許されたのだろう。

『京遊厨費録』の五月の出費項目に「百疋　緒方内術式」「銀六匁五分活鉤壱丁」と記載がある。『京遊厨費録』末尾には五月付の「内術神文」雛形も載る。[14] ここから、緒方塾では内術課程に入るさいに「内術式」を執り行い、金百疋とともに「神文」を提出をさせ、「活鉤」すなわち回生術に用いる鉤を頒け与えていることがうかがえる。[15]

二　『回生鈎胞代臆』の成立

次に、『回生鈎胞代臆』がどのようにして成立したかを検討しておく。本史料は横帳一冊に既述のごとく天保五年（一八三四）正月から明治三年（一八七〇）閏一〇月まで記録されている。基本的記載事項は診療年月と患者居住地、「〇〇内」「〇〇娘」という形での患者名、「鈎胞」「回生」「座草」などの施術項目である。これに時々、回生術を中心に注記が添えられている。

友玄は、ばらばらだった回生術・鈎胞術の施術記録をいつかの段階でこの一冊の帳面にまとめ直したようだ。

本史料は「年号不詳」と書かれた三件の回生術の記録から始まる。それに続いて天保五年の施術記録六件が載る。翌天保六年は一七件あるが、うち一五件に「朱ニテ書付アリ」と注記がある。これらが別の史料から転記されたこと、転記のさいに施術の詳細に関する朱筆の「書付」部分を省略したことがうかがえる。

また、天保八年は「回生・下胞無印不詳。今年疫病満行、五月ゟ止療」とあって、転記すべき診療記録そのものが存在しないようだ。「疫病」、すなわち天保の飢饉にともなう全国的な疫病流行の影響だろうか。友玄自身、感染して五月から「止療」に追い込まれたが、[16] 中島家では天保八年六月六日に父宗仙継室タキ、同一五日友玄室登和、同二三日には嫁いでいた宗仙娘多美の三名が相次いで亡くなっている。[17]

この後も天保九年から一四年は年号のみ列記され、各年の施術記録はない。回生術の技術維持という点からも、これほど長期にわたって手術をしなかったとは考えにくく、おそらく単に転記すべき記録が残っていなかっただけだろう。

そして、弘化元年から再び施術記録が始まるが、たった二件の記録とともに「前々回生鈎胞有へし　不詳」とある。翌弘化二年も、四件の記録のうち一件は朱書の注記があるものの、「前々有へし　不詳」との記載があって、両年とも転記すべき記録が不備であったことがわかる。

回生術の記録に朱筆で患者の容態や施術状況に関する注記が頻繁に入り始めるのは、弘化三年からだ。この頃から、転記すべき書付がきちんと保管されていたことが推測される。

友玄は何のために書付を残したり『回生鈎胞代臆』を作成したのだろうか。「臆」は考察するという意味をもつ。全二七四件の記録のうち、回生術は七六件で（回生術と鈎胞術の両方を施した場合も含む）、それ以外の施術の多くは鈎胞術単独の施術である。だが、詳しく記述されるのは回生術のほうであり、友玄の意識は明らかに回生術の臨床例を記録することに注がれている。

友玄は施術のさいに過去の記録を参照している。片岡大西に居住する和介の妻は、安政三年（一八五六）五月に回生術を受け、「出右手。一医、以刀断手不出」（傍点筆者、以下同）と記載される。翌安政四年四月に再び出産したときは「去年ト同ク右手ヲ出ス」とある。友玄が施術にあたって一年前の記録を確認したことがうかがえ、自身の施術経験を蓄積して臨床に生かそうとする姿勢を読みとることができる。結局、和介の妻は回生術の後、胎盤が出なかったことが原因で死亡する。

また、年月が明記された最初の記録は天保五年（一八三四）元旦で、これは同四年一二月に京都遊学から帰った直後にあたる。友玄は遊学前にも回生術・鈎胞術の施術経験はあったはずだが、あえて遊学後の記録のみで帳面をまとめているのは、自身のキャリアにとって遊学が一つの大きな画期であったという認識のあらわれだろう。

三　施術内容と患家について

具体的に『回生鈎胞代臆』の内容を検討していこう。

全二七四件中死亡は二一件、死亡原因で最も多いのは胞が下りなかったためで、そのうちの九件を占める(18)。回生術は現代医学からみれば危険な手術だが、友玄の記録に、回生術を直接的原因とする死亡や術後の後遺症に関する記載はない。回生術を複数回受けている女性も四名いて、回生術後、再び妊娠が可能な状態に回復していることがわかる(19)。

回生術もしくは鈎胞術を複数回受けた女性となると、計二六人いる(20)。このうち回生術のみ四回、鈎胞術のみ四回、鈎胞術のみ三回、鈎胞術二回＋回生術一回が、それぞれ一名ずついる。

回生術を四回受けた久々井村嘉太郎妻の事例をみてみよう。一回目安政二年二月、二回目文久元年五月、三回目慶応二年四月、四回目慶応三年四月である。最初の施術時には数えで三〇歳、四度目のときは同四二歳である。一回目は明記されていないがおそらく正常胎位で、二回目から四回目も「順産」すなわち正常胎位であった。だが一回目・二回目は回生術・鈎胞術の両方を受けている。いずれも回生術には手間取ったが、三回目からは回生後に胎盤が自力で下り、また回生後の回復も順調で「(回生後：筆者注)疲労スレトモ精神爽。鈎胞ス。益快」（文久元年五月）、「回生。胞自下。不日治」（慶応二年四月）とある。

患者の年齢が記載されているのは二七件である。すべて回生術を受けた患者たちだ。内訳は一〇代二名、二〇～二四歳六名、二五～二九歳九名、三〇代七名、四〇代三名である。二〇代後半が最も多い。そのいっぽうで四〇代の初産もみられる。

全件中、双子の出産が二件あった。いずれも回生術ではなく座草術で出産させているので、生きたまま出すことができただろう。

往診地域は南は瀬戸内海の離島犬嶋村、東は牛窓や尻海村、西は西大寺村、北は豆田村におよぶ。『産科要略』五には「産家ヨリ胞下シテクレヨト駕ヲムカフ者ナラバ下スヘシ」という記述もみえ、当時の往診依頼の形態がうかがえる。

牛窓・尻海・西大寺のいずれも町場である。医者の選択が可能な地域にあって、尻海・西大寺の場合は二人目や三人目の医師として友玄が呼ばれていることが注目される。『回生鈎胞代臆』に、このように友玄が何人目かの医師として呼ばれている事例は九件みられるが、やはり多くは町場である。

また、文久二年一〇月、西大寺豆田屋甚蔵妻の出産と、明治三年閏一〇月の小物屋恵吉妻の出産には四人の医者が一堂に会して回生術に取り組んでいる。甚蔵は西大寺、恵吉の居住地は不明だが、「小物屋」という商売からしてやはり町場だろう。

豆田屋甚蔵妻の事例をみてみよう。

西大寺豆田ヤ甚蔵内　回生
丗五才。十月十日夕ゟ催生。十一日破水。同夕耕斉回生ス。鈎不定トテ止。十二日予初診。小便閉。施尿管不出。依テ回生。児頭ヨリ露ル、ニ不出シテ休ス。晩又施術不出。暮方伊賀回生スルニ不出。又耕斉鈎シテ不出。予四ツ頃三度目施術。漸ク児頭ヲ出ス。又休シテ施術スルニ胎不出。夜半森谷ヲ迎ヘ回生、不出。予又十三日朝施術シテ右手ヲ出ス。森谷・耕斉交鈎スレトモ不出。予晩施術シテ全ク出ス。案ルニ本横生、児頭ヲ露スモノナラン。順産トシテ回生スルユヘ不出ナラン。何共珍シキ回生、困リ入ル。回生前ヨリ脈数、追々絶脈ナルヲ回生ス。免（晩）后脈不復、同日五頃死ス。

『回生鈎胞代臆』中、もっとも困難を極めた回生術である。一〇月一〇日に産気づき、翌日から医師耕斉が回生術を試みる。だが胎児に鈎をうまく引っかけることができずに中断。一二日に友玄が呼ばれて診察すると、尿閉塞におちいっていた。先に導尿して胎児が下りやすくしようとしたが、導尿管を入れても尿が出ない。したがってそのまま回生術にかかる。胎児の頭は見えているので胎位は正常な順産のはずなのに、うまく取り出せない。夕方になって三人目の医者となる伊賀、そして前出の耕斉が試みるが失敗。夜中には森谷という四人目の医者を呼び寄せ、四人で交互に試みる。最終的に胎児の身体をすべて出し切ったのは一三日の晩であった。三昼夜にわたって計四人の医師が交替で回生術を試みたことになる。

　友玄は、横産の胎児を正常胎位と誤診したのが手間取った原因であると分析している。もともと産婦が「絶脈」の状態で回生術を施したので、出産後亡くなった。

　友玄以外の三人の医師の中で人物を特定できるのは、伊賀のみである。伊賀良弼、このとき五九歳。御郡医者格に任命されていて、この年の春には郡会所御薬御調合御用の見習いをたびたび勤めている[21]。

　四人の医師は同席して秘伝である回生術を施していることから、緒方順節のもとで回生術の免状を得た同門の医師である可能性もある。少なくとも、互いの面前でかわるがわる回生術を施しているのだから、自らの技術に一定の自負を持った医師たちである。そのなかで最終的に胎児を出すことに成功したのが自分であったことを、友玄は詳細に記録したわけで、自身の技術に対する誇らしげな思いを読みとることができる。

　また、彼らは甚蔵の家に泊まり込みで施術しているようだ。そもそも出産、特に難産は一日の診療では終わらない可能性がある。往診の往復時間を考えると、泊まり込み診療も少なくなかったはずだ[22]。したがって、難産を数多く手がけるのは他の診療の支障となる。後でみるように、友玄は長男が医者として一人前になった頃から、出産については家族に代診させることが増えていくが、これは当然のなりゆきだったろう。

四　回生術へのプロセス

　奥流産科は回生術の濫用を禁止しており、実施に当たっては胎児が死亡していることの確認と、胎児も産婦も命が助からない可能性について親族の了解を得ることの二点を求めている（『産科要略』五）。死胎であることにこだわるのは倫理的な問題からであり、親族の了解を不可欠とするのは、産婦が死亡した場合に医師が責任を問われることを回避するためである。

実際に友玄も回生術を行うに当たっては①死胎であること、②妊婦の健康状態、③家族の承諾の三点を重視する。診察では脈診と探宮（内診）を行い、妊婦の健康状態や胎児の生死を見極めている。胎児が死亡しているかどうかのひとつの診断基準は、陣痛（「努力」）がやむことである。妊婦の状態は脈で判断され、特に「数《さく》」脈が危険視されている。[23]探宮では胎位、すなわち順産（正常な胎位）・横産（横向きの胎位）・坐産（臀部から出る胎位）・編産（斜めに傾斜した胎位）の見極めとともに、胎児がどこまで下りてきているかも確認している。胎位によって胎児を出しやすい鈎のかけ方を工夫しなければならないし、また鈎が十分届く位置まで胎児が下がってきていないと施術は難しいからだ。

回生術には右のような診断が前提となるため、破水から施術を決断するまでの日数は妊婦によりまちまちである。もっとも、奥流では施術日を先送りするほど胎児が確実に死亡するので、なるべく待つようにとは教えられている。

たとえば嘉永六年（一八五三）八月、五明の久三郎妻の場合。すでに四二歳で、初産とは書かれていないので経産婦だろう。二一日に破水したものの、探宮しても胎児の頭が指に触れない。つまり、まだ十分に胎児が下りてきていないということである。二二日の診察では、脈は「数」ではなく、気もしっかりしている。だが時々嘔吐して食べることができない。腹部は硬く張っているので、胎児はまだ生きている可能性がある。二三日にようやく探宮した指の先に胎児の頭が触れるようになり、鈎で下ろすことが可能な位置にきた。堅かった腹部も少しゆるみ、陣痛が止まったことから、胎児の死亡を判断したのだろう。回生術で胎児を出す。その後胎盤は自然に下りた。取り出した胎児は予想通り「死胎」であった。

五明久三郎内

四十二才。八月廿一日破水。探宮スルニ児不応指頭。廿二日亦同。脈微細ニシテ不数。自有神。時々嘔吐絶食、腹堅縮。廿三日探宮、漸指頭ニ応ス。堅腹少緩、努力止。仍テ夜半ニ回生ス。胞自下治。死胎。

ただ、細心の注意をはらっても、「活胎」、すなわち生きた胎児に鈎をかけてしまうこともあった。母親の状況から、すぐに回生術に踏み切らざるをえないと判断した場合もあったろう。『回生鈎胞代臆』には、計四回の活胎が記録されている。そのうち一件は「少有活気」とある。

もし鈎で引っぱり出している胎児にまだ「活気」、つまり生気があると気づいたらどうしたらよいか。『産科要略』のなかの「回生後挙胎之法」は「万一活機《ママ》アラバ彼ノ張遼縄ヲ強クシメ、且ツ口中へ綿ナドヲ推込、発啼セザラシムヘキ也」と教える。奥流産科は、鈎で胎児をある程度引き出した後は速やかに鈎をしまい、首に「張遼縄」という紐を二回《ふたまわ》り巻き付けてくくってから引っ張り出す。そして、もし活胎であることが施術中にわかったときは、この紐で胎児の首をさらに強く絞めたうえで口に綿を入れ窒息させる。産声をあげて、活胎であったことが産婦や家族に知れるという失態を未然に防ぐための処置である。もちろん、鈎を使用した以上胎児は傷ついているから、活胎であっても生存できる可能性はもともとない。

回生術を行うのは、最終的に産婦や家族の意向が優先されている。元治元年四月の事例をみてみよう。

片岡中筋直蔵内　　回生、横産

三月廿八日朝ヨリ右手ヲ出ス。廿九日夕初診。脈浮大。臭気甚ク、児手色紫黒如墨。誠回生難出。暫時ニシテ寒戦発熱、脈細数トナル。晦日朝ヨリ絶脈表冷気急息迫。患家回生ヲ好ユヘ、死ヲサトシ回生ス。児腸ヲ出シ終テ死ス。

この場合、横産で胎児は手が先に胎内から出ていた。友玄が診察すると臭気がひどく、出ている胎児の手は墨のように黒ずんでいる。すでに腐敗していて回生術を施すのは難しい。母親も瀕死状態である。しかしながら家族が回生術をしてほしいと望むので「死ヲサトシ回生ス」、すなわち産婦は胎児を出しても助からないことを家族に覚悟させてから回生術に取りかかった。胎児の腸を出したところで産婦は死亡する。

このほか、産婦は回生術を望んだが（「回生ヲ好メトモ」）、施術する前に状態が悪化して死亡した事例（元治元年四月）、回生術を施すには産婦の体調に無理があったが、産婦自身の強い希望で施術して（「患婦頻好」）死亡した事例（慶応元年八月）、最初は座草術で出産させようとしたが果たせず、本人の希望で回生術を施して（「好回生」）回復した事例（慶応元年八月）、破水してから二〇日ほどたって胎児が腐ってきているのに、産婦・家族ともに友玄の回生術の勧めを拒絶し（「回生術ヲ促スニ、婦幷一家敢テキカズ」）、それからようやく一三日後に希望してきたので回生術を施すと、胎児は完全に腐乱していたが本人は回復した事例（慶応三年一一月）がみられる。

五　家族のなかの女性施術者

最後に、中島家の産科医療活動における女性の役割について触れておきたい。

安政四年（一八五七）、友玄が四九歳の年から『回生鈎胞代臆』に、施術者として友玄の息子玄章[24]、婿養子順策[25]・玄庵[26]とともに、友玄の妻千代[27]、玄章の妻高[28]といった女性たちの名が順次登場するようになる[29]。友玄と二人で施術したときには友玄の名が併記されているので、基本的に彼ら・彼女らは単独で施術したようだ。

先に触れたように、友玄の医療活動の広がりのなかで、産科については代診も含めて診療が回っていく。最初に代診が登場するのは安政四年一月で、二一歳の嗣子玄章による。このときから万延元年（一八六〇）閏三月まで計四六件の施術記録のうち、玄章が担当したのは二九件、全体の六割以上になる。

玄章が万延元年七月に早世してのちは、万延元年一一月から友玄の後妻千代が、やがて文久元年（一八六一）一〇月からは玄章の妻高も代診を担い始める。その後、女婿順策が三回（文久二年八月〜元治元年一月）、同じく女婿玄庵が四回（明治二年七月〜）代診したのを含めて、万延元年一一月から帳面の記載が終わる明治三年閏一〇月まで、全九五件の全施術中四一件、四割以上が代診である。

医者である息子や女婿が回生術・鈎胞術の別なく担当したのに対し、千代と高は明らかに鈎胞術に限定して代診を担っている（ただし、高は一度だけ回生術を行っている）。鈎胞術のみといっても、これとてかなり熟練がいったはずである。医者に往診依頼があるのは、基本的に産婆の技術では対応しきれない事態に陥っているときだからだ。

そもそも産科は女性が参入しやすい診療科であった。産婆の仕事と重なる領域であり、また女性患者にとって男性医師よりも安心して身を任せることのできる相手だったからだ。奥劣斉は『回生鈎胞秘訣』のなかで「初産婦及初対面ナトハ、ミダリニ探宮ヲ許サス」と述べ、女性患者が男性医師の内診に羞恥心を抱くことが診療の妨げになっていることを指摘する。

開業医の家庭で女性が何らかのかたちで家業にかかわったことは、商家の事例を考えれば十分想定しうる。が、千代や高のように診療活動まで担うことがどこまで一般化できるかは、今後他家の事例も含めて検討すべき事項である。また、千代・高の活動が産科領域に限定されていたのか否かも、さらに検証されねばならない。

これらの課題も含め、江戸時代の産科医療史研究は、女性と医療の問題を多角的に検討するうえできわめて重要な研究領域であることは明らかである。今後、対象地域や時代を広げながら史料収集を進め、さらに分析を進めていきたい。

（1）本稿は鈴木則子「江戸の産科手術――回生術の展開と需要をめぐって――」（二〇一三年度日本医史学会大会報告彙報、『日本医史学雑誌』第五九巻第二号、二〇一三年）を補筆・訂正したものである。

（2）杉立義一『お産の歴史――縄文時代から現代まで――』（集英社新書、二〇〇二年）。

（3）一七世紀ヨーロッパでは、すでに賀川流と同様の鈎を用いた回生術が外科医によって行われており、回生術がまったく玄悦オリジナルの技術であったと考えることは留保したい。ヨーロッパの回生術については長谷川まゆ帆『さしのべる手――近代産科医の誕生とその時代――』（岩波書店、二〇一一年）参照。

（4）富士川游『日本医学史綱要』（平凡社東洋文庫、一九七四年）、呉秀三・富士川游『日本産科叢書』（思文閣出版、一九〇五年、一九七一年復刻）、佐伯理一郎『日本女科史』（吐鳳堂、一九〇一年）、緒方正清『日本婦人科学史』（丸善、一九一四年）、杉立義一『お産の歴史――縄文時代から現代まで――』（前掲注2）など。

（5）杉立義一「賀川流産術免許状について」（『医譚』復刊第五二号、一九八〇年）、同「江戸時代産科学の母子相全への努力」（『京都医学会雑誌』第二四巻第一号、一九七四年）。

（6）阿知波五郎「わが国産科鉗子の歴史」（『医譚』一二号、一九五六年）。

（7）「京都産婦人科医界の回顧」（昭和一〇年開催座談会、『産婦人科医界ニュース』第一〇六号）。

（8）『回生鈎胞秘訣』に「先師ノ時ミナ鈎ヲ用テ子宮ニ入拘シ出セシコトナレトモ、此法甚危険ノワサニテエテ施術中血脱気急等ノ変アリシ故、当時師門断シテ此法ヲ用ヒス。左方述所ノ諸法ニ依専意ニ是ヲ施シテ救フコトヲ得ル也。シカレトモ術目尚旧ニ従フト云」とある（前掲注4『日本産科叢書』所収）。

本書によれば、玄悦の時代は回生直後の下胞を厳禁したため、子宮口がふさがってしまって胎盤を出すことができず、回生に鈎胞はつきものであったという。しかし奥流では回生後、「虚候」があってすぐに胞をおろしがたいときは、按腹して可能な限り胎盤を胎内で下に移動させておくとともに、子宮口がふさがる前に「産門ノ小口」まで臍帯を出しておく。こうしておけば後でいつでも出すことができ、鈎胞の術を施すにおよばないとある。

（9）嘉永二年三月『中島姓一統家系』（中島友玄）。

（10）同右。

（11）本書奥書による。

（12）無鈎の足位回転術であったが、現代医学からみれば、現実には実施困難な例が多く胎児の死亡率が高いという（杉立注2前掲書）。

（13）前掲注（4）『日本産科叢書』所収。

（14）「緒方内術神文　一、奥流産科之外術御皆伝相済、此度内術被免候上者、已後急度他言仕間鋪候。且又子々孫々雖門生、非其人漫伝授仕間鋪候者也。依而神文如件。天保四年癸巳五月　姓名　書判　簸川緒方先生玉案下」

（15）導尿に用いる「婦人導水管」（カテーテル）も京都遊学中に銀一匁で買い求めている（『京遊厨費録』）。また中島家には緒方順節の筆になる、奥劣斉の回生術に関する格言「写字之法古有小心布置大胆落筆訣於回生施術之際亦然」の軸物も残されている。『京遊厨費録』は購入した書画の代金もこまめに記載するが、この書の代金は記入されていない。これは内術式における順節からの引き出物であった可能性もある。

(16) 既述のように友玄は天保五年五月にも疫病のため療養し、『産科要略』をまとめている。天保五年・八年の両年とも天保飢饉の影響下にある時期だが、それぞれどのような病気だったのかは未詳。また、『回生鈎胞代臆』と『産科要略』に記載された疫病罹患の年号（前者が天保八年、後者が天保五年）のいずれかいっぽうが誤記という可能性もある。

(17) 清水信子編「中島家年表」による（本書収録）。

(18) 参考までにあげると、大坂菊屋町の一七一三年から一八七〇年にかけての人別帳分析によると、結婚後一〇年未満の妻の死亡率は二五・三％にも上り、しかも結婚後一〇年未満の妻の死亡数は夫の倍以上である。死亡原因は年齢的に考えて、妊娠出産にともなう死であった可能性が高いとみなされている（乾宏巳「大坂菊屋町における結婚・出産・死亡――近世後期における――」、『大阪教育大学紀要　第Ⅱ部門』第三九巻第一号、一九九〇年）。

(19) 一七世紀フランスの産科医モケ・ド・ラ・モットの診療記録によれば、鈎による回生術によって産後に失禁や膣の損傷・裂傷に苦しむ女性は多かったが、再び妊娠可能な状態にまで回復することも珍しくなかった（長谷川注3前掲書）。

(20) 村名・戸主の名から同一人物と確定できた場合のみ（本史料は産婦本人の名は記されていない）。村名・戸主の名が同じでも、分娩時期が二〇年以上開いているなどの場合は同一人物と確定することは避けた。

(21) 木下浩氏のご教示による。

(22) 遠方の助産の場合、モケ・ド・ラ・モットは前もって患家に赴き、分娩が終わるまで何日も滞在したという。それを可能にさせたのは、診療所に複数の見習い生を抱えて代診に宛てていたからだった（長谷川注3前掲書）。

(23)『回生鈎胞代臆』安政四年四月の片岡大西和介内の記録には「数ヲ恐レトモ緊ヲ喜フ」とある。

(24) 玄章（天保六～万延元年）は友玄長男。

(25) 順策は玄章死後、文久二年に友玄の娘比佐の婿となる。元治元年、比佐の死にともない他家へ出る。

(26) 玄庵（哲）は文久二年に中島家養子となり、明治元年、友玄五女と結婚、友玄死後、中島家を継ぐ。

(27) 千代は友玄の後妻、玄章の継母。代診は玄章死後から始める。

(28) 高は玄章の妻。友玄の姉の子で幼時から中島家で養育された。

(29) 竹野という名も玄章の活動時期に一回のみ代診で登場するが、中島家との関係は未詳。

地域社会における宗教者たち——神子家中島氏とその位置づけを巡って——

平崎真右

はじめに

本論文は、現在岡山県瀬戸内市邑久町北島上寺山に鎮座する豊原北島神社（以下「北島神社」）に、かつて神子職として仕えていた総本家としての中島家（以下「神子家《みこけ》」もしくは「神子家中島氏」）が、当該地域社会でどのような性格を有した位置づけにあったのかを、近世期の岡山藩による宗教政策と、周辺地域に展開する神子・修験などの民間宗教者たちとの通時的共時的比較により、わずかではあるものの検討することを目的としている。

二〇一五年時点において、神子家は確認できる限り「一ノ神子」「二ノ神子」の家系を保つばかりであり、北島神社との関係も昔日のような神子職としての関わりはみられない状態にある。その神子家に関する文書史料類は、嘉永二年（一八四九）にまとめられた『中島姓一統家系』（以下『家系』）に記されたものを現時点では唯一とするが、それを所蔵するのは総本家より分家した医家としての中島家（以下「医家」もしくは「医家中島氏」）であり、本論文が依拠する文書史料類はすべて医家所蔵のものによる。

本論ではまず、その文書史料の検討並びに、神子家との関連を持つ神社に関する若干の説明に紙数を割《さ》き、その後で神子家中島氏誕生に深く関わる岡山藩の宗教政策について概観した後、当該地域における民間宗教勢力との相対的比較の中で、神子家中島氏の特徴または位置づけを簡単に考察するという手順を踏むことにしたい。

なお『家系』を含めた文書史料の一部は、文部科学省科学研究費補助金を受けた『江戸のモノづくり——岡山県邑久郡中島家資料調査報告書——』（二〇〇六年、研究代表者：月澤美代子、以下『報告書』）に翻刻所収されていることから、『家系』の引用記事は同報告書によった。また本論文は、文部科学省科研費助成・基盤研究（C）「江戸時代における地域医療研究——岡山県邑久郡の中島家をもとに——」（研究代表者：松村紀明）における研究成果の一部である。

一　『中島姓一統家系』並びに医家中島氏について

神子職に関する情報は、『家系』に記された「中島姓ノ由来」以下にまとめられている。この『家系』の著者は、医家四世（同文書では「医門四世」と記す。本論文では便宜上「医家〇世」と記す）である中島友玄（一八〇八〜七六）が嘉永二年（一八四九）にまとめたものであり、その目録としては以下の通り。

一、中島姓ノ由来
一、一ノ神子之系
一、二ノ神子之系
一、三ノ神子之系
一、本家之系
一、予カ家之系(1)
一、平八之系
一、和吉之系

その前には「口演」と題し、『家系』作成の経緯を次のように述べている。

十余ヶ年前ヨリ意ヲ尽シ、先祖ハ勿論、親族家系ノ因縁ヲ糾シ、老翁ニ逢テ話ヲ聞、親族家ニ行テ位牌幷石碑ヲ吟味シ、昔の話ヲ聞、又三世ノ祖玄古始テ調置シ過去帳ヲ探リ年暦ヲ押テ、漸今年ニ至リ成就、嘉永二酉五月九日ヨリ十日、先祖供養幷水祭・放生会ヲ修行シ、先祖・親族ヲ招請シ終る
（『報告書』六九頁）

このうち「三世ノ祖玄古」というのは、医家二世である中島玄古（一七一五〜八九）を指す。

ここでまず、神子家に関する考察を行う前に、『家系』の著者である中島友玄の家系則ち医家中島氏について若干の説明をしておきたい。それと同時に『家系』の持つ史資料的な性格についても若干の検討を加える。

「はじめに」で述べたように、医家中島氏は神子家より分宅した家であり、二〇一五年現在にいたるまで一〇代を数え、代々邑久地域において医業を営んできたいわゆる「在村医」の家系である。(2)『家系』による限り、その分家時期は一七世紀後半から一八世紀前半頃（遅くとも中頃）と推測される。友玄は本家初代として「多四郎」なる人物をあげており、「本家之系」冒頭で以下のように記す。

大工ヲ職トス、今ノ一ノ神子ヲモテト唱ル家ヨリ分宅ス、コノ人本家ノ大祖ナリ、年暦ヲ考ルニ、一ノ神子家伝七郎ト云シ人ノ伯父カ又伯父カノ人ナルヘシ、コレヲ予カ家ト本家トノ大祖トス、コレヨリ家系ヨク詳也、
（『報告書』七五頁、傍線部引用者、以下同）

この多四郎の生年は不明だが、没年は享保七年（一七二二）と記されており、その長男友三の生没年は貞享二年（一六八五）〜宝暦七年（一七五七）と判明していることから（『報告書』三頁）、多四郎の生年は早くとも一七世紀中頃と推測され、多少荒削りではあるがその分家時期は一七世紀後半以降だと判断できよう。先に「一七世紀後半から一八世紀前半頃（遅くとも中頃）」と記したのは以上の論拠による。

『家系』の著者友玄は多四郎を大祖と位置づけていたが、実際に医業に携わるのはその子供の友三からである。大工職であったらしい多四郎の子である友三が、なぜ医業に携わることになったのか、『家系』では以下のように説明する。

伝へ聞、父多四郎大工ニテ岡山石山寺圓務院ヘ雇ワレ行折柄、友三ヲ召連レ寺ニテ茶酌ナトノ小用ヲ勤メサスヨシ、扨又カノ寺内ヘ出入ノ医者アリ、コノ医者連皈リ医業ヲ教ヘシト也、
（『報告書』七六頁）

以上のような経緯から医業を習得していくようだが、「聞伝ニ医業閑

暇ノ時ハ農業ヲイタスヨシ」(『報告書』七六頁)とあることから、友三の時代は未だ半農半医の状態であったことがわかる。神子家より分家した中島家が、さらに医家として完全に独立するのは、友三の長男玄古の時期を俟たねばならない。玄古が医家として完全に分宅したことにより、残りの半農に当たる農家としての中島家は、末弟である伊十郎(生没年不詳)が継ぐことになった。この経緯について『報告書』では「専門医中島家の成立は、家職の専門職化または機能分化という文脈の中に医家の発生を捉えることのできる興味深い事例といえよう」(三頁)と記すが、その点に関係することとして、ここでは次の一点だけを補足しておきたい。

友三の子供は四男一女が『家系』に記されるが、それぞれの身の処し方が注目される。長男である玄古は医業を継ぎ独立、次男の吟三郎は「竹原村根岸氏へ養子ニ行、神主職ナリ」、三男は敬快阿闍梨と記され「上寺山明王院ニ住職ス、塚ハ明王院寺内ニ在リ」、四女幾与は「豆田村ノ内八丁小兵衛室ニ嫁ス」(引用はそれぞれ『報告書』七六頁)、そして五男の伊十郎が家を継いで農を業とする、と簡潔に記される。これによれば、農家を継いだ伊十郎はいわゆる末子相続に当たり、三人の兄はそれぞれ医者・神主・僧侶として独立ないしは養子に行っている。ちなみに次男吟三郎の養子先である竹原村根岸氏とは[3]、『家系』に拠る限り友三の母、すなわち吟三郎の祖母の生家である。本論文では詳しく述べないが、神子職においても神子家同士の養子・縁組が『家系』中に多くみられることと併せて、当時の、ある階層間の通婚圏を把握する上で、非常に興味深い記述であろう。また、三男が上寺山餘慶寺の塔頭の一つとして現存している明王院の僧籍となっている点は、餘慶寺から還俗した北島神社所属の神子であった総本家、そこから分家した医家中島氏にあっても、在地の寺院との関係の強さがうかがえてすこぶる興味深い[4]。

医家中島氏に関することは以上として、本節の最後に『家系』そのものの史資料的な性格についてふれておく。

『家系』の記述方法としては、上記引用中にも散見される「伝へ聞」「聞伝ニ」と述べる通り、聞き書き並びに位牌・石塔・過去帳など物質史資料類の調査から行われたものであることが断られている。それ故、次節以下に記していく他の社寺縁起などとの間に、とくに神子家の由来に関する部分で、情報精度の異同が認められる箇所も散見されるのだが、『家系』は一子孫としての友玄が、自身の系譜をたどる上でどのような態度で臨んだものであるのか、またその認識の在り方を素直に表明する資料として、扱うに足るものと思われる。

つまり、『家系』は友玄自身によって調査採集された伝承を交えた、その時点における資料の編纂であり、且つ神子家・医家を含めた中島氏という極めてローカルな、ミクロなレベルにおける家伝資料といえる。それを現在の立場から扱う上では、既存の他の史資料類との比較を通じた上で、資料批判的な見地から用いることがより効果的であろう。それというのも、『家系』そのものには神子職としての具体的活動の記録(例えば、神社付きの神子としていつどのようにして神楽を舞ったのか、各檀家回りにおいて具体的にどのような振る舞いをしたのかなどの具体的な記録)は極めて限られており、活動の諸相とともに、北島神社付きの神子職が当該地域においてどのような位相で活動していたのかという点についても、資料上の制約が大きく、明確なイメージを復元することは現時点で困難な面が大きい。しかし極めて断片的ではあるものの、後述するように、神子家が他の神子職とどのような関係にあったのかという点に関しては、その一面をうかがえるような記述も残されており、邑久地域全体の中における北島神社付きの神子家中島氏の性格も、歴史的な状況と関連させつつ、ある程度は推測可能であると考えられる。

よって、本論では『家系』に記録された限りの情報を出発としつつ、同時代における岡山藩の政策動向（寛文六年の宗教政策）、当該周辺地域の民間宗教者たちの展開状況などとの相対的な比較の中で、中島家の神子が置かれた精神史的布置を探究していく。

二　神子家の由来について

さて神子家の由来であるが、「中島姓ノ由来」には以下のように記されている。

> 抑当山鎮守正八幡宮ハ、人皇三十四代舒明天皇六年辛丑、豊前国宇佐ノ宮ヨリ当郡長沼山ノ嶺エ御影向アラセ給ヒ、同処ヨリ当山今ノ地へ勧招申スナリ（中略）時ニ首坊本乗院了庸ト云僧、寛文六年、国主池田新太郎光政公ノ命ニ依テ還俗ス、今ノ祠官業合氏ノ祖ナリ、今嘉永二酉年迄ニ百八十四年ニナル、本鎮守御影向アラセ玉フ時、吾大祖中島何某、豊前国宇佐ヨリ奉供〆来リ、神事ヲ主トルヨシ、夫ヨリ当山へ御遷宮アラセ玉フ時、当地エ移リ、神事ヲ主トル処ヨリ神子職トナル、則チ今ノ一ノ神子ト称スル家ナリ、代々正一位ヲ領シ左近ト称ス、夫ヨリ連綿ト〆今ニ至□也　（『報告書』七〇頁）

まずここでいう「当山」とは、現在も北島神社が鎮座する「上寺山（報恩大師により開基）」のことを指し、「長沼山」とは、千町川を隔てた上寺山の南方に位置し、大雄山山系の西麓に位置する小高い山を指す。

現在長沼山麓には、豊原南嶋神社（以下「南嶋神社」）が鎮座しており、北島も南嶋もともに宇佐八幡系の宮であるが、『家系』からはまず長沼山に八幡宮が勧請され、のちに上寺山に遷宮したことがわかる。この北島神社は『家系』中にあるように、寛文六年（一六六六）より行われた池田光政の寺院整理を始めとする一連の宗教政策によって、上寺山に座す天台宗餘慶寺塔頭の一つである本乗院の僧・了（良）庸が還俗し、北島神社の神職・業合氏となった経緯を持つ。余談であるが「業合氏《なりあいし》」からは後年、著名な国学者である業合大枝が出ている。

この北島神社伝承の社伝では、舒明天皇六年（六三四）に宇佐八幡を「豊原北島の山頂の大岩（鎮座石）に勧請したのが始まりである」（『備前上寺山――歴史と文化財――』二三頁）と「祠官業合氏筆記」にあるが、餘慶寺側の『餘慶寺略縁起』では舒明天皇六年にまず長沼山山頂に勧請し、後年になり、報恩大師が神託によって長沼山から上寺山に遷したとされる（同前二三頁）。

このように、北島神社の由縁を説明する社伝は二種あり、それぞれを分析していけば、そこには神社側と寺院側との間に燻《くすぶ》る勢力圏争いのような背景も看取できそうではあるが、本論ではその内容の真偽は問わないことにする。ここで押えておきたい点は、『家系』の記事は『餘慶寺略縁起』の記述とよく一致することから、『家系』をまとめた中島友玄は寺院側の縁起を採用したらしいという事実だけをとくに確認しておきたい。[5]

さて、縁起伝承の異同を脇に置けば、『家系』では宇佐より勧請された八幡宮に奉仕していた関係から、中島家の先祖が宇佐の地から邑久に移り、長沼山から上寺山に遷宮するさいに神子職として奉仕したらしい経緯がうかがえる。

この記述を素直に読めば、まず長沼山に勧請された八幡宮の神事を司《つかさど》った後、寛文六年の寺院整理によって本乗院が北島神社として再編され、その祠官が業合氏に定められ、それと同時に長沼山八幡宮（南嶋神社）が上寺山八幡宮（北島神社）として遷宮されたことにより、もともと長沼山八幡宮で神事を司っていた中島氏が、北島神社所属の神子として移動した、と解釈できるであろう。しかし長沼山八幡宮での「神事を司る」とは、果たして神職としてであったのか、神子としてであったのかなど、どの位相におけるものであったのかは、『家系』中の記述からだけでは見当がつかない。この点に関しては、正確な事実は完全に判明しないとしても、南嶋神社の神事に携わる人びととの関係から、ある程度までは推測しておくことが必要だと思われる。

そこで次に、本論の本旨からは若干逸《そ》れるものの、南嶋神社と北島神社の関係について整理しておくために、まず南嶋神社の歴史的沿革を概観しておきたい。

現在、長沼山麓に鎮座する南嶋神社の創立年代に関しては、史料的見地からはほぼ不明とされる。その理由について『邑久町史　通史編』(6)は、天文一四年（一五四五）に宇喜多直家が砥石城の浮田大和を攻めたとき神社が兵火にかかり、文書類は焼失したと述べる。しかし少なくとも弘安八年（一二八五）の「備前国神名帳」には、豊原北島明神と同じく正五位下に豊原南島明神として格づけされ、邑久郡坐十六社の内の一社に数えられており、明徳三年（一三九二）一一月二七日付けの八幡大菩薩の扁額が遺されていることから（以上、四四四〜五〇頁参照）、一三〜一四世紀中には、長沼地域周辺の御社として鎮座していたことが確認できる。

ところで、後述する岡山藩による寛文六年（一六六六）の宗教政策から九年後の、南嶋神社神職であった岡本甚兵衛による延宝三年（一六七五）の訴状には、以下のように記されている。

長沼村八幡宮高七斗延宝三年十一月岡本甚兵衛
邑久郡長沼村八幡宮社領高百石、則昔当国守護浦上宗影公御寄附之証文私祖先所持仕候へ共祖父岡本甚右衛門時代焼失仕候、然処金吾中納言殿国守之時、惣而備前備中社寺共連々御取上被成候故右之社領高立不申事、輝政様御代中村主殿殿爲御下知、御国中寺社領先規之子細依断相應に御付被成候、其節私祖父甚右衛門相果、親忌に付而引籠居申候御断不申上候故高七斗御付被成（中略）先当分宮も破損と見候間御修理被仰付候様に可申上と此後重而又御郡奉行大西五郎左衛門殿、沢井五郎太夫殿被仰渡、慶長十二年御建立、則輝政様御建立と棟札御座候、以上。（社寺旧記）　（『今城村史』七四頁）(7)

ここには、祖父の時代に高百石の証文を焼失し、小早川秀秋（金吾中納言）のとき社領をとりあげられたこと、しかし池田輝政の時代に中村主殿の下知として、国中の寺社領を先規の子細により相応に復活したこと（慶長九＝一六〇四年の検地のとき復活されたこと）、しかしそのさいに岡本甚兵衛は親の忌に服していたので、復活請願に出仕できなかったことから社領がわずか七斗になったこと、宮を修理することを約して慶長一二年（一六〇七）に再建されたこと、などが記されている。なお、寛永五年（一六二八）に池田忠雄の検地があった折にも社領の復活はなかったと言い、幕末にまとめられた『邑久郡大手鑑』においても社領七斗であることは変わらないといわれている（以上『邑久町史　通史編』四五〇〜一頁参照）。

これらのことから考えておきたいことは、前述したように神子家中島氏が寛文六年の宗教政策によって長沼山から上寺山に移動したこと、移動する前は南嶋神社で神事を司っていたという伝承レベルにおける状況と、延宝三年時点で神職であった岡本甚兵衛の祖父甚右衛門も含めた、宗教政策以前と以後における岡本氏との関係とは、如何なるものであったのかということである。しかし残念ながら、この点における史料類は管見の限り残存していない。だが神子家中島氏の由来を推測する上では、南嶋神社から北島神社に移動する前後の時期の祭祀環境、どのような神事をどれくらいの人間がどの程度のレベルで司っていたのかという点は、細かいことではあるが、一神子家の当該地域における出自を考察する上で大事な点であると思われる。

以上のような認識を持った上で、『家系』に記される南嶋神社に関する以下の記述をみてみたい。

氏神上寺山へ御遷宮アラセラレテ、長沼村ノ人、婦女・小児ナト参詣ニ路遠ク便ナラサルトテ別ニ氏神ノ勧招セシニ、貧村ニテ宮ノ経営仕難ク折柄、中正寺ニ廃寺残リタル処へ先安置イタスヨシ、故ニ今以テ社前鰐口カカルナリ、コレ其証也、　（『報告書』七〇頁）

「中正寺」とは字中姓寺のことを指すとすれば、現在も南嶋神社が鎮座している場所と一致する。また氏神（八幡宮）が上寺山へ遷宮したあと、長沼における氏子たちの中で婦女や小児などは氏神（上寺山）への参詣が不便であったことから、別に氏神を勧請したことが読みとれる。しかし貧村であったため、中正寺に廃寺として残っていた場所に、新しく勧請した氏神を祀ったらしい経緯が知られる。おそらく、新しく勧請する氏神を祀るために、新しい社殿を建立することができなかったのであろう。

『家系』に記されるところの南嶋神社と思《おぼ》しき記述は以上に尽きるが、先にみてきた沿革と突き合わせてみると、以下のような疑問が生じる。

①『家系』では、上寺山へ移る前の中島氏は長沼の地で神事を司っていたというが、中島氏が去ったあと、長沼の地に新しく勧請した氏神祭祀を司っていたのは、一体誰か。それが前述の岡本氏に当たるのであろうか

②延宝三年の訴状では、岡山藩以前の時代の浦上氏より、岡本氏の祖先が百石の領地証文を受けていたということからは、寛文六年の宗教政策以前の神職は岡本氏であることが暗に主張されており、そこに中島氏の存在は認められないが、その辺りの事情はどう考えることができるのか

少なくとも以上のような神社祭祀権に関する疑問が浮上するが、そもそも当時の神社運営が如何なる形態であったのか、その具体的な情報が欠如していることが、現在の我々からみると、由緒に関する混乱を招いているといえよう。そこからは、池田氏時代に社領が復旧される以前には小早川氏によって社領を没収されていることも考えると、戦国時代後期における混乱の中で、南嶋神社の祭祀関係者の立場も、同じく混乱しているだろう時代状況が推測できよう。

現在たどりうる限りの史資料類を突き合わせてみた限りからの以上の

時代状況と、神子家中島氏、神職岡本氏のそれぞれの由緒を併せた上で整理してみると、およそ以下のような可能性が推測できるであろうか。

ⅰ中島氏はもともと南嶋神社の神事を司っていたが、寛文六年の藩による宗教政策によって北島神社付きの神子に所属を変更した。その中島氏が移動したあと、岡本氏が南嶋神社の神事を司るようになった。寛文六年以前、岡本氏は中島氏の補佐的位置にあった可能性。

ⅱ南嶋神社の神事はもともと岡本氏が司っており、中島氏は岡本氏の補佐的役割を担っていた可能性。

これ以外にも幾つかの可能性が考えられるが（北島神社と南嶋神社は元来有意な関係をそれほど持っていなかったなど）、推測に推測を重ねるだけになるため留めておきたい。

本節の最後に確認しておきたいことは、証文類を焼失してのちに訴状を差し出した岡本氏にしても、神子家に関する由来を伝承資料の形でしか所持していない中島氏にしても、どちらもその由来を信用するに足る決定的な証拠には欠けるということである。その不信感は、北島神社の所持する社伝と、餘慶寺の持つ縁起の間に食い違いが生じていたことからも、当該地域における勢力争いを思わせるような物語の捏造が、すでに行われていたのではないかとする疑問に通じている。

これ以上は推測も行き過ぎるため考察をひかえるが、上記のことからわかることは、『家系』を含めた史資料類への史資料批判に関する注意が一点と、現在にいたる北島・南嶋両神社の端緒となった、岡山藩による寛文六年の宗教政策の持つ意味の大きさとを指摘することができよう。そこで次節以下では、岡山藩の宗教政策がどのような意義を含むものであり、その中で生まれてくる北島神社付きの神子家中島氏の置かれた精神史的布置が如何なるものであったのだろうかという、本論の本旨に入っていきたい。

三　宗教政策による民間信仰の統制

備前岡山藩初代藩主の池田光政（一六〇九〜八二）は、寛文六年（一六六六）より領内における大規模な宗教政策を断行したことは著名であるが、その内実を整理すると大きく三つに分けられる（以下の記述の基本は谷口澄夫『岡山藩政史の研究』〈塙書房、一九六四年〉による。よって引用頁数は記さないが、長文引用に限って頁数を記す。それ以外の文献からの引用はそのつど出典を明記する）。

①寺院淘汰（僧侶還俗）
②神社整理（寄宮政策）
③キリシタン神道請（宗門改）

これらは一連の政策として互いに密接な関係にあるが、本論で直接関係するものは①②であるため、③については詳述を避ける。但し、光政の政策は①②の成果の上で③にいたるものであることは注意しておきたい。

光政が如上の政策を行った表面上の理由としては、寺院に対するものとしては、僧侶自身の堕落から領民が寺院より離れる傾向にあったこと、領民の多数が領主の好む儒道（光政は儒教を尊信すること厚い）に随順したこと、僧侶の中には寺院生活の困窮から還俗を望む傾向もあったことなど、自身でその意義を強調しているという（「老中へ懸御目付備前出家還俗之子細書付」）。それに加え熊沢蕃山（一六一九〜九一）の思想的影響も大きかったであろうと指摘されているが、以上の宗教政策は一人光政の断行というのではなく、当時の幕府の動向と絡めて理解する必要がある。則ち、前年の寛文五年（一六六五）に幕府が各宗派を超えた全体を統制する法度として宣布した「諸宗寺院法度」と、同年に出された「諸社禰宜神主法度」への対応と、幕府による日蓮宗不受不施派への禁圧を請けての領内における日蓮宗に対する大規模な弾圧政策、さらにその前年の寛文四年（一六六四）一一月に定められた宗門改の全国毎年実施と専門役人設置の仕置への光政の動向とを、一連のものとして考察する必要がある。これらの内実を詳述することは本論の趣旨ではないため、詳しくは田中誠二「寛文期の岡山藩政――池田光政の宗教政策と致仕の原因――」（『日本史研究』二〇二号、一九七九年）を参照されたい。

さて、光政の宗教政策が当時の幕藩政治全体の中に布置されるものであったことを簡単に確認したが、岡山藩における如上の政策の狙いはどのようなものであったのか、もう少し詳しくみていく。

先に寺院側に対する政策の意義を確認したが、神社整理に関する理由づけとして「御領分寄社記」には以下のように記すという。

備前備中御領分村々ニ於テ、故も無之或狐狸等之祟リヲ成シ候とて、祝置荒神ト号シ候淫祠有之ニ付、巫覡之輩種々之邪説ヲ成、彼荒神ニ禱リ其利ヲ貧民ヲ惑シ候ニ依テ、羽林君（引用者註：光政）被憂思召、江戸被達御役人中江其上ニ而吉田侍従卜部兼連朝臣江被仰遣其村之産神或ハ故有之正社計被残置、其外之淫祠壱万五百弐拾七社、郡吏ニ命シテ被毀之七十六社トシ代官七十六人有之ニ付一代官所ニ一社宛寄之吉田侍従ヨリ御証印被仰請寄社ト号シ被建立事如左。自今以後於備前備中之領分、新規ニ小社等被建候事堅ク被停止之旨被仰出（谷口五八三頁）。

このように、領内における荒神に関わる祭祀を「淫祠」と位置づけ、一〇、五二七社の淫祠を七六の寄宮に整理したことが記されている。[8] そこには、その淫祠《いんし》に携わる巫覡《ふげき》の輩《やから》が領内を跳梁することに対する警戒が読みとれる。似たものではあるものの、寛政期頃に完成したとされる『池田家履歴略記』中には、巻一〇に寛文六年中のこととして「毀不正神社」と題し、以下のような記述がみられる。

備前一国備中数郡之内淫祀の小宮を俗に荒神と名付く崇敬する類年を遂て多く愚民は疫疾災難狐狸の妖ある時山伏神子などにたふらかされ此荒神のたたりなれは祈禱すへしとて財宝を貪り取られ又は宮地に生する草木をも民恐れていろはす其弊ほとんと国中に及ひけるを烈公深くうれへ給ひ其民のまとひを解き且土地の費をも改正し給はんとて五月十八日代官頭川村平太兵衛西村源五郎都志源右衛門に仰て松岡市之丞とはかりてうふすなの神の外は残らす破却し其宮地の材木をもつて一代官所に一社を建つ是を寄宮と号し吉田家より証印を勧請す（後略）

（『池田家履歴略記』三一九頁、日本文教出版、一九八一年）

ここでは巫覡の輩ではなく「山伏神子」と表現されており、彼らが小社の荒神を祀り、その祟りを強調しつつ領民を誑《たぶら》かしていたとされている。「土地の費」とは、そのような祟りを説く民間宗教者へのお布施などのことを指すと思われ、それを改正するという姿勢は、政治と宗教に明確なラインを引き、宗教の方に無用な財が流れることを阻止したい意図も読みとれるなど、儒教的な合理主義を持った政治家としての光政の一面が如実にうかがわれて興味深い。

以上の史料からは、光政が宗教政策によって何に対して統制を加えたかったのか、その狙いの一端がよくあらわれていよう。結論を先取りしてしまえば、彼は領内に無数に蔓延《はびこ》る有象無象《うぞうむぞう》の民間宗教的なもの、言い換えれば、合理主義的な思考からは呪術的であり迷信的なものと分類される勢力に対し、政治的な方面からその拡大に対する統制と淘汰・整理、藩政の管理下に統合したかっただろう意図が読み取れる。そのことは、雨乞いや祈禱による治病効果などの、呪術的な霊力を民衆から期待されて活動していた日蓮宗不受不施派の僧侶・寺院への大規模な弾圧をみても、同じような点が首肯されると思われる(9)。

しかしそれは反面、光政が上述の宗教政策を断行する以前の状況においては、そのような勢力が多くの地域に存在していたことを意味する。そしてかような状況にあったであろう地域の一つとして、神子家中島氏が帰属していた邑久地域がある。

そこで次節では、光政の宗教政策の地域的な状況をまず確認し、その次に邑久地域周辺における民間宗教者の活動状況を併せて概観することで、神子家中島氏の特徴や当該地域における位置づけをさらに考えていく。

四　領内の宗教政策と邑久郡の状況

本節では寺院整理と神社整理の地域ごとにおける具体的な数字について、寺院側と神社側に分けてみていく。

まず寺院整理に関してだが、圭室文雄氏の研究によると、延宝三年（一六七五）書付の「備前備中御領寺数帳」に記される岡山藩全体の寺院数ならびに破却数は、表1のようである。

この中では、真言宗・日蓮宗・天台宗の破却率は計九一・七％と群を抜いており、圭室氏が「寺院整理直前の岡山の宗教的風土は、密教的・祈禱的寺院によって藩全体がおおわれていた」（『日本仏教史・近世』一四二頁、吉川弘文館、一九八七年）というように、その特徴のほどがわかる。

次に各郡別の破却率をみると、表2のようになる。

このうち、破却率の上位三つまで（磐梨郡・津高郡・御野郡）の内訳は、総じて日蓮宗が狙い撃ちにされたようであり、例えば磐梨郡では日蓮宗寺院四六か寺が全滅したという。細かい内訳は圭室氏の著作に譲るが、先の表と併せて、これらからは「整理の焦点が日蓮宗弾圧にあったこと、それにつづいて天台・真言という現世利益的性格の強い寺院に処分が集中している」（圭室前掲書一四七頁）と指摘される点に注意しておきたい。

次に、宝永四年（一七〇七）「寛文六年亡所仕古寺書上帳」による寺院整理の追跡調査には、表3のような数字があげられている。

数字のうち、延宝三年の調査と合計数などに違いがあるのは、追跡調査がすべてにおよばなかった点や、寛文六年以降に復興した寺院もあったであろう点が想像されるが、ここに引用した表からみて、邑久郡の特徴に関しては次のような点が指摘できると思われる。

表1

	寺院数	全体の割合	破却寺	残寺	宗派別破却率
真言宗	401	38.7%	183	218	45.6%
日蓮宗	397	38.4	348	49	87.7
天台宗	148	14.3	48	100	32.4
禅　宗	54	5.2	13	41	24.1
一向宗	20	1.9	4	16	20.0
浄土宗	15	1.5	2	13	13.3
計	1,035	100.0	598	437	57.8

注：圭室文雄『日本仏教史　近世』(吉川弘文館、1987年)141頁の第14表より

表2

	破却寺	残寺	総数	破却率
城　　下	10	70	80	12.5
御 野 郡	94	19	113	83.2
口上道郡	14	47	61	23.0
奥上道郡	26	44	70	37.1
邑 久 郡	**85**	**47**	**132**	**64.4**
和 気 郡	37	55	92	40.2
磐 梨 郡	48	4	52	92.3
赤 坂 郡	43	48	91	47.3
津 高 郡	132	13	145	91.0
児 島 郡	46	70	116	39.7
備　　中	70	21	91	76.9
計	605	438	1,043	58.0

注：圭室前掲書146頁の第15表より(邑久郡のみ強調した)

表3

	寺跡数	日蓮宗	真言宗	天台宗	禅宗	一向宗
城　　下						
御 野 郡	66	65	1			
口上道郡	17	3	12	2		
奥上道郡	24	7	13	4		
邑 久 郡	**73**	**3**	**63**	**7**		
和 気 郡	36	18	16	2		
磐 梨 郡	49	40	3	6		
赤 坂 郡	37	31	5	1		
津 高 郡	126	119	6	1		
児 島 郡	38	2	33		3	
備　　中	59	5	25	22	6	1
合計	525	293	177	45	9	1

注：圭室前掲書148頁の第16表より(同上)

①破却寺の数については、津高郡・御野郡についで三番目に多く、残寺を併せた総数では二番目と、邑久地域には仏教寺院の勢力がかなり多かった点。

②破却率自体は上位三つに比べて低いが、その原因は邑久郡における日蓮宗寺院の数が少なかった点にあるだろう点。しかし宝永四年の調査からは真言宗寺院（一応天台宗も）の破却率が他郡に比べて圧倒的に多く、延宝三年の真言宗寺院の破却数の約一五・七％（六三÷四〇一）を占めるにいたっている。

以上の数字だけから何らかの結論を引き出すのは早計だが、ここでは圭室氏が指摘するように、光政の寺院整理の目的が「いずれも現世利益の祈禱を中心にその教線を拡大していった宗派であった」（圭室前掲書一四五頁）という点を押さえておきたい。

次に、神社整理に関する具体的な数字をみたい。

前節で神社整理（寄宮政策）に関して述べたところで、産神と社格の正しい社以外に整理された小社数が一〇、五二七社であったと記した。なお寛文六年以前の、寄宮以前の総宮数は一一、一二七社だというから、その破却率は約九四・六％であり、神社整理が如何に徹底されて行われたかがわかる。郡別の数字は表4のようである。

引用した表からは、邑久郡内で淫祠とされた社数は備前地域において

は津高郡に次いで二番目に多く、その分だけ寄宮数も一〇社と、上道郡に次いで多い点が読みとれる。そのことは、神社整理の目的が領内に蔓延る山伏神子などの淫祠邪教を淘汰・統制することにあったことを考えれば、上述の数字は邑久郡内にそれだけ多くの山伏や神子などが活動していたことの傍証となるだろう。

表4

	破毀された淫祠数	寄宮数
御野郡	120	4
上道郡	785	12
邑久郡	**1,265**	**10**
和気郡	611	6
磐梨郡	315	5
赤坂郡	1,173	10
津高郡	1,649	10
児島郡	608	6
備中分	4,001	8
計	10,527	71

注：谷口澄夫『岡山藩政史の研究』584頁の図より作成（なお同書中の図の右側と左側の項目を入れ替え、各郡の「郡」の字を足した）

以上の寺院整理と神社整理の地域別の動向を併せてみると、邑久郡の持つ地域的な特徴としては次のようなことがいえるだろう。つまり、日蓮宗以外の加持祈禱を行う僧や、荒神の祟《たた》りなどを以って領民を呪術的に誑かす宗教者が多く活動している地域の一つ、という認識を藩側は有していたであろうこと。宗教政策の動向を分析したとき、以上のような推測を得ることができるが、では実際に邑久郡内にはどのような宗教者が活動していたのであろうか。それを次節で確認していくことにしたい。

五　邑久郡における民間宗教者たち

邑久郡地域における民間宗教者としては、これまでの先行研究による限り左のように判明している。括弧内はそれぞれが拠点としていた代表的地名を示す。

①神子・棹と法者（邑久郡土師村）
②熊野比丘尼および修験（邑久郡下笠加）
③コンガラ（邑久郡土師村および備前各地）

まず下笠加・土師村の地理的な位置であるが、北島神社が鎮座する字北島から、東北にしばらく進むと下笠加、さらに東北に少し進めば土師村に行き着く。土師村の正確な番地は長船町土師である。北島から距離的には少し離れるものの、邑久郡地域としてみたときには、分けて考えるよりむしろ一帯の地域として考察する方が、地域研究においては生産的であろう。

本節では①〜③についてそれぞれ簡単に、その活動と性格を概観しておく。

まず①の神子・棹と法者についてであるが、管見の限りでは、これは修験山伏の系統であると論ずる西田啓一氏の論考と[10]、そうではなくシャーマニックな郷村の祭祀層であると論ずる岩田勝氏の論考が[11]参考になるだろう。本論ではその当否はしばらく措き、彼らの活動と特徴についてのみとりあげたい（以下での引用頁はそれぞれの論文による）。

法者とは、西日本において「氏神の祭と村方の祭の執行者」（岩田一一〇頁）であり、彼らは神子たちとセットになって神楽を行っていたという。ここでの神子は神がかる役であるらしく、「〝神がかる神子――はやす法者〟」（一一二頁）のセットでの活動が中国地方でもみられることを岩田氏は指摘している。棹とは「男巫のよりまし（備前・備中では棹という）」（一一二頁）を指す。

この神子と法者による祭儀の主体は「湯立と神楽にあった」といわれ

るが、「湯立によるタマフリの再生の手草祓・春祈禱・家祈禱などとともに、死霊鎮魂のタマシヅメの祭儀にも神楽を行っていた」（一三〇頁）と、彼らが死者霊との関わりをも有していたことを岩田氏は指摘する。また法者は「家職に卜占のことがあった」といわれ、時代が下ってくると神子とのセットで舞っていた神楽も、「延宝八年能本では神子の役が予想される曲はどこにもなくなっており、代っていずれの役者にも法者が大きく前景に現われる」（岩田一三四頁）という。そのような活動を行っていた彼らは、一方で（寛文期前後まで）備前一宮吉備津彦神社に広く帰属していたらしく、同宮の御田植祭に御幡献納祭という神事があり、そのとき備前各地の神子・法者が「竹の竿に布をかけ扇・団扇などで飾りつけた御幡六本を立て、備前一宮に参集して神楽をした」（西田二一一頁）といわれている(12)。西田氏の論は、このときに竿を持つ人間の役名が「棹」に転化していったのではないかという点から、「神子・棹とも修験的身分を持った行人であった」（二一一頁）と続いていくが、詳細は同論文に譲る。

さて、この吉備津彦神社の御田植祭に関わる備前の神子たちの中に③のコンガラも加わることが、中山薫氏の研究(13)で明らかにされている（以下の引用頁は中山論文）。

コンガラとは、「かなり活発な祈禱活動を行ってい（中略）代々巫女をつとめる家筋」（三九頁）といわれるが、上記の神子と、コンガラという巫女との関係が如何なるものであるのかは、表記の問題を含めていまひとつはっきりしない。

このコンガラは御田植祭の御幡献納祭で幡《はた》の寄進者として名を連ねており、康永元年（一三四二）の「一宮社法」によれば幡は六本で、それぞれ、

・御幡一本（津高郡首村の法者巫女大夫）
・同一本（上道郡おたみの法者巫女大夫）
・同一本（上東郡平嶋の法者巫女大夫）
・同一本（邑久郡土師村の法者衆大夫コンカラ）
・同二本（津高郡内かも村上下在々の法者）（四六頁）

とあり、さらに元禄一六年（一七〇三）の「備前国一宮大明神幷御両神年中行事」では幡数は一本減るものの、以下の五本となっている。

一、津高郡首村神子左衛門大夫
二、御野郡御野村神子こんがら
三、上道郡乙多見村神子やしゃ
四、邑久郡土師村神子民部大輔
五、上道郡平嶋村神子ためゑだ（四七頁）

以上の地域の巫女たちは「神子頭（巫女頭）」（四七頁）と呼ばれていたという。

これらの神子・法者・コンガラたちの性格は、神楽に携わり、「卜占や託宣に荒口訪や祈禱」（岩田一三二頁）を行い、神がかりするなどシャーマニックな性格を有することが指摘されているが、ここでもう一つ興味深い事実がある。それは彼らが所属する神社と、関係する神社に八幡宮が多くみられるということであり、本論でとりあげている神子家中島氏が関わっていた神社もまた、南嶋・北島両神社ともに八幡宮であることに注意しておきたい。

八幡宮との関係は、例えばコンガラの場合、以下のことが指摘されて

いる。

・岡山県磐梨郡山陽町鴨前の武下家（中山四二頁）
→熊崎八幡宮の巫女を務める。関係は大正中期頃に切れる。その他、近隣の鴨前河原の宇佐八幡宮の祭礼においても先達を務め、鴨前河原地区の荒神のトウヤ祭において、トウヤ渡しの儀式に立ち会い且つトウヤ祭の先達も務めたという。

・岡山市中尾北方七十五匹の石原家（中山四三頁）
→江戸時代、邑久郡牛窓村八幡宮の巫女を務める。関係は幕末か明治初年頃に切れる。その他、西大寺西隆寺の諏訪八幡宮における「オシメ様の舞」を務め、地元の熱田八幡宮の神事に従事していたという。

法者と八幡宮の関係についても、「奴可郡・神石郡でも備中哲多郡でもほとんどの郷村の氏神が八幡宮であって、この地方の社人の法者と八幡宮とはきわめて密接な関係にあり、八幡宮の社人の法者はいずれも御神前御湯立・荒神舞に死霊鎮魂の浄土神楽を行っている（中略）八幡宮というシャーマニズムの神は人びとの生と死と再生の神であったらしい」（岩田一一九頁）など、こちらは備後国の事例であり邑久周辺地域とは離れるものの、八幡宮と関係の深い宗教者が有するシャーマニックな性格について、参考にはなろう。

残りの②熊野比丘尼・修験について概観しておきたい。

下笠加に居住した熊野比丘尼と修験に関する研究としては、萩原龍夫氏や宮家準氏のものがあり[14]、近年では根井浄氏の研究などが存在する。ここでは主に萩原氏[15]・根井氏[16]・村上岳氏[17]の研究を参考に、当該地域の熊野比丘尼の様相を概観する（長文引用以外、引用頁は一々記さない）。

熊野比丘尼とは、紀州の熊野三山に所属した女性たちの呼称であり、彼女らは各地の「本願所」や「本願の寺」を拠点として熊野信仰を広めた僧形の女性たちである。活動内容には、地獄極楽の絵図を説明したり、熊野牛玉宝印の護符配り、勧進などを行って諸国を徘徊したという。のちに、唄をうたう歌比丘尼や、売色を行う売比丘尼となったともいわれる。

下笠加に定着した比丘尼の末裔という武久家には、宝暦三年（一七五三）年『邑久郡下笠賀村旧記』が伝わり、公家の松業姫《まつなりひめ》を始祖とする熊野比丘尼伝承を持つという。その伝承概要は根井論文（一七～八頁）によると、松業姫は熊野神を深く信仰して発心し、天文年間（一五三二～五四）に五人の弟子を連れて下笠加の中熊野山にあった比丘尼寺に定着する。絵解き活動をしていたものの、年を経るごとに聴聞する人も少なくなり、比丘尼たちは歌比丘尼となって勧進修行を渡世にしたという。その後、弘治年間（一五五五～五七）に、那智本願寺院の一つである御前庵主を出自とする宗永上人が、熊野の山伏教学院をともなって下笠加村の尼寺を訪ねる。上人は五人の比丘尼にそれぞれ尼寺を創設し、西等山道場寺と改称して西国比丘尼の本寺とし、教学院に道場寺を譲る。その後、豊臣秀頼の祈禱僧であった仙教坊が同寺を継承、のち仙教坊の弟子である仙寿院と大善院が跡目を相続。仙寿院は修験寺院となる清楽院の祖先であり、大善院は大楽院（現・斎藤家）の祖先と言い、比丘尼たちを支配して醍醐寺三宝院を本寺とする修験道当山派熊野方となる。

以上がそのあらましだが、当山派修験に属する背景については「備前に定着した関係上、土地柄ゆえに当山派に（本山派でなく）なった」（萩原一四九頁）といわれるが、それは前節でみたように、邑久郡における真言宗勢力の大きさと符号している。

萩原氏によると、比丘尼は光政の宗教政策による取り締まりが峻厳で取り潰しにあったものも多いといわれるが、下笠加にいる比丘尼は、少なくとも宝暦三年には存在していることが文書史料から確認されているし、大楽院に残る江戸末期の宗門改帳には安政五年（一八五八）の段階でも、比丘尼家の数は一軒に減ったものの、弟子を含めて比丘尼は三〜四名と存続している（村上三九頁）。併せて、上述の松業姫を「荒神」として、大楽院・清楽院ともに寺内に祀り込んでいる点も（萩原一五〇頁）、当該地域における荒神祭祀の盛んな一面の傍証となり、興味深い。

このように、邑久郡下笠加を中心に熊野比丘尼やそれに付随する当山派修験の存在が、少なくとも幕末期までは確認されるのだが、熊野信仰との関係でもう一か所注目される地域として、南嶋神社が鎮座する長沼山が連なる大雄山山上に位置する、天台宗大賀島寺の存在が指摘されている。備前国には一四世紀に熊野本宮領の「斗餅田」が散在しており、熊野本宮の重要な所領であったというが、その領主職が一時期、大賀島寺法花院主の信秀に安堵されていたことが判明しているという。また大賀島寺に隣接して大智明権現が祀られているが、この両者とも修験の拠点として機能していただろうことが指摘されている（村上三七頁）。

以上、邑久郡地域における民間宗教者たちの様相を概観してきたが、神子家中島氏が拠点とする邑久郡北島・長沼地域周辺に存在する宗教者には、八幡宮との密接な関係を有した神子・棹・法者という存在や、熊野信仰と関わり深い比丘尼や修験が根強く存在している状況が確認できた。修験勢力に関しては備前地域以外にも児島の五流修験などが大きな勢力を有しており、一口に修験といっても、その活動は庚申信仰などとの関わりや、家伝薬の配布、前掲の西田論文で主張する神楽への関与など、まだまだ多くの論点ないし不明点が残っている。本論ではとりあえず、彼らのようにシャーマニックな性格を有した宗教者がさまざまに入り組みながら存在していたという事況そのものを、邑久郡を含めた周辺地域に確認できることとして押さえておきたい。そのような様相こそ、「幕府から諸社禰宜神主法度が発せられた翌年の寛文六年に備前藩主池田光政が領内の神社寺院整理を断行した直前の頃の状態であった」（岩田一三一頁）のである。この点を、前節の最後で「日蓮宗以外の加持祈禱を行う僧や、荒神の祟りなどを以って領民を呪術的に誑かす宗教者が多く活動している地域の一つ」と、藩側からはみられていたのではないかという推測の、具体相としてとらえたい。

以上の前提を下に、次節ではこのような環境下において北島神社付きの神子となった中島氏の性格について、『家系』中のわずかな記述をもとに迫っていきたい。

六　神子家中島氏の性格について

前節までに確認した寛文六年（一六六六）の宗教政策以前の周辺地域の状況から推測する限り、もともと南嶋神社（八幡宮）の神事を司っていたと伝承される神子家中島氏についても、上記のような民間宗教勢力と似たような点が認められるのではないかと予想される。換言すれば、神子家中島氏もまた託宣や神楽における神がかり的な様相を、シャーマニックな要素を含んだ活動を営んでいたのではないかという見立てである。では実際に、神子家中島氏はどのような活動を行っていたのであろうか。その点に関しては前に記したように、具体的記述をともなう文書類は残念ながら確認されていない。だが『家系』中には、神子家の性格を推測できるような興味深い記述がわずかながらある。それを記す前に、まず神子家中島氏が抱えていた該地における勢力圏と、そこから檀家分けされて派生していく二ノ神子・三ノ神子家に関する記述を確認したい。

往古ハ氏子十三ヶ村ヲ主トルニ、一家ノ巫ニテハ行届カサル処ヨリ分宅ノ二ノ神子ト称シ、又分宅トノ三ノ神子ト称シ、各檀家ヲ分ツヨシ、二ノ神子ニ門前村ヲ譲リ、三ノ神子ニ五明村ヲ譲ル、其外村々俗家ノ女ニ巫業ヲ教エ檀家ヲ譲リシト也伝へ聞、

（『報告書』七〇頁）

ここで氏子を檀家と表現している点は、「この場合、寺院信者の家々を指すのではなく、あくまで神子が歴訪する家々を指す」（『報告書』二頁）と推測されているが、ここには一ノ神子家（＝神子家中島氏）が北島神社付きの神子として、当該地域において十三か村にまたがる檀家を有していた点、それを抱えきれずに分宅して檀家を分与していった点が記されている。それが二ノ神子・三ノ神子と呼ばれる家系であり、『家系』中の「二ノ神子之系」「三ノ神子之系」には一ノ神子家との深い関係が記されている。(18)

ではその「十三ヶ村」とはどの村々であったのか。それについて『家系』は以下のように記す。

氏子十三ヶ村ハ、神寄村・長沼村・新村・濱村・川口村・新地村・射越村・門前村・五明村・北地村・上寺村・向山村・大富村ナリ、内神崎村・長沼村ハ氏子ヲ離シ、新村・濱・川口・新地・大富村ハ別ニ氏神勧招ニテ半氏子トナリ、純氏子ハ射越・門前・五明・北地・上寺・向山ナリ、

（『報告書』七一頁）

ここでは「十三ヶ村」のうち、神崎・長沼村は氏子を離し、新・濱・川口・大富の四か村は別に氏神を勧請しながら、いわば一ノ神子家から自発的に離れていった様《さま》がうかがえる。しかしなおこれらを「半氏子」と表現している点が、後述の点と絡めて興味深い。また二ノ神子・三ノ神子家に分与した村は、一ノ神子家の純氏子の内から分けた点も判明する。これにより、一ノ神子家の管掌は四か村となった。神崎・長沼村を離した理由は不明だが、長沼村は先に記した南嶋神社の氏子地域であることから、出自を長沼に据える『家系』の記述と何らかの関係がありそうではある。その点について確かなことはいえないが、後年、二ノ神子家の女性（孫平／?～一七六六）の四女満津（生没年不詳）が「長沼村ノ内中正寺ノ神子、末安彦九郎ニ嫁ス」（『報告書』七四頁）と記されており、どうやら南嶋神社付きの神子家と姻戚関係にあったらしいことがわかり興味深い。

では次に、神子家中島氏の性格の一端を示す記述を引用したい。

多八郎室多弁発才ノ巫ニテ、檀家ノ内死去後或ハ仏事弔ノ後、法楽ト唱へ黒格子梓神子ノ如キ所作ヲ内分ニテ勤タルヲ向山・田渕ニテイタスヲ、大富村ノ神子兼テ心ヲ掛テ終咎メ大論トナリ、下済ニ相成カタク上聞ニ達、寄奥ヲ受ケ、終ニ向山・田渕ノ檀家大富ノ神子ニ取ラレシナリ、又新地村ハ濱神子ノ構ヘナリシニ、同村内仁橋ハ一ノ神子ノ檀家タリシニ、是又法楽トテ法外ノ所作濱村ノ神子ニ咎メラレ、終ニ濱神子ノ領ニナルナリ、

（『報告書』七一頁）

このような神子家同士の勢力争いがいつ頃から生じたのかは不明だが、「多八郎室」とは「室　左近」のことを指し、彼女は没年が天保二年

（一八三二）であり、夫の多八郎は文政九年（一八二六）に「行年八十四」（『報告書』七二頁）との記述があるため、彼の生没年は一七二四〜一八二六年と判明する。よって右記の騒動は一八〜一九世紀中のことだと推定できる。

記述中、檀家を濱村神子・大富村神子に取られたのは一ノ神子家のことだが、傍線部で強調したように、ここには興味深い記述が散見される。先に紹介した『家系』中の文脈から解釈すれば、濱村・大富村は一ノ神子家にとって「半氏子」の地域であり、そこでは別に氏神を勧請したように、一ノ神子家の勢力から完全に脱したかった様子が、大富村神子の「兼テ心ヲ掛テ」という表現も併せると、明確に読み取れるだろう。ここでの「法楽ト唱ヘ黒格子梓神子ノ如キ所作」とは、神仏を楽しませるような読経や舞、黒格子や梓巫女のようなシャーマニックな死霊鎮魂や死口などを行っていたであろうことは、「檀家ノ内死去後或ハ仏事弔ノ後」という点よりほぼ確実だと考えてよい。そのようなシャーマニックな要素を含む所作が「法外」と咎《とが》められ、大富・濱村の神子たちにとって告発される充分な理由となり得、それが「上聞」に達した結果（この「上聞」がどのような機関や人間に向けて出されたものかは残念ながら不明だが）、一ノ神子側が敗北するという顚末に、この地域の神子が期待されていた活動内容と、非難されるに足るだけの活動内容とが、あくまで傍証としてではあるがくっきり刻印されていると考えられる。

これらのことは多八郎の妻左近（神子）が「内分ニテ」と書かれるように、自らの檀家地域で密かに「法楽ト唱ヘ黒格子梓神子ノ如キ所作ヲ」勤めていたことは、荒神の祟りを語り領民を誑かすとされた「山伏神子」と同じ位相に属する存在として、周囲からみられていたことを示していよう。

なお多八郎の妻は「上道郡尾田美ヨリ来ル、本俗人ノ女ナリ、生来神巫ヲ好ンテ同村ノ神巫ニ業ヲ習ヒ、是娶ルヨシ」（『報告書』七二頁）と『家系』に記されており、この「尾田美」は「乙多見」地区であるとすれば、前節で記した備前地域の法者・神子・棹の一拠点であった（現・上道郡乙多見）地域から娶った女性だということになる。彼女の持つ生来からのシャーマニックな所作を好む性格は、古くから法者・神子などの一拠点であった乙多見地域の持つ宗教的風土が、少なからず関係していたであろう点が推測される。仮にそうであればなおのこと、神子家中島氏が活動した地域における神子職の活動内容に対しては、「上聞」という上位機関からみたときに、非（または反）シャーマニックな期待が反映していたであろう点が予想されるのである。

以上のことからは、本節冒頭の見立てに反し、神子家中島氏の持つ性格には、非（反）シャーマニックな要素が強く求められていたのではないかという点を抽出することができよう。しかし具体的な活動内容が判明しない現時点においては、その性格を、完全に非（反）シャーマニックなものとしての神子職と断定することは、暫定的に保留しておきたい。(19)

まとめ

上記までに判明した、一ノ神子家の置かれた周辺地域の地理的・宗教的環境と、その中における神子職の活動状況、それから察せられる神子職の性格として、あくまで仮説的に、傍証を重ねた結果として考えられることを記して、ひとまずは以下のまとめとしたい。

邑久郡周辺地域において法者・神子・棹、熊野比丘尼や修験、コンガラといったシャーマニックな要素を含んで活動する民間宗教者の存在は、岡山藩による寛文六年（一六六六）からの宗教政策にとって統制や整理の対象となったことは前述してきた。その政策の理由づけの一つには、領内の淫祠邪教（それは多分に呪術的・シャーマニックな要素を含む）を統制することによって、人心を誑かすかに映る不安要素を排除ないし管理し、領民のそれへの出費を抑えることにより、その分だけ内政状況を向上させようとする政治的意図を含むものであった。その政策の強度は、それ以前から当該領地内における民間宗教者たちの勢力が大きかったことを逆的に示しており、その状況を具体的な数字で把握できる部分もみられた。

本論で検討してきた神子家中島氏もまた、このような宗教政策の中で改めて誕生してきた家系だと位置づけられる。それは北島神社が寺院整理・神社整理の中で改めて独立していく状況の中で、それにともなって神子家としての中島氏の歴史も（伝承資料・物質史料を含めて）確認されるということを意味しており、それは神子家から派生した医家中島氏の直接的なルーツでもある。この北島神社付きの神子職としての性格は、周辺地域に多数存在してきた民間宗教者たちの持つ性格とは、少し異なった様相をみせるのではないかという点を、『家系』中のわずかな記事を頼りにしながら推測してきた。具体的な史料の裏づけに弱い点を承知でそれをまとめてみれば、神子家中島氏の活動の特徴としては呪術的な要素、シャーマニックな要素を含まないものとして（代々の神子本人の意志は不明ではあるが）周囲から期待されていたのではないかということ。少なくとも、近隣の神子家との争論をみる限り、そのような呪術的意味を持った振る舞いを快く思わない勢力が、他の神子家、または「上聞」といった上位機関として存在した点がうかがわれる。そのような状況は、一ノ神子家の神子自身が、「内分」で呪術的意味を持った振る舞いを行っていた点にもあらわれているだろう。

これ以上想像をたくましくさせていただければ、かような神子職の出現に対し一次的な影響を与えた事況として、池田光政の宗教政策以来の藩政というマクロなレベルにおける効果が、地域社会における当該人物たちのミクロなレベルにおける活動を規制する面に、強く波及していく過程を想定することが可能であろう。仮にそれが認められるものとすれば、地域の神子職や民間宗教者の活動、それを含む神社や寺院の動向、それらが位置する地域社会全体の精神史的状況について、今後は歴史的段階を踏まえての考察を行っていく必要性がある。

本論では、以上のような点を医家中島氏が所蔵する文書史資料を出発点として検討してきた。その結果、これから考察すべき課題がみえてきたと思われる。その点を最後に記してみたい。

「神子」という用語に対する定義を本論ではあえてとくに断らず使用してきたが、「神子」と「巫女」という用語の意味するところは、民俗学では柳田國男以来の「神社巫女」と「口寄せ巫女」の分類が基調となり、以降現在にいたるまで多くの研究が蓄積されている。それらを整理しながら活用するまで筆者の準備が整っていないため、今回は先行研究の中に位置づけるかたちでの報告はできないが、本論で検討の対象に据えてきた神子家中島氏の事例は、一地域社会における「神子」の発生状況、活動形態、それらがどのような精神史的位相でのものであったのかという点を、一地域内における考察という点から深め、他地域と比較検討していくための一事例として、重要な意義を持つと思われる。

但し今後考察を深めていく上では、神子職の具体的な活動状況を文書史料などを通して把握する必要がある。そのような史料類が発見されるのかという問題も含むが、二次的手段として、周辺地域の神子の活動と比較する中で、中島家のような神子職の位置づけも検討することがある程度まではできるであろう。その上で、当該地域におけるローカルな事情として重視しなければならない点に、池田光政の宗教政策が存在する。やはりこの時期の前後によって地域内の宗教環境も激変していることを考慮すれば、その政策が神子職の具体的活動にどのような影響をおよぼしたのかという点は、各神社レベルにそって考察する必要がある。同じく神社付きの神子といっても、一方ではその影響を強く受けた者も存在し、一方ではそこまでの影響を受けずに活動していた例も想定されるからである。それらを含め、当該地域における神子職の活動状況を、神社付きではない巫女などの存在も併せた上で検討していく余地があると思われる。

今後のより包括的な研究への一つとして、神子家中島氏の事例は、今後も継続的に検討する意義の大きいものといえるだろう。

[引用文献]

・岩田勝「神子と法者――近世前期における郷村祭祀の祭司層――」(『講座日本の伝承文学五・宗教伝承の世界』、三弥井書店、一九九八年、一〇九~三九頁)
・上寺山図録作成委員会編『備前上寺山――歴史と文化財――』(上寺山(餘慶寺・豊原北島神社)を良くする会、二〇〇六年)
・邑久町史編纂委員会『邑久町史』(瀬戸内市、二〇〇九年)
・小林久磨雄『今城村史』(今城小学校P・T・A、一九五一年)
・谷口澄夫『岡山藩政史の研究』(塙書房、一九六四年)
・圭室文雄『日本仏教史・近世』(吉川弘文館、一九八七年)
・中山薫「コンガラ考――備前における巫女の存在形態――」(『日本民俗学』一三五号、一九八一年、三九~四七頁)
・西田啓一「備前一宮と修験道芸能者」(『仏教民俗学体系五』、名著出版、一九九三年、二一一~二九頁)
・根井浄「熊野比丘尼を絵解く文字説く――備前国下笠加の熊野比丘尼たち――」(『絵解き研究』二〇・二一号、二〇〇七年、七~二九頁)
・萩原龍夫『巫女と仏教史』(吉川弘文館、一九八三年)
・村上岳「文書にみる備前国下笠加村の熊野比丘尼」(『絵解き研究』二〇・二一号、二〇〇七年、三一~四一頁)
・『池田家履歴略記』(日本文教出版、一九八一年)
・『江戸のモノづくり――岡山県邑久郡中島家資料調査報告書――』(二〇〇六年、研究代表者:月澤美代子)

[参考文献]

・しらが康義「不受不施派農民の生活と信仰」(民衆史研究会編『民衆生活と信仰・思想』、雄山閣、一九八五年、一三一~四九頁)
・田中誠二「寛文期の岡山藩政――池田光政の宗教政策と致仕の原因――」(『日本史研究』二〇二号、一九七九年、三三~六七頁)
・宮家準「熊野比丘尼の絵解き――邑久町下笠加の熊野本地絵巻と熊野曼荼羅――」(『岡山県史研究』一一号、一九八九年)

[参考HP]

・「吉備津彦神社HP」→http://www.kibitsuhiko.or.jp/topics.html(二〇一五年五月十八日閲覧)

(1) 友玄の家系の記し方は、「本家之系」で大祖と位置づけている多四郎と、その子供である友三の二人を、「予カ家之系」からはずしている。その理由は、医業に携わり始めた友三の時代は未だ半農半医の業態であり、友三の子である玄古(一七一五~八九)にいたって医業専門となり、農業を弟が継いだこととの関係から、さらに分宅したことによる。よって、医家中島家は二度の分家（①神子家からの分家、②農を業とする分家中島家よりの分家）を経て誕生した家系ということになる。しかし代数の数え方に関しては、医業に携わり始めたという点から友三を初代として数えることにした。以降に記す二〇一五年現在十代続くという記述は、友三から数えて十代である点に注意していただきたい。

（2）現在では岡山市妹尾において「中島病院」を営んでいる。開業は昭和四四年五月。医家中島家九代中島洋一（一九三五〜）の代に邑久から移住する。

（3）竹原村根岸氏の奉仕した社殿が何であるかは、現時点では確定していない。現在も字竹原に鎮座する社寺である可能性を考慮すれば、竹原神社・岩倉八幡宮・明王寺のいずれかとなる。後日の調査を期したい。

（4）友三の三男が明王院の僧籍に入る以前にも、実は友三の弟（多四郎の次男）が「敬真僧都」として明王院の住職となっている。餘慶寺との関係からも、大工職であった多四郎は邑久地域に集住した大工集団として有名な「邑久大工」の一員であった可能性も高い。この点については確たる史料の裏づけを得られないため、注記にとどめる。

（5）しかし上述のように、彼は神子家から分家した医家の人間であるため、その由来認識は神子家側のものとはいえないことから、元来、北島神社側の所属である神子家自身の由来認識とは異なっている可能性もある。しかし残念なことに、神子家自身の由来伝承は史資料として現存しないため、推測の域を出ない。

（6）邑久町史編纂委員会『邑久町史』（瀬戸内市、二〇〇九年）。

（7）小林久磨雄『今城村史』（今城小学校P・T・A、一九五一年）。

（8）谷口氏によれば神社の整理数は実際には七一社となったという。これは御野郡の代官は九人であったが、破却すべき小社が一二〇社と少なかったため寄宮の数を四つとした結果という（谷口前掲書、六〇〇頁）。

（9）不受不施派の僧侶の具体的な活動と民衆側の反応などに関しては、しらが康義「不受不施派農民の生活と信仰」（『民衆生活と信仰・思想』一三一〜四九頁）を参照。最も、不受不施派への弾圧の理由としては、封建制度そのものを否定するかのような「不受不施」という活動理念が、幕藩体制下の領主層からみたとき、その存在自体が政治体制を脅かすものとして映ったであろうことはさまざま指摘されている。よって、その呪術的な霊力の統制だけをもって弾圧を加えたとは言い得ないであろうが、しかし一方では、幕府による修験道統制策と同じ文脈で捉えることも必要であろう。その統制には、明らかに修験道の持つ呪的霊力に対しての意図がうかがえるであろう。

（10）西田啓一「備前一宮と修験道芸能者」（『仏教民俗学体系五』、名著出版、一九九三年、二一一〜二九頁）。

（11）岩田勝「神子と法者――近世前期における郷村祭祀の祭司層――」（『講座日本の伝承文学五・宗教伝承の世界』、三弥井書店、一九九八年、一〇九〜三九頁）。

（12）現在においても吉備津彦神社では御幡献納祭は行われているが、そこには神子や法者・コンガラといった宗教者の関与はみられない。吉備津彦神社HP参照→http://www.kibitsuhiko.or.jp/topics.html（二〇一五年五月十八日閲覧）

（13）中山薫「コンガラ考――備前における巫女の存在形態――」（『日本民俗学』一三五号、一九八一年、三九〜四七頁）。

（14）宮家準「熊野比丘尼の絵解き――邑久町下笠加の熊野本地絵巻と熊野曼荼羅――」（『岡山県史研究』一一号、一九八九年）など。

（15）萩原龍夫『巫女と仏教史』（吉川弘文館、一九八三年）。

（16）根井浄「熊野比丘尼を絵解く文字説く――備前国下笠加の熊野比丘尼たち――」（『絵解き研究』二〇・二一号、二〇〇七年、七〜二九頁）。

（17）村上岳「文書にみる備前国下笠加村の熊野比丘尼」（同右、三一〜四一頁）。

（18）一例を記せば、「一ノ神子家」の孫太夫（？〜一七四五）の妻の一人婦妓神女（？〜一七六六）は「一ノ神子ノ家ニテ神子職ヲ修行ス」（『報告書』七三頁）というように、一ノ神子家とそこから派生した神子家との関係は深いことがわかる。

（19）ちなみに「上聞」がどこの機関を指すのか、北島神社か、それを統括する藩政か、その出先機関である代官頭かといった点も現時点では不明であるが、その事実確認は、寛文六年以降の藩内における宗教政策の成果を考察する上でも、それによって旧来の神子を含む民間宗教者の位相が変化したのか否かをみていく上でも、重要な作業であると思われる。マクロな政治動向に対応したミクロな状況が確定されうる可能性があればこそ、邑久地域における神子職の一事例としての中島氏の研究にも、地域研究の意義がさらに生じてくると考えられる。

中島哲と明治期岡山の美笑流

黒澤　学

はじめに

中島家の医門六世中島哲《たもつ》は、[1]明治一二年（一八七九）頃から死去する明治三一年（一八九八）まで、華道の一流派である美笑流[2]で活躍した。[3]その華道家としての人生には、[4]師匠田中雅嶂の元での昇進がある一方、雅嶂没後は、後継者の地位をめぐる雅嶂の四男河内雅翠との対立があった。本稿では、哲の華道家としての歩みをたどるとともに、明治期岡山の美笑流の活動について述べる。

研究史としての華道史は、各流派の歴史はもちろん、文化史や家元制度史など多様な視点からの分析が可能であり、これまでの研究もさまざまな成果がみられる。[5]一方、華道史における美笑流は、流史に不明な点が多々あり、まずは基本的な史料の発掘と調査が必要である。[6]その意味では、今回の『中島家文書』の調査によってかなりまとまった量の美笑流関係の史料が発掘できたことは、美笑流の重要な史実の解明に資することと思われる。

ここで、基本的な情報として、美笑流の創流から岡山の美笑流が始まるまでの概要をまとめる。現在の岡山の美笑流では、美笑流は、天文一四年（一五四五）八月に、上杉謙信の家臣後藤温岐によって創流されたという由緒を継承している。[7]創流以後、美笑流は各地に分派することになるが、この由緒は、美笑流において最もさかのぼれる史料である安永九年（一七八〇）の序文をもつ『一卜先生鑑賞美笑流活花四季百瓶図』[8]にもほぼ同様の内容が記述されていることから、各地の美笑流において共有されていたと考えられる。

美笑流は当初、後藤家が居住していた上野国を中心に活動していた。しかし、前述のとおり、その後いくつかの地方に分かれ、それぞれが独自に家元を立てて活動するようになる。それらは昭和二二年（一九四七）時点で一六派が確認できる。[9]筆者の調査で判明しているこれまでの活動拠点をあげれば、現在の地名で、群馬県渋川市子持、京都府、大阪府堺市中区陶器北、愛知県名古屋市、東京都港区赤坂、東京都足立区中央本町、東京都大田区鵜木、香川県高松市（高松の美笑流、美笑正流とも）、岡山県西大寺市邑久町北島（岡山の美笑流）である。それぞれについて詳述するには史料も紙幅も不足しているので、以後は岡山の美笑流についてのみ述べる。

岡山の美笑流を生み出す母体となったのは高松の美笑流である。現在判明する限りで最もさかのぼれる高松の美笑流の家元は、松平頼顕である。[10] 頼顕は、高松藩主松平家八代の松平頼儀の三男で、美笑流家元としては花道美笑正流家元一六世美笑庵水盟を名乗っていた。その後、高松の美笑流は、姓名不詳の一七世を経て、松平雅盟（美笑庵華花）が一八世を継承した。[11] 雅盟は高松藩士であった。そして、明治一二年（一八七六）頃、雅盟の門人のひとりであった田中雅嶂が岡山に移住し、美笑流を伝授し始めるのである。以上が、美笑流の創流から岡山の美笑流が始まるまでの概要である。

一　中島哲の美笑流入門と昇進

（1）中島哲が田中雅嶂の門人となる

本節では、哲の美笑流入門と、師匠雅嶂の元での昇進について述べる。次の史料は、年月日欠であるが、雅嶂が死去した直後に発生した「花道取締壱件」に関して記されたことが明らかであることから、明治三〇年（一八九七）一一月から一二月頃に、哲によって記されたと考えられる河内雅翠弾劾文下書の抜粋である。[12]

今ヲ去ル明治十二年（一八七九）頃、美笑流美郭軒田中雅嶂先生、上寺山餘慶寺内恵了（亮カ）院住職僧河内祐憲ト親縁ヲ子ノ縁ヲタドリ来施、依テ、自分等其頃ヨリ同流ノ花道ヲ持テ遊□フコト十有《余》数年、其技ノ長スルニ従テ、順次奥秘《儀》ヲ許サル、

この史料によれば、明治一二年（一八七九）頃、雅嶂は自分の四男で、備前国邑久郡今城村上寺の恵亮院（上寺山余慶寺塔頭）にいた河内雅翠（祐憲）を、「親子ノ縁ヲタドリ」来岡し、恵亮院に移り住むことになったということである。[13] そして哲たちは、その頃から美笑流を嗜み始め、すでに十数年経ったことと、技術向上に従って、順次奥義を許されてきたことが記されている。つまり、雅嶂は明治一二年の岡山移住直後から美笑流の指導を始め、哲たち初期の門人は、その頃すぐに入門したことがわかる。

雅嶂が岡山へ移住した理由は、雅嶂自身に門人獲得の意欲があったためであると思われる。後述するが、雅嶂は岡山の次に京阪方面の門人獲得に乗り出しているからである。一説によれば、岡山は岡山藩主池田家が専敬流を藩の「花道師範」として登用していたことから、藩領内でも専敬流の門人が多かったとされている[14]が、そのような土地柄にもかかわらず、移住直後から門人を集められたという事実からは、美笑流そのものの魅力もさることながら、雅嶂自身にも魅力があったということなのであろう。[15]

（2）中島哲が花名をもつ

哲は、明治一四年（一八八一）初秋（旧七月）、雅嶂から『瓶花序之巻』を授与され[16]、同時に「精勤堂」と「嶂雲」という花名を許される。[17] 嶂雲の「嶂」は、雅嶂の花名の下一字「嶂」である。[18] これらのことは、哲が雅嶂の指導を通じて美笑流の入門初期の階梯を通過したことを意味する。また、「精勤堂」は、哲が美笑流を真剣に学んでいた様子がわかる花名である。

次いで明治一五年（一八八二）初夏（旧四月）、哲は雅嶂から『仁之巻』の許状を授与される。[19] 次の史料は、それらの昇進を受けて、明治一五年旧一〇月一二日に、高松の美清庵小林露翁から哲へ宛てて記された書状の抜粋である。[20]

（封筒省略）

（本文）

（前略）

先年ゟ田中忠次郎御地江罷出、瓶花之指南申上、御執心ニ御修行被為在候ニ付、初巻、引續仁之巻御免許御済候由、右ニ付、当地家元ニ為御挨《マ》拶と《マ》して御隠菓一曲、野生江も御同様御送り被下、難有御礼申上候、右ニ付、美笑庵主ゟも宜御禮申上置候様被申聞候、猶、野生ニ茂御禮申上候、何卒向後御慈情伏願候、

（後略）

この書状は、『初巻（『瓶花序之巻』）』と『仁之巻』を許された哲が、高松の家元へ「為御挨《マ》拶と《マ》して御隠菓一曲」を送り、露翁へも同様の贈り物をしたことに対する礼状である。文中、露翁は雅嶂（田中忠次郎）を敬称なしで呼んでいる。すなわち、この史料からは、岡山で指導を始めて三年経ったとはいえ、雅嶂はまだ高松の家元の門人という性格が強かったことがわかる。むしろ、雅嶂の門人の一人にすぎない哲の方へ礼を尽くしていることすら感じられる文面である。この頃まで岡山の美笑流は、高松の美笑流の一教室というべき位置にあったのである。

（3）中島哲が笑号を許され門人を取る

哲の昇進の一方、師匠である雅嶂も、明治一六年（一八八三）頃から「辰鈴亭（二世辰鈴亭）」という花名の襲名を家元から許される[21]。辰鈴亭は、美笑流一一世家元にして（初世）辰鈴亭風松を名乗った旗本小出有仍（正徳二年〈一七一二〉一一月一六日没）の後を襲ったものである[22]。

小出有仍は、陶器藩主であった小出家が無嗣改易になったのち養子に入り、元陶器藩主系の小出家を旗本として再興した人物で、美笑流においても中興の祖と位置づけられていた。雅嶂は、約一七〇年間継ぐ人物があらわれなかった花名を継ぐことになったのである。雅嶂の実力が流内においても認められてきたことを証している。それを示すように、露翁が、雅嶂の辰鈴亭襲名を祝して歌を寄せている[23]。その内容が興味深いので、以下に引用する。

（短冊表）

田中雅嶂ぬしの辰鈴宇[24]の名をつき給ふを祝ふて

鈴なりのももは接木の手柄哉　露翁

（短冊裏）

三世美清庵

幻々斎小林露翁

この歌を意訳すると、「鈴なりの桃のように岡山で美笑流が成長したのは、接ぎ木のようになって活躍したあなたの手柄ですね」となる。鈴は辰鈴亭の鈴に掛け、桃は岡山の名産であり、接ぎ木には、高松の美笑流から接ぎ木のように岡山で美笑流を発展させたという意味と、小出有仍以来の辰鈴亭を継ぐという意味も込められているのであろう。岡山移住から四年ほどの間に、雅嶂の活躍は流内で認められるところとなったのである。

一方、精勤堂中島嶂雲と名乗るようになった哲も、雅嶂門下で順調に昇進を遂げていった。明治一六年（一八八三）初冬（旧一〇月）には、雅嶂から『義之巻』を授与されている[25]。その約一年三か月後の明治一八年（一八八五）初春（旧一月）には、雅嶂から『礼之巻』を授与され、「笑泉斎」という花名を許されている[26]。美笑流においては、家元である

美笑庵を頂点として、最上位級の弟子が「美」の付く花名（「美号」）を許され、その次の級の弟子が「笑」の付く花名（「笑号」）を許されていたので、哲もこの時点で笑号を許される地位に昇進したのである。そして、同年三月二一日、笑泉斎中島嶂雲を名乗っていた哲は、雅嶂から「祖流瓶花三巻（『仁之巻』『義之巻』『礼之巻』）」の相伝を認められ、弟子を取ることを許されるのである。(27)

ここで、哲の弟子について述べる。後掲する明治二七年（一八九四）四月の雅嶂の門人名簿に記された哲の弟子は四名である。(28)雅嶂を始めとする他の師匠たちの弟子がそれぞれ居住地と花名を記されているのに対して、哲の弟子は花名のみで、居住地が記されていない。(29)これは、哲の弟子たちが、哲と同じ北島に居住していたことをあらわしているのであろう。『中島家文書』の中で哲の弟子に関する史料はこの一点のみである。従って、それをもって結論づけることは早計にすぎるかもしれないが、おそらく哲は、広範囲にたくさんの弟子をもつような師匠ではなかったのではないかと思われる。

(4) 中島哲が美号を許される

入門から約九年、笑号を許されてから約二年数か月を経た明治二一年（一八八八）の年始頃になると、哲が美号を許される気運が高まってきた。この年の初春（旧一月）、哲は雅嶂から『智之巻』を授与されている。(30)そして一月八日（旧一月七日）、雅嶂は一門で「新年宴会兼活初会」を開催するのであるが、哲はこのとき「美容庵中島嶂雲」の名で祝文を呈している。(31)しかし、これはまだあくまでも雅嶂一門内の行事でのことであった。哲が正式に「美容庵」という美号を許されるのは、それから約二か月後の明治二一年盛春（旧三月）三日である。(32)その許状には、本文に雅嶂の署名・捺印があり、畳紙には高松の美笑流家元美笑庵華花の署名・捺印がみられる。このことから、美号を名乗るには、直属の師匠のみでなく、家元の承認も必要であったことがわかる。

(5) 中島哲が田中雅嶂の花名を襲名

美号を許され、美笑流の門人としては最上位級入りをはたした哲は、その後の許状などは家元から直接授与されるようになる。そして、美容庵の花名を許されてから約四年半が経った明治二五年（一八九二）一〇月二一日、哲は家元から「七世美郭軒」の襲名を許され、(33)その二日後の一〇月二三日には、同じく家元から「美号補助・岡山県中之笑号取締」に任命される。(34)また、それと同時に、「嶂雲」の花名を「雅松」と改名することを雅嶂から許される。「雅松」は師匠「雅嶂」と同じ音で、しかも花名の上一字をもつ。(35)

雅嶂の門人で、上一字の「雅」を許されたのは、雅嶂の子供以外では、初期の門人であると思われる葉上雅憲と哲だけである。(36)このことからも、雅嶂が哲を身内同然に位置づけていたことがわかるのである。さらに、美郭軒は、以前雅嶂が襲名していた花名を継承したものであり、哲としても感慨深いものがあったであろう。

なお、「美号補助」とは、美号を名乗る門人たちを後見する立場であり、同じ美号を名乗る門人たちの中でもさらに高い地位である。そして、同時に任命された「岡山県中之笑号取締」は、文字どおり岡山県全体の笑号をもつ門人たちの取締役であり、いわば哲は、この頃名実ともに流内で雅嶂の後継者的な地位を認められたということになるのである。

以上、本節では哲の美笑流入門と昇進について述べた。哲がなぜ美笑流に入門し、他の門人を差し置いて高い地位にまで昇進したのかについて、理由や背景がうかがえる史料は残っていない。ただし、少なくとも以下のようなことは推測できるのではないかと思う。詳しくは本書本文篇を参照願いたいが、哲が美笑流に入門した明治一二年（一八七九）は、哲が在村医として地域のコレラ治療に活躍していた頃である。そのため哲は、地域社会において経済的にも社会的にも名士であった。よって、岡山で美笑流を広め始めたばかりの雅嶂にとって、哲は有力な後援者候補であった。そこで、雅嶂は哲を厚遇し、哲もそれに応えたのではないであろうか。一方、哲にとって雅嶂は、華道の師匠という、在村医以外の新しい社会的地位を与えてくる存在であった。もちろんそこには「精勤堂」という花名を与えられるほど華道に精勤した哲の努力もあったに違いないが、哲と雅嶂の出会いは、双方にその後の新しい局面を与える作用を果たしたことは間違いない。

二　師匠田中雅嶂の活躍と独立

(1)明治二一年五月の田中雅嶂の門人

雅嶂は、岡山に美笑流を広めた功績が認められて、次第に岡山県内だけでなく、家元筋や遠方での活動に活躍するようになっていく。『中島家文書』には、そのように各地で活躍する雅嶂の様子がわかる史料や、雅嶂から哲に宛てられた書簡が残されている。本節では、岡山県外へと広がった雅嶂の活躍と、岡山において雅嶂の後継者となった哲の活躍を述べる。明治二一年（一八八八）五月一八日、雅嶂は美笑正流一一世辰鈴亭風松遠忌追遠挿花会を開催する[37]。辰鈴亭風松は、前述のとおり美笑流中興の祖と位置づけられる人物である。この挿花会は、中興の祖を追悼するにふさわしく、家元以下多くの門人の参加が確認できる。

そして、挿花会開催を記念して、哲他雅嶂の門人たちが有志で出金し、一〇円八五銭を集め、五円三〇銭の「一楽単羽織地壱反」と残金の五円五五銭を雅嶂に贈っている[38]。「追善会社中」と名づけられたこの有志には、個人として一三か村四九名と、団体として二か村が確認できる。それらを表1と図1にまとめた。これがそのまま当時の雅嶂の門人全員とはいえないが、他にこの当時の門人の状況がわかる史料を欠くので、現状における最も詳しい史料といえる。この一三か村と団体二か村は、原村川本が例外的に恵亮院から直線距離で約一〇キロメートル離れているが、それ以外で最も遠い目黒村まででも恵亮院からの直線距離が約五キロメートルであり、恵亮院近隣の村が中心である。また、金額は、個人では五銭から三〇銭の間の出金が多い中、哲は一人で五〇銭を出金している。哲の当時の立場がわかるとともに、哲の雅嶂への思い入れを示すひとつの証ということができよう。

(2)田中雅嶂を支える藤本雅月と中島哲

この挿花会以後、雅嶂の岡山県外での活動が活発化していく。次の史料は、明治二二年（一八八九）旧二月五日に、東京府麴町区冨士見町壱丁目拾八番地に逗留していた雅嶂から哲に宛てた書簡の抜粋である[39]。

（封筒省略）

（本文）

春和之節ニ御座候処、先以其御地被為揃、色々御顔□珍重不斜御義ニ奉存候、御次ニ、小生義無事ニ在京仕居申候間、乍憚御休意思召

可被下候、然者、旧冬ハ渡海罷在候節色々御高配被成下、種々御馳走頂戴仕、難有仕合奉存候、もり女ゟモ可然様御都合之程申上呉度之由申添候、猶、兼々申上候通り、上京仕候處、忰ゟ依頼ニ、暫之間逗留致呉候様申義ニ付、所々見物旁々今少シヲ在京仕候間、此段御承引可被成下候、併シ、二月十五日御釋伽(迦カ)ニ付、定メテ瓶花奉納會御催シト恐察仕候、甚タ残念之義ニ在之候へ共、前顕之通故、御推察被成下、不悪御承服可被下候、乍去り、貴君一入御骨折ニテ、実成ト御申合之上、夫々連中方江其段御傳声アッテ、出頭可在之由御引立、何卒賑々敷御奉納ニ相成候様御取扱可被下候、猶又圓蔵院(餘慶寺塔頭)江モ書面壱本相送り候間、依之御申合之上、且又尾張村・圓張村(圓乗院カ)・百々田(百田カ)村木村壽太郎親子連中方江御申遣被成下、出席在之候様御取成、猶、貴君義ハ小生之代理ト思召、萬件御苦労之程奉頼上候、御奉納會相済候ハヽ、乍御面倒、連中夫々何之花笑ニ何之花ヲ生ケタト言御書面御送り可被下候、小子義モ夫レヲ相楽御待居申候間、必々

表1　明治21年５月日追善会社中（田中雅幃門人）

№.	地名	現在地名	人名	拠出金額
1	原村川本	岡山市北区原	河本武平	20銭
2	原村川本	岡山市北区原	吉田猪三郎	20銭
3	原村川本	岡山市北区原	松田幸平	20銭
4	原村川本	岡山市北区原	松岡豊五郎	30銭
5	久保邑	岡山市東区久保	山下京平	20銭
6	久保邑	岡山市東区久保	森寺壽太郎	5銭
7	久保邑	岡山市東区久保	石原幸八	20銭
8	久保邑	岡山市東区久保	時岡亀藏	20銭
9	久保邑	岡山市東区久保	作中松三郎	20銭
10	久保邑	岡山市東区久保	岡本冨造	10銭
11	久保邑	岡山市東区久保	山上熊吉	30銭
12	久保邑	岡山市東区久保	岡本金次郎	30銭
13	西大寺村	岡山市東区西大寺	太田嘉四郎	20銭
14	西大寺村	岡山市東区西大寺	山本千賀三郎	20銭
15	西大寺村	岡山市東区西大寺	山上亀治	20銭
16	西大寺村	岡山市東区西大寺	光岡及	20銭
17	西大寺村	岡山市東区西大寺	松田幾奴	10銭
18	福治村	岡山市東区福治	永野真豐	30銭
19	福治村	岡山市東区福治	石原鉄次郎	10銭
20	福治村	岡山市東区福治	石原藤次郎	10銭
21	広谷村	岡山市東区広谷	杦野龍太郎	30銭
22	目黒村	岡山市東区目黒	丸井多作	10銭
23	目黒村	岡山市東区目黒	吉田嘉也與	10銭
24	目黒村	岡山市東区目黒	薬師寺久	10銭
25	目黒村	岡山市東区目黒	濱津子	10銭
26	向山村	岡山市瀬戸内市邑久町向山	太田皐太郎	15銭
27	向山村	岡山市瀬戸内市邑久町向山	谷田嘉平太	15銭
28	向山村	岡山市瀬戸内市邑久町向山	太田杢次郎	15銭
29	向山村	岡山市瀬戸内市邑久町向山	太田長七	10銭
30	向山村	岡山市瀬戸内市邑久町向山	長柄常太郎	10銭
31	向山村	岡山市瀬戸内市邑久町向山	横山作藏	10銭
32	向山村	岡山市瀬戸内市邑久町向山	松本啓三郎	10銭
33	向山村	岡山市瀬戸内市邑久町向山	日下利平	10銭
34	向山村	岡山市瀬戸内市邑久町向山	太田小益	10銭
35	向山村	岡山市瀬戸内市邑久町向山	山口末	10銭
36	向山村	岡山市瀬戸内市邑久町向山	永山吉郎次	15銭
37	尾張村	岡山市瀬戸内市邑久町尾張	尾張村社中	１円50銭
38	福中村	岡山市瀬戸内市邑久町福中	福中村社中	80銭
39	邑久口村吉都（邑久郷吉塔）	岡山市東区邑久郷	窪田勝三郎	10銭
40	五明村	岡山市東区西大寺五明	近藤甚造	10銭
41	五明村	岡山市東区西大寺五明	那須丈吉	10銭
42	五明村	岡山市東区西大寺五明	國冨徳三郎	10銭
43	五明村	岡山市東区西大寺五明	奥山平九郎	10銭
44	五明村	岡山市東区西大寺五明	奥山七造	10銭
45	射越村	岡山市東区西大寺射越	岡﨑治郎左	30銭
46	射越村	岡山市東区西大寺射越	和田初太郎	30銭
47	新地村	岡山市東区西大寺新地	鶴海周造	30銭
48	大ヶ嶋（大賀島）	岡山県瀬戸内市邑久町豊原	葉上祐照	30銭
49	北島村	岡山県瀬戸内市邑久町北島	中島哲	50銭
50	北島村	岡山県瀬戸内市邑久町北島	葉上現海	30銭
51	北島村	岡山県瀬戸内市邑久町北島	日下種吉	10銭

15か所49名と２社中　総額10円85銭

出典：明治21年（1888）５月日「辰鈴亭宗匠江有志連名記」（『中島家文書』296）

図1　明治21年（1888）５月田中雅幃門人分布図

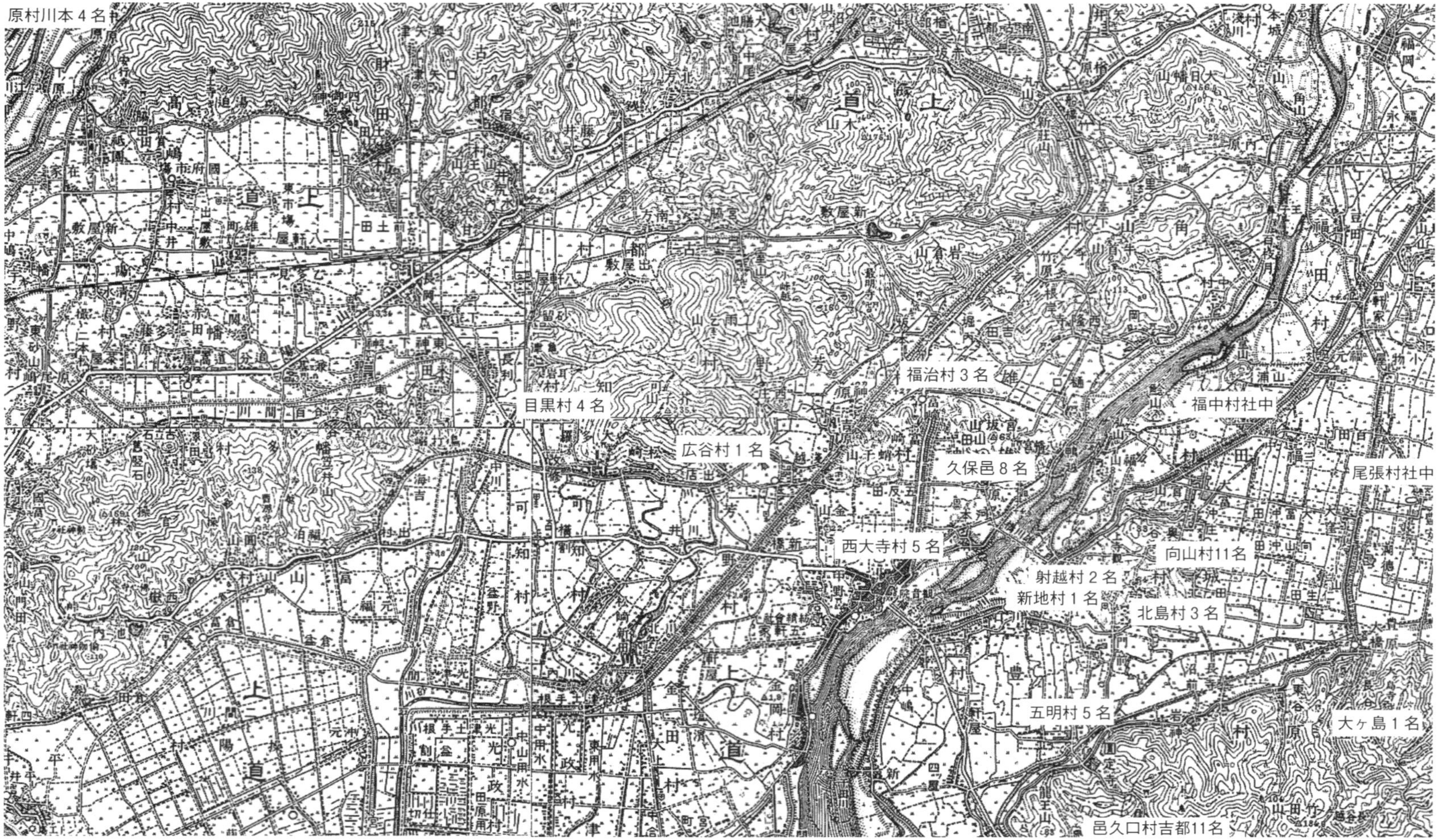

出典：明治21年（1888）５月日「辰鈴亭宗匠江有志連名記」（『中島家文書』296）　地図出典：『明治大正日本五万分の一地図集成』Ⅳ（古地図研究会、1983年）。恵亮院は射越村の北に上寺観□（音）とあるあたりである。

御會後至急御認越可被下候、瓶数之義モ、何十何瓶ト御認メ越奉待候、乍去リ、今般ハ吉祥院（餘慶寺塔頭）法印様モ定メテ御出席被為在候哉、其段御都合能ク御申合、専一之義ト奉存候、

（中略）

追啓、御仁免可被下候、御内寶様江別段書面ヲ指上不申候間、御手元ゟ宜敷様御風声可被下候、次ニ実成身上之義モ、小子義甚タ心痛罷在候間、何分貴君ゟ御尋アツテ、都合能ク相成候様極御内々御申聞可被下候、兼テ御承知之通リ、今大事成ル時ニ付、実成ト御申合アツテ、萬件ヲ頼度候也、

この書簡でまず雅嶂は、上京後、「忰」（藤本雅月）が、もう少し逗留して欲しいと希望したため、東京見物かたがた今少し在京する旨を伝えている。しかし、来る二月一五日は涅槃会なので、きっと岡山で「瓶花奉納會」を開催するであろうから、そのさいは哲が「一入御骨折」して、「実成」と相談の上、「何卒賑々敷御奉納」するよう取り扱って欲しいという希望を述べている。しかも、「貴君義ハ小生之代理ト思召」と、哲は雅嶂の代理と心得てくれるよう述べているところからも、哲が雅嶂から並々ならぬ信頼を受けていたことがわかる。そして雅嶂は、「御奉納會」終了後、出品者ごとに誰が何の花を活けたかという報告書面を送って欲しいと希望している。

一方、中略部分では、雅嶂が、哲や「岡嵜治郎左殿」から依頼された華道道具と、「実成」へ進上するつもりの華道道具を東京で購入し、「花會（涅槃会の瓶花奉納会）」に間に合うように岡山まで送ろうとしたところ、送料が思った以上に高額になることがわかり、断念して手元に預かっていることや、それらを岡山まで持ち運んでくれるような人物がいないかどうかを尋ねたりしている。これらの記述からは、師匠と弟子の厳然とした上下関係というよりは、弟子が師匠に買い物を頼めるような関係性がうかがえるのである。このような関係性が、雅嶂が指導していて頃の岡山の美笑流のひとつの特徴である。

また、この書簡の内容からは、一見雅嶂が物見遊山的に上京したようにもみえるが、雅月が雅嶂に逗留の延長を頼んでいることや、追伸にある雅嶂の「今大事成ル時」という言葉から判断するに、実際はこの頃から雅嶂の中央における活躍を画策する雅月の運動がおこなわれていたことがわかる[40]。雅月はその運動を進展させるためには雅嶂本人が在京していた方が有利であると考え、逗留の延期を依頼したに違いない。その運動はやがて雅嶂の宮内省御用拝命という成果をあげるのであるが、それについては後述する。さらに、宮内省御用の後、雅嶂は京阪方面における門人獲得を企図するのであるが、やはりそのさいも雅月の協力を仰いでいる。つまり、雅月は情報収集者兼調整者として雅嶂を支えていたのである。一方、哲は地元岡山での行事を雅嶂に代わって取り仕切ることによって、県外での活躍を目指す師匠を支えていたのである。

しかし、雅嶂はそれらの運動を進めるにあたって心配な要素もこの書簡に記している。それが、文中にしばしば登場する「実成」という人物である。雅嶂は哲に、涅槃会の「瓶花奉納會」を「実成」と相談して執りおこなって欲しいということや、今回は「実成」へ書簡を出さないので消息を伝えて欲しいことなどを述べた上で、追伸では、雅嶂が「実成身上」をとても心配しており、哲に「何分貴君ゟ御尋アツテ、都合能ク相成候様極御内々御申聞可被下候」と、ごく内々に「実成」に説教をしてくれるよう頼んでいる。また、この書簡の最末尾で、雅嶂は、今が大

事なときであるので、哲と「実成」と相談の上で、「萬件ヲ頼度候」と締めている。

今のところこの「実成」という人物については不詳である。しかし、書簡からも、雅嶂が「実成」を心配し、大切に思っていることが伝わってくる。そして「実成」は、おそらく雅嶂の身内で、雅嶂が哲と同列の者のように考えていることがわかる。これらの印象だけで結論づけることはできないが、諸々の状況を勘案すると、「実成」は、雅嶂没後に哲と対立することとなる雅嶂の四男河内雅翠のことであると推測される。その推測が正しいとするならば、雅嶂は雅翠の身上を不安視しており、哲に目付役兼教育係を依頼していたことになる。

ともあれ、この書簡からは、この頃、哲が雅嶂から岡山における美笑流の統括を委嘱されるまでの地位を獲得していたことがわかる。そして一方で雅嶂は、活動の幅を岡山の外へと広げていくのである。

（3）田中雅嶂の宮内省御用拝命

明治二五年（一八九二）、東京における雅月の運動が成果をあげ、雅嶂はロシア帝国皇太子ニコライの来日のさいに、宮内省から生花御用を拝命することとなった(41)。しかし、このときは大津事件によって中止となってしまう。そして、翌明治二六年（一八九三）、美笑流「花長」(42)となった雅嶂は、八月のオーストリア＝ハンガリー帝国皇太子フランツの来日にさいし、再度宮内省御用を拝命する(43)。この宮内省御用は新聞各紙が報じた。次の史料は、明治二六年三月二六日の『香川新報』の記事である。

●老骨死して又遺憾なし　當高松舊藩士《とうたかまつきうはんし》（連枝家附）田中雅嶂《たなかがせう》（以《い》前忠次《ぜんちうじ》と呼ぶ）翁《わう》は、生花《せいくわ》に堪能《たんのう》なるの故を以て、先年《せんねん》魯國皇太子《ろこくこうたいし》殿下《でんか》御來遊に際《さい》し、其御旅舘《そのごりよくわん》と定められたる有栖川宮《ありすがわのみや》の殿中の生《せい》花《くわ》を仰付《おほせつけ》られしに、彼《か》の一大變の爲め全く水泡《すいはう》に屬《そく》せしを嘆息《たんそく》し居りしに、今度《こんど》、墺國皇儲殿下の御旅舘《ごりよくわん》なる芝離宮《しばりきう》の御装飾中、生花を同翁《どうわう》に命《めい》せられしかば、我《わ》が美笑正流《みせうせいりう》の特技《とくぎ》を奮《ふる》ふは此時《このとき》にありと喜《よろこ》び勇み、此御用《このごえう》を勤め終れば老骨死《ろうこつし》して又遺憾《またいかん》なしと云ひ居《お》る由、翁は當時《とうじ》備前国《びぜんのくに》邑久郡今城村字上寺山に寄留《きりう》せらる

この御用を務めたことにより、雅嶂は宮内省より白羽二重一匹を下賜された(44)。雅月の運動があったとはいえ、雅嶂はこの頃家元を差し置いて宮内省御用を務めるような地位に上り詰めていたことがわかる。

なお、明治二六年八月の宮内省御用に、雅嶂は雅翠を同行させている(45)。一方、哲他の門人たちは同行することがなかった。そのことからも、この宮内省御用は、美笑流の中でも雅嶂・雅月・雅翠一家の成果であったことがわかる。前述のとおり、流内においては哲が雅嶂の後継者と目されていた節があり、雅嶂もそれをにおわすような言葉を手紙で述べている。しかしその一方で雅嶂は、やはり自分の後は息子である雅翠に継がせたいという願望があったのであろう。この後継者をめぐる雅嶂と雅翠と哲の思い違いが、のちの「花道取締壱件」と深くかかわってくるのであるが、それについては第三節で後述する。

岡山の美笑流の宮内省御用は、次の代へと引き継がれる。雅嶂を継いだ雅翠も、昭和一〇年（一九三五）四月と昭和一五年（一九四〇）六月に満州国皇帝溥儀が来日したさいに、宮内省の生花御用を務めることになるのである(46)。

研究史によれば、明治二〇年代から明治三〇年代頃は、明治初頭の我

が国の西洋化の反省として、日本の伝統文化が見直され始めた時期にあたる。[47] またその一方で、伝統文化の中にも、革新的な運動を始めようとする胎動が起こり始めた時期にもあたる。本稿では詳述する余地はないが、華道の世界でいえば、雅嶂の宮内省御用は前者の一例であり、のちに小原流を創流する小原雲心の「盛花」の創造などが後者の一例と位置づけることができよう。度重なる宮内省御用の拝命と、それを新聞各紙が報じたことは、美笑流および雅嶂一家の権威づけに役立ったことは間違いない。そして、雅嶂たちはそれを利用し、流内での存在感を高めたであろうし、この頃次々と勃興した新興流派に対して、美笑流が「(国賓が来日したさいに)宮内省御用を務める」伝統ある流派であると印象づけることに成功したのであろう。

(4)田中雅嶂が岡山の美笑流の家元となる

岡山に美笑流を広め、宮内省御用まで勤めた雅嶂は、家元から「家元連枝」となることを認められる。連枝とは、その名のとおり分家して家元となることである。そして、明治二七年(一八九四)四月三日、哲は雅嶂から三件の祝儀を祝う記念祝賀花会の総取締に任命されている。[48] 三件の祝儀とは、雅嶂の宮内省御用と喜寿と家元連枝である。次の史料は、明治二七年(一八九四)春に記された、この記念祝賀花会の案内状である。[49]

我師なる宗匠分陰齊田中翁ハ、はやくより花さす業に工なれハ、去年の夏墺国の皇族御国へ渡り来まして、東の都芝の離宮を旅のやとりとなしたまひぬれハ、其旅舘に花させと宮内省より翁におふせ事有タれハ、かしこまり、つつやかにまゐのほりて、いとうるはしくさしはやされたり、されバ、帰国の皇族をはじめ朝廷にもいたく称美たまひて、白羽二重一匹下したまはりぬ、か丶る名誉ハ世に類ひまれなる業なるを、まして翁ハ今年七十才あまりて七年の齢くらひていと〳〵めてたく、また翁ハ、美笑正流の家元なる、国もよし讃岐の国高松のさとに住れし十八世美笑庵松平の君の、そのみとり栄ゆる枝に連ねられたるとなむ、この三事を合て、弥生の旧三月廿日・廿一日、金陵山西大寺の精舎にして、種々の花さして寿莚をひらかんとほつすれハ、同し花を翫ひ給ふ四方の風流、またもあまた寄り集ひ来まして、いく瓶となく花さしてことほき給ハ丶、嬉しさも増しともいはんすへなくなむ、あなかしこ也、

明治廿七年(一八九四)の春　門人謹白

こたひ、田中宗匠のみつから
よみ出された其歌ハ

匂ひなき老木の花と
　おもひしを
もてはやされて
　　かをる春かな

この雅嶂の祝儀を記念して、現存する唯一の雅嶂の門人名簿が印刷物として作成されている。[50] それらを表2・図2にまとめた。[51] それによれば、このときの雅嶂の門人は二〇八名であった。また、前掲した明治二一(一八八八)五月の門人分布図(図1)と比較して、門人の居住地が拡

表2　明治27年4月門人録田中雅幃門人

№.	地名	現在地名	人数	美号以上の門弟
1	東京	東京	3	三世前辰鈴宇藤本雅月
2	上寺山	岡山県瀬戸内市邑久町北島　上寺山余慶寺	3	四世辰鈴宇河内雅翠、三世美生庵葉上幃隆
3	北島	岡山県瀬戸内市邑久町北島	1	七世美郭軒中島雅松
4	田淵	岡山県瀬戸内市邑久町北島	4	
5	大賀島	岡山県瀬戸内市邑久町豊原	1	初世美雲亭葉上幃雄
6	尾張	岡山県瀬戸内市邑久町尾張	14	初世美翠庵岡本幃一、初世美晃庵柴田幃昇
7	向山	岡山県瀬戸内市邑久町向山	4	七世美泉齋永山幃旭
8	福中	岡山県瀬戸内市邑久町福中	8	
9	山田庄	岡山県瀬戸内市邑久町山田庄	1	
10	豆田	岡山県瀬戸内市邑久町豆田	6	
11	山手村	岡山県瀬戸内市邑久町山手	2	
12	福岡	岡山県瀬戸内市長船町福岡	4	
13	午文村	岡山県瀬戸内市長船町牛文	7	
14	福里村	岡山県瀬戸内市長船町福里	2	
15	塚原山	岡山県岡山市東区福治　塚原山最明寺	1	四世美窓庵永野幃眞
16	久保	岡山県岡山市東区久保	9	
17	才崎	岡山県岡山市東区才崎	18	
18	竹原	岡山県岡山市東区竹原	6	
19	馬路山	岡山県岡山市東区竹原　馬路山明王寺	1	
20	邑久郷	岡山県岡山市東区邑久郷	1	
21	吉塔	岡山県岡山市東区邑久郷	1	
22	広谷	岡山県岡山市東区広谷	2	
23	浅越	岡山県岡山市東区浅越	3	
24	寺山村	岡山県岡山市東区寺山	3	
25	長沼	岡山県岡山市東区長沼	5	
26	平嶋村	岡山県岡山市東区東平島or西平島	1	
27	内ヶ原	岡山県岡山市東区内ヶ原	2	
28	西大寺	岡山県岡山市東区西大寺	2	
29	射越	岡山県岡山市東区西大寺射越	1	初世美精庵和田幃徹
30	五明	岡山県岡山市東区西大寺五明	10	
31	新地	岡山県岡山市東区西大寺新地	1	
32	川口	岡山県岡山市東区西大寺川口	1	
33	松崎	岡山県岡山市東区西大寺松崎	3	
34	掛ケノ町	岡山県岡山市東区西大寺中	1	
35	市場町	岡山県岡山市東区西大寺中	2	
36	濱村	岡山県岡山市東区西大寺浜	14	
37	北ノ町	岡山県岡山市東区西大寺北	3	
38	今町	岡山県岡山市東区西大寺南	2	
39	目黒	岡山県岡山市東区(旧西大寺町)	3	
40	川崎町	岡山県岡山市東区(旧西大寺町)	1	
41	本町	岡山県岡山市東区(旧西大寺町)	4	
42	新町	岡山県岡山市東区(旧西大寺町)	1	
43	下ノ町	岡山県岡山市東区(旧西大寺町)	2	
44	河本	岡山県岡山市東区河本町	4	
45	金岡	岡山県岡山市東区金岡東町or金岡西町	2	
46	大多羅	岡山県岡山市東区大多羅町	2	
47	福吉村	岡山県岡山市中区海吉	1	
48	山崎村	岡山県岡山市中区山崎	1	
49	小橋町	岡山県岡山市中区小橋町	1	
50	御野郡大供	岡山県岡山市北区大供	1	
51	幸町	岡山県岡山市北区幸町	3	
52	下西川	岡山県岡山市北区幸町・柳町・京町・南中央町	1	
53	西中山下	岡山県岡山市北区表町・中山下・蕃山町	1	
54	兒島郡宮ノ浦	岡山県岡山市南区宮浦	1	
55	澤原	岡山県赤磐市沢原	1	
56	和気	岡山県和気町	1	
57	大中山	岡山県和気町大中山	9	
58	山田北山方	岡山県和気町北山方	1	
59	田出村	岡山県和気町日笠上・日笠下	11	
60	邑久郡	岡山県瀬戸内市・岡山市東区・備前市	1	
61	拭ノ町	不明(掛ケノ町カ)	1	
62	福村	不明	1	

62か所　合計208人

出典：明治27年(1894)4月「美笑正流家元連枝分陰齊田中雅幃門人」(『中島家文書』190)

図2　明治27年(1894) 4月田中雅幃門人・社中分布図(□＝田中雅幃門人　楕円＝河内雅翠社中)

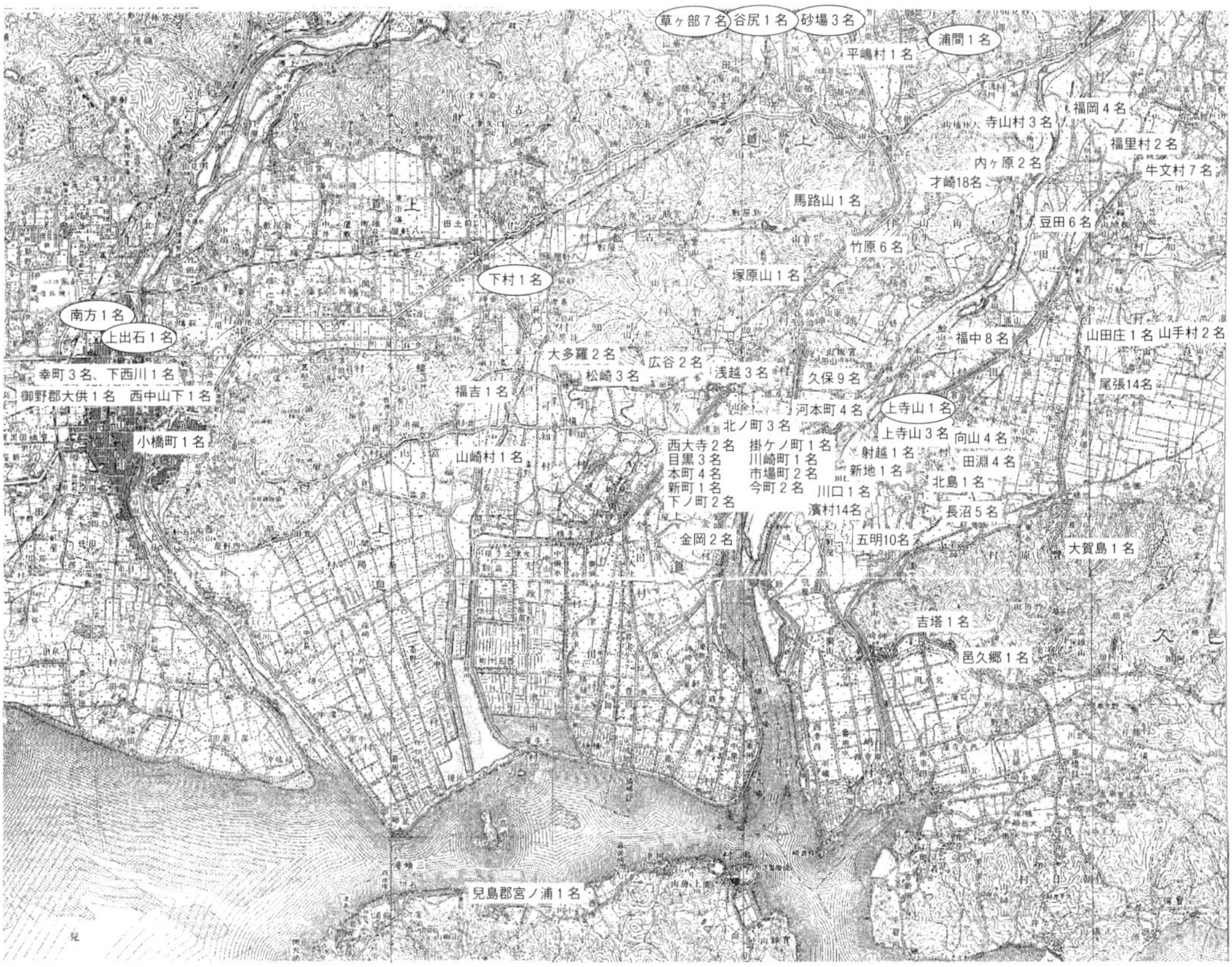

出典：明治27年(1894) 4月「美笑正流家元連枝分陰齊田中雅幃門人」(『中島家文書』190)
地図出典：『明治大正日本五万分の一地図集成』Ⅳ(古地図研究会、1983年2月)

地図外の田中雅幃門人

地名	現在地名	人数	美号以上の門弟
東京	東京	3	三世前辰鈴宇藤本雅月
澤原	赤磐市沢原	1	
和気	和気町	1	
大中山	和気町大中山	9	
山田北山方	和気町北山方	1	
田出村	和気町日笠上・日笠下	11	
邑久郡	瀬戸内市・岡山市東区・備前市	1	
拭ノ町	不明(掛ケノ町カ)	1	
福村	不明	1	

地図外の河内雅翠社中

讃岐高松	香川県高松市	1

大していることがわかる。その他に、門人の中でも弟子を取ることを許されている辰鈴亭河内雅翠の社中が一七名、美郭軒中島雅松（哲）の社中が四名、美窓庵永野幃眞社中が一三名、美笑庵葉上幃隆の社中が五名、美翠庵岡本幃一社中が五名記されている。

煩雑になるので全文は掲載できないが、以下にこの門人名簿の重要な点だけ述べる。まず門人の筆頭には、雅翠ではなく雅月が記されている。宮内省御用を実現させた雅月を、雅幃が高く評価していたことを如実に示すものである。そして哲は、弟子の数こそ少ないものの、ここでも雅嶂門下で三番目の地位（一番目藤本雅月、二番目河内雅翠、三番目哲）に名を連ねているのである。(52) 親族以外の筆頭門人であったのである。

(5)田中雅嶂の晩年と死去

家元として独立し、その後ますますの活躍をみせるかと思われていた雅嶂であったが、それから三年後の明治三〇年（一八九七）一〇月一四日に高松で没する。この晩年の様子がわかる雅嶂の二通の書簡が『中島家文書』に残っている。次の史料はその一通の抜粋である。明治二七年の記念祝賀花会以降、同三〇年までの雅嶂の動静は今のところわからないのであるが、徐々に京阪方面へ活動を広げていたようである。明治三〇年三月一九日、大阪南區北桃谷町五十軒屋敷二五七番邸藤本内にいた雅嶂から哲へ宛てて書簡が発送されている。(53)

（封筒省略）

（本文）

（前略）

本月（三月）七日、大坂藤本忰ゟ俄ニ電信掛ケ申参候ニハ、大坂中諸流瓶花大會在之候ニ付、大至急上坂之旨申越候故、直様八日夜之内瀬戸之氣車場江参り、一番瀛車ニテ上坂仕候間、御手元江モ何等之御沙汰モ不仕、又者恵了（亮カ）院江モ帰り不申、浅越村ゟ直様上坂致候故、甚タ不都合之段、御免可被下候、何れ来月末頃ニハ帰国之心組ニ御座候間、得拝顔、委敷御物語可申上候、

（後略）

この史料によれば、明治三〇年三月七日、浅越村にいた雅嶂は、この頃大阪にいた「藤本忰（雅月）」からにわかに電信を受け取ったということである。その内容は、「大坂中諸流瓶花大會」が開催されるので「大至急上坂」するようにというものであった。そこで雅嶂は、翌八日夜の内、「瀬戸之氣車場（瀬戸駅）」へ行き、一番汽車で上阪したのである。よって、哲にも連絡できなかったことを詫びている。また、恵亮院へ帰ることもできなかったのである。しかし、来月末頃には帰国するつもりであるので、そのときに詳しく話すと述べている。

後略した追伸部分では、「諸流花會」へ出席した後、他にも数か所で花会があり、それらにも出席するつもりであると述べ、時候も良く、大阪見物をするつもりであるので、「皆々様方」も上阪して大阪見物をしないかと誘っている。その上で雅嶂は、来月の花盛りには「西京」あたりへ見物に行くつもりであるので、もし上阪するのであれば同道しようとも誘っている。

京阪方面での流勢拡大に力を入れていた雅嶂は、東京で活動していた雅月を大阪に派遣して、情報収集兼先遣隊として活動させていたのであろう。そして雅月から「大坂中諸流瓶花大會」開催の速報が入ると、その期を逃すまいと、とるものもとりあえずの体で上阪したのである。

実は、この書簡が発送される直前の明治三〇年三月一六日、雅嶂の知人で岡山市の師範学校校長である進藤慎一という人物から、四月に後楽園で開催予定の書画会に併せて、かねて雅嶂にも「生花御催」をおこなって欲しいと打ち合わせを重ねてきたが、最近雅嶂の消息がわからないので連絡を取って欲しいと依頼する書簡が恵亮院宛に認められている。(54) その後、恵亮院がすぐに大阪の雅嶂へ連絡したのであろう、前掲三月一九日の書簡は、雅嶂が自身の消息を取り急ぎ伝えたものであった。

そしてまたその直後、三月二六日に、在阪中の雅嶂から哲へ宛てて、近況を伝え、進藤慎一の書画会をどのように取りはからうべきか指示する書簡が発送されている[55]。その書簡で雅嶂は、①上阪後、四天王寺の彼岸中に「連中数拾名斗」で花稽古会を催し奉納したところ、参詣人が日々増加し、彼岸の中日には四方からの人出で往来もできないほどの大賑わいになったこと、②大阪での「入門弟子」が一〇人ばかりになったので、今後は大阪でたびたび花会をしたいと思っていること、③「進藤慎一先生」依頼の「美笑正流花会」には、在阪中であることから残念ながら出席できないので、「御両所(中島雅松・永野嶂眞)」相談の上で開催して欲しいこと、④来月(四月)中旬頃には「西京本願寺」へ「罷出」たく思っていること、⑤西京でも所々で花会があるであろうから、それらにも出席したいと思っており、とても帰国できそうにないこと、⑥来々月(五月)頃には帰国するつもりでいるが、そのときの都合で少々延期するかもしれないこと、などを述べた上で、この書簡の到着後、至急相談の上、進藤方へ連絡して欲しいと述べている。以上のことからも、この頃の雅嶂は、何よりも京阪方面での活動を優先させていたことがわかる。

結局、進藤慎一の花会は、会場など諸般の都合により九月以降に延期されたようであるが、そのときの出席者は永野嶂眞他の門人たちが予定され、雅嶂の出席は予定されなかった[56]。雅嶂の帰国が大幅に延期したものか、もしくはすでに花会を催せない状態になっていたものか定かではないが、明治三〇年一〇月一四日、雅嶂は高松で没することになるのである。

以上、本節では田中雅嶂の岡山県外での活躍と、家元としての独立から死去までについて述べた。雅嶂は、五男雅月を協力させ、宮内省の生花御用を実現し、その成果を高松の家元に認められ、岡山で分家の家元となるまでになった。哲は、そのように岡山の外で活躍する雅嶂の留守を守り、岡山で雅嶂の代理として認められていた。しかし、雅嶂は家元就任から約三年半で死去してしまう。初代家元を失った岡山の美笑流では、哲と雅翠との間で後継者争いが発生するのである。

三　美笑流「花道取締壱件」

(1)田中雅嶂の後継者争い

本節では、雅嶂没後の後継者争い「花道取締壱件」について述べる。雅嶂の没後、雅嶂の四男河内雅翠と哲ほか雅嶂の高弟数名との間で後継者争いが発生する。雅嶂没後、公然と岡山の家元のようにふるまう雅翠に対し、哲たちは高松の家元へ岡山の異常を知らせ、雅翠への対策を講じている。その行動は早く、雅嶂没後約一か月後の明治三〇年(一八九七)一一月一七日、哲は家元から「美容点睛翁(美容庵点睛翁とも)」という花名を、仮許状として許可された[57]。そして、それとほぼ同時に、一〇世美祭庵月光(中村月光)から『后之月』を授与された[58]。この『后之月』は、最後に授与される『信之巻』と思われ、この時点で哲は美笑流の免許皆伝となったと思われる。その他の史料からも明らかになるが、哲は高松の家元側に働きかけ、家元の権威を背景に自らの地位を正統化することにより、雅翠に対抗したのである。

(2)中島哲が河内雅翠の弾劾文を記す

同じ頃、哲は雅翠が流派の重要書を隠匿して非公開にしていたことに対抗し、流派の「秘書」の写本を次々と作成し始める[59]。次の史料は、一部を前掲した哲によって記されたと考えられる雅翠弾劾文の下書である[60]。

今ヲ去ル明治十二年(一八七九)頃、美笑流美郭軒田中雅幃先生、上寺山餘慶寺内恵了(亮カ)院住職僧河内祐憲ト親縁ヲ子ノ縁ヲタドリ来施、依テ、自分等其頃ヨリ同流ノ花道ヲ持テ遊□フコト十有数《余》年、其技ノ長スルニ従テ、順次奥秘《儀》ヲ許サル、然ルニ其子祐憲、又供ニ同流ヲ學ビ、自分等ノ上席ヲ占メ、父子ノ間ヲ以テ、諸事祐憲ノ我意ニ任セ、猥リニ花道ノ規矩・先例ヲ破リ、且ハ、其師ノ聲ヲ幸与シテ、□《秘》書・奥儀ノ書類悉皆他聞・他見ヲ許サス、常ニ自身書ヲ左右シ、少シモ同門ノ許《覗》セス見ヲ許サズ、為メニ、花道奥秘ヲ師ヨリ許サルト雖𪜈、其妙趣ヲ知ル能ハス、常ニ遺憾ノ折柄《(明治三十年)年》、本月十月《十四日》、師雅幃死去《去》セシニ付、笑美号衆義ノ上、師ノ遺書、則チ奥秘ヲ内見セシコトヲ右祐憲ニ懇□《話》セシモ、秘書ハ同流宗之(旨カ)ヨリ他見ヲ禁セラレ、何人モ□見聞ヲ許サズト堅《堅》ク相秘ス《シ》、今後花道ノ流趣乱ル、モ意ニ介サス、啻ニ自身ノ秘書トシテ、我意ヲ□□□□□同友ニ振□□《ハン》コ《ノ》トミ是レ想ヒ、児戯ニ類ル《ス》仕方ニシテ、決シテ風流ノ人ノスヘキ業ナラス、依テ、自分等相謀リ、今回家元ナル高松市松平雅盟先生ノ膝下ニ来タリ、五常五巻ニ附スヘキ秘書類、則チ五十二巻ヲ、同流花長十世美祭庵中村月光翁ヨリ《ニ》□□タヨリ、委ク授與セラル《レ》実ニ我流、初メテ我流奥秘妙霊趣ノ次第ヲ悉識ルヲ得タリ、実□《本》実ニ火日夜夜ニ燈火ヲ得、花ニ葉《枝》ノ配色ヲ得タル思ヲナセリ、永ク書ハ四家ニ秘蔵シテ、後進ノ同友ヲシテ子弟ニ美笑ノ笑《美》タル、花ノ花タル趣意ヲ知シメ、諸流ノ盛大ヲヲ(衍カ)助ケ、乱破□セサル様、永久翁ノヲ□《掟》(以下欠カ)

この弾劾文で反雅翠の旗色を鮮明にした「自分等」「四家」とは、弾劾文と前後して高松の家元側の門人へ移った哲・永野幃眞・葉上幃隆・和田幃竹である[61]。そして、その中でもとくに中心的な役割を担ったのが哲であった。この弾劾文は、宛先を欠いているものの、故雅幃の門人たちに配布して、自分たちと行動をともにするよう訴えかけるつもりであったのであろう。

哲は、まずこれまでの経緯として、雅翠が自分たちとともに雅幃から美笑流を学んだにもかかわらず、雅幃の子供であることを理由に「自分等ノ上席ヲ占メ」、雅幃も自分の子供であることからわがままを許した結果、「祐憲(雅翠)」が「猥リニ花道ノ規矩・先例ヲ破」ってきたことと、父雅幃の権威を幸いに、「秘書・奥儀ノ書類悉皆」の他聞・他見を許さず専有し、少しも同門の「覗見」を許さないため、「花道奥秘」を雅幃から許されても「其妙趣」を知ることができず、いつも遺憾に思ってきたと述べている。そして、その後、雅幃が死去したこともあり、美号が「衆議」し、「師ノ遺書、則チ奥秘」を内見したいと「祐憲(雅翠)」に「懇話」したときも、雅翠曰く、「秘書」は美笑流の「宗之(旨カ)」で他見を禁じられており、「何人モ見聞ヲ許サズ」と、堅く隠匿したままであったという。その有り様を哲は、今後「花道ノ流趣」が乱れることも意に介さず、ただ雅翠自身のみの「秘書」として「我意」を振るうことばかりを考えており、「児戯ニ類ル《ス》仕方ニシテ、決シテ風流ノ人ノスヘキ業」ではないと厳しい言葉で弾劾している。

さらに、弾劾文の最後には、そのような雅翠に業を煮やした「自分等」は「相謀リ」、今回家元である「高松市松平雅盟先生ノ膝下」に参り、「五常五巻ニ附スヘキ秘書類、則チ五十二巻」を、「同流花長十世美祭庵中村月光翁」に詳しく教示してもらったと述べている。そしてその結果、「初メテ我流奥秘妙趣ノ次第」を知ることができ、「実ニ夜夜ニ燈火ヲ得、花ニ枝葉ノ配色ヲ得」た思いをすることができたと喜びを述べ、それらの書巻は末永く「四家ニ秘蔵」して、後進の子弟に「美笑ノ美笑タル、花ノ花タル趣意」を知らしめ、「諸流ノ盛大」を助け、流派が乱れることのないよう、永久に月光翁の授けてくれた（以下欠カ）と続けている。

この弾劾文には、雅翠に対する哲の怒りがこめられているのであるが、それらを脱色すると、この弾劾文から「花道取締壱件」の性格がみえてくる。すなわち、岡山の美笑流の創流者ともいうべき雅嶂は、前述のとおり門人の買い物を引き受けたりするような、比較的緩やかな師弟関係であったのに対し、次代の雅翠は、そのような初代のあり方を否定し、家元と門人との間に厳格な師弟関係を構築しようとしたのである。

創流者と初期の門人たちは、流派の創流期をともに盛りあげた同士のような人間関係を構築していたのであろう。しかしそれは組織がまだ小規模であったからこそ実現できたのであって、組織が大規模化していくにしたがい、いずれは組織整備がなされなければならなかったのである[62]。雅翠はその必要性を感じ、組織改革に着手したのである。そのひとつが、奥義の花伝書の非公開措置であった。すなわち雅翠は、流派の奥義に関する花伝書などを非公開にすることによって、誰もが自由に奥義に触れられるのではなく、家元が管理する厳格な体制を構築しようとしたのであろう。

一方哲たちは、雅翠のそのような行為を、雅嶂の権威を笠に着たものであり、その「我意」をもって「花道ノ規矩・先例ヲ破」っていると捉えていた。創流期を雅嶂とともに過ごした哲は、雅嶂を否定するような雅翠のやり方が許せなかったのである。哲達は、雅翠の態度ややり方に対して雅嶂存命中から快く思っていなかったようであるが、もし本当に雅翠が哲たちの主張したようにわがままだけで行動する人物であったとすれば、その後の雅翠の門人拡大や地域社会での活躍はあり得なかったであろう[63]。哲たちの主張にもかかわらず、結果的に雅翠が地域において政治的にも文化的にも人望を集めていくことから考えても、この弾劾文には相当哲たちの偏見が含まれているといわざるを得ない。

(3) 家元が河内雅翠を糾問

『中島家文書』のその他の史料から、この間の推移を再度整理する。雅嶂が高松で没したのは明治三〇年（一八九七）一〇月一四日であった。そして、明治三〇年一二月二日に月光によって記された哲宛て葉書によれば、哲たちが月光たち家元側に岡山での異常事態を連絡したのは明治三〇年の一一月中旬頃のことである[64]。そのとき哲は、反雅翠派の門人数名を引き連れて高松へ赴き、旅館で月光と会談をもった。同時に哲は月光から「五常五巻ニ附スヘキ秘書類、則チ五十二巻」の教示を受け、一方で雅翠に対抗するための昇進を家元側に依頼したのであろう。そして、一一月一七日に、哲は美容点睛翁の花名と『后之月』の許状を許されたのである。しかし、その甲斐もなく雅翠の「専横」は止まらず、哲は再度「紙面」にて「花道取締壱件」について問題ありと月光に伝えたのであった。

ちょうどその頃月光は、「四・五日他行、留主」にしており、帰宅してその「御紙面」をみたのは一一月二九日のことであった。そこで、

「早速正覺寺へ」[65]行ったところ、「家元」は「帰村」してしまっており、「出市」してくるのは「両三日之内」であるということであった。やむなく月光は、当日「出役」していた人だけで「早々面會」し、事情を説明した上で、事態の理解と雅翠の行動を否定することを決議したので、哲と行動をともにする「皆々様」へ伝えて欲しいと述べている。

やがて、家元側も雅翠の行動について直接問い糾す事態となった。次の史料は、明治三〇年一二月一二日に雅盟によって記された雅翠宛の書簡である。[66]

（封筒表書省略）

（本文）

拝啓

今般三名之者ヨリ承り候得者、先年美号取リ立之節、自分ヘ宛夫々謝義（儀カ）致居候之趣キ承り候、今回直弟子ニ引直し候ニ付、少シ存じ寄之次第モ有之、右謝義（儀カ）ハ如何相成候や、美号八名ヘ對シ返答振り有之候ニ付、何分之義御返事被下候也

十二月十二日　　松平雅盟

河内祐憲殿

この書簡によれば、家元が「三名之者」に聞いたところ、岡山の美笑流の門人八名が先年「美号」に取り立てられたさい、家元へ宛ててそれぞれ謝儀を送ったはずであるが、今回それらの者たちを家元直弟子に「引直」すので、少し考えもあり、その謝儀がどうなったのか知りたいと、家元は雅翠を問い質している。「三名之者」とは、哲・嶂眞・嶂竹であり、「美号八名」は雅翠の門人である。哲たちは、本来家元へ納めるべき謝儀を雅翠が納めていなかったことを雅翠門人の八名から聞き出したものと思われる。この書簡の本紙は、別の史料[67]によれば哲と和田嶂竹が家元から預かって雅翠に渡したことがわかっているので、この史料はその写しであろう。いずれにせよそのような内容で家元は雅翠を問い質したのである。

この書簡に対する雅翠の返答史料は残されていない。しかし、雅翠自身は独立した岡山の家元を継いだという意識をもっていたため、高松の家元へ謝儀を渡す必要はないと認識していたに違いない。そして、この書簡が記された四日後の明治三〇年一二月一六日、家元は哲を「家元直弟子」にし、「五常巻附書」を伝授する旨を正式な許状として発給する。[68]また、同時に「美号八名殿」へ対しても、「家元直弟子」にした上で、「美・笑号始一同ノ内、笑号以下之者ヘ花道教示方」を委嘱する正式な許状を発給している。[69]

（4）中島哲が岡山県における花道取締に就任

「花道取締壱件」に次に動きがあったのは、明治三〇年（一八九七）一二月二八日であった。この日付けで家元は、仮許状の形ではあったが、哲と永野嶂雲（嶂眞から改名したものと思われる）を、「岡山縣ニ於テ、美笑正流花道取締」に任命し[70]、和田嶂竹を、「岡山縣ニ於テ、美笑正流花道取締補助」に任命したのである。[71]

この頃の事情は、仮許状に同封されたと思われる書簡から読みとれる。[72]それによれば、家元は、哲の「御申越」の「取締許状」を仮発給し、いずれ岡山へ「渡海」したさいに「本許状」と引き替えると述べている。そして、その他併せて哲の「貴殿花名許状」も、同様に仮許状を送ると

している。[73] また、花会の期日が決まったら知らせて欲しい旨も告げている。さらに、和田嶂竹については、中村月光と「三好」が相談したところ、「家元ナク花道ニ盡力」してきたことから、「取締補助ノ許状」の「仮許状」を、家元の意見として送ることにしたので、これも家元が岡山へ「渡海」したさいに「本許状」と引き替えるとしている。[74]

この書簡から読みとれるのは、今回の哲と永野嶂雲の「岡山縣ニ於テ、美笑正流花道取締」就任と、和田嶂竹の「岡山縣ニ於テ、美笑正流花道取締補助」就任も、哲側からの依頼に応えたものであることである。岡山において、自力で雅嶂の基盤を引き継ごうとする河内雅翠に対し、高松の家元からの許状を背景に、正統性を前面に押し立てて対抗しようとする哲たちという対立構図がいよいよ鮮明になってきた。そして、最終的に哲は、高松の家元の参加を仰ぎ、雅翠の地位を明確に知らしめるような花会の開催を企画していたのである。

この時点で、岡山における美笑流は、高松の家元が任命した三名が取り締まることとなり、雅翠は流内での正統性を失ったかにみえる。しかし実態は、高松の家元をもってしても、もはや雅翠に対抗することはできなかった。哲たちに与する門人は少なかったようである。逆にいえば、着々と体制を固める雅翠たち岡山の美笑流一門に対して、高松の美笑流家元の権威が相対的に低下してしまったことをあらわしているともいえよう。それだけ雅翠は人望を得られるような人物であり、組織構築と管理にも優れていたのであろう。

(5) 中島哲の死去

この後、哲たちの反雅翠運動は、高松の家元が哲たちに運動の進捗を尋ねる葉書を一通送ったことが確認できる。次の史料は、明治三〇年（一八九七）一二月二八日付けで、家元から哲と嶂竹に宛てて記されたその葉書である。[75]

（葉書表書省略）

（本文）

御手紙得貴意候、然者、御持帰りニ相成候河内へ對シ美号ノ件ノ手紙、答振り如何ヤ、幷、五常巻附書・許状ノ件も如何ヤ申居候や、御分り次第御報知被下候、幷ニ、今般仮許状も御請取かと、一寸御報知被下候様、右之弐件ニ付、彼是河内氏申候之柄無之トハ存候得者（共カ）、家元へ對、美号取立ノ節謝儀ノ云々邊如何申候や、已ニ過日連枝ニ故田中氏免許之節契約之事も、過日相尋与申遣、幷、預ケ申アリ家元ノ印判も、速ニ送り呉候ヤ、如何ヤ相尋候義有之候事、

十二月廿八日　　松平雅盟（朱印）（「美笑庵印」）

中島　哲殿

和田新太郎殿　河内へ手紙ハ御持帰り相成、手紙返事ヲ相尋ニ暮候、手紙別ニ子細ニ無之、御安心被下度

この書簡によれば、まず家元は、哲と嶂竹が持ち帰った雅翠に対する「美号ノ件ノ手紙」について、雅翠の「答振り」がどうであったかと尋ねている。また、哲たちに与えた「五常巻附書・許状ノ件」についても、何らかの応答があったかとも尋ね、それらがわかり次第知らせて欲しいと述べている。そして、「仮許状」を確かに受けとったことも一応知らせて欲しいと述べた上で、「右之弐件（五常巻附書許状と仮許状）」については、「河内氏」が意見をいうような立場にはないと思っているが、「美号取立」のさいの家元への謝儀については何と申しているのかと、

高松の美笑流関係事項	中島哲の花名	田中雅嶂の花名	河内祐憲の花名	出典
田中雅嶂が高松から岡山へ移住し、恵亮院へ入る				中島家文書75
	中島嶂雲雅丈	美郭軒三世田中雅嶂		中島家文書軸141
	中島嶂雲雅丈	美郭軒雅嶂		中島家文書293
	中島嶂雲雅丈	第三世美郭軒雅嶂		中島家文書軸138
				中島家文書366
	中島嶂雲雅丈	辰鈴亭田中雅嶂		中島家文書103・77・106・183
	笑泉斎中島嶂雲雅丈	辰鈴亭田中雅嶂		中島家文書軸139
	笑泉斎嶂雲雅丈	九世前美祭庵兼辰鈴亭雅嶂		中島家文書265
	中島嶂雲雅丈	辰鈴亭田中雅嶂		中島家文書軸136
	美容庵中島嶂雲	田中雅嶂		中島家文書294
一八世家元美笑庵華花(松平銓千代)が、田中雅嶂の弟子中島哲に「美容庵」の襲名を許可する	美容庵中島嶂雲子	九世前美祭庵兼辰鈴亭雅嶂		中島家文書23
	美容庵中島嶂雲	辰鈴亭田中雅嶂		中島家文書191
美笑正流一一世辰鈴亭風松遠忌追遠挿花会に十八世家元美笑庵華花松平銓千代が和歌を寄せる	美容庵中島嶂雲	(二世辰鈴亭田中雅嶂)		中島家文書37・57・76・78・107・110・111・112・115・116・137・138・184・187・188・206・296
				中島家文書124・378
				香川新報・朝日新聞・東京日日新聞・読売新聞
一八世家元美笑庵雅盟が中島哲へ「七世美郭軒」襲名の許状を授与する	七世美郭軒			中島家文書185
一八世家元美笑庵源雅盟が中島哲を「美号補助・岡山県中の笑号取締」に任命する	七世美郭軒中島雅松			中島家文書186
一一世美祭庵中村月桂他全21名が一六世家元美笑庵水盟追悼花会開催の案内状を発送し、美笑流十八世家元美笑庵松平雅盟・美笑流花長前美祭庵中村月光が名を連ねる	七世美郭軒中島雅松	美笑流花長岡山県寄留前辰鈴亭田中雅嶂	三世辰鈴亭河内雅翠	中島家文書248
				美笑流華道史、香川新報・朝日新聞・東京日日新聞・読売新聞
	中島雅松	分陰斎雅嶂		中島家文書288
	美郭軒中島雅松	美笑正流家元連枝分陰斎田中雅嶂	辰鈴亭河内雅翠	中島家文書190・192
				中島家文書379
				中島家文書367
				中島家文書379
	中島雅松			中島家文書194
				中島家文書195
	美容点睛翁中島雅松			中島家文書264－④
	美容点睛翁中島雅松			中島家文書軸140
	中島雅松			中島家文書260他
				中島家文書75・195
家元が河内祐憲へ許状や謝礼の取扱について質問状を送る				中島家文書243
	美容点睛翁中島雅松			中島家文書264－①・295
家元が河内祐憲への質問状の答えを催促する	美容点睛翁中島雅松			中島家文書220・170・193・292・264－②・264－③・310

年表

年月日	中島哲関係美笑流事項	岡山の美笑流(全体)関係事項
明治12年(1879)	田中雅嶂の岡山移住ほどなく入門する	田中雅嶂が高松から岡山へ移住し、恵亮院へ入る
明治14年(1881)初秋(旧7月)	田中雅嶂から『瓶花序之巻』を授与される	
明治14年(1881)初秋(旧7月)下旬	田中雅嶂から「精勤堂」の慶号を授与される	
明治15年(1882)初夏(旧4月)	田中雅嶂から『仁之巻(三ヶの月花伝書)』を授与される	
明治15年(1882)旧10月12日	美清庵小林露翁から礼状が届く(『序之巻』『仁之巻』皆伝につき家元と露翁へ謝礼を送ったことに対して)	
明治16年(1883)初冬(旧10月)	田中雅嶂から「(義之巻)(待宵花伝書)」を授与される	この頃田中雅嶂が辰鈴亭を襲名カ
明治18年(1885)初春(旧1月)	田中雅嶂から『礼之巻(名月花伝書)』を授与され、笑泉斎を襲名	
明治18年(1885)3月21日	田中雅嶂から「祖流瓶花三巻」の相伝を認められ、門人を取ることを許可される	
明治21年(1888)初春(旧1月)	田中雅嶂から『智之巻(十六夜月花伝書)』を授与される	
明治21年(1888)1月人日(旧1月7日)	美郭軒(田中雅嶂一門)の「新年宴会且ツ活初会」において祝文を呈する、「美容庵」襲名内定カ	美郭軒(田中雅嶂一門)が新年宴会兼活初会を開催
明治21年(1888)盛春(旧3月)3日	一八世家元美笑庵華花(松平銈千代)の許諾のもと、田中雅嶂から「美容庵」襲名の許状を授与される	
明治21年(1888)5月7日	二世美生庵嶂隆宗匠の追福挿花会の主催者の2番目に名を連ねる	二世美生庵嶂隆宗匠の追福挿花会を開催
明治21年(1888)5月18日	美笑正流一一世辰鈴亭風松遠忌追遠挿花会において祭文を呈する	田中雅嶂が美笑正流一一世辰鈴亭風松遠忌追遠挿花会を開催
明治22年(1889)旧3月5日	上京中の田中雅嶂より留守中の諸事取り計らいを任せる書簡が発せられる	
明治25年(1892)5月頃		田中雅嶂がロシア帝国皇太子ニコライの来日に際し宮内省御用を拝命するも、大津事件のため中止となる
明治25年(1892)10月21日	一八世家元美笑庵雅盟から「七世美郭軒」襲名の許状を授与される	
明治25年(1892)10月23日	一八世家元美笑庵源雅盟から「美号補助・岡山県中の笑号取締」に任命される	
明治26年(1893)3月	香川県高松の一一世美祭庵中村月桂他主催の一六世家元美笑庵水盟追悼花会案内状に「補助」として名を連ねる	香川県高松の一一世美祭庵中村月桂他主催の一六世家元美笑庵水盟追悼花会案内状に美笑流花長岡山県寄留前辰鈴亭田中雅嶂・三世辰鈴亭河内雅翠・七世美郭軒中島雅嶂・四世美窓庵永野嶂真が「補助」として名を連ねる
明治26年(1893)夏		オーストリア=ハンガリー帝国皇太子フランツの来日にさいし田中雅嶂が宮内省より芝離宮の生花御用を拝命(河内雅翠同行)、白羽二重一匹を賜る
明治27年(1894)4月3日	田中雅嶂から雅嶂の三事(生花御用・喜寿・家元連枝)を祝する記念祝賀花会の総取締に任命される	この頃田中雅嶂が家元連枝(分家家元)となることを認められる
明治27年(1894)旧3月20日・21日(4月25日・26日)		田中雅嶂の門人一同が雅嶂の三時(生花御用・喜寿・家元連枝)を祝する記念祝賀花会開催、門人一覧が刷られる
明治30年(1897)3月16日		岡山市の師範学校長進藤慎一(田中雅嶂知人)が後楽園で催す書画会に雅嶂の出席と花会開催を求められるも、雅嶂の行方がわからず、恵亮院へ消息を問い合わせる書簡を認める
明治30年(1897)3月19日	大坂中諸流瓶花大会へ招集され在坂中の田中雅嶂から書簡が発送される	(田中雅嶂が大阪へ招かれ留守、大阪でも門人ができる)
明治30年(1897)3月26日	在坂中の田中雅嶂から、岡山市の師範学校長進藤慎一(雅嶂知人)が後楽園で催す書画会に合わせて自分の代理で花会を開催するよう依頼する書簡が発送される	
明治30年(1897)9月4日	永野嶂真から「兼而御談之件」に付出会人が決まった旨の書簡が発送される	
明治30年(1897)10月14日		田中雅嶂が高松で没する
明治30年(1897)11月中旬頃	河内雅翠の行動に反感を抱き、高松へ赴き旅宿で中村利雄(月光)と対談する	
明治30年(1897)11月17日	美笑正流家元一八世美笑庵松平雅盟から美容点睛翁襲名の許状が発給される	(この頃、河内雅翠が「秘書」の隠匿をおこなう)
明治30年(1897)11月17日～20日頃カ	一〇世美祭庵月光(中村月光)から『后之月(信之巻カ)』を授与される	
明治30年(1897)11月20日前後	『八伝』など秘書の写しを数冊作成する	
明治30年(1897)11月20日～12月1日頃	河内雅翠との対立が先鋭化する	
明治30年(1897)12月12日		
明治30年(1897)12月16日	美笑正流家元一八世美笑庵松平雅盟の直弟子となる	
明治30年(1897)12月28日	美笑正流家元一八世美笑庵松平雅盟から永野嶂雲とともに美笑正流花道取締に任命される、和田嶂竹が美笑正流花道取締補助に任命される、永野嶂真・葉上嶂隆・和田嶂竹とともに一〇世美祭庵月光(中村月光)から『図並之巻図形』を授与される、家元から河内祐憲への質問状の答えを催促される	
明治31年(1898)2月20日	没する	

再度問い質している。このことは、五常巻附書許状と哲の花名や取締就任の仮許状については家元の専権事項であるので雅翠が意見を述べる立場にはないことをあらわしている一方、美号許状の謝儀は、直接の師匠にも何らかの権利が認められていたことを示している。それは、おそらく謝儀の何割かを師匠の収入とすることであると思われる。しかし、雅翠は家元へ納めるべき分も納めていなかったことから、家元も雅翠の弁明について念を押しているのである。そのことからも雅翠が、高松の家元とは関係なく、岡山の美笑流を独立した組織として率いる意志をもっていたことがわかるのである。

以下、史料の文意がややとおりにくいが、さらに過日「田中氏」（雅嶂）に「連枝」とする免許を与えたさいの契約内容についても確認した上で、雅嶂に預け、現在は雅翠が所有している「家元ノ印判」も、速やかに送り返すと言っているか尋ねて欲しいと述べている。

この書簡からは、一二月一二日に家元が問い質した件について、雅翠は一二月二八日にいたるまで何らの回答も示していないことがわかる。そして、史料からは何の動きもわからないまま、翌明治三一年（一八九八）二月二〇日、哲は死去してしまうのである。

（6）中島哲没後の岡山の美笑流

以上、本節では雅嶂没後の後継者争い「花道取締壱件」について述べた。「花道取締壱件」は、高松の家元の承認を得ずに雅嶂の後継者を襲おうとした雅翠と、雅嶂の後継者はあくまでも高松の家元の任命によるべきとする哲たち故雅嶂の高弟たちが対立した事件であった。哲没後の美笑流「花道取締壱件」については、史料を欠くため詳細は不明である。そのため、諸史料から情勢を判断するしかないが、結論からいえば、哲の死去により、雅翠弾劾運動は頓挫してしまったようである。そして雅翠は、高松の家元は非公認であったであろうが、父雅嶂が襲名を許された分陰齋を継承し、自らも家元と名乗ることに成功した(76)。そして、岡山の美笑流は、分陰齋家元を継承する美笑流のひとつの流派として、現在にいたるまで活動を続けているのである。

おわりに

本稿では、『中島家文書』を素材に、中島哲の華道家としての歩みと、明治期岡山の美笑流の活動を記述してきた。それを哲の立場からまとめるとすれば、以下のようになるであろう。①高松を離れて自力で岡山の美笑流を発展させた田中雅嶂の技量と人徳を早くから認めていた哲は、雅嶂の来岡直後に入門し、雅嶂を支えるとともに、最終的には岡山における雅嶂の後継者とも認められるような地位に上り詰めた。②しかし、雅嶂の没後、雅嶂の四男である河内雅翠が自力で雅嶂の後継者を襲おうとする動きをみせると、哲はこれを弾劾し、高松の家元から岡山における花道取締役に任命されることによって対抗しようとしたが、その志半ばで死去してしまった。③哲の没後、雅翠弾劾運動は頓挫した。そして、雅翠は自力で岡山の美笑流の家元に就任し、岡山の美笑流は、流祖後藤大学を一世分陰齋、田中雅嶂を二世分陰齋、河内雅翠を三世分陰齋とする、分陰齋家元を継承する流派として今日にいたるのである(77)。

また、哲個人に注目すると、美笑流に入門して昇進していく時期は、哲が中島家を継ぎ、その後数々の事業や投資に失敗し、田畑を売却して経済的に没落していく時期と重なっている。哲としては、一家の経営に躓く一方で、美笑流では高い地位に上り詰めたということには、経済的な失敗を芸術的遊芸の世界における昇進によって補おうとしていた気持ちがあったのかもしれない。指導者としての資質の点で雅翠に敗れ、実質的に岡山の美笑流を率いることには失敗するが、死の二日前にも花を生けていたことから、最期まで美笑流が好きであったことがわかる。(78)

さらに哲は、自らが理不尽と思ったことに対しては納得するまで徹底的に追求する人物であったようで、美笑流「花道取締壱件」でも、そのような活動をみせている。(79)哲からすれば、岡山の美笑流取締役はあくまで高松の家元の任命によるべきで、結果的に流派を発展させたとしても、高松の家元を無視するような雅翠の行動の数々はとうてい認められないものであったのである。

以上が本稿におけるまとめである。しかしなお、本稿においては反省点も多く残った。それは、明治期の美笑流において、どのような指導方法が実践されていたのかということや、謝儀の実態や、門人たちがどのような人物であったのかという、分析に深みを与えるような情報をほとんど発掘できなかったことである。また、『中島家文書』には本稿で十分にとりあげられなかった美笑流の花伝書も多数残されている。それらの分析については今後の課題とさせていただきたい。

本稿は、『中島家文書』の現所蔵者中島洋一氏はもちろん、『中島家文書』の調査に携わった多数の方々と瀬戸内市の方々のご協力に大いに助けられた。なかでも、華道美笑流家元横野雅翠氏、華道美笑流師範太田峰雅氏はじめ門人の皆様、西大寺文化資料館館長中村美佐雄氏、瀬戸内市教育委員会社会教育課（邑久町史編さん室）主査村上岳氏、岡山県ハンセン病資料調査専門委員木下浩氏をとくに記して感謝申しあげる。(80)

（1）中島哲は天保一四年（一八四三）生～明治三一年（一八九八）没。哲の人生と医業については本書の「I　中島家の歴史」に詳しい。

（2）「華道」のように、特定の規格にそって花を生ける技術を学び、技を極めようとする芸術的遊芸を指し示す用語については諸論がある。例えば「花道」「いけばな」などである。しかし本稿では、現在の岡山の美笑流が「華道美笑流」を正式名称としていることから、「華道」を使用する。

（3）美笑流を「びしょうりゅう」と読む文献もあるが、岡山では「みしょうりゅう」と称している。

（4）「華道家」をどのように定義するかについては諸説ある。本稿では「個人的な趣味の範疇を超えて花を生ける技術を極めることを志向し、自分の生けた花を他者に披露したり公開したりする活動を（積極的に）おこなう人で、それをもって生計を立てているかは問わない」と定義した。

（5）華道史の代表的な研究をあげるだけでも紙幅に余るが、本稿に近い時代を扱った最近の研究として、近代華道史を女子教育の視点から論述した小林善帆氏の研究がある。同著『「花」の成立と展開』（和泉書院、二〇〇七年）第二部を参照。

（6）美笑流史の概説として『美笑流華道史』（美笑流総務部私家版、一九四〇年）がある。ただし、この文献は岡山の美笑流の立場から論じているという限界はある。

（7）後藤温岐の称は大学。花名は美笑軒道覚。大永元年（一五二一）生～元和二年（一六一六）没。前掲注（6）『美笑流華道史』とパンフレット「華道美笑流」参照。

（8）華道沿革研究会編『花道古書集成』第一期第四巻（大日本華道会、一九三〇年）に収録。岡山の美笑流とは別の地方の美笑流の花伝書であると思われる。

（9）湯川制著『華道史』（至文堂、一九四七年）四一〇頁。湯川氏は美笑流を「ヒ・ビ」の項に掲載しており、美笑流を「びしょうりゅう」と読んでいる。主婦の友社編・発行『いけばな総合大事典』（一九八〇年）に同氏が執筆した「びしょうりゅう　美笑流」の項も参照。

（10）松平頼顕は、文化七年（一八一〇）生～明治一一年（一八七八）没。『中島家文書』二四八および梶原竹軒監修『讃岐人名辞書』（高松製版印刷所、一九三六年三版）五九五頁を参照。

(11)『美笑流家元系図』（西大寺文化資料館所蔵私家版、二〇〇七年）。

(12)『中島家文書』七五。

(13)雅嶂は、本名を田中忠次郎と言い、元は高松藩で禄高一〇〇石を給され、勘定役を務めていた。息子は、四男の祐憲（河内家の養子に入る、花名は河内雅翠）のほか五男の忠一（藤本家の養子に入る、花名は藤本雅月）がいたことがわかっている。雅嶂の履歴は、小林久磨男著『鐘之響』（上寺山保勝会本部、一九一四年）一一七～一一八頁ほかに掲載された「田中雅嶂翁墓碑銘」による。

(14)邑久町史編纂委員会編『邑久町史』通史編（瀬戸内市、二〇〇九年）六五五頁。『中島家文書』にも専敬流の史料がみられる。

(15)西山松之助著『現代の家元』（弘文堂、一九六二年）によれば、日本舞踊の例であるが、「このような地方の拡大現象が、その土地の特殊な事情によるということは殆ど関係のないことで、たまたますぐれた舞踊家が疎開したとか、或いは有名流派の名取師匠が転任してきたという、偶然のめぐりあわせが、その土地に流風をおこす契機になっていることが多」いという指摘がある。また、後述するが、雅嶂の「雅」は、家元雅盟の上一字をいただいたものであり、雅嶂が家元の高弟であったことを示している。

(16)『中島家文書』一四一。

(17)同右、二九三。

(18)美笑流では、師匠の高弟が師匠の花名の上一字を許され、それ以外の門人が師匠の花名の下一字を許された。なお、美笑流における花名のもつ意味については、『美笑流名の起源・美笑流配の起源・流祖道覚老人・花号選定方起源』（西大寺文化資料館所蔵私家版）を参照。

(19)『中島家文書』一三八。この頃の美笑流の許状の階梯は、序・仁・義・礼・智・信と進むようになっていた。

(20)『中島家文書』三六六。

(21)同右、一〇三他。

(22)『中島家文書』五七他。高柳光寿他編『新訂寛政重修諸家譜』第十五（続群書類従完成会、一九六五年）二七頁。

(23)『中島家文書』一〇六。

(24)『中島家文書』の美笑流関係史料には、「亭」を「宇」と記した史料が散見される。

(25)『中島家文書』一〇三。

(26)同右、一三九。

(27)同右、二六五。

(28)同右、一九〇。四名は、一笑亭大道松薫・笛聞亭太田松雲・耕雲亭寺内松翠・精勤亭中島松琴女である。

(29)他に永野嶂眞の門人も居住地が記されていない。

(30)『中島家文書』一三六。

(31)同右、二九四。

(32)同右、二三。

(33)同右、一八五。

(34)同右、一八六。

(35)「松」は哲の出生時の名前「寿松」から採っている。

(36)葉上雅憲はまもなく史料に登場しなくなる。

(37)『中島家文書』三七他。

(38)『中島家文書』二九六。一楽については新村出編『広辞苑』（岩波書店、二〇〇八年第六版）一七一頁を参照。

(39)『中島家文書』三七八。

(40)前掲注(6)『美笑流華道史』四頁に「雅嶂翁の第五子藤本雅月翁は身を軍府に置き聖駕の下に在りしを以て本流の宮中奉仕に寄与する処頗る大なるものあり」と記されている。雅月は最終的に陸軍少佐従五位勲四等に叙せられている。

(41)『香川新報』明治二六年（一八九三）三月二六日の記事、『朝日新聞』明治二六年（一八九三）八月一六日の記事、『東京日日新聞』明治二六年（一八九三）八月一六日の記事、『読売新聞』明治二六年（一八九三）八月二三日の記事。すべて瀬戸内市文化資料館所蔵のコピーによる。

(42)『中島家文書』二四八。花長は家元に次ぐ地位であると思われる。

(43)『中島家文書』一九二、前掲注(6)『美笑流華道史』および注(41)『香川新報』『朝日新聞』『東京日日新聞』『読売新聞』。

(44)『中島家文書』一九二、前掲注(6)『美笑流華道史』他。
(45)前掲注(6)『美笑流華道史』。
(46)前掲注(6)『美笑流華道史』、『大阪毎日新聞』昭和一〇年（一九三五）四月二〇日の記事、『三都合同新聞』昭和一五年（一九四〇）六月二六日の記事。新聞記事はすべて瀬戸内市文化資料館所蔵のコピーによる。
(47)森谷尅久「近代文化と生け花」（林屋辰三郎編『図説いけばな大系・第三巻いけばなの文化史Ⅱ』、角川書店、一九六〇年）参照。
(48)『中島家文書』二八八。
(49)同右、一九二。
(50)同右、一九〇。
(51)図2は縮小している。
(52)前述のとおり、哲と永野嶂眞のみ門人の居住地が記されていない。
(53)『中島家文書』三六七。
(54)同右、三七九。
(55)同右、三七九。
(56)同右、一九四。
(57)同右、二六四—④。
(58)同右、一四〇。
(59)同右、二六〇他。
(60)同右、七五。
(61)同右、三一〇他。
(62)明治二一年（一八八八）に五〇名前後であったと思われる岡山の美笑流門人は、昭和一五年（一九四〇）一〇月時点で二三三〇名まで増加している。その門人の範囲も、岡山が約二二六〇名余、東京の後藤家の子孫が率いる派が約三〇名余、広島・大阪・高松付近が若干名、アメリカ合衆国が約四〇名であった（前掲注6『美笑流華道史』）。
(63)雅翠は邑久郡修身会を創立（邑久町史編纂委員会編『邑久町史』地区史編、瀬戸内市、二〇〇五年、一六八頁）、大正二年（一九一三）に餘慶寺住職に就任する（上寺山図録作成委員会編『図録備前上寺山(餘慶寺・豊原北島神社)——歴史と文化財——』、上寺山[餘慶寺・豊原北島神社]を良くする会、二〇〇六年、一四三頁）。そして、恵亮院は、雅翠が住職を務めていた大正期、犬養毅を支援する立憲青年党邑久支部や邑久・上道木堂会の発会式場となる（牛窓町史編纂委員会編『牛窓町史』通史編、牛窓町、二〇〇一年、八四一～八四二頁）。
(64)『中島家文書』一九五。
(65)現在高松市には正覚寺が二か寺あるが、この正覚寺がいずれかは不明である。
(66)『中島家文書』二四三。
(67)同右、二六四—②。
(68)同右、二六四—①。
(69)同右、二九五。
(70)同右、二二〇・一七〇・一九三。
(71)『中島家文書』二九二。この場合の「取締補助」は、前述の「美号補助」と違い、取締に次ぐ地位と思われる。
(72)『中島家文書』二六四—③。
(73)美容点晴翁の許状とすれば、一一月一七日付けの仮許状はさかのぼって発給されたことになる。
(74)和田嶂竹は、雅嶂の門人和田嶂徹の親族と思われる。嶂を花名に入れているが、『中島家文書』一九〇の雅嶂の門人名簿に掲載されていないことから、雅嶂没後に嶂の花名だけを名乗ったのであろうと思われる。
(75)『中島家文書』二六四—②。
(76)雅翠は明治三二年（一八九九）に家元継承記念花会を開催している（前掲注6『美笑流華道史』六頁）。
(77)後藤大学は、隠居して家元を譲ったのちに、隠居の号という意味で分陰齋を名乗ったようである。しかし、雅翠は雅嶂が分陰齋を襲名したことを利用して、あたかも岡山の美笑流こそが大学以来の正統な美笑流を継承する流派であると主張する「由緒の創造」をおこなっている。前掲注(6)『美笑流華道史』参照。
(78)本書「Ⅰ　中島家の歴史」を参照。
(79)哲の人物像については本書「Ⅰ　中島家の歴史」を参照。
(80)役職は調査当時。

回生鈎胞(代)臆

解題

中島友玄（文化五＝一八〇八年～明治九＝一八七八年）が京都に遊学後、帰郷の翌年の天保五年（一八三四）から明治三年（一八七〇）までに行った回生鈎胞術の臆が中島家に残されている。その書き下し文と写真版は全文をすでに発表した[1]。

今回の資料編としては、この中で朱字で書かれたものや数行にわたって記述されているものの中から重複をさけて紹介する。詳細は注（1）の原著論文を参照されたい。

専門語句について解説を加える。

回生術[2]は賀川玄悦（一七〇〇～七七）によって考案された。出産により死に瀕した母体の生命を回生させる術式である。これにより、胎児は無理だが、母体の生命を救うことができるようになった。

鈎胞術[2]も賀川玄悦によって考案された。産後の治療法の一つで胞衣鈎出と書かれており、切れたりした胞衣を鉤状の道具でとりだす方法である。

おぼえ（臆）は年、月、患者の住所、患者名または亭主名、父親名、病状、処置、予後などについて簡潔に述べられている。回生術を施した場合は二、三行が書きくわえられており、ことに困難をきわめた症例に関しては数行書かれている。また朱字で書き加えがある。鈎胞の場合は「胞を下す」または単に「胞」とのみ書かれている。

件数は二四三件におよび、多い年で二三件（弘化三年）、少ない年で二件（同五年）であるが、毎年、数件から十数件が書かれている。当時の難産は逆産・横産・坐産などである。横帳。

（板野俊文・田中健二・中島洋一）

（表紙）「回生鈎胞代臆」

天保五午より

神崎弥太郎娘

年十八。子癇。正月元日夜発す。回生術にて産す。翌二日鈎胞す。翌三日精神少くあり。四日復本す。

弘化二巳

業合初中

（朱字）「順産。回生す。破水有て俄に寒戦す。人事を知らず。頗る血暈に類す。娩じて術を止む。」

弘化三午

奥谷川田熊次郎女　順産。回生す。胞おのずから下だる。

（朱字）「臨産。四日腰腹重ねて墜ち出ず。脈細数、危うきに似たり。これを出だす。なお自若。胞おのずから下だるのち、尿を遺る。」

大ケ嶋重吉内　胞

（朱字）「顔出で、出でず。素より癇気有り、大叫し四隣を動かす。脈洪大。浮数出ずるに及ぶ。つつがなく胞を出だす。」

久志良庄松内　胞

（朱字）「七ケ日後に鉤胞す。いまだ下らず。午時より翌晩に至りて出だすに出でず。漸くこれを出だす。」

四家岩次郎内　坐産。回生す。胞おのずから下だる。

年二十九。初産。斜胎。尻脱し、左腹に在り。一二鉤にて出だす。

（朱字）「横産。左に出ず。脈洪大にして浮数。精神常のごとし。回生す。不日治す。」

東幸西和吉嫁　横産。左手を出だす。

回生す。胞おのずから下だる。回生

（朱字）「脈虚にして浮数。回生す。不日治す。」

正義大工町恵介女

胞出でず。暈を発す。治してのち十日、胞おのずから下だる。のち二日にして痙を発して死す。

（朱字）「胞出でてのち二日痙を発す。言語することあたわず。忽然として死す。」

新村弁吉内

十月十五日産す。胞出でず。十二月晦日に胞おのずから下だる。死す。

（朱字）「十月十五日夜診す。暈出ずる程にもなり。何となく気分悪し。気いらち脈細数。食気も少く喰う。廿日暁俄に振寒発熱して荏苒す。十二月迄に至る。晦日夜。胞出でて死す。」

山田庄原磯右衛門内　坐産。回生す。

（朱字）「臨産二日、一医、順となす。予、診ずるに臀肛を得る。よって回生す。胞おのずから下だる。娩後、尿閉す。四日、管を以て通利す。三升余り。のち十日ばかり管を施す後、遺尿となる。日を経て治す。この村人、娩後、脈はなはだ数。時々悪寒、食進まず。もって死とするに全癒を得たり。」

弘化五申　二月朔日

寺前和吉女　編産。回生す。

（朱字）「十月十四日朝破水。探るに児頭。努力いまだ強からず。脈洪大。回生してつつがなし。」

嘉永六丑

八月

五明久三郎内

四十二才。八月廿一日破水。探宮するに児、指頭に応ぜず。廿二日、また同じ。脈微細にして不数。自ら神有り。時々嘔吐す。絶食す。腹、堅縮す。廿三日、探宮しようやく指頭に応ず。堅腹、少々緩む。努力止む。よって夜半に回生す。胞おのずから下だる。治す。死胎。

十月

西脇清七嫁

十二月十三日破水。十六日、脈浮大にして数。精神変らず。食進む。心下堅く、大小腹脹る。小水利せず。回生後、脈細数。寒戦す。しばらくして快覆有り。胞下らず。探し指頭に応ず。十九日朝、おのずから下だる。十四日・十五日、尿管を施す。小水六升余り利す。治す。

嘉永七亥

五月

犬嶋秀吉内　胞

四日間、腰腹痛み、一日。寒戦発熱す。翌十一日、産す。産後寒熱止まず。翌十二日、鈎胞し胞を下だす。曳き下だすに下らず。前頓(顎か)を曳き、下だす。下だすのち、小腹大いに痛む。

八月

西幸崎三之介嫁

歳廿五。八月廿一日より催生す。廿二日朝、児頭を露す。廿三日夕、診ず。廿四日午後、回生す。脈数にして少く力有り。娩後、胞衣を留む。一時ばかりにして暈を発す。急迫。絶脈。同夕、少く精神あり。のち脱底にて十四五日ぶりに死す。

安政二卯

二月

久々井五郎松子嘉太郎内　回生・鈎胞す。

二月十三日朝破水。十六日、小水閉す。児頭、横骨上際に在り。努力なし。十六日夕、回生す。脈数にして神有り。娩後小水通ぜず。翌十七日朝、鈎胞す。小水おのずから利す。術を施す。児頭を破れども急々下らず。一時余りも休まして施す。ようよう出だす。

九月

西幸西宮の花久之助内

九月八日夕破水。胞帯ならびに右手を出だす。脈微細にして無数。手足厥冷し煩悶す。食せず。時々嘔吐。九日、分附多を与う。動きなし。九日夕、回生す。脈少。神有り。北斎案ずるに、脈細。表冷。回生しこれを出すに及ぶと雖も変りなし。是れまったく児胎児脈厥たり。

安政三辰

三月

小津又吉内　横・回生す。

三月五日朝より娩候。同夕。破水。六日晩より、左手を露わす。煩悶。陣疼。腹脹る。脈浮大数。七日朝、回生す。胞おのずから下だる。児頭右に在り。終に死す。

五月

片岡大西和介　横・回生す。

右手を出だす。一医、刀を以って手を断つ。出でず。脈数。神有り。回生す。夜。胞おのずから下だる。

安政四巳

四月

乙子愛蔵内　回生す。胞

四月廿四日破水。廿五日。絶脈。浮にして緊。廿六日午時より、努力止む。脈状同じ。数を恐れども緊を喜ぶ。食進まず。時々黄水を吐す。廿六日夜半に回生す。脈依然たり。胞を下だすを恐れあり。翌廿七日、胞を下だす。害なし。

十一月

片岡柳田清蔵内　回生す。

歳三十四。初産。十一月十四日破水。十六日、回生す。順産。死

胎。脈数。絶叫す。娩後、五日。臂疱を発す。膿潰して治す。

十一月

百田幸平院内　　回生す。胞を下だす。　　玄章

後　歳廿九。十一月廿四日より腹脹る。廿五日夕より破水。脈微にして進む。呼吸急迫す。廿六日八ツ半頃、回生す。順産。死胎。のち脈進む。胞を下だす。

十一月

西幸西大工庄左衛門内　　回生す。

前　歳三十三。十一月廿一日夕破水。廿二日。探宮す。誤ちて逆産・陰腹とす。回生するに児頭なり。天底を察し、横骨曲を閣く。のち出ださんとほっすれば死す。

十二月

宿毛長蔵内　　回生す。　　玄章

十二月十日朝破水。歳廿三。初産。編産。死胎。努力なし。十三日夜五ツ頃、回生す。のち脈少々進む。胞おのずから下だる。小水閉す。産後おのずから出ず。

安政五午

正月

川口久蔵　　回生す。胞を下だす。　　玄章

廿一日晩破水。努力せず。娩ぜず。廿三日午後、回生す。脈大数。神有り。胞下らず。夜。鈎胞す。快復す。歳廿三。初産。頭皮下らず脹る。坐草を施し少く下だる。

九月

村直二郎内　　回生

九月十一日夜半催生。腰脹る。十二日朝より、はなはだしく。晩。右手を出だす。夜。回生す。胞おのずから下だる。脈洪。力有り。娩後、自若として活す。

十月

相納良介内　　回生す。鈎胞。

歳三十三。十月九日朝破水。八時。右手を出す。夜。回生術を試みるに出でず。十日晩、回生す。また左手を出だす。回生後、胞出でず。これを出ださんがため、児の背音骨辺り破裂し、児の両手、背に回し、出だし候て、鈎を以って背を破るの故なり。のち児口を鈎して漸く出だすを得。考うるに背龍を露わすと言うものならん。

十二月

五明林介内　　回生す。胞を下だす。

十二月十九日夜、春き示し、胎下墜するを覚う。廿二日夕、破水。廿三日、左手を出だす。脈微にして浮数。言語飲食、常のごとし。夜。施術し探宮する後、左足鈎し遂に出だす。のち鈎胞す。自若。速かに治す。

安政七申

正月

西片岡奥谷愛蔵内　　回生す。胞を下だす。　　玄章

正月廿五日より、少々腹脹る。破水あり。廿八日迄脹りを失う。右の通り。廿八日終日、腹脹る。少し痛みあり。小水通ぜず。管を以って施せども管入らず。脈微にして数に至る。回生す。自若。小水おのずから出ず。先妻、産出でずして死するよし、月日その

時と同じ。病家大いに配慮す。速かに治す。

四月

射越柾吉内　回生す。

四月朔日夕、大いに破水。二日昼。胞布三寸程出だす。脈和す。三日に五寸ばかり出だす。同夕八ツ頃、左手子出だす。努力強し。四日早朝、回生す。一二鈎にて出だす。胞おのずから下だる。治す。

十一月

向山鉄次郎内　回生す。

十一月十九日朝、左足を出だす。努力なし。晩、鈎を用いず手術す。回生す。のち暈を発す。夜半に至り治す。

文久元酉

五月

久々井五之松子嘉二郎内　回生す。胞を下だす。

順産。下だりがたし。鈎して出でず。暫時休まして再び鈎す。漸く出だす。脈微にして進まず。一昼夜腹痛止む時なし。疲労すれども精神爽。鈎胞す。益々爽。

六月

射越治右衛門　回生す。鈎胞す。

年三十六。順産。児頭陰門にせまり、右脇硬満す。坐草術にて少しも功なし。暈を発し気絶す。鼻扇動く。のち治りて回生す。また胞を出だす。娩じて八日ばかり下痢。熱強くまったく中暑のことと察す。

十月

福山台与之吉　回生す。子癇

年廿九。初産。十月廿四日朝破水。廿五日午時。子癇を発す。吐血す。のち十六度精神昏悔す。同夕。回生す。順産。活胎。のち急迫す。治して精神復せず。廿七日、鈎胞す。のち治す。

文久二戌

正月

村松蔵内　横産。回生す。

正月六日夜より、催生。夕。右手を出だす。回生す。胎おのずから出ず。のち暈を発す。速かに治す。

三月

尻海富吉内　回生す。胞を下だす。

年廿三。三月朔日、河豚魚を喰う。二日、小便閉塞す。医、導水管を施すに出でず。却って血汁を出だす。予、五日、管を施す。即ち出ず。小水二升余り。快を得る。

のち八日、児頭、産門に臨む。晩に至りなお出でず。坐草術を以ってこれを出だす。翌九日。鈎胞す。日を追って治す。二十日ばかりにして停食して遂に死す。

四月

豆田岸本屋種吉内　回生す。

年廿六。初産。四月廿三日破水。児頭臨む。努力なし。脈溜細。表冷す。廿五日晩、回生す。即時、脈処し、食進む。斎案ずるに気力確かにして生を得んものならん。廿六日晩、俄ニ震い有り。その後発熱。大汗出ず。脈貧微になり。回生して脈復すること速やかなり。翌、胞出ず。不日に治す。

閏八月
村真吉嫁　　回生す。　高
廿八才。閏八月五日早朝、子癇。精神なし。四度表冷す。絶脈。夜五ツ時、回生す。八日晩、少く神有り。蘇す。胞は五日夕、おのずから下だる。日を追って治す。

十月
西大寺豆田屋甚蔵内　回生す。
三十五才。十月十日夕より催生。十一日、破水。同夕、耕斎回生す。鈎定まらずとて止む。十二日、予、初診ず。小便閉す。尿管を施すに出でず。よって回生す。児頭抜く。露わるるに出でずして休ます。晩、また施術す。出でず。暮方。伊賀、回生するに出でず。また耕斎、鈎して出でず。予、四ツ頃、三度目の施術。漸く児頭を出だす。また休まして施術するに胎出でず。夜半、森谷を迎へ回生す。出でず。予、また十三日朝、施術して右手を出だす。森谷・耕斎、交りて鈎すれども出でず。予、晩、施術してまったく出ず。案ずるに本横産、児頭を露わすものならん。順産として回生するゆえ出でざるならん。なにさま珍しき回生、困り入る。回生前より脈数迫ル。絶脈なるを回生す。娩後、脈復さず。同日五頃、死す。

文久三亥

九月
新村近蔵内　　回生下胞
廿八女。九月十六日より破水。廿日。初診。児頭左下。脈数けれども神有り。回生を施して出だす。のち胞を出だす。

十一月
五明大西林介内　　回生す。
十一月十七日晩、右手を出だす。脈進まず。施術す。胎、高きに在り。十八日、なお依然。再び施術し児腸を出だす。脈急迫。遂に胎出でずして死す。

元治元

四月
片岡中筋直蔵内　　回生す。横産。
三月廿八日朝より、右手を出だす。廿九日夕、初診。脈浮大。臭気はなはだしく、児の手の色、紫羔、墨のごとし。回生を試みるに出だしがたし。暫時にして寒戦発熱す。脈細数となる。晦日朝より、絶脈。表冷す。気急息迫。患家回生を好むゆえ死を□□之。回生す。児腸を出だし。終に死す。

四月
川口久五郎内　　難産
廿九女。四月五日夕より催生。順産。出でず。七日、初診。脈数。気急。回生を好めども、暫時消息する内、音声低く。脈漸々に微細。手足、表冷す。夕五ツ時、子、出でずして斃す。

慶応元丑

正月
射越次右衛門内　　回生す。
大晦日より催生。元日、診ず。順産。回生するに出でず。同夕、お高参り、児頭下り。よってこれを出だす。二日、漸々衰弱す。終に死す。

二月朔

神崎小麦田高吉内　　回生す。横産

歳三十二。正月晦日、右手を出だす。脈微細にして数。翌朔日、回生術を施す。術中、面部手足、微冷。冷汗を発す。よって術を止む。晩、再び施術して胞衣を出だす。随って出ず。しかれども小水遺りて今に至るも不治。玄案ずるに時移るゆえ児、尿道に墜ち、不墜するならん。

八月

大富卯之吉内　　横。回生す。

歳三十九。八月九日晩、右手を出す。脈いたって微細数。時々嘔有り。精神、常のごとし。表冷す。よって回生しがたし。患婦頻りに好む。よって夜半、回生す。心下痛み小腹また痛む。十日朝、胞おのずから下だる。のち五六日を経て卒す。

八月

四ツ家信吉内

歳廿五。十九日朝より催生。廿三日娩ず。診ず。児頭、近きに在り。坐草術を施すに下らず。脈浮大。熱強し。廿五日晩、よって回生を好む。一鈎にして出だす。胞おのずから下る。不日治す。

慶応三卯

十一月

小津細熊右衛門　　回生す。

歳四十二。十月廿日破水。悪露、日々に下る。臭気はなはだし。ある時毛髪など下だりたることあり。十一月八日、左手を出だす。診じて回生術を促すに婦ならびに一家敢て聞かず。のち十三日を経て望みするゆえ廿日夜、回生す。胎骨砕けて腐爛す。胞はなし。定めて腐して下だりたるならん。愚、按ずるに破水の時より胎、腹中にて死すならん。療治して不日に快復す。

十月

牛窓出来町　　讃岐屋又吉内　　回生す。

歳十八才。十月十九日より娩候。廿四日、初て診ず。探宮するに児頭を得たり。

しかるに努力少しもなく、同夕、回生す。胞、下だらず。翌廿五日夕、下だる。小便、八日利せず。尿管を施すに舛余り出ず。初尿管を施すに血出で管入らざる故に横臥させしめ施して出だす。

明治三午

四月

西大寺妹尾屋嘉平　　回生す。

四月九日朝、子癇を発す。人事不省。一医、これを療ずるに功なし。夜半後。針を施す。急迫速かに治す。しかれども娩の候なし。十日。胎、下墜す。よって回生す。十一日、少く醒覚す。胞は十日夕、おのずから下だる。日ならずして全癒す。

閏十月

小物屋恵吉　　回生す。　　玄庵

順産。三日を経て出でず。三医、集りて術なし。玄庵速かに回生す。不日に快す。

（1）板野俊文・田中健二・中島洋一「中島友玄の「回生鈎胞(代)臆」を読む」

（『医譚』復刊一〇〇号、日本医史学会関西支部、二〇一四年、九三～一一八頁）

（2）賀川玄悦『産論』（増田知正・呉秀三・富士川游選集校定『日本産科叢書』、思文閣出版、一九七一年復刻、一一四～一三三頁）

中島友玄の京学日記

解題

天保四年（一八三三）の中島友玄（二六歳）の京都遊学中の日記。外題は「京遊備忘」、内題は「京学日記」。横本仮綴じ一冊、全二五丁。日記冒頭、二月三日までの記述が、平仮名の和文と記録体の漢文が重複しているのは、はじめ友玄が和文体の旅日記を試みたが、結局はその繁冗を厭い、漢文体の簡約を選んだためと思われる。

記録は郷里を出発した正月二六日より九月五日までだが、一〇月一二日付け友玄宛て宗仙書簡（八）（九）の帰郷催促の内容から（二三五頁参照）、一〇月中旬に入っても父宗仙の意向に背いて京都滞在を続けていたことがわかる。その帰郷は一二月一九日であった。

この間、友玄は下宿先を何度か変えている。福田屋（一条通千本東入る、二月五日～一五日）→小山氏（裏御門通上長者町上る、二月一五日～三月二七日）→富小路二条上る西側（三月二七日～六月八日、道立・養隆・敬二ら医学生と同居）→某処（六月八日～）。

主たる就学先は、吉益北洲・緒方順節（奥劣斎門）・小石元瑞・藤林普山らであった。会読や聴講のほか、書籍の書写を頻繁に行っている。勉学のほかに、遊郭での「ぞめき」や楊弓など遊興の記述も散見され、医学生の遊学生活の実態をうかがわせる。

（町泉寿郎）

「（外題）京遊備忘」

京学日記

茲に天保四年の春睦月の末つかた、もの学ひに京にのぼらんと思ひける折から、富岡なる小山のぬし良平来りて、我も思ひ立ぬれは程を同ふせんといひけるゆへに、吉日を撰ひ相待居たりける。

正月廿六日

明廿七日吉日なれは、出立て〔赤〕穂迄と預め期し居たりけ〔る〕處に、俄に脚痛を患〔ひけれは〕、程の遠を思ひやり、今日より立て程を早めんと、雨天なれともいとふも降されは、晩方より立出ける。村人老少馬のはなむけせしを、村の離れより辞して、只壱人僕孫平に荷を負せて、程を急きて富岡良平の家に宿しぬ。

廿七日（1オ）

（1ウ）

京學日記

茲に天保四巳の年の春睦月の末つかた、物まなひに京にのほらんと思ひける折から、富岡なる小山のぬし良平来りて、我も思ひ立をりぬれは程を同ふせんといひけるゆへに、吉日を撰ミ相待居たりける。

正月廿六日

明廿七日吉日なれは、出立〔て〕赤穂迄と預め約し置け〔る〕処に、俄に脚痛を患ひ〔けれ〕は、程の遠きをうしろめた〔く〕思ひ、今日より立て明日の労を助けんと、雨天なれともいとふも降ざりけれは、晩方より家を辞しける。村人老少馬のはなむけせしを、村の離より辞して、僕孫平に荷を負せて、富岡小山の家にいたり宿しぬ。

廿七日

けふ天氣晴れけれは、大ニよろこひ卯の刻に立出て程を急き（2オ）ける。茲に良平の従弟市松といへる人、京師一見とて程を同ふしける。且良平の思ふとち太兵衛といへる人、馬のはなむけせんとて跡より追付ける。駅路ゆゆしく路を急きて、片上の駅、良平の一門前海屋ニ暫く憩ふて、良平の僕を待ける。遠別なれは、彼の家酒など酌ミて名残を惜ミける。夫より立出て赤穂小田鎌蔵の家に宿しける。この小田鎌蔵といへるハ良平の舅父にて、〔　〕の妻も共に上京の思ひ立ニ〔　〕、まへかたより親里へ出立け〔る〕に路を犯ける。

廿八日

けふも天氣好けれは早天より立出て、義士の塚なとへ詣て、暫時之間遊ひける。昨夜寒氣烈しけれは路なと霜に埋れて、いとゞ寒けを覚へける。この夜ハ天野といへる駅に宿ぬ。（2ウ）

廿九日

けふ空陰れとも終日雨降らず。夜西谷といへる駅に宿ぬ。路上の興種々多けれとも、これを畧しぬ。

二月朔日

天氣よし。兵庫の駅に宿しぬ。

二日

天氣よし。今日また旅興多けれ共、多端なる故ニ畧しぬ。中に就て佳興なる叓ハ、〔灘田〕と云へる處に、酒家数百軒いらかを幷けれは、一瓢を携ゑて乞に到りける。主の曰く、この地は賣々をハ致さぬことなれば。

三日

天気好けれは朝疾く立て妙見山へ詣てける上りける。高山なれは雪もまた消せす、寒気いとど烈く覚へける。此夜ハ山上の茶肆に宿して髪など結ひて、明日は洛陽へ入ると楽しミ居たりける。（3オ）

（3ウ）

京遊日記

正月廿六日

雨晩晴。〇晩方出立、小山氏ニ宿。

廿七日

晴。〇六ツ頃出立、昼片上駅前海屋ニ而小憩。夜赤穂小田鎌蔵之家ニ宿。

廿八日

晴。〇早天出立。朝義士之塚ニ参り、夜天野の駅ニ宿。

廿九日

朝晴晩陰。夜西谷の駅ニ宿。

二月朔日

晴。〇夜兵庫駅ニ宿。

二日

晴。〇昼灘田ニ而謀を廻し酒を乞。〇夜池田ニ宿。（4オ）

三日

晴。〇上妙見山、夜同山之茶店ニ宿。

四日

晩雨。〇夜追の坂峠ニ宿。

五日

晴。〇昼福田屋ニ到る。

六日

晴。〇北野天満宮ニ参る。晩与市松・孫平、東山ニ遊ふ。先吉田ニ而宗源殿を拝し、夫より黒谷ニ而宝物抔見て、次ニ真如堂へ参る。夫より南禅寺・知恩院へ参り、夜三条ニ宿。

七日

晴。朝祇園清水、次ニ両本（4ウ）願寺へ参り、昼福田屋へ帰、暮方孫平帰ル。

八日

晴。〇北のへ参る。

九日

陰。〇藤蔵・良平・市松と安井金毘羅へ参る。晩北のへ参ル。

十日

晴。〇朝訪清水大学、次吉益ニ而束脩を問。帰路三宝寺訪和尚。此日下備前不遇。晩藤蔵夫妻・良平夫妻・市松と龍安寺ニ鴛鴦を見る。

十一日

晴。〇朝吉益へ参る。先生大津より未帰。晩市㕣・虎平帰ル。書状を托ス。尋緒方（5オ）束脩。

十二日

晴。〇朝千本の　　湯に浴。吉益先生ニ初謁。

十三日

晴。〇結髪。〇吉益會。〇夜北野へ参ル。

十四日

晴。〇緒方會。〇吉益会

十五日
陰。○吉益會。晩裏門ニ移る。
十六日
陰。○緒方會。晩緒方塾ニ而写書。
十七日
晴。○夜福田へ到。（5ウ）
十八日
晴。○緒方塾ニ而写書。
十九日
晴。○緒方會、帰路三宝寺へ行。
廿日
雨。○吉益會。○伊勢屋を尋。
廿一日
晴。○吉益會。○緒方會。○晩緒方塾ニ而写書。帰路下立賣ニ而智祥房ニ邂逅す。○晩裏門玉里湯ニ浴。
廿二日
晴。○床ニ而刺髪。○吉益會。○晩真如堂利生院を訪。夜同寺ニ宿。
廿三日（6オ）
晴。○昼真如堂より還る。○夜福田屋へ到。
廿四日
陰。○吉益會。○到伊勢ヤ。緒方會。
廿五日
晴。○吉益會。○昼北野へ参ル。○晩五明屋芳左衛門来ル。家書二月九日、〃十四日出、二通達。

廿六日
雨。○吉益會。○伊勢屋ニ而訪五明ヤ。○出書於赤石屋。
廿七日
陰。○晩雨。○緒方塾ニ而写書。
廿八日
晴。○緒方塾写書。（6ウ）
廿九日
晴。○玉里湯ニ浴。○結髪。○晩訪浦上春琴。
晦日
晴。○吉益會。
三月朔
陰。
二日
陰晩雨。○与小林良敬・望月春平・小山良平嵐山行ヲ催し、雨ニ遇て不果。遊成願寺。
三日
晴。○吉益・緒方へ謝義ヲ遣。○昼与小林良敬・矢野泰造・小山良平嵐山ニ而見花。
四日（7オ）
晴。○緒方會。○晩与福田屋夫妻・良平平野ニ見桜花。
五日
雨。○春平紹介ニ而小石へ入門。
六日
晴。○玉里湯ニ浴。○結髪。○緒方會。○夜小石會。○晩緒方塾ニ而写書。
七日
晴。○終日緒方塾ニ而写書。
八日
晴。朝小石會。昼緒方塾ニ而寫書。
九日
晴。○吉益會。伊勢ヤへ参る。五明ヤヲ送る、且托書。○緒方會。
（7ウ）
十日
晴。○早朝与良平夫婦、今出川の辺ニ而、仙洞御所修学寺への御幸列を拝観ス。○吉益會。○緒方塾ニ而写書。
十一日
晴。○吉益會。○緒方會。
十二日
雨。○小石會。
十三日
雨。○玉里湯ニ浴。○剔髪。
十四日
雨。○吉益會。○緒方會。
十五日
晴。○吉益會。○緒方塾ニ而写書。
十六日
雨。○吉益會。○緒方會。○夜小（8オ）石會。
十七日
雨。
十八日
晴。○小石會。
十九日
晴。○緒方會。
二十日
雨。○吉益會。
廿一日
晴。○浴玉里湯。○結髪。○吉益會。○緒方會。○晩与良平・お挙ミぶニ而狂言を見、夫より嶋原太夫の道中を見物ス。○夜福藤夫婦備前ニ下ルを送る。書状ヲ託。
廿二日（8ウ）
晴。○浴玉里湯。○吉益會。○小石會。○福藤下備前。
廿三日
晴。○富小路升平ニ而借家ヲ尋。
廿四日
晴。○緒方會。晩富岡正平来、家書達。
廿五日
陰。○朝正平帰、託書。○晩升平来て證券の印形を乞。○晩北のへ参ル。
廿六日
晴。○吉益會。○緒方會。○晩緒方塾ニ而写書。
廿七日
晴。○吉益會。○晩移富小路（9オ）。道立・養隆・敬二と同居。

廿八日
晴。○吉益會。○小石會。○晩裏門ニ到。○夜小関會。
廿九日
晴。○緒方會。
四月朔日
晴。○吾妻湯浴。○遊裏門。○訪三宝寺。○晩敬二大坂へ下。
二日
雨。○小石會。
三日
晴。○自結髪。○吉益會。○昼緒方塾ニ而写書。
四日
晴。○吉益會。○緒方會。○夜（9ウ）吉益會。
五日
晴晩雨。○吉益會。○晩裏門ニ到。
六日
晴。○緒方會。○神氣昏倦、故晩酒を賖て一酔。○夜裏門ニ遊。
七日
雨。○終日算用。
八日
雨。○晩与文竜・淡蔵、寺町見物。○夜写書。
九日
陰。○吉益會。○緒方會、席上大地震。○夷川麸屋丁角吾妻湯ニ浴。○夜吉益會、席（10オ）上復地震。○晩文竜富小路ニ移、買酒招吾。○晩写書。

十日
晴。○自結髪。○吉益會。○訪貫名省吾、不遇。○晩写書。○下利久不止、故服薬。○夜四ツ頃地震。○晩又地震。
十一日
晴。○吉益會。○訪清水大学。○遊裏門。○夜吉益會。
十二日
晴。○小石會。直ニ裏門ニ行て書状書。○夜文竜来、共傾一盃。
十三日
晴。○自結髪、文竜剔。○昼良平来。○晩訪貫名（10ウ）。
十四日
晴。○雷鳴。○文禮・恭造来。○夜佐平贈醋。
十五日
晴。○吉益會。○昼与道立五条稲荷へ参り、夫より大佛・三十三間堂へ到。
十六日
晴。○吉益會。○昼問緒方病。○晩恭造・文礼隣家へ移居。○夜吉益會。
十七日
晴。○吉益會。○昼与道立・養隆南禅寺権現社へ参る。帰路茶肆ニ而一酌。○夜吉益會。
十八日
晴晩雨。○道立大津へ行。○小石（11オ）會。○自結髪。○晩遊裏門、夜宿。
十九日

終日雨。○養隆来、吾安否ヲ問。○与良平・養隆北のへ参ル。○佐平贈鯛魚。○良敬来。

二十日

雨。○浴柳馬場柳湯。○晩良平来。

廿一日

雨。○朝同養隆賀茂祭禮ヲ見物、下加茂へ参る。○夜道立帰。

廿二日

晴。吉益會。○敬二来。○夜吉益會。帰路与道立新地をぞめく。(11ウ)

廿三日

晴。○吉益會。○昼与敬二・道立三十三間堂見射。○夜吉益會。

廿四日

晴。○自結髪。○吉益會。○良平来。○夜吉益會。○夜風ニ而不寐。

廿五日

雨。○昼陰。

廿六日

晴。○緒方會。帰路与文竜・淡蔵遊裏門。晩北のへ参り、夫より佛正寺開帳ニ而軽業など。又北の茶店ニ而一盃ヲ酌。帰路、恭造・文礼・玄吾ニ邂逅ス。馬場先にて大喧嘩。○夜宿小山氏。福藤備前より帰ル。(12オ)

廿七日

晴。○玉里湯ニ浴。○福田屋へ行、三月廿五日、四月廿一日出之家書着。○晩与良平行藤林。○晩良敬来。○夜吉益會。

廿八日

晴。○小石會。○晩岡田へ入門。○晩与道立・敬二成願寺精進屋へ行。○夜吉益會。

廿九日

晴。○同敬二・道立・玄震・文竜、紫野大徳寺一見。夫より上加茂へ参る。○晩大倦昏睡。

晦日

晴夜雨。○朝良平・良敬来。○晩敬二下坂。

五月朔日(12ウ)

雨不止。○刺髪。○夜吉益會。

二日

晴。○吉益會。○小石會。夫より裏門ニ遊、北のへ参る。夜裏門ニ宿。

三日

晴。○早天帰。○吉益會。○晩同恭造・文礼誓願寺ニ遊。○吾妻湯ニ浴。

四日

晴。○良平来。

五日

晴。○吉家・緒方へ謝義を遣ス。夫より同文竜・一三・文礼・恭造北のへ参り、帰路訪良平。夜酒宴大酔、夜宿。

六日(13オ)

晴。○昼自裏門還。○緒方會。恭造・文禮ヲ紹介。○岡田會。

七日

雨。○晩岡田會。入内術。

八日

晴。○吉家會。○昼良平来。○晩良敬来。

九日

雨。○東湯。○剃髪。○吉家會。○昼遊裏門。○晩岡田會。○夜吉益會。

十日

雨。晩晴復雨。○朝より晩迄岡田内術會。与良敬学。○夜同文禮・恭造・道立安井へ参る。夜半后帰。(13ウ)

十一日

雨。○朝滋野殿内訪平太郎。○道立下坂。

十二日

晴。○吉益南涯忌日。昼東福寺南涯之塚へ詣、日晡帰。○夜吉益會。

十三日

陰晩晴。○晩同恭造・文禮、四条京屋ニ而与良敬酌別杯。○夜吉益会

十四日

雨晩晴。○朝送良敬、書状托。○吉家會。○晩一条裏門へ行、与良平今宮へ参る。夜小山氏ニ宿。

十五日(14オ)

晴晩雨。○一条祭禮。逢饗、晩帰。○結髪。

十六日

晴。○訪猪飼敬所、不遇。○緒方會。

十七日

晴。○同道立・文竜・淡蔵・恭造・文禮・了斎清水へ参る。○夜吉益休會、与三省六角へ参。

十八日

晴雨。○昼恭造之家ニ而一酌。○夜吉益會。

十九日

晴。○吉益會。○良平来。

二十日

晴。○結髪。○緒方會、入内術。○昼一条裏門へ行、帰路三宝(14ウ)寺へ行、始逢上人。○夜与文禮・恭造寺町夜店見物。

廿一日

晴晩雨。○朝訪相馬一郎。○昼同恭造・文禮・了斎黒谷真如堂へ参り、知祥房を訪ニ不遇。夫より南禅寺ニ而一盃酌て智恩院へ参り、暮方帰遇雨。

廿二日

雨不止。○小石會。○春琴ヲ訪。○晩良平来。

廿三日

雨不止。○吉益會。○夜吉益會。

廿四日

雨不止。○吉益會。

廿五日(15オ)

晴。○吉益會。○緒方會。○昼与恭造・文禮・道立・養隆北のへ参詣。帰路裏門ニ而一酌。夜玉里湯ニ浴、訪福田屋、夜四ツ過帰。

廿六日

大雨。○緒方會。

廿七日

晴昼大雨。~~○小石會。○緒方塾ニ而寫書。~~昼遊一条裏門。

廿八日

大雨。○小石會。○緒方塾ニ而写書。

廿九日

雨晩晴。○吉益會。○晩良平来。○夜与恭造・文礼祇園へ参、夜宮見物。（15ウ）

六月朔日

晴晩大雨。○緒方會。○夜吉益會。

二日

雨。○小石會。

三日

雨天。○緒方へ参、受人之相談。○良平来。

四日

晴。○緒方會より良平を伴帰。○昼与恭造・良平・文礼誓願寺ニ了斎を訪、且俊介ニ逢。夫より精進ヤへ参。次ニ淀屋文兵衛貸坐鋪ヲ尋、且受ヲ頼む。

五日

晴。○緒方會。○夜与恭造・文（16オ）禮四条納涼。山鉾見物、且淀屋文兵衛ニ受人ヲ頼。

六日

晴。○未明ニ裏門へ参り良平を誘引して淀文へ参ル。○家受極。○夜与恭造・良平山鉾見物。

七日

晴。昼より雨。○同恭造・文礼・道立寺町四条角ニ而山鉾見物。席料一人六十四文。○夜四条河原ニ而与道立・恭造輿見物。

八日

雨晩晴。○小石會。○昼与良平淀文へ受人之謝禮、酒手形二升遣。○昼福藤来。○晩（16ウ）与恭造転宅買物ニ行。○夜転居、二合之酒ニ而恭造・文礼を招キ一酌。

九日

晴。○東湯。○晩四条福ヤ焼失、三条橋ニ而恭造と見物ス。○今夜始て蚊帳を低ル。

十日

晴、晩驟雨。○緒方會。序ニ裏門へ行、晩帰。○治吉来。夜与恭造安井へ参、帰路四条納涼。

十一日

晴、晩驟雨。○昼母・泰造来、書状達。

十二日

晴。○吉益會。昼福藤来。○夜吉益會。（17オ）

十三日

晴。○同母・泰造、幷良平夫婦・お三重、四条納涼。帰路夜宮見物。

十四日

晴晩小雨。○朝祇園會見物。夫より母・泰造と大佛・三十三間堂・安井・六原・清水・祇園へ参詣。○夜三条ニて御輿見物。

十五日

晴。○緒方會、皆傳。

十六日

雨。

十七日

雨昼晴。○母・泰造と裏門行。誘引良平夫婦、北の・平野（17ウ）・

金閣寺一見。夫より福田屋ニ帰り一酌。夜帰。母福田ヤへ滞留。
十八日
陰天。○昼伊勢屋より荷物来。五月十七日・同二十四日出之家書達。
五明屋書状来。○夜与文禮酌一杯。○夜母帰。
十九日
晴。○昼訪清水大学。
二十日
雨。○吉益會。○夜吉益會。
廿一日
雨。○吉益會。○母夜一条ニ宿。
廿二日
雨。○早天一条ニ母迎ニ行。晩誘引良平、大丸ニ而買物。（18オ）
廿三日
雷雨。○与母南禅寺見物。路逢雷雨。夫より知恩院見物。帰路四条ニ
而納涼。
廿四日
晴。○地震。○早朝母・泰造と出立、四ツ頃伏見へ着。夫より舟ニ乗、
暮方大坂備前屋へ参る。夜天満へ参、所々見物。
廿五日
晴、晩雷雨。○与母・泰造訪治吉。○晩治吉家ニ而酒宴。夜与藤屋八
兵衛・河越屋佐平、祭礼見物。四更之頃備前屋へ帰。
廿六日
風雨。○朝御堂へ参詣。○晩訪（18ウ）治吉。
廿七日
晴。○朝母・泰造帰。吾亦上京、日暮伏見へ着舟。夜五ツ頃帰宅。
廿八日
晴。○結髪。○昼裏門へ行。晩一条ニ行而其夜ハ宿。
廿九日
陰天。○朝一条より帰。○晩岡田會。○夜与恭造六角堂へ参。
七月朔日
陰。○写書。○晩良平来。
二日
陰。○写書。
三日（19オ）
晴晩雨。○写書。
四日
晴晩雨。○恭造転宅誓願寺。○吉益會。○緒方會。夜与庄八橋下ぞめ
き。
五日
晴。○結髪。○吉益會。○緒方塾ニ而写書。○夜訪成願寺、同恭造・
了斎四条納涼。藤喜ニ而酒飲。○地震。
六日
晴。○良平来、伴ひて裏門へ行。
七日
雷雨。○終日写書。
八日
晴。○自刺髪。○岡田會。帰路（19ウ）誓願寺ニ行。
九日

十日
晴。○終日写書。○夜浴。
十一日
晴。○終日写書。良平来。
十二日
晴。○緒方會。○昼遊裏門、夜与良平・恭造・文礼・了斎四条納涼。
十三日
晴。○終日写書。○晩吉益・岡田へ謝義遣。帰路誓願寺ニ到。○夜浴。
十四日(20オ)
晴。○昼遊裏門、一条裏門ニ而剔・髪・浴。
十五日
晴。○昼緒方塾ニ而写書。○夜浴。○良平来。
十六日
晴。○緒方へ参り塾ニ而写書。与恭造遊裏門、四ツ過帰。恭造止宿。四更頃迄雑談。
十七日
晴、晩雷雨。○清水・伊勢徳へ参り、夫より誓願寺ニ而避雨、晩淀文へ行。
十八日
雨。○恭造来。○晩岡田會。高芝早太ヲ紹介。○夜浴。
十九日
晴。緒方塾ニ而写書。○昼良平紹介ニ而藤林へ入門。○早太（20ウ）来。○晩送文禮・玄吾帰省。○与淡蔵誓願寺精進ヤニ而飲。○書状出、十四日出。

二十日
晴。○緒方會。○夜大地震。
廿一日
晴。○緒方写書。○夜大雷雨。
廿二日
終日大雷雨。○緒方會。清水宗義ヲ紹介ス。○結髪。○今夕より蚊帳止。
廿三日(21オ)
陰天。○藤林會。○昼同了斎・恭造・早太・俊介、三条の寺へ鳳王を見物ニ参る。夫より与恭造訪文竜。○夜小地震。
廿四日
晴昼雨。○岡田會。帰路誓願寺へ到。良平来。与恭造三人本能寺信長公塚へ参る。○夜文竜来。
廿五日
晴。○緒方會。昼より頭痛発熱ニ而臥。○夜文良来、又一三来。
廿六日
晴。○緒方會。○昼より又平臥。○昼道立来。○晩箕野ヤより雑粋贈。
廿七日
晴。○藤林會。○緒方會。○昼又臥病。
廿八日
雨。○自剔髪。○晩岡田會（21ウ）。帰路誓願寺へ行、夜伴文良帰。
廿九日
晴。藤林会。○昼与恭造遊裏門。○晩良平・太兵衛来。○九平来、書状達。

晴。○晩九平ヲ送り書状出。○夜誓願寺ニ行。

晦日

雨。○終日写書。

八月朔日

雨晩晴。○昼誓願寺ニ行。○嶋原行不果、与了斎・早太・恭造四条芝居見物。○夜見松院ニ宿。

二日(22オ)

晴。○緒方會。○到裏門、浴玉里湯、到一条。○夜年寄へ参り印形ス。

三日

晴。○結髪。○朝池上泰蕣を訪、夫より誓願寺へ参る。良平来。故ニ与恭造大宗ニ而酌別盃。夜半過、自誓願寺より裏門へ参りて宿。

四日

晴晩雨。○傷食ニ而不快。朝一条へ参り昼帰。○良平帰、誓願寺迄見送り。其夜亦見松院ニ宿。

五日

晴。○晩帰。(22ウ)

六日

晴れ。○緒方會。

七日

晴。○朝訪一条、夜帰。○夜恭造・文竜・早太来。

八日

晴。○朝与恭造・早太東本願寺上棟見物。夫より道場芝居見物。○夜帰。

九日

晴。○結髪。○終日遊誓願寺。

十日

陰天。○藤林會。○昼誓願寺ニ遊。○晩送了斎、托書状。

十一日

晴。○早太・恭造終日来。○文良来。(23オ)

十二日

晴。○岡田會。帰路訪恭造。○昼より風邪心地ニ而臥。

十三日

雨。○終日病臥。

十四日

晴。○緒方會。○大地震。○晩病臥。

十五日

陰天。○遊成願寺。○夜松原大火。

十六日

陰。○結髪剔。○藤林會。○緒方會。○晩遊誓願寺。

十七日

陰天、晩小雨。○朝伊勢屋へ金子受取ニ参。○訪清水不遇。○誓(23ウ)願寺ニ行て誘恭造、遊真如堂。与法泉院銭屋ニ而酒飲。○夜同帰、々路五霊へ詣。○三更文良来、大酔して不覚。

十八日

晴晩雨。○晩与恭造見新芝居、夜宿見松院。

十九日

雨。○法泉院より書状来。○昼法泉院寺ニ到。夜銭屋ニ而酒飲、鍵屋ニ而聞戯談、宿法泉院。

二十日
雨。○自真如堂帰。○昼一条へ行。○晩結髪。○
廿一日
雨。○八幡丁御所湯ニ浴。○朝、寺町夷川上処焼失。(24オ)
廿二日
雨。○遊成願寺。○夜与宗義・恭造五条橋下ニ而楊弓。
廿三日
雨。○緒方會。○昼掃除。
廿四日
晴。○藤林會。○昼遊成願寺。○晩与恭造訪文良。○夜宗義来。
廿五日
晴。○結髪。○昼与恭造・文良北野へ参り、福藤ニ而酒飲。夫より与恭造真如堂ニ到。夜銭屋ニ而酒のミ、宿法泉院。
廿六日
雨。○朝自真如堂帰。○昼誓願寺ニ行。 (24ウ)
廿七日
晴。○昼行福田屋へ、晩国元へ下荷物を認、并書状認。○夜成願寺へ荷物を運。
廿八日
晴。○昼藤林會。○晩真如堂へ荷物ヲ運、夜亦同宿法泉院。
廿九日
晴。○富小路舊宅へ行、夫より成願寺へ行。○書状来、伊勢徳へ行、夜帰。○復書出。
九月朔日
雨。○剔髪。○夜岡崎之ゆニ浴。
二日
晴。○理乗房来。○夜垣浦遊行。(25オ)
三日
晴。○朝自垣浦帰。○浴岡崎清水湯。○結髪。
四日
晴。○朝藤林會。○遊誓願寺、与恭造夜帰、宴銭屋。○神崎成願寺来。
五日
晴。○朝浴銭屋湯。○晩与智浄登吉田山採蕈。夜亦浴銭屋湯、又宴(25ウ)。

中島宗仙書簡集

解　題

ここに翻印する中島宗仙書簡九通は、郷里の父宗玄から在京中の友玄に宛てた書簡である。二六歳の友玄は、天保四年（一八三三）正月二六日に郷里を発ち、二月から京都に滞在して医学を学んだ。離京時期は明らかでないが、一二月一九日に帰郷している。

友玄『京遊備忘』には、七回、着信記載があり（[1]二月二五日、[2]三月二四日、[3]四月二七日、[4]六月一一日、[5]六月一八日、[6]七月二八日、[7]八月二九日）、各書簡の受信時日は(一)が[1]、(二)が[2]、(三)(四)が[3]、(五)が[5]にあたる。友玄から宗仙に宛てた書簡は残っていないが、『京遊備忘』に発信記載は一一回あり（①二月一一日、②二月二六日、③三月九日、④三月二一日、⑤三月二五日、⑥四月一二日、⑦五月一四日、⑧七月二九日、⑨八月一〇日、⑩八月二七日、⑪八月二九日）、宗仙書簡からは、二月二五日・五月一日・八月一八日にも投函していることがわかる。宗仙・友玄父子間の書簡の多くは、京都と備前を上り下りする知人に託してやりとりされた。

蘭学修行のために滞在延期を希望する友玄に対して、八月以降の宗仙は帰京を催促する文面が多く、父子間に齟齬が感じられる。（町泉寿郎）

(一)

「中嶋友玄様　要用　　中嶋宗仙」

西大寺五明屋今般上京ニ付、一書啓達仕候。嘸々道中無恙上京被致候哉と察居申候。此方、皆々無事ニ居申候。且出立之頃、足痛有之、其後如何候哉、承度候。今以春寒退兼候間、随分御厭勤学可被成候。猶又追而幸便御座候ハヽ、萬端御申越可被成候。匆々不備。

二月九日認　　中島宗仙

中島友玄様

一、水田より書状、當朔日山甚より此方へ指越候ゟ、幸便ニ遣し申候。已上。

(二)

「〆　中嶋友玄様　　中嶋宗仙」

小山氏人足、去二月十九日帰着之節、同廿五日両度之書状相達、披見仕候。尓後追日暖和ニ相成候所、弥御平安ニ御勤被成候哉。珍重存候。随而當方皆々無恙居申候。然者吉益幷緒方へ入門被致候之由、承知仕候。尚又蘭學之志有之由、是又流行之事ニ候ゟ、追々御學可然存候。右ニ付、書物御申越、則解躰新書、醫範提綱二篇指登候。御落手可被下候。且又其地紺屋升平、鴈出之様子承、甚氣毒之次第ニ候。何様追日薄暑に趣候間、随分時氣御厭ひ可被成候。早々不具。

三月九日　　中嶋宗仙

中嶋友玄様
追啓、小山御氏へ別紙指出不申候。時候御見舞、宜敷御取計可被下候。扨又京都奇事有之候ハヽ、後便御申越可被下候。此方、濱忠平娘、先月十四日死去いたし候。其外近辺何も異変無之候。扨片岡俊治續而参居申候。外ニ作州より先月下旬ニ諸生参居申候。又近日作州福兄より諸生相見へ申筈候。家内多人数、甚雑費困入申候。已上。

裏門通り上長者町上ル處ハ、何れ之方角ニ而候哉。後便ニ御申越可被成候。又、書状ハ伊勢徳より西大寺呉服五明や当ニ被成候ハヽ、早速相届キ可申候。折々染物之便り有之様子ニ相聞候。已上。

（三）

京都三寶寺備前へ下られ、此度帰京ニ付、一書致啓達候。弥以無御障御勤学被成候哉、察入候。當方皆々恙無消ニ光居申候。扨當春は今以寒サ退兼、漸々此間火燵抔取置申候。定而京師も同様と存居申候。扨又當国御隠居様、當月上旬の頃御祝年ニ而役者中村松江、玉之介、民蔵、其外五、六十人、御後園へ御召被遊候様子ニ相聞へ候。又浅越開帳ニ而、是も雨天續候得共、二夕芝居程いたし、何も為指事無之候得共、便書指出申候。又々期後便之時候。草々不備。

三月廿五日發　中嶋宗仙

中嶋友玄様

尚々小山氏、幷福藤へよろしく御傳聲可被下候。已上

〆　京都裏ノ門通上長者町上ル　備前上寺

三月廿五日認發

中島友玄様　要用　中嶋宗仙

京一条通千本東へ入　福田や藤蔵

若相知不申候ハヽ、是へ御出し可被下候。

（四）

五明屋罷下候節、冨岡正平罷下候節、両度之書状相達、此の度福藤下り候ニ付、書状御託、殊ニ同人夫婦ニ面會致し、具ニ様子承、大ニ安心仕候。尓後弥御安全ニ勤学被成候哉、遠察致候。當方皆々無恙渡光致し候。扨仙洞御所、先月御幸ニ而行列書、御指越、緩々一覧仕候。扨々厳重之御事ニ御座候。先達而書状八本御指越、夫々相届ケ申候。若又後便ニ五峯、助十郎、亀やへ、さつと見舞状御越可被成候。扨又衣類御下し、書付之通、無滞請取申候。此度被申越候、小蚊帳、指登申候。御受取可被成候。近々轉宅之由申越、是又決候ハヽ、居處御申越可被成候。且又福藤夫婦一夕滞留いたし候ニ付、振舞申候。追々向暑ニ趣候。随分御保護可被成候。匆々不具。

四月廿一日認　中嶋宗仙

中嶋友玄様

二白、猪飼より別紙之書状到来いたし候。則論孟考文遣し申候。熟覧被成、返書登し候間、一覧の上、御遺し被成候。右返報ニ相應の品少々御贈被下候。已上。

口上

手道具入

一、小簞笥　一、古手宜敷
凡壱尺位す共
一、大鏡　一、古手〃
右大坂ニ而御調へ

（五）

當月朔日出の書状相達、致披見候。追日向暑ニ相成候処、弥以御堅安ニ修行可被成と、存居申候。當方皆々無異義罷在候。然は来春迄遊學被致度旨、書状被申越、致承知候。乍然吉家論講ハ一通り御聞、追々可被致研究、産科ハ奥術師傳より早速相済候事と被存候。蘭学ハ初心ニ而ハ一寸研究成しかたく、是も追々事と被存候。花岡内術も格別之秘術も無之と被存、何様盆前、又ハ盆後迄ニは一先是非ニ帰郷可被致。若修業半途ニ相成候ハヽ、其上ニ而又々直ニ再遊可被致候様存候。右之段能々相究、委曲御申越可被成候。匆々不具。

五月廿四日　中嶋宗仙

中島友玄様

追啓

一、冨小路へ轉宅被致、諸生同居之由、先達承り申候。
一、書状御下し、夫々へ相届ケ申候。
一、書物講之義被申越、是ハ明王院へ譲り申候。當秋落札ハ定光院ニ而候。
一、母へ此度見物旁上京いたし候様被申越候由、しかし當方も甚繁事、殊ニ婦人之事ゆへ、登り申事、容易ニ難致候間、左様御心得可被成候。扨独居之望有之由、是又何角無用心ニ被存、御考可然候。以上。

一、地白ひとへ物壱、指登し申候。御請取可被成候。

真如堂ニ而　備前上寺

中島友玄様　急用事　同宗仙

（六）

五明屋太兵衛殿、此度上京ニ付、一翰托し申候。秋冷之候、弥無別條御勤學被成候哉、存居申候。當方も皆々無浮沈、消二光候。然は帰国之日限急便ニ先達而御申越可被成候。扨又此度用意金三両三歩、南鐐〆数三十、指登し申候。太兵衛殿より御受取可被成候。先得御意度、如是ニ候。匆々不備。

八月廿六日認　中嶋宗仙

中島友玄様

〆　京富小路二条上ル西がわ　上寺

中島友玄様　要用　自備前　中嶋宗仙

（七）

上寺山法印、當年叡山大會ニ而、此度御登り候由ニ付、一書相托し申候。冷氣之候ニ候處、弥御安全ニ修業被成哉と存居申候。當方皆々無恙消烏兎候。然は追々冷気相増候処、衣服不自由ニ候ハヽ、其方ニ而御調可被成候。扨又先頃、海月幷金子指登し候。到着致候ハヽ、後便ニ申越可被成候。先は安否承度、以便書如是ニ候。匆々不具。

九月四日　　中嶋宗仙

中島友玄様

副　書

先月十八日出之書状、當月三日ニ相達し、委細承知仕候。先達而冨岡太兵衛へ相頼ミ登し候金十両、同人持帰り、慥ニ受取申候。此度五明屋番頭上京ニ付、三両三分指登候。同人より御受取可被成候。又此度上寺山法印上京ニ付、金五両、内二歩金三両、一朱金二両、指登し候。是又御受取可被成候。已上。

九月四日　　中嶋宗仙

中島友玄様

京富小路二条上ル西側　　備前上寺

中島友玄様　要用　　中嶋宗仙

（八）

以急飛申遣候。時下寒冷之節ニ候處、弥以無御障候哉と存知居申候。然は先月、本乗院主帰山之節、幷書状被差越候ニ付、何角承り、弥先月下旬迄ニ帰郷致候様被申越、相待居申候処、當月ニ相成候而も下向不被致、甚家内一統大心配致居申候。右ニ付、此度乙子利八子相頼、迎ニ指登し申候。片時も早く下向可被致候。委細は同人へ申含遣し候。得与可被聞届候。何様長逗留故、當方世評も不宜、迷惑致候。何角指置、利八子同道ニ而、急々出立下向可被致候。右之段申遣度、甚指急荒々認、如是ニ候。匆々不具。

十月十二日　　中嶋宗仙

中嶋友玄様

一、正平義　先月十二日より痘瘡ニ掛り、甚六ケ敷候而、最早日数も余程立候得共、今以肥立兼、心配致候。私も何角心配いたし、疲れ申候。療用等も碇々ニ得相勤メ不申、困入申候。以上。

（九）

先月より真如堂法泉院主寺へ寄宿被致候由、先達而被申越、承知仕候。是又御當院へ宜敷御致聲頼入候。扨御當院不例ニ而、養生旁帰国被致度由承申候。乍併追々寒氣甚敷、道中無覚束被存候。何卒此節は帰国之義ハ御指止メ可然被存候。扨又神埼成願寺帰山と一所ニ下向哉と相待居申候処、當院ハ當月十日ニ帰寺被致候。夫故俄ニ利八子指登し候。呉々も急々取片附、帰郷可被致候。已上。十月十二日

京遊厨費録

解　題

天保四年（一八三三）の中島友玄（二六歳）の京都遊学中の会計簿である。横本仮綴じ一冊、全二八丁。『京学日記』と併せ参照することによって、友玄の遊学中の行動を詳細に知ることができる。

前半部分は、上京途次の路銀を記した「道中諸雑費」（1オ）、京都での諸費用を記した「京地雑費」（1ウ～12ウ）、上京した母と六月二四日から二七日まで大坂の天神祭りを見物したさいの雑費を記した「天神祭見物雑費」（13ウ～14オ）などからなる。「環翠園知事」（15ウ）と記された中扉のあと、「六月六日より獨居雑費」（16オ～17ウ）となり、以後、「七月分諸雑費」（18オ～19オ）「八月分雑費」（19オ～20オ）と一か月ごとに雑費が記されている。

さらに医療器具の購入費用を記した「外治道具覚」（20ウ～21オ）や書籍購入費を記した「書物覚」（21ウ）、「呉服もの買物」「宇治茶土産買物」「土産物買物」（22ウ～23ウ）など京都土産の品々の購入費が記され、最後に「諸師家束脩覚」（24ウ～26ウ）として吉益北洲・緒方順節・小石元瑞・岡田瀛洲・藤林普山への束脩・謝儀を記し、また緒方と岡田で「内術」の伝授を受けたさいの「神文」（27ウ～28オ）を写している。

（町泉寿郎）

（表紙）「天保四癸巳孟春下旬念六日辞家

京遊厨費録

中島氏かしく　」

道中諸雑費

一、三百弐拾八文　天野宿料
一、三百弐拾文　西谷宿料
一、三百弐拾八文　兵庫宿料
一、三百六拾四文　池田宿料
一、三百九拾弐文　妙見山宿料
一、三百文　追の坂峠宿料
一、百五拾文　荷揚代
一、三百五拾文　三条宿料
一、百五拾文　吉田手引
一、六拾文　伊部焼もの
△一、金壱歩壱朱百文　弥平帰路用金渡ス
〆四貫九百六拾弐文
正金ニ直　弐歩三朱三百三拾四文
△一、金弐歩弐朱
（道中諸雑費不残、菓子草鞋代其外京地雑費とも
合壱両壱歩壱朱三百三拾四文　（1オ）

京地雑費

一、百文　茶碗壱組
一、五拾文　塗枕壱
一、三百八拾文　雪駄壱足
一、百八拾文　たば粉一丸
一、三百弐拾文　傷寒論一冊
一、七拾弐文　温どん代
△一、金弐歩壱朱百文　吉益入門式
一、百五拾文　清水へ遣くわし代
一、百七拾文　下駄壱足
一、三百文　雨傘壱本
一、百六拾文　京都人物誌
○一、銀拾四匁五分　蒲とん壱枚
△一、金三朱　緒方入門式
一、八文　ゆ
一、三拾弐文　月代
一、八文　ゆ
一、八文　〃
一、三拾弐文　月代
一、八文　ゆ
○一、銀八匁八分　福田屋ニ而五日より十五日迄宿料
一、七百五拾文　丸行灯一張
一、拾弐文　〃皿
一、弐拾弐文　朱硯壱丁
一、弐拾六文　真書筆壱本

（1ウ）

一、拾文　塵紙壱帖
一、拾七文　土佐小杉壱帖
一、三百文　琴の爪
一、五拾文　朱壱丁
一、拾弐文　巻紙一本
〆十貫八百三拾九文　但弐朱八百四十文ガヘ一算用
正金ニ直　壱両弐歩壱朱三百拾九文

（2オ）

一、三百拾文　金匱要略壱冊
一、三拾文　巻帋弐拾枚
一、三拾四文　北野参詣小遣
一、三拾弐文　福田屋ニ而酒肴代
△一、金壱朱　春琴へ遣
一、六文　状ちん
一、弐拾六文　鬢あぶら壱本
一、八文　ゆ
△一、金弐朱　三月三日吉益　緒方へ謝義
△一、金壱歩三朱　小石入門式
○一、銀六匁七分　画箋帋拾壱枚半
一、拾弐文　熨斗
一、八文　へぎ壱枚
一、四拾五文　成願寺楊弓代
一、拾六文　〃
一、五拾文　砥石壱面

（2ウ）

一、五拾弐文　嵐山行小遣
一、三拾弐文　平野行　〃
一、拾文　塵紙壱帖
一、八文　ゆ
△一、金壱歩壱朱弐百文　内科撰要壱部
一、拾六文　うどん
一、弐拾四文　仙洞御所御幸見物席料
一、四拾八文　半切三拾枚
一、百拾文　ち、ぶ切壱尺
一、八文　烟管直し
一、六文　甘さけ
一、百拾八文　半帋六帖
一、四拾八文　真書筆弐本
〆八貫三百七文
正金二直　壱両三朱三百拾壱文
（3オ）
一、六拾文　緒方ニ而でんかく代
一、八文　ゆ
一、三拾七文　大半帋壱帖
一、六拾文　小石夜會ろふそく代
一、弐拾文　大長寺開帳参小遣
一、六拾文　島原めつく見物席代
一、八文　たばこ二匁
○一、銀六匁五分　小刻温疫論壱部

一、百六拾文　たばこ一丸
一、四拾八文　小山氏ニ而小遣酒代
一、五拾文　〃家ニ而又酒肴代
一、六拾五文　雪駄直し
一、百弐拾文　提燈壱丁
一、四拾文　膳壱枚
一、拾弐文　臘燭壱丁
（3ウ）
一、拾文　塵帋壱帖
一、八文　ゆ
△一、金三歩弐朱　小山氏ニ而宿料
一、四拾五文　椀壱
一、拾四文　ろふそく壱丁
一、三拾弐文　鬢油壱本
一、拾文　元結弐呉
一、拾弐文　もち代
一、三拾五文　酒壜壱
一、弐拾五文　酒猪口壱
一、百八拾文　墨池壱
△一、金壱歩壱朱　机壱丁
一、三拾弐文　酒弐合
〆九貫八百七拾弐文
正金二直　壱両壱歩三朱百九拾弐文
（4オ）
一、拾弐文　熬干壱合

一、六拾文　富札代

一、八文　ゆ

一、七拾文　きせる壱本

一、五拾六文　半切三拾六枚

一、七拾弐文　半紙三帖

一、六拾九文　脇ざし下緒弐尺三寸

一、百七拾文　和蘭医話壱部

一、五文　状ちん

一、三拾弐文　酒弐合

一、四文　もち

一、四文　稲荷参遣

一、弐拾五文　真わた壱枚

一、弐拾五文　草履壱足

一、三拾八文　小山氏ニ而酒代

一、五文　くわし

一、弐拾八文　雪駄直し

一、八文　ゆ

一、三拾弐文　葵祭見物席料

一、弐拾八文　〃　繪圖壱冊

一、八文　〃　くわし代

一、拾弐文　吉益夜會臘そく代

一、拾六文　箸ばこ一

一、五拾六文　北のニ而酒肴代

一、四拾五文　髪櫛壱枚

（4ウ）

一、三百八拾文　手傘壱本

一、弐拾八文　さらし切壱尺

一、拾弐文　水引

一、弐拾五文　牡蠣拾両

一、八文　ゆ

一、七文　西洞院帋一帖

〆壱貫三百八拾四文

正金二直　三朱百弐拾四文

一、四拾八文　手簿一冊

一、四拾八文　状袋二拾枚

一、拾文　たば粉二匁

△一、金弐朱　岡田删之介束脩

一、四百四拾文　繪絹三尺五寸

一、拾三文　筆壱本

一、拾弐文　西洞院帋二帖

一、拾弐文　ろふそく壱丁

一、八文　たば粉二匁

一、八文　〃　二匁

一、弐拾文　淬銅壱枚

一、百八拾文　たば粉壱丸

一、五拾七文　成願寺精進や

一、弐拾五文　楊弓代

一、八文　ゆ

（5オ）

一、百六拾文　ミの帋壱帖
一、百文　繪の具上品
一、拾文　〃猪口二ツ
△一、金壱歩　岡田内術式
一、弐拾四文　吉益ろふそく代
一、六文　甘さけ
一、八文　ゆ
一、三拾文　安井へ参遣
一、弐拾文　下駄はなを
一、百四拾文　小山氏ニ而酒肴代
一、弐貫五百四拾八文　三月廿七日より四月晦日迄
　宿料家賃とも
一、七百九拾文　借宅之時分丁銀
一、弐拾壱文　ミの帋七枚
一、弐拾四文　雪駄直し
△一、金三朱　文龍へ筆工代
一、七百弐拾四文　六月朔日より八日迄宿料
〆九貫三百拾四文
正金二直　壱両壱歩壱朱五拾四文
（5ウ）（6オ）
○一、銀弐匁　南涯忌日香奠
一、弐百文　四条橋下京やニ而良敬送
　別之時分酒肴雑費
一、弐拾壱文　〃　楊弓代

一、九文　杉原三枚
一、拾五文　味噌
一、五拾文　清水参詣小遣
一、四拾文　臘石二ツ
一、八文　ゆ
一、五拾三文　文禮宅ニ而酒代
○一、金百疋　緒方内術式
一、弐拾弐文　寺町夜見せ小遣
一、百四拾文　南禅寺行遣
一、拾文　もち
△一、金壱朱　菖蒲際吉益謝義
△一、金壱朱　〃　緒方謝義
一、四拾八文　吉益牌位報料
一、拾弐文　元結二ケ禮
一、五拾壱文　南禅寺行遣
一、百拾四文　成願寺行遣
一、弐百五拾二文　大徳寺行遣
一、八文　ゆ
一、三拾四文　文禮宅ニ而酒代
一、六拾七文　小山氏ニ而酒代
一、弐拾五文　〃家ニ而又酒肴代
一、八文　ゆ
一、弐拾文　五月晦日祇園ねり物遣
一、五拾文　平方扇子壱本
（6ウ）

一、百文　真書四本
一、拾文　南町夜店見物小遣
一、二十文　こんぶ
○一、銀六匁五分　活鉤壱丁
〆て四貫八百四拾四文
正金二直　弐歩壱朱弐百拾六文
（7オ）

一、拾二文　西洞院帋二帖
一、弐貫七百文　五月分宿料
一、五拾七文　成願寺精進や
一、四百文　鏡壱枚箱共
一、八文　ゆ
一、弐拾文　祇園夜宮山鉾見物小遣
一、六拾四文　山鉾見物席料
一、五十六文　小鯛弐串
一、弐拾四文　富札代
一、拾弐文　煙管壱本代
一、弐拾四文　草履壱足
一、拾弐文　たばこ三丸
一、六文　甘さけ
一、百五十文　四条橋下京や
一、四拾文　〃　遊行小遣
一、三百拾六文　小絹切六尺
一、八文　ゆ
（7ウ）

一、八文　た葉粉二匁
一、拾六文　泰造二人湯
一、百九拾文　たは粉一丸
一、弐拾文　晩茶壱袋
一、六十文　茶碗二組皿共
一、三拾弐文　酒弐合福田屋へ
一、三拾弐文　〃弐合　治吉へ
一、弐百六文　朝日野飯料三人分
一、四拾文　十四日山鉾見物小遣
一、八文　ゆ
○一、銀弐匁　吉益暑見舞
○一、銀二匁　緒方暑見廻
一、拾八文　枕弐ツ
一、弐百五拾八文　半紙壱束
一、三拾二文　状袋二十枚
〆五貫弐百八拾五文
正金二直　三歩弐百三拾七文
一、四拾八文　半切三拾枚
一、百文　泰蔵へ小遣
一、百弐拾文　金閣寺見物料
一、百五拾文　福田屋小山氏へくわし代
一、百文　母へ渡
一、百文　下駄はなを
（8オ）

一、四拾五文　下駄は入
○一、銀五拾五匁弐分七厘　大丸買物色々
一、拾文　臘そく壱丁
一、六拾文　南禅寺行遣母共
一、壱貫弐百四拾文　大坂天満祭見物諸費
一、三百八拾文　つゞら合利壱
一、弐百文　忠七へ遣ス
一、八文　ゆ
一、弐拾八文　六角参詣小遣
一、百弐拾文　二条五分屋汁代母共
（8ウ）
一、弐拾弐文　扇子壱本
一、弐拾四文　吉益夜會臘そく代
一、八文　臘燭壱丁
一、拾弐文　西洞院呑店
一、拾文　髪あぶら
一、八文　油壺壱
一、五拾文　橋下ぞめきくわし代
一、弐拾壱文　楊弓代
一、拾文　あんもち
一、百弐拾文　四条河原納涼酒代
一、五拾文　恭造宅ニ而でんがく代
一、百文　四条ふじ喜茶漬代
一、三百八拾文　雪駄壱足
一、七貫弐百弐拾五文　六月分宿料諸費

〆拾六貫六百五拾壱文
正金二直　弐両壱歩三朱弐百三拾九文
（9オ）
一、百七拾文　た葉粉一丸
△一、金壱朱　緒方謝義盆季
△一、金壱朱　岡田氏へ謝義　〃
△一、金三朱弐匁　吉益謝義　〃
一、三百九拾三文　半呑壱束半
一、拾五文　水引
一、三拾弐文　せんたく代単物
一、四拾五文　小山氏ニ而馳走代
一、三拾弐文　飛龍頭三切
一、三拾文　楊弓代
○一、銀拾八匁　産科発蒙壱部
一、拾弐文　杉原四枚
一、五拾七文　成願寺ニ而酒代
一、弐拾文　土じやう汁
一、弐拾文　くわし代
（9ウ）
一、拾五文　〃
△一、金弐歩壱朱　藤林入門式
一、八文　たばこ二匁
一、八文　ゆ
一、六文　くわし代
一、三百三文　良平送別大京ニ而遣

一、二拾文　東本願寺上棟見物小遣
一、三拾文　芝居ニ而くわし代
一、四拾八文　絹ひも七尺五寸
一、百八文　花色さや袖口
一、七拾壱文　良斎送別酒肴代
一、六拾文　御所ニ而すし代
一、四貫三百拾九文　七月分諸雑費
△一、金三歩弐朱　小山氏之宿料
〆拾九貫七百五拾八文
正金二直　弐両三歩弐朱四百弐拾文　（10オ）
一、拾弐文　餅代
一、弐拾五文　びんつけ壱本
一、三百八拾文　烟管壱本
一、弐拾文　柿十
一、八文　状ちん
一、五拾七文　精進屋
一、六拾文　〃
一、拾文　芝居ニ而くわし代
一、八文　たはこ二匁
一、八文　ゆ
一、八文　たは粉二匁
一、百八拾四文　精進屋三人分
一、百文　成願寺五分やへ
一、七拾文　楊弓代
一、弐百五拾文　た葉粉一丸　（10ウ）
一、金壱朱　短冊拾六枚
一、壱貫四百四拾弐文　八月分宿料雑費
一、六拾文　伊勢屋迄運賃
一、弐百文　袷単物せんたく
一、七拾壱文　了斎送別酒肴
一、三拾弐文　清水ゆ四人前
一、八文　〃　ゆ
一、拾文　柿十
一、百三拾文　富札代
一、金弐歩　羽織壱枚
一、三拾文　くわし
一、弐百五拾文　たは粉壱丸　（11オ）
一、六拾五文　道場精進や
一、三拾弐文　成願寺芝居代
一、三拾文　〃　くわし
一、五拾七文　小遣
一、四拾文　状ちん
一、金壱朱　藤林九日謝義
一、金壱朱　吉益〃　謝義
一、金壱朱　岡田〃　謝義
一、金三朱　文良へ筆工代
一、九拾五文　雨蛤でんがく

一、金壱両壱歩　外科道具代
一、四拾文　新町迄荷物運賃
一、百七拾四文　雨蛤でんがく　（11ウ）
一、金弐朱　文良送別鍵屋拂
一、弐百文　相撲見物代
一、七拾文　〃　煮〆代
一、弐拾文　半帋壱状
一、金壱朱　たばこ入
一、三百拾四文　海老安遣割
一、金壱歩　銀ぐさり三尺
一、百七文　雨蛤でんがく
一、八十文　さらし手拭
一、百八十文　舌押
一、金弐朱　短冊八十枚　（12オ）
一、五拾文　誓願寺精進や
一、八拾文　たばこ入金具
一、拾弐文　硫黄二匁
一、弐百拾文　富札代　（12ウ）
（13オ）

天神祭見物雑費

一、弐百六拾三文　伏見片はたご三人分
一、弐百弐拾四文　〃　船賃三人分
一、百五拾文　きせる壱本
一、四百文　南都草履　治吉へ遣

一、弐百三拾文　太鼓
一、八文　水引松原
一、銀拾八匁　廿四日より廿七日朝迄備治の宿料
一、弐百八拾八文　上り舟ちん二人分
一、七拾四文　伏見支度
一、弐拾四文　舟中かご代
一、拾八文　舟中ふとん代
一、三文　舟中川ほり代
一、拾九文　舟子ませ
一、三拾弐文　見物席料
一、三拾五文　草履壱足　（13ウ）
一、拾五文　〃　壱足
一、百三拾文　諸遣費
〆壱貫弐百四拾文

小山氏ニ而二月十五日より三月廿七日迄滞留宿料

一、八拾文　酒五合代
一、九拾五文　油代
一、百九拾文　福田屋遣肴代取かへ
一、銀拾四匁八分三厘　〃家への借用小山氏取かへ
一、凢三貫九百四拾文　四十三日宿料
右五口代弐朱七片遣ス　（14オ）

持金覚

一、打違へ　壱朱金三十片
一、〃　弐歩金三両
一、荷物中　弐朱三十五片
一、〃　壱朱銀五十六片
一、首掛中　弐朱五片
一、〃　壱朱金五片
〆金拾三両弐歩三朱
孫平へ渡金子
一、南鐐　壱片
一、一朱金　三片
一、銭　百文
〆壱歩壱朱百文
上京用意道具覚
（14ウ）
一、柳合利両掛一荷　銀三拾九匁
一、〃　錠弐ツ　〃　三匁四分
一、刀脇指柄袋二ツ　〃　四匁二分五厘
一、〃　下緒大小　〃　五匁五分
一、刀壱本　〃　五拾目
〆百弐匁壱分五厘
京地にて金銀出来覚
一、金三朱　薬禮

替借金覚
一、金拾両　伊勢屋より受取
一、〃三両三歩　太兵衛より受取
一、〃五両　勇蔵より受取
一、三両　伊勢屋ニ而借用
〆廿壱両三歩
（15オ）
環翠園
知事
（15ウ）
六月六日より獨居雑費　六月九日より算用
一、金壱歩　○家賃
一、六百三拾弐文　○町銀
一、百六拾文　○酒壱斗手形年寄へ
一、三百文　○たわし　ひしゃく　貝杓子
一、四拾八文　○飯籠并すだれ
一、弐拾八文　○すり鉢壱
一、弐拾八文　○古火ばし
一、六拾文　○切ば
一、七拾五文　○包丁
一、弐拾文　晩茶
一、百文　○こん炉　ゆきひら
一、三拾文　○どひん

一、拾八文　○丼ばち壱
一、拾弐文　○塩壺壱
一、六文　○〃　壱
一、拾弐文　○團壱本
一、拾八文　○油つぎ
一、八文　○飯杓子壱本
一、五文　○吹竹壱本
一、拾文　○塗ばし壱膳
一、八拾文　○桶壱
一、百文　○手だらい壱
一、五拾五文　○転宅夜酒料
一、拾五文　味噌
一、四文　しを壱合
一、弐文　きうり
一、五百三拾二文　米五升
一、百文　割木壱束
一、七拾五文　柴壱束
一、八拾文　炭壱貫目
一、五拾六文　油壱合半
一、拾三文　○硫黄燈心
一、八文　○ほくち
一、八文　茄子十
一、四文　きうり六
一、三拾六文　醤油三合

（16オ）

（16ウ）

一、壱貫六十六文　△米壱斗
一、拾五文　味そ
一、五文　きうり十五
一、四文　塩壱合
一、三拾六文　醤油三合
一、拾八文　ミ噌
一、五文　しゞみ壱合
一、六文　昆布巻
一、三拾七文　油壱合
一、拾文　かぼちや
一、四十文　○丼弐ツ
一、拾弐文　梅干
一、金三朱百四拾文　六月六日より晦日迄宿ちん
一、拾弐文　番こ
一、拾五文　かぼちや
一、三拾文　醤油弐合半
〆七貫弐百弐拾五文
内三貫五百八拾九文　道具代引
三貫六百三拾二文

二十二日刻
一日分丁銀　百五拾八文程
一、七貫弐百弐拾五文之内
壱貫六十六文　米壱斗代母より出

（17オ）

六貫百五拾五文

（17ウ）

七月分諸雑費

二日

一、五百八拾五文　米五升

一、拾文　味噌

一、拾壱文　茄子

一、五文　ほくち

一、四文　茄子十

一、四文　酢

一、八文　塩弐合

一、拾五文　ミ噌

一、七拾五文　柴一束

一、八拾文　炭壱貫目

一、五拾六文　油一合半

一、弐拾六文　こんぶ

一、六文　油あげ一

十三日

一、五百八拾五文　米五升

一、百文　家うけ

（18オ）

一、三拾弐文　素めん

一、拾弐文　梅干

一、拾五文　味そ

一、弐拾四文　醤油弐合

一、拾四文　黒豆壱合

一、五文　くき一わ

一、弐拾文　ちや一袋

一、拾弐文　茄子五十六

一、三拾六文　からし三合

一、弐拾八文　黒豆弐合

廿五日

一、六百弐拾四文　米五升

一、五拾四文　油壱合半

一、五文　くき

一、五文　付け木

一、弐拾四文　醤油弐合

一、百文　小鯛三ツ

一、拾弐文　番人

一、五文　くき

一、拾弐文　茄子四十四

一、金壱歩　家ちん

〆四貫三百拾九文

丁銭ニ直　四貫百三拾九文

一日分丁銭　百三拾八文程

（18ウ）

八月分雑費

一、拾五文　味噌

六日　七合五勺

一、六百六拾四文　米五升　壱升ニ付百三拾弐文
一、五文　ねぎ
一、弐拾文　味噌（19オ）
一、七拾五文　切柴壱束
一、弐拾四文　醤油弐合
一、五文　くき
一、五文　〃
一、拾四文　かぼちや一
一、拾弐文　大根六本
一、拾六文　いわし十一
一、弐拾四文　醤油弐合
一、四文　塩壱合
廿一日
一、四百四拾五文　六合七八杓
一、四文　米三升　壱升ニ付百四十七文
一、五文　ほくち
一、拾弐文　茎壱わ
一、三拾六文　年寄生死印形料（19ウ）
一、拾壱文　油壱合
一、拾五文　松蕈三枚
一、拾文　味噌
一、五文　くき二わ
〆壱貫四百四拾弐文　くき代（20オ）

外治道具覚
一、銀六匁五分　活鈎一丁
一、拾八匁　痔漏切
一、拾壱匁五分　婦人導水簡
一、六匁五分　按針
一、三匁五分　吹管
一、三匁五分　曲洞簡
一、七匁五分　繊月刀
一、五匁五分　曲操
一、七匁五分　龍鬚刀
一、五匁　口中道具二本
一、三匁五分　矢トコ（20ウ）
一、六匁　舌疽小手二本
一、弐匁　コミベラ
一、壱匁八分　鯨舌押（21オ）

書物覚
一、三百弐拾文　傷寒論
一、三百拾文　金匱要略
一、百六十文　京都人物誌
一、金壱歩壱朱弐百文　内科撰要
一、銀六匁五分　小刻温疫論
一、百七拾文　和蘭医話
一、銀拾八匁　産科發蒙

一、金壱両弐歩弐百文　名物考　（21ウ）

呉服もの買覚　（22オ）

一、金二歩　上田羽織壱枚

一、正銀五拾五匁弐分七厘　大丸呉服もの買物

一、〃　百八拾匁　菱屋呉服もの買物

宇治茶土産買物

一、弐百五十八文　茶八品

一、七匁五分　山吹壱斤　（22ウ）

一、弐匁　正喜撰

一、弐匁七分五厘　上一森半斤

一、壱匁七分　きびしよ　こんろ

一、三匁五分　きびしよ一

一、二匁八分　南京茶わん五

一、壱匁　トチ壺壱

〆廿一匁二分五厘　弐百五拾八文

~~風品舗~~土産物買物

一、弐匁　さくらへ　盃弐ツ

一、六匁二分五厘　〃　上之　五ツ

一、五匁八分　朱入子小判形硯ふた弐

一、三匁弐分　くわし鉢壱

一、三匁弐分　黒盃台壱

一、七匁五分　木臘とき出し針さし一

一、拾六匁五分　はいらず一　（23オ）

〆四十四匁四分五厘

一、二匁六分　朱木皿

一、二匁六分　青木皿

一、二匁八分　黄木皿

一、三匁　夕顔形壱口椀五人

〆拾壱匁　壱匁弐分　ありがへ

一、八匁七分五厘　嵐山桜盃七箱　（23ウ）

（24オ）

諸師家東脩覚

吉益東脩

一、南鐐壱片　東洞先生

一、南鐐壱片　南涯先生

一、南鐐壱片　北州先生

一、壱朱壱片　尊萱堂

一、銀三匁　尊令閨

一、銀弐匁　西園先生

一、銀弐匁　学頭

一、銀弐匁　知吏

緒方束脩

一、金三朱

上巳謝義

一、金壱朱　吉益
一、金壱朱　緒方　（24ウ）
　小石東脩
一、金壱歩　東脩
一、金壱朱　扇子料
一、金壱朱　小関亮造
一、金壱朱　小森
　五月端午謝義
一、金壱朱　吉益
一、金壱朱　緒方
　岡田東脩
一、金弐朱
　緒方内術
一、金百疋
　岡田内術
一、金百疋　（25オ）
　暑見舞
一、銀弐匁　吉益
一、銀弐匁　緒方
　南涯忌日
一、銀二匁
　盆季
一、金壱朱　吉益

一、金壱朱　緒方
一、金壱朱　岡田
　吉益へ画料
一、金壱朱　絹画河豚
一、銀六匁　半切三枚
　吉益夜會臘燭料
一、拾弐文　（25ウ）
一、弐拾四文
一、四拾八文　牌位報入用
一、弐拾四文
　小石夜會臘燭代
一、六拾文
　藤林東脩
一、金弐歩　東脩
一、金弐朱　扇子料
一、金弐朱　奥方へ肴料
一、金壱朱　知事山崎元東
　重陽謝義
一、金壱朱　藤林
一、金壱朱　岡田　（26オ）
一、金壱朱　吉益　（26ウ）
　緒方内術神文　（27オ）
一、奥流産科之外術御皆傳相済、此度内術被免候上者、已後急度他言仕間鋪候。且又子々孫々雖門生非其人漫傳授仕間鋪候者也。仍而神文如件。

天保四年癸巳五月　　　姓名　書判

籔川緒方先生　玉案下

岡田内術盟證

今般小子於御門下数年来學術精研仕候ニ付、以御感意内術御相傳被下、過分之至（27ウ）奉存候。尓後無別他流同門、決而浪傳仕間鋪候。若於此義違背仕候得者、御家塾之刑範如何様被處候共遺憾無御座候。因而盟證如件。

天保四年癸巳五月　　　姓名　　血判（28オ）

瀛洲岡田先生　玉案下（28ウ）

筑紫行雑記

解　題

中島友玄『中島姓一統家系』によれば、中島宗仙は安永三年（一七七四）中島玄古の十男として生まれ、享和元年（一八〇一）には京都に遊学し吉益南涯らに古方・外科・産科などを学んだこともあり、その後の医業活動は盛んであったとされ文化六年（一八〇九）には苗字帯刀御免となっている。前年には長男八百吉（のちの友玄）も誕生しており、公私とも順調であった。その宗仙が長崎遊学に旅立ったのは文政二年（一八一九）の四〇半ばの時であり、その紀行文がここで紹介する『筑紫行雑記』である。

同行三人とあるが名前はわかっていない。紀行文は長府の赤間関を越えるところで終わっている。その後、長崎での記録がはっきりしないという点はあるものの、当時西日本を中心に医師たちの間で広く行われた長崎遊学の実像の一部を垣間見ることができる貴重な記録であろう。なお、この長崎遊学に関する史料としては、出立のさいに豊原北島神社の宮司で国学者である業合大枝より贈られた餞《はなむけ》のことばと和歌二首が現存している。

（松村紀明）

（表紙）「文政二卯三月
筑紫行雑記
中島氏」
卯月三月廿二日発足
六ツ半比　出立　浜藤六忠平へ立寄　西大寺
亀屋へ立寄　夫より池の内万次郎ニ而
田口氏と待合酒呑同道いたし　勇而は峠迄
見立　亀屋京橋迄見立　夫より両一宮へ
詣　板倉矢部仙ぞくニ而弁当　七ツ半比
より小雨降　川辺松田屋ニ泊り　今日行程九里
廿三日
六ツ半出立　風雨強　矢田村右わきニ吉備
大臣之墳有　尾崎村　瀬村　鷲峰山あり
みなり　矢掛　四王山多聞寺参詣　同所亦かき屋
三次郎　本堀　前田　小田　神城　江原　今市　織田　（1オ）
早雲古城有　四堂ニ而休息　新町　七日市
前に　五、六間橋有　同所　笹か屋徳兵衛所再弁当
出部　笹か村より高屋ニ泊り　行程三十六丁ニ直シ
十里
○廿四日　天気快晴し　六つ半頃出立
高屋村　離れニ　備後堺番所有　夫より
上下御領神辺に　孔節と云医師
書家と聞り　同所米屋茂三郎ニ而
少し休息　千田　楢津を打過て九州
福山の分れ道の印石有　夫より福山江
参　城下一見のふじま屋伊介ニ而
弁当調　水越駅か村ニ伊勢宮有
松永を左りに見　今津駅でんがくや　（1ウ）
ニ而　酒呑　夫よりぼうじがたわを越。此所
備後藝州堺石立　両番所置て有
尾ノ道江着し　久保町宮崎府中屋四郎右衛門ニ泊
初夜頃雷鳴強　後雨降　三六道　十二里
○廿五日、尾ノ道寺社一見　転法輪山　浄土寺
本堂南面観世音　左りに多宝塔
次に弥陀堂、六部祖師来長房墓
あり　夫より定證上人五輪ノ墓　三間餘
四面也　夫より登り大石に弥陀勢至
観音　三佛名号　側ニ女大施主沙弥尼
如真と有　是ハ長州御姫様御直筆
と申　夫より登り大岩に三鬼神ト有
是ハ鎮守の天狗と申伝ふ　それより壱丈
半餘の大石に不道明王の尊像彫付
有　側ニ行者堂西面向　少し登りて　（2オ）

如意輪観音の像彫付有　是ハ空海
御作と申事　輪後光一時に顕決
あり　絶頂に奥院　本尊薬師如来　遥ニ
後ニ火の谷　蛇か谷石とも号する也　夫より
西国寺に登り　金毘羅宮　側ニ相生ノ松
本堂薬師如来　是ハ往古　三河国
円明寺より移させ給ひし　南門唐門
有　掃除類ひなく奇麗也　夫より太山寺江
天神社江参り名木の梅あり　四五年
の間に　一度天神の尊体をかたどりし
梅実生するといへり　それから千光寺江
登り　堂は東南向、千手観音
多田満中の公の守本尊なり　側に烏帽子

（2ウ）

岩あり　當堂の中央にばくち岩とて　岩
窟のほら有　それより下り　天寧寺江詣
三重の塔有　先年高氏公の御寄附の
五重の塔有しに　焼失し　今其所ニ
三重の塔を造立せしなり　暮前より　浄
泉寺詣　夫より町を一見　遊女町　くるわ次第
新地　芸なし十四匁五分　時三本壱本雑用六匁色付二歩相子十五匁
後新地　リヤンコ弐拾匁但し色芸共
前地町　六匁五分芸なし
築地　同断
新開町　同断、女郎屋町　三匁
一見し帰る　宿屋を出立　六ツ半比（頃）吉わ屋
徳次郎舟へ小舟にてよしわ十八番沖ニ而
渡海ニ乗替　九ツ比（頃）　三原打過　すなみ
塩待いたし　ほとなく明け方ニなり

（3オ）

廿六日　晴天、すなみ沖にて支度いたし
七ツ比　赤崎ニかゝり　塩待ちいたし　礒へ上り
積菜抔いたし　今宵五つ比　出船
八ツ比　かしハ崎にかゝり　塩待　支度調へ
廿七日　朝柏崎出船　をん戸の瀬戸
遠見　左りの小山に清盛の墓有　由
其瀬戸口両辺に　とがり岩二三石有
夫より　廣島ゑばの湊江至り　同所
番所有　程なく暮頃　狸橋の下ニ
繋り其夜町みせ一見　尾ノ道より安藝
廣島江　海上廿五里
廿八日　昼船より上り同所町々見物し

（3ウ）

河合町江見三伯の前を通り　東の
城外より御茶屋の後　桃の木原を過　馬場
道　藤の棚ニ而休み　東照宮江参詣　御殿
拝殿とも極さいしき　甚きれい成事

唐門　回廊　朱ぬり　石灯籠数多有
夫より城外北西へ廻り　狸橋へ帰り休息
八ツ半頃　紫雲山誓願寺江詣　本堂八間四面
宗旨浄土宗　門ハ唐波風、千邉重波風
珠瓔堂　三手さき作り出組　夫より長
栄山清正寺江参詣　唐門有　少し行
福寿院　本尊　天竺諸宗　高祖龍猛菩
薩也　尾の道の僧土砂加持執行有
夫より　さや橋を渡り　白神大明神江詣
直ニ當君御菩薩所国泰寺

（4オ）

江詣　堂ハ南面十六間四面　宗旨は東家派
内陣　朱ぬり揮画有之　寺中広大　廻
廊　衆寮　宝蔵　其他立物多し
夫より暮頃ニ帰り　廣嶋青物船ニ乗替換
甚順風　波つよく　四ツ頃宮嶋江着船
とくや長兵衛へ泊り　海上五里、
廿九日　晴天　五ツ前厳嶋明神江参詣
回廊こと〱く一見　千畳敷江至り
東西廿四間南北十七間有　廻廊の向
欝金桜有　夫よりみせん江登り　十八
丁ニ至り　大日如来江参詣　又毘沙門江詣
本堂五丁登り　数多末社有之　いわや
等　こと〱く廻り　少し下り　大寺江詣
本尊虚空蔵を拝し　登りがけ十二丁

（4ウ）

目程ニ四ツ堂有　其前ニ嫗壱人　力餅
売有　少し休息し餅抔たべ　晩八ツ頃
とくやへ戻り　支度致し　同所より
船借切　晩七ツ半頃　岩国まりふの湊ニ着
宮嶋より　まりふあたりの間に網の浦ニ
浅黄桜有　また七浦恵毘寿　一里計行
御床明神を拝　夫より赤崎浦　死
人を宮嶋より渡し忌服する處也　あふの浦
比浦へハ　産婦を渡し七十五日滞留せし
處也　夫より四十八坂　くば　小方　内のす
恵比寿有　明神の御衣をかけられし處
休息村といふ　夫より湊へ上り岩国
吉川監物殿城下　錦帯橋の麓
国よしや利七江泊　宮嶋ニ竈　千軒餘有と云

（5オ）

四月朔日　快晴　早朝錦帯橋見物
夫より四ツ前出立　西宇佐過てさいの
たわを越　柱野より金明坂へ越　玖珂
駅ニ而弁当　夫より高森　此所萩領也
是迄岩国領也　監物御預り也　夫より
呼坂　中村　中山　勝摩村　此處大内
義隆の幡竿を切られし岩　夫より

たを市　村屋仁平處ニ泊　今日行程
八里　当所徳山領也　毛利大和守殿
知行三万三千石也　岩国の名物ハ松かね
あふら也　いからし油ともいふ
二日快晴ならず　五ツ前たを市を出立
（5ウ）
久保市　花岡過て　くだ松の湊見ゆ
広石　久米市　久米が瀬戸といふ　たわ有
其脇ニ　小山をしらみが森といふ　此所往古ハ
瀬戸にて有し故、粂が瀬戸といふ　むかし
天王　此瀬を渡りかね給ひて　小山の松原
しらミが森にて一宿　東じらミ迄　居給ひし
と云伝ふ也　夫より戸石　とく山　徳山
城下　此所にて弁当　真所新町　弓手に古市
みゆ　川崎　留田　福川　弥地　へた市
過て　留海　七ツ頃より雨天　同所中屋
喜介所ニ一宿　行程八里餘
三日　終日雨天　六ツ半頃出立　海辺砂場
通り　峠を越　浮野　国衙　南良東大寺
知行所也　高千石国衙ニ有　それより
（6オ）
たゝら宮市　国分寺　真言宗　筋塀ニ而
大地　寺領五百石也　夫より天満宮　至て
大社　奇麗也　今年造立より廿五年　長州
萩　松平大膳大夫様　御隠居南光院様
御造営のよし　此御隠居みたじり
御茶屋ニ　御座ありしと也　立物不残銅瓦
なり　石灯篭あまた　大手水鉢から金の
登竜の頭より吐水　甚目覚しき
水鉢也　祭礼毎年十月十五日　賑々敷
事ニ而　別當大専房といふ　夫より尾崎
船渡　さの峠　岩渕ニ而弁当　夫より過て
鵲の橋を渡り　大道村　山越之間
大澤の堤とて　大池あり　夫より今宿より
（6ウ）
山を越　船渡り　小郡　中村屋勘左衛門
所ニ一宿　雨天故難渋　行程六里半
三日空曇り　北風ニ而冷々敷　四ツ頃より
快晴　柏崎　香川　福岡　中野　高弥
山越峠といふ所に　周防国吉敷郡
長門国厚狭郡　両国境石有　割小松の
峠といふ　上中山　下中山峠越　吉田村
の内二股出の川を渡り　川下モに大内義隆
公の古城あり　うりう坂を越　よし見ニ而
弁当　舟木　当所　櫛の名物な也　それより
逢坂　にしめ峠　厚狭　浅市　同所
三沢屋ニ而　すし食　烏賊の酢味噌　酒のミ
夫より長瀬川　船渡り　七日町　山の井

石住　村屋平左衛門所ニ宿ス　行程七里半　（7オ）

四日　天気快晴　六ツ半頃出立　夫より
峠に三股松有　蓮大寺坂を越　吉田より
船渡り　ひだ村、小月　清末　毛利讃岐守殿
一万石也　それより神田橋はば三間
長さ十三間　石橋　甚結構　長府の中
さい川ニ而弁当　長府一見　御菩提所
高山寺江詣　山門出組　本堂十三間、
夫より主善寺江詣　門内ニ珍敷松　高サ
四尺廻り　十弐間の笠松也　それより
二ノ宮　神功皇后　左右ニ若宮　かうら
側に鬼の頭をうめ込みしとのよし、
家中　町家ともに七月七日より十三日の夜迄
おどり祭る也　東ニ当って　はるか沖ニ　（7ウ）

大なる嶋千珠　小なる嶋　満珠とて
二嶌見ゆ　二ノ宮大宮司　武内相模守といふ
夫より　一里斗行　一ノ宮住吉大神宮ニ詣
御本社　五社棟作り　大宮司　山田
摂津守　此所山田村の内　一ノ宮といふ
社領参百五拾石　夫より赤間関江越し
石道ニ而　三人共労れ　空腹ニ而　漸長府屋
孫八所ニ一宿ス　今日行程八里也　（8オ）

III　中島家蔵書目録

清水信子編

はじめに

中島家には、文書、器物、そして医書をはじめとする蔵書等代々の多くの貴重な資料が残されているが、本目録は、それら資料の中から、蔵書四三四点について目録にしたものである。

はじめに本目録に著録した四三四点の概要について記す。

資料は、内容によれば、医書関係、四書五経などの漢籍とその邦人注釈資料、そして日本漢学や日本漢詩文他邦人著作資料の三種に大別できる。点数は医書が一六〇点、漢籍関係が一一八点、その他の和書が一五六点、そのうち刊本が三一五点、写本が一〇九点となっている。

医書は、『傷寒論』『本草綱目』等の中国古典医学とそれらに対する邦人注釈書、『解体新書』『医範提綱』等蘭方、西洋医学分野、その他中島家三代宗仙、四代友玄父子が師事した吉益流関係はじめ、華岡流外科、産科、痘科等、その分野は多岐に亘る。またそれらは、刊本といった既存の著書の他、『傷寒論抜書』『十四経絡発揮和解』『痘疹治術伝』等既存の著書の移写や抄録、また『吉雄先生聞書』『(華岡青洲)外療聞書』、『周陽池田瑞仙痘科口授記聞』といった講義聞書、稿本といった写本類が多見し、中島家の実際の医学修学の過程が窺測される。

医書以外については、漢籍関係は、四書五経といった中国学の基本的文献から、史書、諸子類、字典辞書類、そして詩文集類があり、漢籍関係以外では、漢詩文関係が最も多く、次いで『辨名』『辨道』『訳文筌蹄』等の日本漢学関係、『日本外史』等歴史地理関係、そして和歌集等の日本文学関係、その他書画集等と、これらもまた多分野に亘る。

これらの蔵書状況を概観するに、漢籍関係、及び漢学関係については、比較的古くより日本において漢学の素養を身につけるべく必須の文献、換言すれば近世以前の知識人として平均的な蔵書と言える。一方、医書は、中国医学の古典とともに蘭方資料があり、それら資料は既存の文献とともに抄録、講義聞書、稿本等が散見し、そこからは所蔵者が実際に勉強しようとする意欲的な態度が推察され、先の漢学の蔵書状況とは傾向が異なる印象を受ける。

以上の蔵書状況は全体を概観したものであり、各代における学術、医業の傾向を辿る上では、個別に旧蔵者を特定が必要であるが、資料に記された署名、あるいは、書簡、日記等各人の記録により判明する場合もある。とりわけ四代友玄は、『中嶌姓一統家系』をものしたように記録に長け、天保四年（一八三三）、京都に遊学した際には、日記『京遊備忘』、出納帳『京遊厨費録』等を記す他、父宗仙からの書簡も残し、京遊二書には、吉益北洲、緒方順節等師事した人物や購入した書物が記され、蔵書の経緯を知る上で有益な資料となる。それらを勘案すると、本蔵書は宗仙、友玄父子時代のものが多見し、この二氏がその中心的役割を担うと思われる。今後さらに調査を進めることにより、蔵書状況から見る中島家の学術・医業の受容・変遷、延いては地方知識人の学問の諸相が見えてくるであろう。

凡例

一、本目録は中島家に所蔵される文献資料四三四点についての目録である。

一、分類、排列については、所蔵資料の傾向、構成を鑑み、漢籍（唐本、和刻本）、和書（日本出版書）の別なく、各資料の内容により「一医書、二　漢籍・漢籍邦人注釈資料」、そしてその他の邦人著作として、「三　和書」に大別し、続く中項目、小項目については、以下の各分類基準により立てた。

・**医書**…中国歴代正史の藝文志、経籍志、また多紀元胤『医籍考』、渋江抽斎・森立之『経籍訪古志』等を参考に、独自に立項した。

・**漢籍・漢籍邦人注釈資料**…原則として、『東京大学東洋文化研究所漢籍分類目録』における四部分類に準拠した。

・**和書**…原則として、国文学研究資料館「日本古典籍分類表」に準拠したが、蔵書構成を鑑み、一部、項目順を変更した。

一、排列について、同項目内は、原則として成立年代順とするが、注釈資料については、その原本に続けた。

一、表記は、原表記に関わらず常用漢字体に統一した。

一、各資料の書誌事項は、第一行に、書名・巻数、編著者事項、成書事項、冊数、第二行にその他特記事項を記し、補足事項は（　）、推定事項は〔　〕内に記した。

一、書名は、原則として内題（巻頭題）より定め、明記されていない場合は、外題、あるいは著述内容等により定め、その場合〔　〕に入れた。

一、編著者事項は、本文巻頭の編著者記載事項によるが、邦人著書については、原則として原本記載事項を表記通り記載し、漢籍、及び漢籍和刻本については、原本表記に関わらず、朝代、あるいは国名を冠した各本姓名、続いて著述者は「撰」、編者は「輯」、その他、校注者等は「校」「訂」「注」等と附した。本文巻頭に明記されていない場合は、序跋等により適宜定め、その場合〔　〕に入れた。

一、出版者については、出版地を冠したが、江戸期の資料における江戸、京都、大坂の三都の表記については、原本表記に関わらず、各々「江戸」「京都」「大坂」に統一した。

一、判読不能文字については、■で表した。

細目次

一　医書

（一）医経

黄帝内経素問九巻　江戸期刊本　九冊

黄帝内経霊枢九巻　江戸期京都風月荘左衛門刊本　六冊
難経本義二巻　元滑寿撰　明呉中珩校　江戸初期刊本　二冊
　裏表紙裏に「中嶋氏」と朱書あり、又眉欄行間に書入あり。
内経病機撮要辨証六巻　昌菴森嶋玄勝編著　寛永四年（一六二七）京都万屋喜兵衛刊本　六冊

（二）本草

本草綱目五十二巻首一巻図不分巻本草図四巻坿瀕湖脉学一巻坿脉訣攷證一巻坿奇経八脉攷一巻坿釈音一巻坿髦居別集四巻　明李時珍撰　日本稲生義校併撰結髦居別集　正徳四年（一七一四）京都唐本屋八郎兵衛等刊本　四十四冊
本朝食鑑十二巻　丹岳野必大千里父（平野・人見必大）著　男（平野・人見）浩元浩甫閲　元禄八年（一六九五）序刊本　十冊

（三）明堂経脈

新刊黄帝明堂灸経二巻　江戸期刊本　一冊
　裏表紙裏に「中嶌氏」と書入あり。
十四経発揮三巻　元滑寿撰　元薛愷校　元禄八年（一六九五）榎並甚兵衛刊本　一冊
　裏表紙裏に「中嶋氏」「中嶋氏」「中嶋氏」「中嶋氏」と書入あり。
十四経発揮（傍訓本）三巻　元滑寿撰　元薛愷校　江戸期刊本　二冊
　裏表紙裏に「中嶋村」「中嶋氏」と書入あり。
十四経絡発揮和解六巻（巻一闕）　岡本一抱撰　明和五年（一七六八）中嶋玄古貞嘉中嶋通三貞知同写用元禄六年（一六九三）京都小佐治半右衛門刊本　五冊
　末に「右和語鈔全部六巻令書写畢／医門第二世　中嶋玄古貞嘉／嗣子同姓通三貞知／明和五戊子暦」と書写識語あり。玄古（享保元年・一七一六～寛政元年・一七八九）は医門一世友三長男、医門二世。

（四）傷寒・金匱

傷寒

傷寒論一巻　漢張仲景撰　晋王叔和撰次　享和元年（一八〇一）江戸須原屋茂兵衛等重刊本　一冊
傷寒論一巻　漢張仲景撰　晋王叔和撰次　文政六年（一八二三）大坂柏原清兵衛等刊本　一冊
　表紙裏に「廣井氏」と朱書あり。
傷寒論国字解六巻　雲林院了作註解　橋本正隆筆授　明和八年（一七七一）刊大坂糸屋市兵衛後印本　六冊
傷寒論劉氏伝四巻（存巻一）　劉棟田良氏（白水箏山）編述　江戸期刊本　一冊
傷寒論考文　本山観之光　稲葉徳基子譲著　享和元年（一八〇一）序刊本　一冊
　裏表紙裏に「中嶌氏蔵書」と書入あり。
傷寒論集成十巻首一巻（存自巻三至巻六）　山田正珍宗俊父・男（山田）宗見著　中林清熙俊庵・笠原方恒雲仙校　江戸期刊本　存四冊
傷寒論精義四巻　吉益猷修夫（南涯）著　天保四年（一八三三）中嶌北菴（友玄）写本　三冊

第四冊末に「天保四癸巳歳／秋七月従八日至十日写／於京富小路街寓居／中嶌北菴／秘書」と書写識語あり。

傷寒論正義　吉益猷修夫著　江戸期写本　一冊(仮綴本)

傷寒記聞　漢張仲景著　（吉益）南涯先生口授　江戸期写本　三冊

傷寒論抜書　嘉永五年（一八五二）中嶋玉之介（玄章）写本　一冊

裏表紙裏に「嘉永五壬子晩春下旬書畢」、裏表紙に「中嶋玉之介／拾七才にて写之」と書写識語あり。玉之介は、玄章幼名。

金匱

金匱要略二巻　漢張仲景著　晋王叔和撰次　寛保三年（一七四三）林権兵衛刊本　一冊

表紙に「中嶋■人」「金匱」と書入あり。

金匱要略二巻　漢張仲景著　晋王叔和撰次　文化三年（一八〇六）諸仙堂刊本　一冊

（五）医方

重刊巣氏諸病源候論五十巻　隋巣元方等芳勅撰　正保二年（一六四五）梅村弥右衛門刊本　十冊

孫真人備急千金要方九十三巻　宋林億等校正　万治二年（一六五九）敦賀屋久兵衛刊本　十六冊

医方大成論一巻即南北経験医方大成　元孫允賢撰　寛永二十年（一六四三）京都沢田庄左衛門拠宗文書堂刊本重刊　一冊

眉注等書入多数あり。表紙裏に「中嶌氏」と書入あり。

医方大成論一巻　元孫允賢撰　天和三年（一六八三）京都万屋庄兵衛刊本　一冊

末に「中嶋氏／中嶋氏／中嶌氏」と書入あり。

南北経験医方大成論鈔十巻(存巻二、五、六、九、十）（元孫允賢原著）就安斎玄幽校録　慶応二年（一八六六）京都林屋甚右衛門刊本存五冊

格致余論不分巻　元朱彦脩（震亨）撰　慶安二年（一六四九）刊本　一冊

裏表紙裏に「中嶌氏」と書入あり。また書入紙片あり。

格致余論不分巻　元朱彦脩（震亨）撰　江戸初期刊本　一冊

末丁に「中嶋氏／■■長次郎(花押)」又「万治三年正月…」と書入あり。

格致余論諺解七巻　岡本一抱〔中嶋玄古・通三〕写拠元禄九年（一六九六）江戸西村半兵衛等刊本　六冊

新編医学正伝或問一巻　明虞摶撰　明虞守愚校　江戸期刊本　一冊

表紙裏に「中嶌氏」と書入あり。

新刊万病回春八巻　明龔延賢編輯　明胡廷訓等校　江戸期京都永田調兵衛刊本　四冊

裏表紙裏に「中嶋氏」と書入あり。

名医類案十二巻　明江瓘集　長子(江）応元校正　次子(江）応宿述補　寛文元年（一六六一）野田庄右衛門刊本　十二冊

編註医学入門七巻首一巻(巻七上闕）明李梴撰　明李聡校　寛永十九年（一六四二）京都村上平楽寺刊本　十四冊

新刊医林状元寿世保元十巻　明龔延賢撰　明龔定国・龔安国同校　正保二年（一六四五）風月定知刊本　十冊

温疫

瘟疫論二巻補遺一巻即瘟疫論標註　明呉有性撰　清黄晟校　日本黒弘休標註　享和三年（一八〇三）江戸前川六左衛門等刊本　二冊

荻野・腹診

台州先生腹診秘訣〔荻野元凱〕江戸期〔中島宗仙〕写本　一冊（仮綴本）

宗仙（安永三年・一七七四～天保十一年・一八四〇）は中島家医門二世玄古十子、医門三世。

和田・水腫

導水瑣言　東郭和田先生口授　門人筆記　嘉永五年（一八五二）〔中島玄章〕写用寛政四年（一七九二）写本　一冊（仮綴本）

末に「右一冊者寛政弟四夏四月／東都謾遊日於江城因幡／街客舎写之説／嘉永五年壬子閏二月十一日写之／紙号十五」と書写識語あり。中島玄章（天保七年・一八三六～万延元年・一八六〇。医門四世友玄一子、幼名玉之介、医門五世、当時十七）書写か。

導水瑣言　東郭和田先生口授　門人筆記　嘉永五年（一八五二）写拠寛政四年（一七九二）写本　一冊（仮綴本）

外科

新刊外科正宗四巻　明陳実功撰　寛政三年（一七九一）金沢荻野元凱芳蘭榭校刊京都林伊兵衛等後印本　四冊

外科小補〔難波東里〕写本　三冊（仮綴本）

（外科書端本）闕名　江戸期写本　一束（端本数種）

錦嚢外療秘録　林子伯撰　明和九年（一七七二）大阪吉文字屋市兵衛刊江戸期江戸岡田屋嘉七京都勝村治右衛門大坂秋田屋太右衛門等後印本　一冊

諸瘡名彙　本川道悦先生　江戸期写本　一冊（仮綴本）

末に「本川道悦先生」とあり、末題「諸瘡名彙」。

正骨範二巻　二宮献彦可甫著　桂川国宝等校　文化五年（一八〇八）江戸須原屋茂兵衛等刊本　二冊

杏蔭斎正骨伸指（存巻上）吉原隆仙元棟著　和田鎌堂・阿耶含弘同校　江戸期写本　一冊（仮綴本）

巻木綿図解　闕名　江戸期写本　一冊（仮綴本）

華岡流

青州先生金創口訣〔華岡青洲〕江戸期写本　一冊（仮綴本）

瘍科瑣言二冊（存坤）〔華岡青洲〕江戸期写本　存一冊（仮綴本）

華岡瘍科方筌〔華岡青洲〕天保三年（一八三二）〔中島友玄〕写本　一冊（仮綴本）

末に「保辰秋七月十有二日夜自初更至三更写之」と書写識語あり。友玄（文化五年・一八〇八～明治九年・一八七六）は、医門三世宗仙長男、医門四世。

外療聞書・養寿院方函〔華岡青洲外療聞書　山脇東洋養寿院方函〕江戸期写本　一冊

痘科

痘疹治術伝　明戴曼公著　日本池田正直校正　玄孫（池田）瑞仙再校　江戸期写本　一冊(仮綴本)

痘疹活幼心法二巻　明聶尚恒撰　明和元年（一七六四）京都小林庄兵衛等刊本　一冊

痘科鍵二巻麻疹一巻　清朱巽撰　清朱鳳台校　安永六年（一七七七）江戸須原屋茂兵衛拠享保十五年刊本重刊　四冊

周陽池田瑞仙痘科口授記聞　二冊(重複)

〔周陽池田瑞仙痘科〕　池田瑞仙　江戸期写本　八冊(仮綴本)

周陽池田瑞仙戒草　一冊

周陽池田瑞仙治痘用方　一冊

周陽池田瑞仙唇舌口訣　二冊

周陽池田瑞仙唇舌図訣　一冊

周陽池田瑞仙痘禁好部　一冊

各書名は各冊外題による。

種痘伝習録　難波立愿著　明治九年（一八七六）岡山難波立愿刊本　一冊

黴毒

黴毒要方　石橋源正炳編撰　文化七年（一八一〇）江戸西村与八刊本　一冊

産科・小児

保赤全書二巻　明管橓輯　明龔居中補　明呉文炳校　江戸期拠明万暦建陽書林劉龍田喬山刊本重刊　四冊

仲条流産科全書　〔戸田旭山〕〔中島宗仙〕写拠寛政五年（一七九三）河野夢得写本　一冊(仮綴本)

奥書「此書也。予弱冠而得之岡城婦人科某者、／嘱曰、毋敢妄他伝。若有好治法方之功者、／欲授与之。作誓約文者、以盟神識血之例、而／許之。予如其言得此書、故非其人敢毋譲／令見之於他人云。于時／寛政五癸丑歳夏四月前備金陵之河野／夢得汝弼、書於清世堂」

医学質験五種産科発蒙六巻　片倉元周深甫著　伊達周禎等校　寛政十一年（一七九九）江戸須原屋茂兵衛刊本　四冊

友玄の京都遊学時代の出納記録『京遊厨費録』に「一　[redacted]拾八文産科発蒙」とあり。友玄旧蔵。

産科要略　天保五年（一八三四）中島友玄写本　五冊

第五冊末に「天保五甲午天夏五患疫症病后／薬食之隙倚蓐編焉／医門四世嗣子／中島友玄／玄之[redacted]」と書写識語あり。友玄旧蔵。

胎産新書十巻(八巻付図二巻)　難波経恭子敬著　高山謙道益等校　天保十五年（一八四四）序写本　九冊(第一、四至九冊仮綴)

第二冊(巻二)のみ難波抱節旧蔵書、印記「備前金川／難波蔵書」あり。難波抱節（寛政三年・一七九一～安政六年・一八五九）は、中島家と同じく備前の人で、宗仙、友玄父子の間の世代にあたり、父子と相前後して、京都に遊学し、吉益南涯に入門している。

産術筆記　江戸期写本　一冊

友玄旧蔵か。

治方・治験録

普救類方七巻（巻三上闕） 林良適 丹羽正伯纂輯 享保十四年（一七二九）和泉屋儀兵衛等刊本 十冊

医療手引草上編二巻 滕（加藤）謙斎烏巣先生著 男（加藤）玄順懿之校補 尾崎正龍校正 宝暦十三年（一七六三）序大坂浅野弥兵衛後印本 二冊

成蹟録二巻（中川壺山） 江戸期刊本 二冊

崇蘭館集験方 闕名 江戸期写本 一冊

村民救死方 活山 江戸期写本 一冊

外題（表紙打付書）「村民救死方」下部に小字双行にて「総計三十二方／拠恵民局方」とあり、又裏表紙に識語あり、末に「活山記之」とあり。

獣医

解豚之図 闕名 江戸期写本 一冊

馬療新論二巻 中欽哉訳述 明治四年（一八七一）陸軍兵学寮刊本 二冊

（六） 薬物・処方

一本堂薬選三巻続一巻 香川修徳太冲父著 上編享保十六年（一七三一）京都文泉堂下編享保十九年跋続編元文三年（一七三八）序刊本 四冊

方選（吉益）東洞生口授 田宮龍校正 三嶋源謹書 江戸期写本 一冊

南涯先生気血水薬微気之部（吉益南涯） 江戸期写本 一冊（仮綴本）

南涯先生丸散方・和田先生癲癇奇法併炎方（吉益南涯丸散方 和田東郭癲癇奇法併炎方） 江戸期写本 一冊

宗仙旧蔵か。

晩成堂治例略記（恵美三伯） 江戸期写本 一冊（仮綴本）

裏表紙に本文同筆にて「中嶌氏蔵書」とあり。

晩成堂丸散方函（恵美三伯） 江戸期写本 一冊（仮綴本）

台洲先生丸散方・台洲先生方鈴（荻野元凱） 江戸期写本 一冊（仮綴本）

東郭先生方函（和田東郭） 江戸期写本 一冊（仮綴本）

古方節義三巻 内島保定著 岡瑞鑑校 明和九年（一七七二）京都山本平左衛門等刊本 三冊

方選 闕名 江戸期写本 一冊

丸散雑撮録 闕名 江戸期写本 一冊（仮綴本）

友玄旧蔵か。

（七） 医論・医説

家伝名法風腫薬（佐藤与兵衛） 江戸期写本 一冊（仮綴本）

医説十巻続医説十巻 宋張杲撰 明兪弁撰続 明呉勉学校 医説万治二年（一六五九）刊続万治元年刊本 七冊

病名彙解七巻（蘆川）桂洲甫著 貞享三年（一六八六）植村弥右衛門植村藤右衛門刊本 七冊

丹水子二巻 名古屋玄医著 貞享五年（一六八八）吉村吉左衛門刊本

二冊

医学三臓辨解六巻(巻一至三闕) 岡本為竹一抱子撰著 江戸期刊本 三冊

養庵椿庵遺文集〔後藤養庵 後藤椿庵〕 江戸期写本 一冊(仮綴本)

東洞先生遺稿三巻 男(吉益)猷修夫・(吉益)清子直・(吉益)辰子良同輯 寛政十二年(一八〇〇)京都林宗兵衛等刊本 三冊

医断 鶴沖元逸著 宝暦九年(一七五九)京都丸屋市兵衛刊本 一冊

続医断(巻上)薬徴(巻上) 賀屋敬恭安 文政元年(一八一八)巌監写本 一冊

志都能石屋講本(一名医道大意)二巻 大壑平田〔篤胤〕先生講説 門人等筆記 文化八年(一八一一)序刊本 二冊

叢桂亭医事小言七巻 原南陽先生口授 大河内政存筆記 丹彝校正 文政三年(一八二〇)序刊本 八冊

帙内側に「叢桂亭医事小言 全部八冊/右/天保四癸巳歳初冬吉日求之/皇都蒲生芳艸先生門人/伊陽処士/堀正義逸漁」と書入あり。

杏林内省録六巻 緒方惟勝義夫(順節)編 天保七年(一八三六)摂生堂刊本 六冊

(八) 蘭方

水薬伝記即紅毛流吉雄伝水薬方 吉雄耕牛先生著 江戸期写本 一冊(仮綴本)

外題(表紙打付書)「紅毛流吉雄(伝)水薬方」(「伝」後筆書入)、巻頭「水薬伝記 吉雄耕牛先生著」。

吉雄流金瘡筆記口伝 江戸期写本 一冊(仮綴本)

吉雄先生聞書 吉雄写書 ■■(二字墨消)聞書 江戸期〔中島宗仙〕写本 一冊(仮綴本)

和蘭医話 琴坂先生(伏屋素狄)口授 横周・池高道筆記 文化二年(一八〇五)大坂上田吉兵衛等刊本 二冊

友玄の京都遊学時代の出納記録『京遊厨費録』に「一 百七拾文 和蘭医話」とあり。友玄旧蔵。

方府 駆豎新宮先生口授 菅玄龍等校録 文化十二年(一八一五)序(成立)写本 一冊(仮綴本)

血論 新宮碩凉庭 文政元年(一八一八)序(天保五年・一八三四成立)江戸期写本 一冊(仮綴本)

南蛮阿蘭陀外科金瘡全書 闕名 天明五年(一八三四)■■写本 一冊(仮綴本)

裏表紙に「中嶌氏」と書入あり。

阿蘭陀外科目録 闕名 江戸期写本 一冊(仮綴本)

阿蘭陀薬味集・阿蘭陀分量記・内外雑療奇方 闕名 江戸期写本 一冊(仮綴本)

阿蘭陀流取油法 闕名 江戸期写本 一冊(仮綴本)

裏表紙に「精勤堂蔵」と書入あり。

七新薬三巻 凌海司馬蔚公損著 関寛斎校 文久二年(一八六二)大坂秋田屋太右衛門等刊本 三冊

西医日用方 中川哲明甫輯 中沢満不溢校 明治五年(一八七二)和田哲写拠元治元年(一八六四)大坂秋田屋太右衛門等刊本 一冊

末に「明治五壬申八月写之/紙数百三十五枚/和田哲」と書写識語あり。哲(天保十四年・一八四三~明治三十一・一八九八)、本姓廣

井氏。明治二年、二十六歳にて、友玄五女満佐と結婚し、中島家養子となる。

翻訳書

紅毛流崎陽吉雄献作先生〈膏薬／油薬／水薬〉方書（和蘭流エンフラースト方書） 崎陽吉雄先生訳 江戸期写本 一冊（仮綴本）

布斂（冷）吉癥毒論（存巻三、四） 吉雄献作先生訳述 吉雄権之助先生閲定 山口行斎筆録 江戸期写本 二冊（仮綴本）

各冊裏表紙に「中嶋宗仙」、「中嶌宗仙」と書入あり。

布斂吉外科書 第一篇 金瘡篇 吉雄永保権之助訳 江戸期写本 一冊（仮綴本）

布斂已外科書第六篇巻下（骨病篇） 吉雄永保権之助訳 江戸期写本 一冊（仮綴本）

布斂已梅毒薬剤篇 吉雄権之助永保訳 江戸期写本 一冊（仮綴本）

裏表紙に外題同筆にて「中嶋氏」と書入あり。

布斂已瘍科書第三篇巻之上 吉雄永保権之助訳 江戸期写本 一冊（仮綴本）

由斯児抜翠救溺論 如潤吉雄先生訳 江戸期写本 一冊（仮綴本）

ホイスホイテレーキ・ウヲルテンブツク 此書之薬品略訳 山本氏訳 寛保三年（一七四三）成立写本 一冊（仮綴本）

奥書「右類条紅毛暦数一千七百四十三年／所上鐫（？）鈿ホイスホウイテレイキウ／ヲルテンブツク之書所載之説也〈当中国乾隆八年本朝寛保三年〉長崎浦町山本氏訳之」。

扶氏経験遺訓〔扶歇蘭度著 緒方洪庵等訳〕 江戸期写本 三冊（仮綴本）

『扶氏経験遺訓』抜粋。『医方名物考抜萃』と同筆。

和蘭薬撰略抄 桂川甫周訳 江戸期写本 一冊（仮綴本）

勃氏／満氏日用方府（巻頭勃氏常用方府） 闕名 写本 一冊（仮綴本）

歇伊私的児内科書〔ヘイステル〕 江戸期写本 二冊（仮綴本）

蒲郎加児内景書〔ブランカルト〕 江戸期写本 一冊（仮綴本）

解体新書四巻付図一巻〔キュルムス著〕 杉田玄白翼訳 中川淳庵麟校 石川玄常世通参 桂川甫周世民閲 安永三年（一七七四）須原屋市兵衛刊本 五冊

解体新書四巻付図一巻（存巻一至三）〔キュルムス著〕 杉田玄白翼訳 中川淳庵麟校 石川玄常世通参 桂川甫周世民閲 江戸期刊本 存三冊

解体新書余義 中嶋宗仙 文化十三年（一八一六）中嶋宗仙写本 一冊（仮綴本）

裏表紙に「文化十三年蔵写之／中嶋宗仙」と書写識語あり。

増補重訂内科撰要十八巻 玉函涅斯垤我爾徳児著 宇田川玄随晋訳 男（宇田川）玄真璘校註 藤井方亭（諏訪）俊増訳 江戸期刊本 十八冊

友玄の京都遊学時代の出納記録『京遊厨費録』に「一 金壹歩壹朱二百文 内科撰要」とあり。友玄旧蔵。

西説医範提綱釈義三巻 榛斎宇田川先生訳述 諏訪俊士徳筆記 文化二年（一八〇五）江戸須原屋善五郎等刊本 三冊

西説医範提綱釈義三巻（巻三闕） 榛斎宇田川先生訳述 門人勢州諏訪俊士徳筆記 弘化三年（一八四六）写用刊本 存二冊

〔医範提綱内象銅版図〕　宇田川玄真（榛斎）訳述　文化五年（一八〇八）序刊本　一冊
　第一冊、第二冊末に弘化三年書写識語あり。
遠西医方名物考三十六巻　榛斎先生（宇田川榛斎）訳述　男宇田川榕庵校補　〔文政八年（一八二五）〕江戸須原屋伊三郎等刊本　三十六冊
　友玄の京都遊学時代の出納記録『京遊厨費録』に「一　金一（?）匁弐歩弐百文　名物考」とあり。友玄旧蔵。
遠西医方名物考補遺九巻　〔宇田川榛斎〕　天保五年（一八三四）江戸須原屋伊八刊本　三冊
遠西名物考　宇（宇田川）槐園訳考　岩田松硯等輯　江戸期写本　三冊（仮綴本）
　表紙に「極生館蔵」と書入あり。
医方名物考抜翠　〔宇田川榛斎訳述〕　江戸期〔中島友玄〕写本　一冊（仮綴本）
　『遠西医方名物考』抜粋。
新訂増補和蘭薬鏡十八巻　榛斎先生（宇田川榛斎）訳述　男宇田川榕庵校補　文政十三年（一八三〇）江戸須原屋伊八刊本　十八冊
灌腸論付発泡術　蘭フレイデルイキ　デツケレス著　レイテン蘭訳　新宮凉庭訳　永田良達録　江戸期写本　一冊（仮綴本）
斯徴天内科則〔四〕巻（巻一二闕）　抜弄反斯徴天著　押骨甫反迭耳花児増　新宮碩凉庭訳　中川恕為仁録　江戸期写本　存一冊（仮綴本）
病学通論三巻　緒方章公裁（洪庵）訳述　嘉永二年（一八四九）江戸須原屋伊八等刊本　一冊
生理発蒙十三巻図式一巻（存巻三、四）　蘭李邈氏撰　日本島村鼎鉉仲訳〔慶応二年（一八六六）〕江戸須原屋伊八等刊本　一冊
蘭薬訳解并方法水薬伝　闕名　江戸期写本　一冊（仮綴本）
　裏表紙に「精勤堂蔵書」と書入あり。

（九）　西洋医学

全体新論二巻　合信氏・陳修堂同撰　安政四年（一八五七）京都勝村治右衛門等刊本　二冊
全体新論訳解四巻　高木熊三郎訳　明治七年（一八七四）大坂前川善兵衛吉岡平助等刊本　四冊
西医略論三巻　英国合信・清管茂材同撰　安政五年（一八五八）桃樹園三宅艮斎拠咸豊七年（一八五七）上海仁済医館刊本重刊明治四年（一八七一）東京万屋兵四郎印　四冊
内科新説三巻　英国合信氏・清管茂材同撰　安政七年（一八六〇）京都天香堂安藤桂拠咸豊八年（一八五八）上海仁済医館刊本重刊　三冊
婦嬰新説二巻図一巻　英国合信氏　清菅茂材同撰　桃樹園三宅艮斎拠咸豊八年（一八五八）上海仁済医館刊本重刊江戸老皂館万屋兵四郎後印二冊
　印記「岡山藩／医学館／文庫印」
大森惟中博物新編訳解四巻　英合信原本　大森惟中訳　明治七年（一八七四）東京青山清吉等刊本　五冊
丹氏医療大成四巻　〔丹寧爾著〕　坪井為春・石井信義訳　島村鼎参校明治八年（一八七五）東京丸屋善七刊本　四冊

（一〇）近代医学

解剖

解剖記聞二巻　岡山医学館教師和蘭医官魯依篤児氏口授　巻一明治三年（一八七〇）岡山藩医学館木活字印本　巻二明治期写本　二冊（巻二仮綴本）

　哲旧蔵か。

解剖（体）日講記聞　岡山藩医学館教師和蘭医官魯依篤児氏口授　写本二冊（仮綴本）

　外題（表紙打付書）「眼耳編／内臓学　一」（第一冊）「声音呼吸器編／内臓学　二」（第二冊）、巻頭「解剖日講記聞巻之五／岡山医学館教師和蘭医官魯依篤児氏口授／内臓学編」（第一冊）「解体日講記聞内臓編巻之二／魯氏口授」（第二冊）。哲旧蔵か。

薬学

袖珍薬説二巻　桑田衡平訳　明治三年（一八七〇）東京島村屋利助刊本二冊

調剤学　〔小川知彰〕講述　岡山県医学校本期性筆記　明治十五年（一八八二）序排印本一冊

　印記「中島氏／臧書印」。

内科

博済堂脚気提要　浅田宗伯　明治十二年（一八七九）博済病院排印本一冊

外科

外科通論（外科病理学）　花房道純述　安部省一郎筆記　中島一太写本三冊

　外題（書題簽）「花房医学士講義外科通論腫瘍篇」（第一冊）「花房医学士講演外科通論外傷及剣傷熱」（第二冊）「花房医学士講演　外科通論炎症篇」（第三冊）、内題「外科病理学」。愛知医学校講義録。一太（明治三年・一八七〇～昭和三年・一九二八）は哲一子。

繃帯学　花房道純講述　〔中島一太〕写本　一冊

外科各論　熊谷幸之輔述　中島一太録　中島一太自筆本　四冊

産科・婦人科

実用産科学　佐藤勤也編纂　中島一太写本　二冊

　印記「中島／一太記」

実用婦人科学　佐藤勤也編纂　中島一太写本　一冊

眼科

眼科学　小倉開治先醒述　〔中島一太〕写本　一冊（仮綴本）

皮膚科

皮膚病学　花房道純講述　中島一太筆記　中島一太自筆本　一冊

　印記「中島／一太記」、表紙に「花房道純先生講述／皮膚病学／釣玄堂書室蔵」、裏表紙に「大機（？）晩成／釣玄堂主人書」と書入あり。

精神

精神病学　川原汎口述　中嶋一太筆記　中島一太自筆本　一冊

衛生

衛生学　河原学士（川原汎）著〔中島一太〕写本　一冊（仮綴本）

伝染病論　闕名　明治期写本　一冊

　印記「中島」。

花柳病学　花房学士（道純）〔中島一太〕写本　一冊

救急

急救療法二巻　広瀬元周抄訳編次　明治二年（一八六九）刊本写　二冊（仮綴本）

　哲旧蔵か。

二　漢籍・漢籍邦人注釈資料

（一）経部

易類

周易三巻本義序例一巻（存上下経、上下彖伝）宋程頤伝　宋朱熹本義　日本林恕点〔寛文四年（一六六四）序京都伊東祐上刊延宝二年（一六七四）京都勝村治右衛門大坂柳原喜兵衛同修〕本　存三冊

周易彖解　吉川祐三著　村上周青校　明和二年（一七六五）序大坂浅野弥兵衛後印本　一冊

〔経典余師〕易経七巻（巻七闕）渓百年〔文政二年（一八一九）大坂森本太助等刊本〕存六冊

〔経典余師〕易経七巻（巻六闕）渓百年　文政二年（一八一九）大坂森本太助等刊本　存六冊

詩類

毛詩二十巻坿詩譜　漢毛亨伝　漢鄭玄箋併撰詩譜　日本清原家点　享和二年（一八〇二）京都風月庄左右衛門等刊本　五冊

　中島家所蔵以前の書入多数あり。

詩経集註十五巻　江戸期刊本　八冊

　印記「祠元／之印」「太／元」「備前州上道郡円山村／護国山曹源禅寺蔵書」、第一冊裏表紙裏に「文化七庚午年／暮春　此（?）不（?）的／中嶋氏」、裏表紙裏に「中嶋氏蔵書　嶋氏中都学士」と書入あり。

〔経典余師〕詩経八巻（巻一闕）渓百年　寛政五年（一七九三）大坂柏原屋嘉兵衛等刊本　存七冊

〔経典余師〕詩経八巻（存巻二）渓百年〔寛政五年（一七九三）大坂柏原屋嘉兵衛等刊本〕存一冊

詩経名物辨解七巻　松岡玄達先生鑑定　江村如圭纂述　享保十六年（一七三一）唐本屋宇兵衛刊本　四冊

　印記「■氏／信印」

春秋類

春秋左伝三十巻（巻一至六闕）　宝暦五年（一七五五）京都中江久四郎刊本　存十二冊

春秋左氏伝觿十巻　岡白駒輯　宝暦十年（一七六〇）京都風月庄左衛門等刊本　五冊

春秋経伝杜氏集解〔国字解〕十巻　中堂謙山　安永四年（一七七五）京都村上勘兵衛等大坂志多森善兵衛等刊本　五冊

左伝助字法三巻〔皆川〕淇園先生論定　令木龍・岡彦良同編校　明和六年（一七六九）京都河西四良右衛門等刊本　三冊

評註東莱博議六巻　清瞿世瑛校本　日本阪谷素評注訓点　明治十二年（一八七九）東京吉川半七等刊本　二冊

印記「中島氏／臧書印」。

四書類

大学鈔　宋朱熹章句　日本〔清原宣賢〕鈔　寛永七年（一六二八）中道舎重刊本　一冊

裏表紙裏書入「万治三暦庚子／浅暑十二日岩崎仙雲（花押）」

〔論孟考文〕論語考文・孟子考文　猪飼彦博（敬所）著　天保三年（一八三二）欽哉館蔵版刊本　一冊

著者贈呈宗仙旧蔵。

孟子（六点）　頼山陽跋他　写本　写本六点

書入多数。

孟子解　岡白駒輯　写本　一冊（零本）（仮綴本）

新板四書正文　高東筌校正　文化八年（一八一一）大坂柏原屋源兵衛等刊本　三冊

末に「中嶌氏蔵書」と書入あり。

〔新校正四書章句集註〕大学一巻中庸一巻論語十巻（巻一、二闕）孟子十四巻　宋朱熹撰　寛文八年（一六六八）刊本　存八冊

裏表紙裏に「元禄拾四年」と書入あり。

〔新刻改正四書章句集註〕大学中庸各一巻論語十巻孟子二十巻　宋朱熹撰　日本後藤世鈞（芝山）点　寛政六年（一七九四）北村庄助等刊本　十冊

印記「中島氏／臧書印」。

〔改正訓点四書〕大学一巻中庸一巻論語二巻孟子二巻　宋朱熹集註　天保十三年（一八四二）京都勝村治右衛門等刊本　四冊

〔鼇頭評注四書大全〕大学中庸各一巻論語二十巻（巻五、六、十七至二十闕）孟子十四　明胡広等奉勅編　日本藤原惺窩（粛）評註　日本鵜飼石斎（信之）点　江戸期刊本　存十八冊

大学俚諺鈔一巻中庸俚諺鈔一巻論語〔俚諺鈔〕三巻孟子〔俚諺鈔〕五巻即四書正文大綱俚諺鈔　毛利貞斎　元禄十二年（一六九九）京都福沢次右衛門等刊本　十冊

〔経典余師　四書〕大学一巻論語集註四巻孟子集註四巻中庸一巻　渓百年　文政七年（一八二四）大坂柏原屋与左衛門刊本　十冊

孝経類

孝経大義一巻　宋朱熹刊誤　元董鼎撰　寛文五年（一六六五）飯田忠兵衛長尾平兵衛刊本　一冊

裏表紙裏に「中嶌氏」と書入あり。

〔経典余師〕孝経一巻　渓百年　天保十四年（一八四三）大坂河内屋太

助印本　一冊

諸経総義類

〔五経〕（存周易巻下、春秋）　山崎闇斎点　雲川弘毅改訂　江戸期刊本　存二冊

〔改正音訓〕五経（周易二巻書経二巻詩経二巻礼記四巻春秋一巻）　後藤世鈞点　後藤師周・後藤師邵同校　天明七年（一七八七）刊文化十年（一八一三）修文政十三年（一八三〇）大坂山内五郎兵衛等印本　十一冊（周易二冊書経二冊詩経二冊礼記四冊春秋一冊）

〔改正訓点五経〕周易二巻書経二巻詩経二巻礼記四巻春秋一巻　文化九年（一八一二）京都松村治右衛門等刊本　十一冊

小学類

増続大広益会玉篇大全十巻首一巻　毛利貞斎編　享保二十年（一七三五）大坂鳥飼市兵衛等刊本　十二冊

　第一冊末に「中嶋氏／■物」と書入あり。

字彙十二巻首一巻末一巻字彙増註補遺一巻　明梅膺祚撰　日本笠原玟注併撰坿録　寛文十二年（一六七二）序刊頭書増注本京都風月勝左衛門大坂芳野屋五兵衛重印　十五冊

千字文　闕名　刊本　二帖

行書千文　周興嗣次韻　刊本　一冊

四体千字文　周興嗣次韻　寛保元年（一七四一）京都玉枝軒植道有刊本　一冊

　裏表紙裏に「万代貞亮／信房（花押）」と書入あり。

頭字韻五巻　清余照春亭輯　天保三年（一八三二）津藩有造館蔵版刊本　二冊

　印記「蛯江」「英蔵書」

磨光韻鏡　沙門文雄僧谿述　天明七年（一七八七）大坂柏原屋清右衛門刊本　二冊

（二）史部

正史類

史記評林一百三十巻補史記一巻首一巻（存巻首二巻、巻一至二十七）　明凌稚隆輯校　明李光縉増補　寛文十二年十三年（一六七二、一六七三）京都八尾甚四郎友春刊本　存九冊

　印記「備前上寺山／本堂所蔵書」「■■／明蔵／書印」、第一冊表紙裏に「共廿七冊／上寺山／本坊蔵書」と書入あり。

史記評林一百三十巻補史記一巻首二巻（存補史記一巻）　明凌稚隆輯校　明李光縉増補　天明六年（一七八六）京都八尾甚四郎友春覆寛文十二年十三年（一六七二、一六七三）京都八尾甚四郎友春刊本　存一冊

　印記「東備西大寺／野崎本家」。野崎家は、近世初期、岡山藩干拓事業により入植した一農家。安政五年（一八五八）より万三郎が、藩政に携わるようになり、後世に伝わる。

増補元明史略四巻（巻四闕）　後藤世鈞編次　藤原正臣増補　奥野精一標注　明治八年（一八七五）東京丸屋善七刊本　存三冊

　印記「中島氏／臧書印」。

別史類

立斎先生標題解註音釈十八史略七巻（存巻七）　元曾先之撰　明陳殷音釈明王逢点校　日本岩垣彦明標記　天明元年（一七八一）序刊本　存一冊

印記「中島氏／臧書印」。

伝記類

新刻古列女伝八巻続列女伝三巻　漢劉向撰　明胡文煥校　明黄希周等輯続列女傳　承応二年（一六五三）京都嶋弥左衛門刊続承応三年京都小嶋弥左衛門刊本　七冊

（三）子部

儒家類

近思録示蒙句解十四巻（中村惕斎）　元禄十四年（一七〇一）序京都山形屋伝兵衛等刊本　十冊

白鹿洞学規集註　山崎嘉撰　写本　一冊

小学六巻即小学句読　明陳選撰　元禄六年（一六九三）京都松友堂江戸西村理右衛門刊本　四冊

表紙裏に朱筆にて「元文戊午四月購求之同七日講習此」と書入あり、その他、中島家所蔵以前の朱筆書入詳密。

小学六巻即小学句読　明陳選撰　陶景山校　享保六年（一七二一）大坂柏原屋清右衛門等刊本　四冊

印記「備前国邑久郡北嶋村／三百五十七番地」、裏表紙裏に「嘉永二年　酉十二月日　中嶋氏」「九月二十七日　中嶋氏」と書入あり、中島友玄か。また表紙に「中島書」と書入あり。

小学集説六巻総論一巻　明程愈撰　明李鑑・李承祖同編　江戸期刊本四冊

小学集註鈔六巻首一巻　松永尺五　正保四年（一六四七）京都林甚右衛門刊本　六冊

裏表紙に「中嶋氏」「中嶌氏」と書入あり。

小学示蒙句解六巻（中村惕斎）　江戸期大坂村井喜太郎等刊本　十冊

〔経典余師〕小学十巻首一巻　渓百年　寛政三年（一七九一）大坂柏原屋嘉兵衛等刊本　五冊

伝習録三巻伝習録附録一巻　明王守仁撰　明〔徐愛〕編　日本三輪希賢校　〔正徳二年（一七一二）〕刊京都丁子屋藤吉郎等後印本　四冊

兵家類

〔七書〕呉子二巻司馬法三巻尉繚子五巻黄石公三略三巻六韜六巻唐太宗李衛公問対三巻（孫子三巻闕）　釈元佶校　江戸期刊本　存六冊

孫子十家註十三巻孫子十家註遺説一巻叙録一巻　宋吉天保輯　清孫星衍・呉人驥同校　宋鄭友賢撰遺説　清畢以珣撰叙録　天保十三年（一八四二）刊本（官版）　四冊

印記「緑静堂／図書章」。

孫子国字解十三巻　物茂卿（荻生徂徠）著　男（荻生）道済校　寛延三年（一七五〇）序刊本　十冊

印記「太田氏蔵」

法家類

韓非子二十巻〔芥(芥川)煥彦章校〕延享二年（一七四五）京都丸屋市兵衛唐本屋吉左衛門刊本　十冊
眉欄に中島家所蔵以前の書入あり。印記「[redacted]／臧書」。

農家類

秘伝花鏡六巻(巻六闕)　清陳淏子撰　日本平賀源内校〔安永二年(一七七三)〕刊江戸期大坂菱屋孫兵衛〔後印〕本　存五冊
印記「中西／蔵書」

藝術類

九成宮醴泉銘　唐欧陽詢奉勅書　安永五年（一七七六）江戸前川六左衛門等刊本　一冊
表紙裏に「中島玄蔵書」と書入あり。友玄旧蔵。
書譜一巻続一巻　唐孫過庭撰　宋姜夔撰続　江戸期京都林安五郎刊本　一冊
苦鐵砕金　清呉隠石濳（昌碩）審定　民国四年（一九一五）上海西泠印社刊　四冊
悲盦賸墨第一至四集　清趙之謙書　丁仁・呉隠編輯　民国七年（一九一八）八年西冷印社刊　四冊
詩画舫／扇譜　光緒三十年（一九〇四）上海点石斎石印本　六冊

小説家類

李卓吾批点世説新語補二十巻　劉宋劉義慶撰　梁劉孝標注　明何良俊増　明王世貞刪定　明李贄批点　明張文柱注　日本戸崎允明校　江戸期刊本　十冊
朱筆書入あり。
世説新語補考二巻　桃源蔵子深（桃井白鹿）著　江戸期風月堂文会堂文泉堂刊本　二冊
世説新語補索解二巻　平賀晋人房父著　島邦利子昌校訂　安永三年（一七七四）京都林権兵衛等刊本　二冊
世説鈔撮四巻〔大典顕常(竺常)著〕江戸期京都林権兵衛後印本　四冊
印記「河野／安印」。

類書類

標題徐状元補注蒙求三巻〔唐李瀚撰　宋徐子光補注〕日本岡白駒箋註　寛政四年（一七九二）京都今井七郎兵衛等刊抛明和四年（一七六七）刊本　三冊
標題徐状元補注蒙求（箋注蒙求）三巻(巻下闕)〔唐李瀚撰　宋徐子光補注〕岡白駒箋注　江戸期刊本　存二冊
第二冊裏表紙裏に「中嶋氏」と書入あり。
新刻蒙求国字辨六巻(巻三至五闕)　宇（宇野）成之著　安永六年（一七七七）江戸植村善六等刊本　存三冊
新刻蒙求国字辨六巻(巻三至六闕)　宇（宇野）成之著　江戸期刊本　存二冊
蒙求標題　写本　三冊
五雑組十四巻　明謝肇淛撰　江戸期刊本　七冊

中島家所蔵以前の朱筆書入等多数あり、眉欄には「物子云…」等、諸家注引用、また巻一前丁裏には「来翁之評丁酉十二月以常山先生本謄写之　戊戌十月上弦日購此本復抄写之森蘁識」とあり。

新鍥類解官様日記故事大全七巻　明張瑞図校　鎌田環斎再校　明治十三年（一八八〇）大阪前川善兵衛等刊本　三冊

表紙裏に「備前国邑久郡北島邨／中嶌一太氏所有」と書入あり、一太旧蔵。書背に「中島」印押印。

新刊古今類書纂要十二巻　明璩崑玉輯　明葉文懋校　寛文九年（一六六九）山形屋刊本　六冊

新刻重校増補円機活法詩学全書二十四巻新刊校正増補円機詩韻活法全書十四巻　明王世貞校　明楊淙参閲　日本菊池東匀校　延宝元年（一六七三）京都積徳堂刊本　三十九冊

新刻重校増補円機活法詩学全書二十四巻新刊校正増補円機詩韻活法全書十四巻　明王世貞校　明楊淙参閲　日本菊池東匀校　寛文十二年（一六七二）十三年京都八尾甚四郎友春刊本　二十冊

印記「原■／之印」。

鼇頭韻学円機活法八巻　山崎昇　明治二十四年（一八九一）大阪石田忠兵衛刊　二冊

印記「中島／徳堂」他不明印。

韻府一隅平声之部八巻　清顔懋功輯　日本中井乾斎重校　天保二年（一八三一）江戸小林新兵衛大坂河内屋茂兵衛刊本　一冊

韻府一隅仄声之部八巻　清顔懋功輯　江戸期江戸英文蔵等刊本　一冊

詩韻含英十八巻坿詩韻異同辨即詩韻含英異同辨　清劉文蔚輯　清任以治・蔡応襄同輯異同辨江戸期刊本　二冊

唐宋詩語玉屑十巻（存自巻三至巻八）　高木専輔　江戸期刊本　三冊

釈家類

改定評唱冠註無門関　高木龍淵編輯　明治三十六年（一九〇三）京都貝葉書院排印本　一冊

奥付部に「一九二八盛夏　更生」（朱筆）「立秋の日修了」（墨筆）と書入あり。

道家類

老子道徳真経二巻（巻一闕）　魏王弼註　唐陸徳明音義　日本宇佐美灊水考訂　明和七年（一七七〇）江戸須原屋平助等刊本　存一冊

老子経国字解四巻　金蘭斎述　明治期東京武田伝右衛門等刊本（謙々舎蔵版）　一冊

荘子南華真経十巻　郭象注〔服部南郭考訂〕元文四年（一七三九）京都中野宗左衛門江戸植村藤三郎刊本　十冊

（四）集部

別集類

杜律集解五言四巻七言二巻五　明邵傅撰　明陳学楽校　寛文十三年（一六七三）京都油屋市郎右衛門刊本　三冊

裏表紙裏に「中嶌氏」と書入あり。

杜律集解五言四巻七言二巻　明邵傅撰　明陳学楽校　貞享三年（一六八六）江戸西村半兵衛等拠明万暦十五年（一五八七）重印本　五冊

裏表紙裏に「洞戸圓通菴」と書入あり。

杜律集解五言四巻七言二巻(七言巻上闕)　明邵傅撰　明陳学楽校　元禄九年（一六九六）京都美濃屋彦兵衛刊本　存五冊

表紙裏に書入「撿草亭蔵書」と書入あり。「撿草亭」は友玄の号。友玄旧蔵。

放翁先生詩鈔八巻即陸放翁詩鈔　清周之鱗・柴升同輯　日本大窪行・山本謹同校　享和元年（一八〇一）江戸和泉屋庄次郎等刊本　四冊

楊誠斎詩鈔五巻　宋楊万里撰　清呉之振・呉自牧同編　日本大窪行等校　文化五年（一八〇八）江戸若林清兵衛等刊本　五冊

青邱高季迪先生絶句集三巻律詩集五巻坿詩評一巻　明高啓撰　清金檀輯注　日本中島規校　日本梁川孟緯校律詩集　安政三年（一八五六）刊　明治初期大阪嵩山堂青木恒三郎後印本　八冊

総集類

文選正文十二巻　梁昭明太子蕭統輯　日本服部元喬（南郭）句読　片山世播（兼山）点　葛山寿（松下葵岡）校　久保謙重訂　文政十一年（一八二八）京都風月庄左衛門刊本　十三冊

増註唐賢絶句三体詩法三巻　宋周弼輯　元釈円至註　元裴庾増注　元禄十四年（一七〇一）京都梅邨玉池堂蔵版　三冊

唐詩選　明李攀龍撰　日本服部元喬（南郭）校　宝暦十一年（一七六一）江戸小林新兵衛等刊本　一冊

印記「□□／蔵書」、裏表紙に「中嶋■」「中島氏」と書入あり。

唐詩選七巻(巻六七闕)　明李攀龍撰　日本服部元喬（南郭）校　江戸期刊本　二冊

唐詩選七巻　明李攀龍撰　日本服部元喬（南郭）校　天明七年（一七八七）江戸小林新兵衛等刊本　一冊

書背下部に「中嶋氏」と書入あり。

唐詩選七言絶句　写本　一冊(仮綴本)

唐詩選七巻　明李攀龍撰　日本神埜世猷通校　明治十五年（一八八二）刊本(清蘭堂蔵版)　三冊

印記「中島／一太記」、表紙に「釣玄堂書室」と書入あり。一太旧蔵。

唐詩選掌故七巻　明李攀龍編選　葉（千葉）玄之（茂右衛門）集註　寛政五年（一七九三）江戸小林新兵衛等刊本　四冊

表紙に「備中弘范」と書入あり。

唐詩選国字解七巻(巻一至四闕)　李攀龍編選　南郭先生辨　林主圭録　文化十一年（一八一五）江戸小林新兵衛刊本　存二冊

唐詩選国字解七巻(存巻五六)　李攀龍編選　南郭先生辯　林元圭録　江戸期刊本　一冊

唐詩解頤七巻　竺顕常著　安永五年（一七七六）京都田原勘兵衛刊本　二冊

中唐二十家絶句三巻　館機樞卿(柳湾)編録　文政七年（一八二四）江戸小林新兵衛等刊本　三冊

続聯珠詩格九巻　釈教存快行編集　釈持戒醇浄校　江戸期刊本　三冊

宋三大家絶句　詩仏居士（大窪行）・緑陰居士（山本信有）編　文化九年（一八一二）江戸山城屋佐兵衛等刊本　一冊

精刊唐宋千家聯珠詩格二十巻　元于済・蔡正孫同輯　日本大窪行校　文化元年（一八〇四）江戸須原屋孫七等刊本　五冊

点註唐宋八家文読本三十巻　韓愈著　沈潜評点　川上広樹纂評　明治十五年（一八八二）東京山中市兵衛等刊本　十六冊
印記「中嶋氏／臧書印」

魁本大字諸儒箋解古文真宝前集二巻　元黄堅輯　宝暦三年（一七五三）京都秋田屋平左衛門刊本　二冊
裏表紙裏に「中嶋氏」「中嶌氏」、書背下部に「中嶌氏」と書入あり。

魁本大字諸儒箋解古文真宝後集二巻　元黄堅輯　寛文元年（一六六一）京都風月庄左衛門刊本　二冊
表紙裏に「中嶌氏」、裏表紙裏に「中嶋氏」と書入あり。

魁本大字諸儒箋解古文真宝後集二巻　元黄堅輯　正徳六年（一七一六）浪花書林刊本　二冊
裏表紙に「寛政五年丑五月二日」と書入あり。

佩文斎詠物詩選初編二巻　館機枢卿鈔録　文化五年（一八〇八）序刊本二冊

鼇頭続文章軌範七巻（巻五至六闕）　明鄒守益原撰　太田代恒徳閲　千田一十郎釈　明治期刊本　存二冊

古文後集余師四巻　増田春耕著　文化八年（一八一一）京都梅村伊兵衛等刊本　四冊

詠物詩選八巻　清兪琰輯　大江資衡稺圭校　天明元年（一七八一）京都武村嘉兵衛等刊本　四冊

古今韻略五巻　清邵長蘅撰　清宋至校　文化二年（一八〇五）江戸昌平坂学問所拠康熙三十五年（一六九六）商丘宋犖刊本重刊文化六年江戸須原屋茂兵衛印　五冊

浙西六家詩鈔六巻　清呉応和・馬洵同輯　嘉永六年（一八五三）大坂河内屋新治郎等刊本六冊

尺牘類

新鐫増補較正寅幾熊先生尺牘双魚九巻　明熊宣機（寅幾）輯　承応三年（一六五七）刊京都風月荘左衛門後印本　四冊

滄溟先生尺牘三巻　明李攀龍撰　張所敬輯日本田中良暢校　宝暦元年（一七五一）江戸小林新兵衛刊本　一冊
傍注として中島家所蔵以前の書入詳密。

詞曲類

詞律二十巻　清万樹撰　清姜喜・呉秉鈞同参　清呉秉仁等校　蘇州掃葉山房刊本（堆絮園蔵板）十二冊

三　和書

（一）仏教

空過致悔集二巻　日重　寛文九年（一六六九）八尾甚四郎友春等刊本一冊
表紙裏に「根本庠／観達蔵」と書入あり。

景光山観音寺縁起　闕名　刊本　一冊

四国偏礼道指南増補大成〔宥辨（真念）〕　文化十二年（一八一五）大坂佐々井次郎右エ門刊本　一冊
外題（題簽）「新板大字／四国遍路道しるべ」。

(二) 漢学

童観抄二巻（巻上闕）　林道春編　江戸期刊本　一冊

　裏表紙裏に「中嶌氏」と書入あり。

朱文公童蒙須知　宇（宇都宮）遯庵由的　元禄十六年（一七〇三）大坂千種屋平兵衛刊本　一冊

○

辨名二巻　物茂卿（荻生徂徠）著　江戸期刊本　二冊

　印記「■館／図書」「蕉■／亭図／書記」。

辨道　物茂卿（荻生徂徠）　享保二年（一七一七）序刊本　一冊

　眉欄行間に、中島家所蔵以前の朱筆書入あり。

徂徠先生学則　物茂卿（荻生徂徠）著　竹渓平義質子彬・南昌滕元啓維迪校　享保十二年（一七二七）江戸須原屋新兵衛刊本　一冊

四家雋六巻　（荻生）徂徠先生選　太宰純徳夫（春台）服元喬子僊（服部南郭）　宇恵子迪（宇佐美灊水）校　宝暦十一年（一七六一）序刊本　六冊

徂徠集三十巻（詩七巻文十二巻書十一巻）補遺（存巻八至十九巻即文十二巻）　物茂卿（荻生徂徠）著　寛政三年（一七九一）大坂森本太助等刊本（南紀中井孫九郎蔵版）　存七冊

○

通俗四書註者考二巻坿四書虚字考　竹谷山人著　元禄九年（一六九六）若狭屋権兵衛等刊本　一冊

漫録五十七巻（存巻七）　闕名　江戸期写本　一冊

　外題（表紙打付書）「漫録」又「五十七巻之一／第七」「一　文公訓子帖／二　文天祥正気歌」、巻首「朱氏訓子帖摘語」。

論孔丘（漢学解醒略抄　論孔丘学術　論孔丘心術　附録（学祖　五倫））　服部友徳（芙蓉）著　明治三十一年（一八九八）中国民報社刊本写　一冊（仮綴本）

(三) 言語

漢語

訓蒙文家必用三巻　人見直養友竹輯　松村敬勝信校　正徳六年（一七一六）摂陽書肆刊本二冊

訓蒙文家必用三巻（巻下闕）　人見直養友竹輯　松村敬勝信校　江戸期刊本　存一冊

訳文筌蹄初編六巻　（荻生）徂徠先生口授　僧聖黙　吉（吉田）有隣筆受（正徳五年刊）宝暦三年（一七五三）沢田吉左右衛門再刊本　六冊

　助辞訳通三巻（巻下闕）　岡白駒著　宝暦十二年（一七六二）序蓮池藩刊本写　存二冊

雑字類編七巻　（柴野栗山著）　柴（柴野）貞穀小輔重修　辻言恭子礼校字　天明六年（一七八六）京都俵屋清兵衛等刊本　二冊

文家小筌二巻補遺一巻　遯菴宇都宮先生著　林修遠校補　元禄八年刊天明七年（一七八七）大坂葛城長兵衛等修大坂河内屋儀助後印本　一冊

熟字彙雋二巻　岡鳳鳴纂輯　文政十三年（一八三〇）加賀屋善蔵等補刻本　一冊

袖珍略韻二巻（巻下闕）　橘桂洲　江戸期刊本　存一冊

三字話〔文政年間〕中嶋宗仙写本　一冊(仮綴本)
　裏表紙に「中嶋宗仙崎陽遊学／之節写之」と書写識語あり。中文三字句に、各々日文訳を付したもの。

蘭語・英語

和蘭文典読法初編二編　凌雲竹内鎔宗賢訳　安政三年（一八五六）江戸和泉屋善兵衛等刊本　二冊
和蘭文典前編後編〔箕作玄甫〕前編天保十二年（一八四一）後編嘉永元年（一八四八）刊安政四年（一八五七）江戸須原屋伊八等印本　二冊
訳和蘭文語前編二巻後編三巻　大庭忞雪斎翻訳　片多晋哲蔵校定　江戸期大坂秋田屋太右衛門等後印本　五冊
挿訳英吉利文典三編(存三編)　阿部友之進著　慶応三年刊本(阿部氏蔵板)　一冊

(四)　漢詩文

作詩法・字書

詩林良材六巻　村田通信(匏庵)　貞享四年（一六八七）京都植村等右衛門刊本　六冊
古詩韻範五巻末一巻　登登莽武元質景文著　文化十一年（一八一五）京都植村等右衛門等刊本　三冊
唐明詩学聯錦大全　原聯節課輯著　鎌(鎌田)禎志庸(環斎)補訂　文化十四年（一八一七）大坂田中田右衛門等刊本　一冊
　表紙に「廣井氏」と書入あり。
歴代詩学精選十巻(巻八闕)後編七巻　藤良国(内山牧山)編輯　嘉永六年（一八五三）大坂河内屋茂兵衛等刊本　存十六冊
詩語類苑四巻附録一巻(存巻二三)　鎌田禎輯著　江戸期刊本　存二冊
塡詞図譜二巻　竹田主人(田能村竹田)編　亀陰老父参　明治十四年（一八八一）大阪柏原政次郎刊本　二冊

漢詩集

倭漢朗詠集私註六巻(存巻一二)〔釈信阿撰〕江戸期刊本　一冊
倭漢朗詠集私註六巻〔釈信阿撰〕江戸期刊本　三冊
六如菴詩鈔初編六巻二編六巻　釈慈周六如著　(佐々木)琴台長卿・(沢田)東江校　初編天明三年（一七八三）京都柏原屋喜兵衛等刊続編寛政九年（一七九七）加賀松浦善兵衛等刊本　初編三冊二編三冊
葛原詩話前編四巻後編四巻　六如上人(釈慈周)著　釈端隆編次　前編天明七年（一七八七）後編文化元年（一八〇四）大坂河内屋八兵衛等刊本　四冊
黄葉夕陽村舎詩〔正編〕八巻附録二巻　菅晋師礼卿(菅茶山)　文化九年（一八一二）京都河南儀兵衛等刊本　五冊
花月吟　菅茶山　文政十一年（一八二八）大坂加賀屋善蔵等刊本　一冊
茶山詩筌(黄葉夕陽村舎詩注)〔菅茶山〕天保五年（一八三四）写本　一冊
　外題(表紙打付書)「茶山詩筌　前編」、巻首「黄葉夕陽村舎詩巻之一」。『黄葉夕陽村舎詩』注釈書。裏表紙に「天保五甲午之仲秋／於■■館玄写」と書写識語あり。

三備詩選二巻　仁科四方（白谷）輯　文化十三年（一八一六）定栄堂刊本　二冊

表紙に「□量軒□／光明密寺」と書入あり。

歴代題画詩類絶句抄四巻　西島蘭渓選　文化十四年（一八一七）江戸堀野屋儀助等刊本　二冊

絶句類選二十一巻　津阪孝綽君裕編輯　男（津阪）達有功・平松正愨子愿校　文政六年（一八二三）大坂伊丹屋善兵衛刊本　十冊

絶句類選二十一巻即絶句類選評本（巻一至十七闕）津阪孝綽君裕編輯　男（津阪）達有功・平松正愨子愿校〔斎藤拙堂評〕文久二年（一八六二）伊勢篠田伊十郎等刊本　存一冊

旧蔵者蔵書印抹消。

棕隠軒集初集二巻二集二巻三集二巻　隝規景寛甫（中島棕隠）・渋谷光悰輯初集　中島元丈輯二集三集　祖琳輯四集　初集文政八年（一八二五）二集文政十一年三集文政十三年京都堺屋伊兵衛等刊本　六冊

白谷先生詩鈔三巻　仁科翰（白谷）著　岡部玄民輯　天保四年（一八三三）序写本　二冊（仮綴本）

芙蓉百律　白谷仁科幹礼宗著　明治三十五年（一九〇二）写本　一冊

末に明治三十五年六月と書写識語あり。

海内才子詩五巻（存巻二三）柏昶（柏木）如亭編選　江戸期刊本　存一冊

東甌百絶　伊東祐暢洵美著　文政十一年（一八二八）刊本　一冊

文政十七家絶句二巻（存坤）加藤淵編　文政十二年（一八二九）北村太助等刊本　存一冊

山陽詩鈔八巻　頼襄子成（山陽）著　後藤機（松陰）校　天保四年（一八三三）刊大坂河内屋徳兵衛後印本　四冊

眉欄に朱筆書入、又同筆にて末に「先生詩集中絶句　凡四百首」と書入あり。

金帚集六巻　隝規景寛甫（中島棕隠）著　岡美知鈍夫輯　天保十年（一八三九）大坂秋田屋太右衛門等刊本　六冊

星巌集甲集二巻乙集四巻丙集十巻丁集五巻閏集一巻戊集四巻玉池吟社詩五巻紅蘭小集二巻　梁緯公図（梁川星巌）遠山澹雲如　竹内鵬九万編輯玉池吟社詩　天保十二年（一八四一）至安政三年（一八五六）年大坂伊丹屋善兵衛等刊本　十二冊

印記「美濃本巣郡北方村／渡邊佐左衛門」「渡邊縞店」「松風園／図書記」、第十二冊裏表紙裏に「明治七戌年十二月廿三日／金カナイ戔ワニテ買／渡邉為良」と書入あり。

謫居詩存二巻（存巻上）東湖藤田先生著　門生等校　江戸期刊本　存一冊

表紙に「山田蔵」と書入あり。

今世名家文鈔八巻（存巻二至四、八）釈月性（清狂）編　篠崎小竹（巻一二）斎藤拙堂（巻三四）坂井虎山（巻五六）野田笛浦（巻七八）著　嘉永二年（一八四九）刊江戸期大坂伊丹屋善兵衛等後印本　存四冊

未開牡丹詩　白雪楼主人山路済輯　安政三年（一八五六）序刊本（白雪楼蔵版）一冊

竹外二十八字詩前編二巻後編二巻補遺一巻（存前編巻下）藤井啓士開著　江馬聖欽正人校　文久二年（一八六二）京都菱屋友七郎等刊本　存一冊

竹外二十八字詩前編二巻後編二巻補遺一巻（前編巻上闕）藤井啓士開著

江馬聖欽正人校　明治十三年（一八八〇）京都鴻宝堂刊本　存三冊
印記「中島一太記」、表紙に「釣玄堂書室蔵」と書入あり。一太旧蔵書。
慶応十家絶句二巻　内田脩公均（斧吉郎）編選　慶応二年（一八六六）英屋文蔵等刊本　二冊　印記「松井／氏記」、「中島」
日本詠史新楽府　海棠窩主人（中島子玉）著　明治二年（一八六九）京都尚書堂等刊本　一冊
西郷詩文　坂東一平編輯　明治十一年（一八七八）大阪北尾禹三郎刊本　一冊
裏表紙に「原泉学舎之一布衣／中島一太」と書入あり。
廿四家選清廿四家詩三巻　中嶋一男編纂　明治十一年（一八七八）東京森春濤刊本　三冊
印記「中川蔵書」。
皆夢文詩　川田剛・三島毅著　高木弘平輯　明治十二年（一八七九）高木弘平刊本　一冊
詠史絶句二巻　錦江角田炳文甫（春策）明治十三年（一八八〇）愛知山口弥左衛門刊本　二冊
晃山紀勝・松島紀行　大村斐夫著　明治十六年（一八八三）岡山横山治平排印本　一冊
印記「中島氏／臧書印」、裏表紙に「原泉学舎之一寒生／中島一太」と書入あり。一太旧蔵。
秋邨遺稿三巻　柴莘緑野（秋邨）著　柴直有孚編　新居敦臨吉校　明治三十四年（一九〇一）大阪柴直太郎刊本　三冊
詩命楼集　上村才六　大正三年（一九一四）東京上村才六刊本　一冊

董廿…（書名未詳）董廿昌（?）刊本　一帖
題簽虫損、表紙裏に「中島書蔵」と書入あり。
雞肋詩集　闕名　写本　一冊（仮綴本）
〔漢詩集〕（巻頭「秋渓晩泛図」）〔水田恒艸〕
末に署名「水田恒艸」、及び朱筆書入あり、書入末に「菅仏妄閲」とあり。又識語「…／上島瑜頓拝」又朱筆「…／小林源吾再拝」。

狂詩

太平楽府三巻　滅方海（銅脈先生／畠中観斎）著　安陀羅校　明和六年（一七六九）序大井屋左平次等刊本写　一冊（仮綴本）
前戯録　河玄佑著　明和七年（一七七〇）佐々貴惣四郎刊本　一冊
毛護夢先生紀行　海道飛雲助選　宿次盛馬夫校　明和八年（一七七一）京都佐々木総四郎刊京都銭屋総四郎後印本　一冊

漢文

今世名家文髄初集二巻（存巻下）南保重英編次　堀口正顕校正　明治十年（一八七七）星野松蔵刊本　存一冊
登臨漫語　西毅一著　芳本鉄三郎編　明治十五年（一八八二）岡山三宅董太郎排印本　一冊
表紙に「微山西毅一著／登臨漫語」、裏表紙に「作場津山／徹■■主人所有」「儀廼舎主人漁舟」と書入あり。
療養漫録　薇山居士西毅一著　芳本鉄三郎編　明治十五年（一八八二）岡山三宅董太郎排印本　一冊
裏表紙に「原泉学舎生徒／中島一太」「中嶋氏」と書入あり。一太旧蔵。

蛍雪軒叢書〔十巻〕巻一　近藤元粋純叔評訂　明治二十五年（一八九二）大阪青木嵩山堂青木恒三郎排印本

諸名家文集増補　闕名　写本　一冊（仮綴本）
印記「翠庵」

（五）文学

和歌

草庵和歌集類題六巻〔蜂屋又玄〕元禄八年（一六九五）京都武村新兵衛武村伊兵衛刊本　一冊

古今和歌集二十巻（上冊巻一至十闕）壬生忠岑・凡河内躬恒・紀友則・紀貫之編　宝暦九年（一七五九）京都勝村治右衛門刊本　存一冊

古今集遠鏡二十巻（巻三至十闕）〔本居宣長〕文化十三年（一八一六）尾張永楽屋東四郎等刊本　存四冊

百人一首抄　闕名　文化四年（一八〇七）江戸英平吉等刊本　一冊
表紙裏、末丁に「井上氏」と書入あり。

武家百人一首・光広卿和歌　江戸期写本　一冊（仮綴本）

擬唐詩五絶倭歌　渋谷某　文政十一年（一八二八）京都堺屋仁兵衛刊本　一冊

明治乙酉観風余芳　野村熊山（熊三郎）編輯　明治十九年（一八八六）野村熊三郎刊本　一冊

○

浜乃まさこ七巻〔有賀長伯〕明和五年（一七六八）銭屋惣四郎重刊本　七冊

枕詞燭明抄三巻〔下河辺長流〕江戸期大坂鳥飼市兵衛刊本　三冊

俳諧

類題発句集（五升庵）蝶夢編　安永三年（一七七四）橘屋治兵衛等刊本　五冊

発句抜翠　闕名　江戸期写本　一冊（存第三冊）

発句集抜翠　闕名　江戸期写本　一冊（仮綴本）
表紙、裏表紙に「廣井壽松」と書入あり。

狂歌

徳和歌後万載集　山手白人（大田南畝）誌　江戸期刊本　一冊

万載狂歌集　闕名　天明三年（一七八三）江戸須原屋伊八等刊本　二冊

散文

物語

伊勢物語二巻　江戸期小川新兵衛刊本　二冊

仮名草子

堪忍記八巻（存巻五至七）〔浅井了意〕江戸期刊本　存三冊

実録

奥州白石女敵討　闕名　明和六年（一七六九）写本　一冊（仮綴本）
末に「明和六年丑ノ四月吉日」と書写識語あり。

随筆

徒然草参考八巻　沙門恵空　延宝六年（一六七八）京都西村七郎兵衛正

光等刊本　八冊

紀　行

土左日記抄二巻〔北村季吟〕寛文元年（一六六一）出雲寺和泉掾刊本　二冊

消息・尺牘

腰越状〔源義経〕江戸期写本　一冊

尺牘彙材五巻（巻四・五闕）（戸崎）淡園先生鑑定〔文化五年（一八〇八）〕江戸須原屋伊八刊本　二冊

（六）藝　能

音　楽

箏曲大意抄　山田松黒　写拠安永八年（一七七九）刊本　一冊

新増大成糸のしらべ　闕名　文政十三年（一八三〇）大坂柏原屋与左衛門印本　一冊

謡　本

龍田　観世左近太夫　宝暦五年（一七五五）京都山本長兵衛大坂甲又三郎刊本　一冊

表紙裏に「天保六年未五月十一日」と朱書あり。

〔観世左近太夫謡本〕二十冊（第十七冊闕）観世左近太夫　享保十八年（一七三三）京都山本長兵衛刊本　存十九冊

（七）歴　史

日本史

国史略五巻（巻一闕）源朝臣松苗（岩垣東園）編次　文政九年（一八二六）刊明治四年（一八七一）京都藤井孫兵衛四刻本　存四冊（第一冊巻一闕）

日本外史二十二巻（巻一至六闕）頼山陽　明治四年（一八七一）東京須原屋茂兵衛等拠元治元年（一八六四）刊本重刊　存八冊

印記「中島氏／臧書印」。

日本外史字引　野呂公敏編輯　明治六年（一八七三）東京島次三郎刊本　一冊

印記「中島氏／臧書印」「楊■／清■」、裏表紙に「精勤堂／中嶋一太」と書入あり。一太旧蔵。

啓蒙日本外史三十巻（巻一至二十、二十二、二十七闕）大槻誠之解　益軒渡辺約郎校　明治七年（一八七六）東京島屋儀三郎等刊本　八冊

三考内侍所抜翠　闕名　文政十一年（一八二八）中島金吾（友玄）写本　一冊

末に「文政十一年／戊子／如月中八日／中嶌金吾」、裏表紙に「中嶌氏／蔵書」と書入あり。金吾は友玄の幼名。

伝記・系譜

備前孝子伝前編五巻後編五巻　湯浅新兵衛明善謹輯　前編寛政元年（一七八九）備前若林徳右衛門等刊後編寛政四年加賀松浦善助等刊本　十冊

有斐録二巻附録一巻〔三村永忠〕写本　一冊

印記「桜田／伊藤」、末に「桜田伊藤」と書入あり。

北風記（存巻一至四） 江戸期写本 一冊

末に「新町亀屋伊八」と書入あり。

藩翰譜三十巻（存一二中編一至五）〔新井白石〕 江戸期写本 七冊（仮綴本）

藩翰譜三十巻（存中編一至三、五、十）〔新井白石〕 江戸期写本 五冊

放送原稿抱節難波立愿先生 森紀久男著 昭和十六年（一九四一）岡山難波二郎排印本 一冊

小神富春略伝幷百選集／難波抱節略伝 御津町文化財保護委員会編 昭和三十三年（一九五八）岡山御津町文化財保護委員会謄写版 一冊

津田永忠君年譜 木畑道夫 大正五年（一九一六）岡山木畑道夫排印本 一冊

邑久郡善行録 小林久磨雄 大正四年（一九一五）年岡山私立邑久郡教育会排印本 一冊

邑久郡善行録 小林久磨雄 大正四年（一九一五）年岡山私立邑久郡教育会排印本 一冊

岡山県人名辞書 高見章夫 花土文太郎共編 大正七年（一九一八）岡山県人名辞書発行所排印本 三冊

（八） 地理・地誌

厳島大御神御鎮座 所信文 明治三十年（一八九七）広島江上純吉排印本 一冊

備中諸事巨細道寸書 闕名 刊本 一冊（仮綴本）

世界国尽（欧羅巴洲、北亜米利加洲） 福沢諭吉 写本 存二冊

第一冊末に「有床義太郎蔵」、第二冊末に「有床義太郎蔵書」と書入あり。

世界国尽（存発端、欧羅巴洲、北亜米利加洲） 福沢諭吉 写本 存三冊

改正日本地誌要略六巻 大槻修二著 明治二十二年（一八八九）大阪柳原喜兵衛等刊本 六冊

（九） 政 治

日本政記十六巻 頼襄子成著 明治十三年（一八八〇）大阪田中太右衛門等刊本 八冊

印記「中島氏／臧書印」。

（一〇）教 育

往来物

庭訓往来 闕名 写本 一冊

表紙裏に「上阿毘縁村／坂井■■■」と書入あり。

世話千字文 天保四年（一八三三）河原煜写本 一冊

奥書「天保四龍集昭／陽大荒落秋八／月書■廣井伯／習需／藍水河原煜」

孝行往来 小川保麿述 天保六年（一八三五）大坂吉野屋仁兵衛等刊本 一冊

古状揃精注鈔 蔀子偃徳風 天保十四年（一八四三）大坂堺屋新兵衛等刊本 一冊

教訓・教育

倭小学六巻（存巻一、五） 辻原隠士沙木子（元甫） 江戸期刊本 存二冊

第一冊表紙裏に「宝暦八歳／戊寅／六月吉日」「中州惣社／亀甲堂」と書入あり。

訓蒙要言故事十巻（存巻四） 宮川一翠子道達 江戸期刊本 存一冊

三字経 力之光（力丸東山）撰 天明七年（一七八七）京都額田正三郎等刊本 一冊

表紙裏に「廣井壽松蔵書」と書入あり。

○

啓蒙手習之文二巻（巻下闕） 福沢諭吉編 内田晋斎書 〔明治四年（一八七一）〕 刊本 存一冊

○

学者安心論 福沢諭吉著 明治九年（一八七六） 東京福沢諭吉刊本 一冊

○

中等国文教科書（巻一、七、八、十） 松井簡治編 巻一大正十年（一九二一）、巻七八十大正十四年（一九二五）東京三省堂排印本 四冊

印記「中島氏／臧書記」

（一一）理学

算学

算法天元指南九巻（巻四至九闕） 佐藤茂春撰 江戸期刊本（巻三新地村安左衛門写） 存一冊

新撰普通明治塵却記二巻（巻上闕） 新名重内編 明治十三年（一八八二） 大阪此村庄助等刊本 存一冊

表紙に「中嶌蔵」と書入あり。

改正洋算例題十二巻（巻七至十二闕） 佐々木綱親編輯 中西信定等校 明治期刊本 存一冊

印記「中島氏／臧書印」

物理

気海観瀾 青地盈林宗述 江戸期和泉屋吉兵衛等刊本 一冊

（一二）藝術

絵画

画法小識（画学捷径） 湖上蓑笠翁著 安永八年（一七七九）年京都八文字屋市郎兵衛等刊本 一冊

禍福任筆 河村琦鳳 文化六年（一八〇九）京都吉田屋新兵衛等刊本 一冊

融斎画譜 〔中林〕竹洞画 弘化三年（一八四六）菱屋孫兵衛刊本 一冊

明治名家彷古画譜第一集 水原梅屋編輯 明治十三年（一八八〇）東京前川前兵衛等刊本 四冊

帙裏に「明治廿七年九月二日求之／青井慶八郎」と書入あり。

鉄翁画譜 明治十八年（一八八五）序刊本 一帖

拙画入選記念画帖　写本　一帖

書蹟

楽書帖（弥老?）刊本　一冊

秀逸十五家　闕名　写本　一冊(仮綴本)
印記「千秋／庵」「■／生」、末に「千秋庵／更生せん」と書入あり。

〔書道宝典〕習字兼用日用文・真行草書法・新體手紙文・新様女用文　小野鵞堂（鐗之助）編著　明治三十八年東京吉川半七刊本　四冊

（一三）諸藝

茶道

茶説図譜〔田能村〕竹田〔明治十三年(一八八〇)東京小林米造〕刊本　一冊(下冊闕)

華道

生花早満奈飛　鶏鳴舎暁鐘成編　天保六年（一八三五）大坂伊丹屋善兵衛刊本　一冊

囲碁・将棋

置碁自在　服部因叔　明治二十五年（一八九二）大阪岡本仙助等刊本　十冊

将棊絶妙二巻　伊藤宗看先生撰　男伊藤看理　姪同（伊藤）宗寿校合　文政五年（一八二二）江戸西宮弥兵衛刊本　二冊

易学・相法

古易断時言四巻(存巻三)　新井白娥著　江戸期刊本　一冊

範囲図説　中州真勢先生著　鷲谷為明編次　谷川順訂　文政十三年（一八三〇）大坂浅野弥兵衛等刊本　一冊

易学階梯二巻　真勢達富著述　天保十五年（一八四四）大坂嵐屋善七等刊本　二冊

相法秘受解　南翁軒　享和二年（一八〇二）序江戸期写本　一冊(仮綴本)

その他

百工秘術三巻(存巻中)　入江貞庵著　江戸期刊本　存一冊

Ⅳ　中島家年表

清水信子編

年号		西暦	中島家([ ]内は中島本家)	備考	当主(年齢)
舒明天皇六	甲午	六三四	[中島家祖、豊前国宇佐より奉供し神事を司り、一ノ神子家と称す]	「抑当山鎮守正八幡宮ハ、人皇三十五代舒明天皇六年辛丑(「辛丑」ママ「甲午」の誤り)豊前国宇佐ノ宮ヨリ当郡長沼山ノ嶺エ御影向アラセ給ヒ、同処ヨリ当山の地へ勧招申スナリ…本鎮守御影向アラセ玉フ時、吾大祖中嶌某、豊前国宇佐ヨリ奉供メ来リ、神事ヲ主トル処ヨリ神子職トナル、則チ今ノ一ノ神子ト称スル家ナリ」(『中嶌姓一統家系』以下略『家系』)	
寛文六	丙午	一六六六	[本乗院僧了庸、池田新太郎光政の命により還俗し神事を掌る(現在宮司職の業合氏祖)。これより中島氏農を業とする]	「国主池田新太郎光政公ノ命ニ依テ還俗ス、今ノ業合氏ノ祖ナリ」(『家系』)	
貞享三	丙寅	一六八六	[多四郎、一子友三(多四郎長男医門一世)誕生]		[多四郎]
元禄八	乙亥	一六九五	[友三(一〇)、弟敬真僧都誕生]		[多四郎]
享保元	丙申	一七一六	[友三(三一)、長男玄古(幼名元吉、医門二世)誕生]		[多四郎]
享保七	壬寅	一七二二	[一二月六日　多四郎(友三父中島本家大祖)没、友三(三七)当主]		[多四郎] 友三(三七)
享保一〇	乙巳	一七二五	[一二月四日　多四郎室登里*没]	*上道郡竹原村神主根岸半之進長女	友三(四〇)
延享三	丙寅	一七四六	[友三(六一)、弟敬真僧都(明王院住職)没(享年五一)]		友三(六一)
延享四	丁卯	一七四七	[玄古(三二)、一子幸之介誕生]		友三(六二)
延享六	己巳	一七四九	[玄古(三四)、二子通三誕生]		友三(六四)
宝暦元	辛未	一七五一	[六月一七日　多四郎継室*没]	*邑久郡下山田村内石堂大工伊三郎娘	友三(六六)
宝暦三	癸酉	一七五三	[五月二五日　玄古一子幸之介没(享年七)] [六月一日　玄古室伊和*没(享年二八)]	*邑久郡浜村阿部藤五郎長女	友三(六八)
宝暦四	甲戌	一七五四	[玄古(三九)、三子(長女)誕生]		友三(六九)
宝暦六	丙子	一七五六	[七月一〇日　玄古四子(三男)文吉*、当歳にて没]	*玄古継室登良(阿部藤五郎次女、玄古先妻伊和妹)一子	友三(七一)
宝暦七	丁丑	一七五七	[六月二五日　玄古継室登良没(享年三〇)] [七月三日　玄古三子(長女)鶴*没(享年四)] [九月二〇日　友三没(享年七二)、玄古当主] [玄古、五子(四男)権律師敬忍(明王院住職)誕生]	*玄古先妻伊和三子	友三(七二) 玄古(四二)

宝暦一〇	庚辰	一七六〇	[この頃、玄古分宅か*。中島本家は、友三五子猪十郎継ぐ] 玄古(四五)、六子(五男)辰弥**誕生	*「宝暦十年辰ノ配剤帳アリ、年齢凡四十四五才ニ当ル、コノ時分分宅シタルモノナランヤ」(『家系』) **玄古継室(第三妻)幾久(上道郡倉田村中嶌文吉家)一子	玄古(四五)
明和元	甲申	一七六四	玄古(四九)、七子(次女)知加誕生		玄古(四九)
明和二	乙酉	一七六五	八月一一日　玄古六子(五男)辰弥没(享年六)		玄古(五〇)
明和三	丙戌	一七六六	玄古(五一)、八子(六男)喜次郎誕生		玄古(五一)
明和五	戊子	一七六八	玄古(五三)、通三(二〇)、岡本一抱『十四経絡発揮和解』書写	『十四経絡発揮和解』書写識語「右和語鈔全部六巻令書写畢／医門第二世　中嶋玄古貞嘉／嗣子同姓通三貞知／明和五戊子暦」	玄古(五三)
明和七	庚寅	一七七〇	玄古(五五)、九子(七男)貞侃(幼名義三郎)誕生	「明和七庚寅四月三階土蔵普請帖アリ」(『家系』)	玄古(五五)
安永二	癸巳	一七七三	三月二九日　玄古八子(六男)喜次郎没(享年八) 一二月二六日　玄古二子通三没(享年二五)		玄古(五八)
安永三	甲午	一七七四	玄古(五九)、十子(八男)宗仙(幼名恵吉、医門三世)誕生		玄古(五九)
安永五	丙申	一七七六	五月一三日　玄古継室(第三妻)幾久没(享年四五)		玄古(六一)
安永八	己亥	一七七九	玄古(六四)、苗字御免	「安永八亥ノ年六十四オニシテ苗字御免ノ御免アリ」(『家系』)	玄古(六四)
天明元	辛丑	一七八一	五月二〇日　玄古七子(次女)知加没(享年一八)、養子奥悦去る	「玄古老テ医業ヲ継キ難キヲ患ヒ岡山ヨリ養子ス、知加産後死テ奥悦去ル」(『家系』)	玄古(六六)
天明七	丁未	一七八七	八月　貞侃(一九)、岡山藩医木畑貞因に譜代願、幼名義三郎から医名を貞侃に改める		玄古(七二)
寛政元	己酉	一七八九	六月六日　玄古没(享年七四)、貞侃(二〇)当主 宗仙(一六)、河野意仙に医学を学ぶ* [九月二四日　中島本家猪十郎(多四郎孫、友三五子)没]	*「十六オニテ父玄古ヲ喪ヒ、兄貞侃医業ヲ続キタル間、西大寺河野意仙ニ随ヒ、医ヲ学ブ」(『家系』) 河野意仙…『吉益家門人録』「南涯先生」文化三年の項に「河野意仙　備前西大寺」とあり	玄古(七四) 貞侃(二〇)
寛政九	丁巳	一七九七	九月一四日　貞侃没(享年二八)、宗仙(二四)当主、開業		貞侃(二八) 宗仙(二四)
寛政一一	己未	一七九九	九月一九日　玄古五子(四男)権律師敬忍(明王院住職)没(享年四三)		宗仙(二六)

寛政一二	庚申	一八〇〇	宗仙（一七）、木畑貞朴に譜代弟子願、九月頃　京都に遊学（至享和元年）＊ 遊学中、猪飼敬所と知り合い、中村（吉川）中書を紹介される＊＊ 九月二〇日　宗仙、吉益南涯に入門＊＊＊	＊「寛政十二申年岡山御医者木畑貞朴ノ普代弟子願ヲイタシ同年ヨリ翌享和元年迄廿七才廿八才ノ間京師ニ游学ノ吉益周介南涯先生ニ随テ古方を学ヒ其外産科外科、入門ノ医術を修行シ…」（『家系』） ＊＊「先年京師御遊学之時、紹介致し候吉川中書、只今ハ中村中書ニ改名致し、六七年前より信州高遠へ儒醫兼学にて被召抱、藩中師範致し候」（天保四年三月三日付宗仙宛敬所書簡） ＊＊＊『吉益家門人録』「南涯先生」寛政一二年の項に「中嶋宗仙　備前邑久郡　九月廿日」とあり、又同日入門に「河野林平　備前邑久郡」「十河監二　備前上道郡西大寺」とあり	宗仙（二七）
享和元	辛酉	一八〇一	宗仙（二八）、京都より帰国、業盛		宗仙（二八）
文化元	甲子	一八〇四	宗仙（三一）、タキ＊（二四）結婚	＊西大寺山口伊八郎娘	宗仙（三一）
文化三	丙寅	一八〇六	宗仙（三四）、一子由宇（のち改名多美）誕生		宗仙（三三）
文化四	丁卯	一八〇七	宗仙（三四）、二子（長男）友玄（幼名八百吉、金吾、医門四世）誕生		宗仙（三四）
文化五	戊辰	一八〇八	［中島本家猪十郎（玄古弟）室没］		宗仙（三五）
文化六	己巳	一八〇九	宗仙（三六）、苗字御免		宗仙（三六）
文化八	辛未	一八一一	宗仙（四九）、三女（次女）志宇誕生		宗仙（三八）
文化一三	丙子	一八一六	宗仙（四三）、『解体新書餘義』書写	『解体新書餘義』裏表紙「文化十三年蔵写之／中嶋宗仙」	宗仙（四三）
文政二	己卯	一八一九	三月二二日　宗仙（四六）、長崎遊学のため出立（宗仙『筑紫行雑記』三月二二日～）。遊学中、中国語覚書として『三字話』書写＊	＊『三字話』書写識語（裏表紙）「中嶋宗仙崎陽遊学／之節写之」、該書は、中文三字句に、各々日文訳を付したもの	宗仙（四六）
文政五	壬午	一八二二	宗仙三女志宇没（享年一二）		宗仙（四九）
文政八	乙酉	一八二五	宗仙（五二）、四国巡拝		宗仙（五二）
文政一一	戊子	一八二八	友玄（二二）、『三考内侍所抜翠』書写	『三考内侍所抜翠』末「文政十一年／戊子／如月中八日／中嶌金吾」（金吾、友玄幼名）	宗仙（五五）
文政一三 天保元	庚寅	一八三〇	友玄（二三）、鴨方藩医、武井養貞に譜代弟子願	「廿三才文政十三年寅年、岡山池田信濃守様お医者武井養貞ニ願込、普代弟子トナル」（『家系』）	宗仙（五七）

天保三	壬辰	一八三二	七月一二日　友玄(一五)、『華岡瘍科方筌』写＊ 友玄(一五)、吉益北洲に入門＊＊	＊『華岡瘍科方筌』書写識語「保辰秋七月十有二日夜自初更至三更写之」 ＊＊『吉益家門人録』北洲先生・天保三年の項に「中嶋友元　備前児島之人」とあり 猪飼敬所『論孟考文』刊行	宗仙(五九)
天保四	癸巳	一八三三	宗仙(六〇) 三月　猪飼敬所より書簡あり、敬所著『論孟考文』贈呈される	「拙著論孟考文上木…一部致進上候」(三月三日付宗仙宛敬所書簡)	宗仙(六〇)
			友玄(一六) 一月　京都に遊学。吉益北洲に古医方を、小石元瑞、藤林泰祐に西洋医方を、緒方順節、清水大学に産術を、高階清介(華岡門人)に外科を学ぶ＊ 八月　友玄、京富小路にて『傷寒論精義』書写＊＊ 十二月　友玄帰郷	＊「京師ニ遊学ノ吉益北洲先生ニ随ヒ古医方ヲ学、小石元瑞先生幷藤林泰祐ニ入門ノ西洋医方ヲ学、又奥道辺ノ門人緒方順節幷清水大学ニ随ヒ産術ヲ学、高階清介トテ花岡門人アリ、随テ外科ヲ学」(『家系』) 遊学時の日記『京遊備忘(京学日記)』には、出立の一月二六日から九月五日まで記述される ＊＊『傷寒論精義』識語「天保四癸巳歳秋七月従八日至十日写於京富小路街寓居　中嶌北菴　秘書」(北菴＝友玄)	宗仙(六〇)
天保五	甲午	一八三四	友玄『回生鉤胞代臆』(〜明治三年)あり	記録年次は天保六・七、弘化四・五、嘉永二〜七、安政二〜七、文久元〜三、慶応二〜四、明治二・三年	宗仙(六一)
天保六	乙未	一八三五	友玄(一九)帰国、登和＊(一七)と結婚	＊沖新田九番川口屋(田中)佐之介娘	宗仙(六二)
天保七	丙申	一八三六	友玄(二〇)、一子玄章(幼名玉之介、医門五世)誕生 六月六日　宗仙室タキ没(享年五七)		宗仙(六三)
天保八	丁酉	一八三七	六月一五日　友玄室登和没(享年一九) 六月二三日　宗仙娘多美(幼名由宇)没(享年二三)		宗仙(六四)
天保一〇	己亥	一八三九	友玄(二三)、「撿草亭」(上寺山に建てた別屋)再建(〜安政二年)＊	＊「晩年上寺山ニ小屋ヲ設ケ検(ママ)草亭ト名ク」(『系譜』) 安政二年までの再建記録「撿草亭普請帳」あり	宗仙(六六)
天保一一	庚子	一八四〇	一月二九日　宗仙没(享年六七) 六月一一日　玄古継室(第四妻)ムラ没(享年八五)		宗仙(六七) 友玄(三四)
天保一二	辛丑	一八四一	友玄(三五)、二子升之介誕生		友玄(三五)
天保一三	壬寅	一八四二	[中島本家、勇介(猪十郎長男)没]		友玄(三六)

天保一五 弘化元	甲辰	一八四四	五月二二日　友玄二子升之介没（享年四）＊ 友玄（三八）、三子（長女）梅誕生	＊「痘ニテ死ス」（『家系』）	友玄（三八）
弘化二	乙巳	一八四五	三月二五日　友玄（三八）、苗字御免＊ 九月二三日　友玄三子（長女）梅没（享年二）	＊「三十八才弘化二年巳三月廿五日、苗字ヲ御免ナサレ」（『家系』）	友玄（三九）
弘化三	丙午	一八四六	友玄（四〇）、四子（次女）比佐誕生		友玄（四〇）
弘化四	丁未	一八四七		廣井哲（五）、父寿安に同行し、緒方洪庵、業合大枝、藤沢東畡訪問し、短冊書を賜る	友玄（四一）
嘉永二	己酉	一八四九	五月九日〜一〇日　友玄（四三）、先祖供養、水祭放生会 『中嶌姓一統家系』記す		友玄（四三）
嘉永四	辛亥	一八五一	一月三日　友玄（四五）、五女満佐誕生		友玄（四五）
嘉永五	壬子	一八五二	玄章（一七）、『傷寒論抜書』書写＊ 『導水瑣言』写本あり、玄章書写か＊＊	＊『傷寒論抜書』識語「中嶋玉之介／拾七才にて写之」（裏表紙）「嘉永五壬子晩春下旬書畢」（裏表紙裏）（玉之介、玄章幼名） ＊＊『導水瑣言』末「右一冊者寛政弟四夏四月／東都謾遊日於江城因幡／街客舎写之説／嘉永五年壬子閏二月十一日写之／紙号十五」	友玄（四六）
嘉永六	癸丑	一八五三	五月六日　友玄（四七）、お目見得医に命ぜらる		友玄（四七）
安政元	甲寅	一八五四	玄章（一九）、長男良民誕生		友玄（四八）
万延元	庚申	一八六〇	七月一一日　友玄一子玄章没（享年二五）		友玄（五四）
文久二	壬戌	一八六二	友玄四子（次女）比佐（一七）、木梨順策＊を養子とする	＊磐梨郡沢ノ原内山吹木梨元貞弟	友玄（五六）
元治元	甲子	一八六四	友玄四子（次女）比佐没（享年一九）、養子順策去る		友玄（五八）
明治二	己巳	一八六九	廣井哲（二六）、友玄五女満佐（一九）と結婚し、中島家養子となる＊ 哲、閑谷黌入学	＊「二十六才ニシテ又玄養子トナリ、閑谷黌ニ学ヒ、次テ岡山医学館ニ西洋医学ヲ修メ、射越村ノ内和田ニ於テ和田家ヲ相続シ医業ヲ開キシモ、当家相続者タルベキ良民医業ヲ好マサル所ニヨリ交代シテ当家ノ相続者トナル」「真（満）佐…十九才ニシテ哲ト結婚シ」（『系譜』）	友玄（六三）
明治三	庚午	一八七〇	哲（二八）、岡山藩医学館入学＊ 二月六日　玄章室多加没 四月一七日　哲（二八）、一子一太誕生		友玄（六四）

明治五	壬申	一八七二	八月　哲（三〇）、『西医日用方』書写（拠元治元年大坂秋田屋太右衛門等刊本）	『西医日用方』書写識語「明治五壬申八月写之／紙数百三十五枚／和田哲」	友玄（六六）
明治九	丙子	一八七六	二月一二日　友玄継室千代没（享年五五） 一二月二四日　友玄没（享年七〇）		友玄（七〇） 哲（三四）
明治一〇	丁丑	一八七七	一月一〇日　和田哲（三五）、家名相続養子願出		哲（三五）
明治一一	戊寅	一八七八	八月一八日二八日　和田哲（三六）、医術開業、種痘書換願* 一一月　玄章長男良民、和田家を継ぎ、和田哲、中島家を継ぐ**	*「医術開業御鑑札幷ニ種痘御鑑札御書換願（私義本月十二日北島村三百五拾七番地江転籍仕候ニ付）」「（書面願之趣聞届医術鑑札書換下渡候事ニ付申達）」 **「改姓仕度御願（今般家族不残中嶋ト改姓仕度奉存候ニ付）」「改姓仕度御願（今般家族不残和田ト改姓仕度奉存候ニ付）」又、「一子良民　医業ヲ好マス、依テ和田家ノ（前代々）元農家ノナノ故ヲ以テ哲ト交代ス」「哲　良民医業ヲ好サルヲ以テ和田家ヲ良民ニ譲リ、中島家ヲ相続ス」（『家系』）「哲…和田家ヲ相続シ医業ヲ開キシモ当家相続者タルベキ良民医業ヲ好マサル所ニヨリ交代シテ当家ノ相続者トナル」（『系譜』）	哲（三六）
明治一九	丙戌	一八八六	一太（一七）、岡山医学校予科入学		哲（四四）
明治二一	戊子	一八八八	一太（一九）、愛知医学校に転校。医学校時代の講義録筆記*、移写本**	岡山医学校、第三高等学校医学部となる 嘉寿誕生（寿栄母佐藤吉之助長女）（『系譜』） *花房道純述安部省一郎筆記『外科通論（外科病理学）』等 **佐藤勤也『実用産科学』等	哲（四六）
明治二七	甲午	一八九四	一二月一〇日　一太（二五）、愛知医学校卒		哲（五二）
明治二八	乙未	一八九五	三月　一太（二五）、豊橋病院勤務（一年）		哲（五三）
明治二九	丙申	一八九六	一二月一日　一太（二七）、志願兵として歩兵第一九連隊に入隊後、三重聯隊に見習い医官として勤務		哲（五四）
明治三一	戊戌	一八九八	二月　哲没（享年五六） 一太帰郷し開業		哲（五六） 一太（二九）
明治三二	己亥	一八九九	一月四日　一太（三〇）、中村千代*と結婚 二月　一太、陸軍三等軍医に任命される 四月　正八位に叙せられる	*和気郡片上町中村光次郎長女	一太（三〇）

明治三三	庚子	一九〇〇	一太(三一)、室千代没		一太(三一)
明治三七	甲辰	一九〇四	七月二八日　一太(三五)、日露戦争充員招集、第五師団第六補助輸卒隊附二等軍医として出征 一二月　一太凱旋 一太、長男達二(医門八世)誕生		一太(三五)
明治三八	乙巳	一九〇五	六月　一太(三六)、従七位に叙せられる 一〇月　一太、一等軍医となり、正七位に進む		一太(三六)
明治三九	丙午	一九〇六	四月　一太(三七)、勲六等単光旭日章賜う 六月　一太、論文提出、愛知医学得業士		一太(三七)
明治四〇	丁未	一九〇七	一太(三八)、次男道三誕生		一太(三八)
明治四一	戊申	一九〇八	一〇月　一太(三九)、岡山教会牧師阿部清蔵氏によりて洗礼を受ける		一太(三九)
明治四四	辛亥	一九一一	二月　一太(四二)、今城村在郷軍人会長・邑久郡聯合分会長を嘱託される		一太(四二)
大正三	甲寅	一九一四	一太(四五)、邑久郡医師会長・岡山県医師会評議員に当選		一太(四五)
大正九	庚申	一九二〇	一太(五一)、邑久郡学校衛生会長に就任		一太(五一)
大正一二	癸亥	一九二三	達二(二〇)、山口高等学校理乙入学		一太(五四)
昭和二	丁卯	一九二七	二月四日　一太(五八)、脳溢血に襲われる 達二(二四)、岡山医科大学入学		一太(五八)
昭和三	戊辰	一九二八	一一月二二日　一太没(享年五九)		一太(五九) 達二(二五)
昭和四	己巳	一九二九	一太次男道三、廣井家養子		達二(二六)
昭和七	壬申	一九三二	達二(二九)、近藤寿栄(近藤鉄太長女)と結婚 中島謙六、板津武治養子		達二(二九)
昭和一〇	乙亥	一九三五	洋一誕生(達二長男医門九世) 中島一家渡満、達二、満州国南満鉄道安東病院内科勤務		達二(三二)
昭和一二	丁丑	一九三七	達二(三四)、医学博士号授与、敦化病院内科医長		達二(三四)

昭和一四	己卯	一九三九	達二(三六)、ハルピン病院内科医長		達二(三六)
昭和一五	庚辰	一九四〇	達二(三七)、次男健二誕生		達二(三七)
昭和一六	辛巳	一九四一	一太、妻小房没		達二(三八)
昭和一八	癸巳	一九四三	達二(四〇)、吉林江北病院院長		達二(四〇)
昭和二一	丙戌	一九四六	中島一家満州より引揚げる		達二(四三)
昭和三一	丙申	一九五六	達二(五三)、邑久町町会議員(昭和三一~四七年)		達二(五三)
昭和三八	癸卯	一九六三	洋一(二九)、松尾和子と結婚、一二月長女淳子誕生		達二(六〇)
昭和四〇	己巳	一九六五	七月　次女智子誕生		達二(六二)
昭和四二	丁未	一九六七	洋一(三三)、長男祐一誕生(医門一〇世)		達二(六四)
昭和四六	辛亥	一九七一	医療法人洋友会中島病院設立		達二(六八)
昭和五九	甲子	一九八四	九月　達二妻、寿栄没(享年七三) 一二月　達二没(享年八〇)		達二(八〇) 洋一(五〇)

おわりに

江戸時代には大きく分けると三つのグループの医師たちがいた。一つ目は藩医などの幕府・大名などに仕える医師たちであり、二つ目は町医であり、城下町など都市に在住し町医者《まちいしゃ》とも呼ばれ町家の人びとを対象とした医師たち、三つ目は在村医であり、郡医・村医・俗医などとも呼ばれ主に在方の百姓などを診る医師たちであった。

中島家はそのなかでも在村医にグループ分けされるわけであるが、その歴史は江戸時代における地域社会の発展と医学の展開を映し出す鏡であったともいえる。

大工職であった中島多四郎の息子友三は一代限りの「俗医」であり、半農半医であった。玄古の代には専業医家となり、安永八年（一七七九）苗字御免を受け「村医」となるが、お目見医は受けていない。当時の主なる収入は小作人を擁した小地主によるもので、医業は収入面では副業のようなものであった。

すなわち、地域社会の求めに呼応するかたちで、在村医としての中島家の歴史がはじまったのである。

宗仙の代になると、村民や他村の貧民に米麦金子などをもって救済するなど、在村医としての役割を果たしつつ、より大きな流れの影響も受けることとなる。京都に遊学し、吉益南涯ほかに師事し医学を学んだうえで医業を行い、のちには長崎に遊学し「阿蘭陀流取油法」などを熱心に写本し、そのなかに書かれている製薬法を試そうとしていたことが、残されているジュネバ空瓶からもうかがえる。すなわち、当時の医学界の新しい「風」であった、古医方や蘭医方を積極的に取り入れようとしていたのである。

このような姿勢は友玄の代以降、さらに一層明確になった。友玄は、京都に遊学し吉益北洲・緒方順節などについて最先端の医学を学ぶだけでなく、賀川流の産科治療を広範囲の地域で行い、それは玄章・哲の代にわたっての中島家総力をあげたものだった。幕末にかけて日本全国で行われた種痘活動にも、中島家は積極的にかかわっていた。

すなわち、地域生え抜きの在村医としての役割を果たしつつも、その活動は江戸中期以降の医学の新しい動きを踏まえたものであった。

明治に入り、西洋医学教育が取り入れられ医師免許制度が確立され、日本の医学界が根底から大きく変革した後も、その姿勢は継続されている。

軍医として日露戦役に従軍した一太は、戦後は故郷で開業、邑久郡医師会長を勤め在村医として地方医療に貢献。次の達二は南満州鉄道付属病院における医療活動を経たのち、第二次世界大戦の終戦後、郷里で内科診療所を開業し、父と同じ邑久郡医師会長を永年勤め地方医療に専念してきた。

このような中島家の先祖の遺志を継ぎ、私、洋一も岡山大学医学部に学び陣内伝之助教授主宰の第一外科に入局し消化器外科を専攻、昭和四四年（一九六九）五月、都窪《つくぼ》郡妹尾《せのお》町（現：岡山市妹尾）で中島外科胃腸科医院を開設し、昭和四八年には医療法人洋友会を設立。平成一〇年（一九九八）、

開業当初の中島病院

現在の中島病院

中島医家資料館

五六床を療養型病床群に変更し、現在の中島病院となった。さらに平成二三年（二〇一一）三月、二九戸のサービス付高齢者向け住宅を設立した。長男祐一も福岡大学に学び大江透教授主宰の岡山大学循環器内科に入局し、現在は中島病院の病院長となっている。邑久郡邑久町の在村医中島家が三〇〇年あまりの年月を経て療養型病床群を中心とした老人介護型医療施設となったのである。はからずも、私の代以降は邑久町北島の「在村医」ではなく岡山市妹尾の「町医者《まちいしゃ》」となったが、地域医療を支えてきた先祖の心意気を忘れたことはない。

宝暦年間より約三〇〇年にわたり在村医として地域の医療活動にかかわってきた邑久町北島の土地は、一般法人「中島医家資料館」とすることにした。先祖たちの医療活動に関する伝来の古文書・書籍・器物など解析・研究したうえで、資料館での展示、研究論文の発表および本書などのかたちで一般に公開してゆくつもりである。

これらが、日本各地に存在していた「在村医」や彼らの地域における医療活動をより明らかにすることへの一助となることを希《こいねが》っている。

索　引

※本索引は、「Ⅰ　中島家の歴史」(3～62頁)ならびに研究論文(67～211頁)を対象とし、「人名」は人名および家名、「事項」はそれ以外の項目を掲げた。

[人　名]

[事　　項]

◆執筆者紹介◆

中島洋一(なかしま　よういち)　医療法人洋友会中島病院理事長　外科医
酒井シヅ(さかい　しづ)　順天堂大学名誉教授　医学史

板野俊文(いたの　としふみ)　香川大学名誉教授　蘭方医学・神経生物学
梶谷真司(かじたに　しんじ)　東京大学教授　哲学・比較文化・医学史
木下　浩(きのした　ひろし)　中島医家資料館主任研究員　日本民俗学・医学史
黒澤　学(くろさわ　まなぶ)　株式会社大倉陶園　近代産業史・近代経営史
清水信子(しみず　のぶこ)　二松学舎大学非常勤講師　書誌学・日本漢学・医学史
鈴木則子(すずき　のりこ)　奈良女子大学教授　日本近世史
田中健二(たなか　けんじ)　香川大学名誉教授　中世の政治史・社会経済史
平崎真右(ひらさき　しんすけ)　二松学舎大学大学院博士後期課程　日本民俗学・近現代日本文学
町泉寿郎(まち　せんじゅろう)　二松学舎大学教授　医学史・日本漢学
松村紀明(まつむら　のりあき)　帝京平成大学講師　医学史・科学史・地域社会学

※本研究はJSPS科研費23501206(研究課題名「江戸時代における地域医療研究～岡山県邑久郡の中島家をもとに～」)の助成を受けたものです。

備前岡山《びぜんおかやま》の在村医《ざいそんい》　中島家《なかしまけ》の歴史《れきし》

2015(平成27)年11月21日発行

定価：本体10,000円(税別)

編著者　中島医家資料館・中島文書研究会
発行者　田中　大
発行所　株式会社　思文閣出版
〒605-0089 京都市東山区元町355
電話 075-751-1781(代表)

印刷
製本　株式会社 図書印刷 同朋舎

ISBN978-4-7842-1826-4　C3021